红色文化研究文库

红色基因传承研究

费聿辉 刘 涛／主 编
刘 慧 朱洪涛／副主编

山东城市出版传媒集团·济南出版社

图书在版编目(CIP)数据

红色基因传承研究 / 费聿辉，刘涛主编. -- 济南：济南出版社，2019.7（2021.7重印）
（红色文化研究文库）
ISBN 978-7-5488-3977-4

Ⅰ.①红… Ⅱ.①费… ②刘… Ⅲ.①革命传统教育－研究－中国 Ⅳ.①D642

中国版本图书馆 CIP 数据核字 (2019) 第 157359 号

出 版 人 / 崔 刚
责任编辑 / 郑 敏 陈玉凤
封面摄影 / 郭宗平
封面设计 / 焦萍萍

出版发行 济南出版社
地 址 济南市二环南路 1 号 250002
网 址 www.jnpub.com
电 话 0531-82803191
传 真 0531-86131709
经 销 各地新华书店
印 刷 阳信龙跃印务有限公司
成品尺寸 170mm×240mm 16 开
印 张 35.5
字 数 800 千
版 次 2019 年 8 月第 1 版
印 次 2021 年 7 月第 2 次印刷
印 数 1—1000 册
定 价 146.00 元

发行电话 0531-86131730 / 86131731 / 86116641
传 真 0531-86922073

（版权所有，侵权必究）如有印装质量问题，请与印刷厂联系调换

《红色文化研究文库》编委会

主　任　徐东升　张立梅

副主任　费聿辉　赵长芬

主　编　徐东升　费聿辉

副主编　赵长芬　孙海英

　　　　刘　涛　朱洪涛

成　员　陈永莲　林存华　张爱辉

　　　　张光远　英　伟　苑朋欣

　　　　方　艳　王春梅　白海若

目 录

红色基因的基础理论

红色文化概念研究综述(施佳慧) / 2

红色文化资源研究综述(闻洁璐) / 15

红色文化的概念、内涵及其传承(郃淑波　赵允福) / 35

中华人民共和国70年中国共产党革命精神的历史考察(种鹃) / 46

习近平总书记关于红色文化的相关论述研究(张德艳) / 61

关于红色基因研究的几点思考(刘世超　王书君) / 71

红色文化时代化的哲学意蕴与实践路径(杨超　柏加) / 83

红色基因思想的价值追求及其哲学来源(雷梅珍) / 101

把握沂蒙精神的内涵和特征(徐光寿) / 112

“沂蒙红色文化”的构成及意义探微(刘爽) / 116

新时代沂蒙精神话语体系的重构与价值研究(王增乾) / 124

红色基因的政治功能

充分利用红色文化资源加强政治生态建设的思考(张同乐) / 140

中共长征时期全面从严治党的历史经验考察(裴恒涛) / 148

张太雷革命精神蕴含的红色基因透析及其新时代价值(朱成山　刘晓华) / 163

论雷锋精神与共产党人的初心和使命(刘建平　王昕伟) / 176
“沂蒙精神”视阈中的群众路线(刘长利) / 191
沂蒙抗日根据地县长的施政要务与历史成效(孙健伟) / 203
传承沂蒙精神　提升基层党支部群众工作能力(王宜胜) / 222
党的建设视域下沂蒙精神创新发展路径研究(孙一进) / 234
论沂蒙精神对当代领导工作的启示(汲广运) / 242
沂蒙精神对新时代干部教育工作的启示(朱洪涛) / 251

红色基因的社会功能

红色文化融入日常生活的困境及优化策略(曾杰) / 266
弘扬红色文化,建设具有强大凝聚力和引领力的社会主义意识形态(黄建立) / 276
红色文化分层培育马克思主义信仰的理路(齐敬席　张志泉) / 288
与工农群众相结合,与生产劳动相结合是共产党人的红色基因(朱磊) / 300
融入红色基因　凝聚制胜力量(阴旭) / 312
沂蒙精神与民众动员机制研究(郭太永) / 322
临沂市红色文化资源的经济效应研究(张英杰　卢中华) / 334
论遵义会议的地域价值及其城市影响力(唐占应) / 352

红色基因的育人价值

传承红色基因　勇挑红色教育重担(侯世暖) / 362
弘扬红色文化　培育社会主义核心价值观(赵耕耘) / 370
红色家书融入高校理想信念教育“四位一体”模式探析(齐晶) / 381
区域特色文化资源的思想政治教育价值及其运用(李纪岩　宁波) / 394
红色文化与高校思想政治教育时代融合的四重路径(曾杰) / 408
红色文化融入高校思政课教学路径探析(李天星) / 418
新时代弘扬井冈山精神对高校思想政治工作的启示(王德财) / 430

泰安红色文化与高校思想政治教育融合研究(冯哲) / 438
以红色石油歌曲融入开展激情教学的研究与实践(陈立勇　王永桦) / 447
沂蒙精神与大学生思想政治教育(苑朋欣) / 457

红色基因的时代传承

意蕴追溯·理性解读:红色文化多维价值论析(张文彬　陈立勇) / 470
习近平红色基因传承思想融入立德树人的探索(刘印房) / 480
红色基因传承与增强文化自信路径研究(冯文娟) / 492
新时代传承红色基因的路径探析(付晓东) / 500
新时代红色资源开发及红色基因传承研究(陈士福　李有刚　仇善章) / 510
红色资源价值及其功能充分释放的对策阐析(张旭日) / 518
传承红色基因,弘扬红色文化(田冠华) / 531
让党的基因与时代同行(卢建军) / 542
新时代弘扬沂蒙精神应把握三个维度(邱君帝) / 550

后　记 / 559

红色基因的基础理论

红色文化概念研究综述

施佳慧

习近平总书记指出："要把红色资源利用好，把红色传统发扬好，把红色基因传承好。"[1]红色文化作为中国特色社会主义文化的重要组成部分，有着深厚的历史渊源和群众基础，蕴含着丰富的革命精神和厚重的历史文化内涵，是伴随着马克思主义中国化而形成的一种中华民族的新的文化形态。红色文化具有重要的社会政治和社会整合功能，所以，社会各界对其研究和利用都较为积极。但是，目前学术界在研究和探索的过程中对于红色文化的概念众说纷纭，始终未给出一个普遍被认可的界定。因此，厘清基本概念，展开学术对话，对于深化红色文化研究、深入挖掘红色文化资源，有着重要的理论意义和现实价值。

一、 红色文化的内涵和由来

作为红色文化研究的前提与基础，红色文化概念研究是红色文化研究的逻辑起点和基本内容，而红色文化有别于其他文化的根本点就在于红色。中国人的红色情结与生俱来，它流动在民族的血脉里，遗传在民族基因中。

第一，红色的丰富意蕴。

红色代表革命。马克思早年在被问及"最喜爱的颜色"时，曾明确回答为“红色”。1864 年，第一国际成立，其标志的颜色是红色。《国际歌》中也唱道：“快把那炉火烧得通红，趁热打铁才能成功!”回顾中国共产党领导人民闹革命、打天下的光辉历程，也与“红”息息相关，时时刻刻未曾与“红”分离过。譬如，组建的第一支军队命名为红军，开辟的第一个革命根据地首府瑞金被称为红都……还有南湖的红船，井冈的红旗，长征的红流，抗日的烽火……中国革命胜利后，我们的文艺工作者总以写“红”、唱“红”、演“红”而感到无上荣光。诸如《红旗飘飘》《红旗谱》《红灯记》《红色娘子军》《红军想念毛泽东》《红岩》《太阳最红毛主席最亲》《红梅赞》《红星照我去战斗》，等等。

红色代表着健康、吉庆、幸福、庄严、神圣、朝气与欢乐。红色使人联想到“血”与“火”，象征着生命、活力、希望、未来、激情、斗志与革命，也象征着激进、暴力、危险、苦难等。红色使人年轻，催人奋进，意味着前途光明、鹏程万里；红色也使人负重，步履维艰，意味着赤字、负债、羞愧、恐怖等。正因为红色是一个褒贬兼具、语义丰富的词汇，故常常被电影艺术家作为颜色道具，展现复杂多变的场景，“烘托特定人物的复杂心境或面貌”。[2]

19 世纪中叶，随着共产主义思潮的兴起，红色在法国大革命、苏俄革命、二战前后的欧亚民族革命、中国共产党领导的革命斗争等国际共产主义运动、民族解放运动，以及社会主义运动中的“革命”象征性意义日益凸显，红色成为典型符号，几乎成了革命的天然代表颜色。在中国，第一个马克思主义传播者李大钊曾满怀信心地预言：“试看将来的环球，必是赤旗的世界!”这句话不但为 20 世纪风起云涌的民族解放运动和二战后风靡世界的社会主义浪潮所证实，而且揭开了 20 世纪中国百年革命的序幕。

自此以后，苏俄（联）经验加上自身的摸索，中国共产党逐步构建了自身的革命文化，中国革命与红色也结下了不解之缘，并赋予了红色新的含义，如民族独立、救国救民、反帝反封、翻身解放、自由新生等。中国共产党所创建的苏维埃政权，称为红色政权；所创建的工农武装，称为红军；所举起的革命旗帜，称为红旗；所创建的革命根据地，称为红区。此外，中共所创办的现代报刊事业，也以红色为主调。例如，所创办的第一份日报，叫《热血日报》；中共中央的政治机关报，叫《红旗》（后来先后改为《红旗日报》和《红旗周报》）；在中央革命根据地，第一个中共中央机关报，取名为《战斗》；中共中央和中央工农民主政府等中央机关的联合机关报，叫《红色中华》；中共苏区中央局机关报，叫《斗争》；中国工农红军总政治部机关报，叫《红星报》；中国工农红军学校政治部出版的具有学报性质的刊物，叫《革命与战争》；中国工农红军第三军团政治部主办的不定期油印小报，叫《火线》；各级党政军群团创办的报刊还有：《福建红旗》《赤塔周刊》《红旗报》《红色江西》《红色战线》《战士》《挺进》《红光》《赤湖》《少年先锋》……此外，鄂豫皖根据地有《红旗报》《红色战士》，川陕根据地有《红军报》《战场日报》《赤化金川》《血花报》，湘鄂西根据地有《红旗日报》《战士的话》《红星》，湘赣根据地有《湘赣红旗》《湘赣斗争》《红色湘赣》，湘鄂赣根据地有《红旗》《苏维埃》《新浏阳》，闽浙赣根据地有《红色赣东北》《红色战线》等。[3]

这种革命文化，历经十四年抗日战争、三年解放战争，中华人民共和国成立以后的抗美援朝、三反五反、社会主义改造、人民公社化、四清运动、改革开放等，得到了进一步的发展和丰富，逐渐沉淀为今天的红色文化。

第二，关于文化的词义解读。

文化是一个含义非常广泛的词汇。首先，文化是一种历史现象，是社会历史发展的积淀物。其次，文化是一种社会现象，是人类社会发展过程中所形成的某种产物，它有广义和狭义的区别。狭义的文化是指社会的意识形态以及与之相适应的制度和组织机构，它排除了人类社会历史生活中关于物质创造活动及其结果的那一部分，而专指精神创造活动及其结果，其中主要是指心态文化，是一种小文化。而广义的文化又叫大文化，它立足于人类与一般动物、人类社会与自然界的本质上的区别，立足于人类卓立于自然界的独特的生存方式，是指人类在社会历史实践过程中所创造的物质财富和精神财富的总和。[4]

文化的范围很广泛，有哲学、宗教、科学、技术、文学、艺术、风俗等，是多层次、多方面内容的统一体。基于文化内涵的广泛性与复杂性，人们又以集中分类法把文化的构成分成两大类、三大类、四大类等。其中，两大类是指：生产文化与精神文化，物质文化与精神文化，或者高级文化与大众文化。三大类是指：高级文化、大众文化与深层文化，或者物质文化、制度文化与精神文化。还有四大类的文化，即制度文化（人类在社会实践中所形成的各种社会行为规范）、行为文化（人际交往中约定俗成的以民俗、风俗和礼俗等形式所表现出来的行为模式）、物态文化（人类有物质实体的、可感知的文化事物）与心态文化（人类在社会意识活动中逐渐产生的价值观念、审美情趣和思维方式等）。而与之相对的狭义文化的构成只是价值体系和知识体系。[5]

由此我们可知，红色是一种颜色，不同的时代、领域、群体、国度，对红色有不同的理解。红色是名词，可以加在名词前面作修饰词，如红色帽子、红色房子、红色电影、红色恋人等。文化是一个内涵丰富的词汇，不同的时代、领域、群体、国度，对之也有着不同的理解。文化也是名词，可以被一些词语修饰，如中国共产党文化、大众文化、大学文化等。在社会主义和共产主义运动中，红色和无产阶级大联合、革命、军队、无产阶级专政等联系在一起了，但与文化没有直接联系起来，随着工人阶级独立地登上历史舞台，尤其是随着中国共产党作为红色文化的创造主体的诞生，红色就与文化结合起来，红色修饰了文化，文化被红色修饰，二者紧密相连，牢不可分，红色文化被创造，又不断地被传承、发展下去。

二、 红色文化概念的界定

“红色文化”作为学术概念进入研究领域是在20世纪以后。国外虽然对中国共产党及中国的革命、建设、改革的研究涉及红色文化，但并没有“红色文化”这一概念。而国内于新民主主义革命时期的文献中也没有发现界定红色文化概念的资料。

2003年，知网上最早有两篇以“红色文化”为主题的期刊论文发表，分别是张茂枝在《四川党史》上发表的《广元市开发利用红色文化资源的现状与建议》[6]，以及彭央华、项波在《南方冶金学院学报》发表的《利用江西红色文化资源培育大学生民族精神的思考》[7]，主题是红色文化资源的开发利用。2004年，“红色文化”一词成为热点词汇，引发学术界对“红色文化”研究的迅速升温，刘寿礼在《苏区“红色文化”对中华民族精神的丰富和发展研究》一文中正式提出了“红色文化”的概念，并对红色文化的内涵作了探讨。[8]但是，在有“红色文化”这一概念之前，就已出现了“红色经典”“红色旅游”“红色资源”等提法。截至目前，中国知网收录的以“红色文化”为主题的论文数量已超过8 974篇。就红色文化概念而言，目前学界对其有着不同的认识和理解。

刘寿礼认为：“红色文化从很大范围来说就是指在第二次国内革命战争时期诞生于井冈山和以瑞金为核心的中央苏区‘红土地’之上的人民大众反帝反封建的革命文化。”[8]他所指的红色文化主要是红色文艺作品及相关的精神。曾喜云提到：“红色文化是中国共产党在革命战争年代形成的革命文献、文物、文学作品和革命战争遗址、纪念地以及凝结在其中的革命精神、革命传统和红色风情。”[9]赖宏、刘浩林认为：“红色文化是指世界社会主义运动历史进程中人们的物质和精神力量达到的程度、方式和成果，狭义的红色文化是指中国共产党在领导中国人民实现民族的解放与自由以及建设社会主义现代化中国的历史实践过程中凝结而成的观念意识形态。"[10]王以第谈道："红色文化是新民主主义革命时期由中国共产党人、一切先进分子和人民群众共同创造的、具有中国特色的先进文化，是物质文化、制度文化和精神文化三者的有机统一体。"[11]孙晓飞提出："红色文化是广大人民群众在共产党的领导下，为实现中华民族的解放与自由进程中和社会主义三大改造时期，整合、重组、吸收和优化中外先进文化基础上，以马列主义为指导生成的革命文化。"[12]朱小理等认为："红色文化是指在中国共产党的领导下，在新民主主义到改革开放前创造和形成的，可以为我们今天所开发利用，且必须经过转化才能够彰显出其当代价值的革命精神及其载体的总和。"[13]汪勇认为："红色文化是最具中国特色的民族文化、大众文化、革命文化和建设文化，与马克思主义中国化、大众化、时代化有极为密切的联系。"[14]张颢谈道："红色文化是指在中国共产党的领导下，中国各族人民在争取民族独立和解放的长期革命实践中，以及在社会主义革命、建设、改革实践中所形成的伟大精神及其载体。"[15]

由渠长根主编，贺俊杰、石俊华副主编的《马克思主义中国化、大众化语境下的红色文化研究》一书中谈到了红色文化。他们认为："所谓红色文化，是指中国共产党人在继承中华民族优秀传统文化的基础上，在领导亿万人民在长期的革命和建设实践过程中，创立和发展起来的先进的社会意识形态。它也有建设、物质、制度等构成和层面，既是中国共产党自身不断成长、发展的文化，也是中国共产党领导广大人民群众战胜艰难险阻取得革命胜利的文化，还是中国共产党领导人民建设社会主义国家的文化。"[16]魏本权认为："红色文化是马克思主义中国化中，中国共产党在民族文化基础上创造的新文化，它区别于传统文化与近现代以来其他阶层与党派的文化创造，是物态文化、制度文化、行为文化、心态文化的统一体，是20世纪以来中华文化的主流。"[17]渠长根等人在其编写的国内第一本通论性的红色文化教材《红色文化概论》中提出："红色文化有广义和狭义之分。广义的红色文化是指近代以来中国各民族、各阶级、各阶层人民在争取民族独立、人民解放和实现国家的繁荣富强这两项根本历史任务中，所创造的各种物质和精神财富的总和。它包括物质、制度和精神三个方面，物质文化是指革命、建设和改革以来的遗物、遗址、遗迹、纪念碑、纪念地、纪念堂、纪念馆等实物；制度文化是指路线、方针、政策、理论和纲领等一整套规范体系与行为模式；精神文化是指所凝结的信仰、知识、精神、价值、道德等。狭义的红色文化，是指在马克思主义的指导下，由中国共产党领导人民群众在新民主主义革命、社会主义革命与建设、改革的实践中所共同创造出来的各种物质和精神财富的总和。”[18]

所以，红色文化与单纯的天然的红颜色不同，它不是与生俱来的，而是汲取了不同文化的营养，与它们共处，不断发展，是历史与革命、建设与改革实践的高度理论抽象，是马克思主义和中华民族优秀文化的有机结合体。因此，还可以说，红色文化是中华民族的瑰宝。

三、 红色文化内涵的多样性

中国共产党在革命和战争年代、建设和改革时期中形成的红色文化有着丰富的内涵，在政治、文化、教育等方方面面都起着重要的作用。因此，目前学界对红色文化进行着不同视角的研究。

红色文化作为一种特殊的文化意识形态，是中国共产党成长发展的印记，是中国共产党代表先进文化方向的象征。其蕴含的马克思主义的理论品质和民族精神，对中国共产党保持自身的先进性和执政的实践，都具有十分重大的作用。因此，有学者从政治的角度，研究了红色文化与政治之间的逻辑联系。

罗春洪认为：“红色文化是党夺取政权的精神基础，是党开辟执政合法性的资源。弘扬红色文化，能永葆党的先进性，提高党的执政能力，建设廉政文化和保持马克思主义意识形态的主导地位。”[19]刘丽平认为：“红色文化与党的先进性在主要内容、思想精髓和价值取向上是一致的，都贯穿了革命精神、实事求是和全心全意为人民服务。”她还认为红色文化所包含的坚定的理念、群众利益、艰苦奋斗等先进性因子，能为保持党的先进性提供动力支持。[20]钟利民、刘丽提出：“没有红色文化的形成和壮大，就没有中国工农大众的马克思主义普遍觉悟，而没有工农大众的马克思主义普遍觉悟，中国新民主主义革命的胜利也就不可能实现。”[21]

红色文化作为传承中华民族精神并与马克思主义相融合的意识形态，不仅有自己的特定内涵和生成机制，而且还具有永恒的价值。因此，加强红色文化建设，对建设中国先进文化、构建社会主义核心价值体系，无疑具有重大的意义。正因为如此，一些学者也从文化建设方面，探讨了红色文化的内涵、生成机制和价值。

赖宏、刘浩林认为：“加强红色文化建设要立足于中国特色社会主义建设的伟大实践，要搞好红色文化的基地建设，结合时代特征，精心提炼内容，搞好红色文化产品的开发，运用各种手段努力创新文化活动方式，总结过去红色文化建设的经验教训。”[22]王以第认为：“红色文化有历史印证价值、文明传承价值、精神弘扬价值、挑战锤炼价值、硬实力推介价值。”并认为应通过日常的参观活动、文献作品的制作、红色经典的编创、红色旅游的开发等形式，实现红色文化的价值。王以第提出：“红色文化发生机制包括主体构建（中国共产党的诞生），实践基础（新民主主义的革命运动），洋为中用（马克思主义中国化），古为今用（对民族优秀传统文化的传承与改造）。”[23]李水弟、傅小清认为：“红色文化作为中国共产党在新民主主义革命实践过程中领导创建的无产阶级政治文化，就其对无产阶级革命团体自身及其事业的发展而言，它的基本内容主要体现为科学的指导思想、坚定的理想信念、顽强的革命精神、高尚的道德品质。”[24]刘亮红认为：“湖湘文化中的爱国主义、经世致用、不尚空谈，以民为本、重民恤民，敢为天下先的首创精神等对湘潭红色文化的形成产生了重要的作用与积极的影响。"[25]陈世润、李根寿认为:"红色文化具有传播政治意识、引导政治行为、造就政治人才、和谐政治关系、推动政治稳定、促进政治发展等政治价值;具有对保证经济发展方向、推动社会生产力发展的精神动力和营造经济进步的环境的经济价值;具有传承文化、文化渗透和创造的文化价值;具有教育传播人文精神,为社会生活、经济生活开发新的资源和潜能,节约管理成本,提高管理效率的管理价值;具有帮助人们形成生态意识和生态思想,树立正确的道德责任感、生态责任感和可持续发展思想的生态价值。"[26]钟利民、曾敏提出:"红色文化是社会主义市场经济发展的强大动力,是新的历史条件下经济发展的重要媒介,是新的经济增长点。"[27]

以中国革命理论、革命经验、革命精神为内涵的红色文化资源,是中国共产党宝贵的精神财富,也是学校思想政治教育的宝贵资源。据此,一些学者从教育方面,对红色文化的德育价值和功能进行了研究。

程东旺、黄伟良认为:"红色文化资源是德育的有效载体和理想范式。"[28]蔡红梅、龙迎伟认为:"红色文化在未成年人思想道德教育中有理想信念的教育作用、爱国主义的教育作用、艰苦奋斗的教育作用和集体主义的教育作用。"[29]柳红星认为:"江西红色文化是思想政治教育的重要资源、主要内容和精神支柱。"王京平、谢梅君认为:"红色旅游文化教育的社会本位功能在于提高全民道德、培育公众信仰,打造和谐社会;红色旅游文化教育的个体本位功能在于个体审美教育、个人价值评估和完美人格教育。"马强认为:"皖西红色文化对德育有理想信念价值、爱国主义价值、艰苦奋斗价值和集体主义价值。"徐朝亮、周琰培认为:"红色文化有利于培养大学生的爱国主义情感和民族责任感,树立正确的人生观、价值观、世界观和坚定社会主义方向和理想的信念。"孙炳芳、张学军提到:"把红色文化运用于《中国近现代史纲要》教学,有助于丰富教学内容,改进教学方法和途径,提高教育的针对性和实效性。"

四、结语

综上所述，学术界对红色文化的概念有着不同的理解，大部分人赞同的红色文化指的是中国的红色文化，而非世界性的。虽然他们提出的红色文化概念不太一致，但是他们都讲到了红色文化中的精神文化。这些不同的红色文化概念体现了红色文化的丰富内涵和广泛外延，这与文化的特征相似。这些不同的表述或是相互交叉，或是互为补充，或是重叠融合。

目前，学术界还从多个视角对红色文化进行了研究，他们认为红色文化有着丰富的内涵，在政治、文化、教育等方方面面都起着重要的作用。对大多数学者的界定进行分析后，我们可以得出：红色文化萌芽于五四新文化运动时期，发端于中国共产党的成立，正式形成于新民主主义革命时期，并在社会主义革命、建设和改革时期得到进一步丰富并继续向前发展，是革命文化在现当代社会的发展和衍生。红色文化是以马列主义理论为指导，领导民众进行的一切社会行为，并在特殊时期形成了一种具有鲜明时代特征的文化现象或文化积淀，对当代社会记忆和社会生活产生了显著作用。对历史的记忆和传承、文化自身变迁的惯性、现当代社会之需要、社会时代主题转变等因素是其产生的原因。它形成的思想基础是中华民族优秀的传统文化，理论基础是马克思主义，阶级基础是工农阶级的发展壮大，实践基础是中国共产党领导人民进行的革命和建设活动。红色文化的历史主题是实现中华民族伟大复兴的“中国梦”，其发展主线是马克思主义中国化、时代化和大众化的内在统一。

参考文献：

[1] 习近平. 习近平在视察南京军区机关时强调，贯彻全军政治工作会议精神，扎实推进依法治军从严治军［N］. 新华日报，2014－12－16.

[2] 王卓. 红色的辉煌——浅论张艺谋"红色系列"中红色道具及意义 [J]. 河池师专学报：文科版，1993 (04)：46-48.

[3] 倪延年，吴强. 中国现代报刊发展史 [M]. 南京：南京大学出版社，1993：296+320-324+336-337+343+345+348-350.

[4] 游海华. 红色文化概念再探 [J]. 红色文化学刊，2017 (01)：68-74+111.

[5] 田原，李晶，田建国. 核心价值引领文化育人 [M]. 东营：石油大学出版社. 2014：30.

[6] 张茂枝. 广元市开发利用红色文化资源的现状与建议 [J]. 四川党史，2003 (04)：31-32+30.

[7] 彭央华，项波. 利用江西红色文化资源培育大学生民族精神的思考 [J]. 南方冶金学院学报，2003 (06)：4-6.

[8] 刘寿礼. 苏区"红色文化"对中华民族精神的丰富和发展研究 [J]. 求实，2004 (07)：33-34.

[9] 曾喜云. 红色文化资源开发利用中存在的问题、原因及对策 [D]. 武汉：华中师范大学，2008.

[10] 赖宏，刘浩林. 论红色文化建设 [J]. 南昌航空工业学院学报：社会科学版，2006 (04)：66-69.

[11] 王以第. "红色文化"的价值内涵 [J]. 理论界，2007 (8)：149.

[12] 孙晓飞. "红色文化"的当代社会价值及其实现 [D]. 山东：山东大学，2008.

[13] 朱小理. 红色资源转化为教育教学资源的方式及路径研究 [D]. 南昌：南昌大学，2011.

[14] 汪勇. 红色文化与马克思主义中国化、时代化、大众化 [J]. 贵州师范大学学报：社会科学版，2011 (05)：77-81.

[15] 张颢. 红色资源的构成探析 [J]. 山西高等学校社会科学学报, 2013, 25 (01): 72 -75.

[16] 渠长根. 马克思主义中国化、大众化语境下的红色文化研究 [M]. 北京: 中国工商出版社, 2013.

[17] 魏本权. 红色文化学的建构以及研究方法探讨 [J]. 井冈山大学学报: 社会科学版, 2014, 35 (05): 34 -40 +65.

[18] 渠长根. 红色文化概论 [M]. 北京: 红旗出版社, 2017. 7.

[19] 罗春洪. 弘扬红色文化与巩固党的执政地位研究 [D]. 南昌: 南昌大学思想政治教育教学部, 2007.

[20] 刘丽平. 红色文化与保持党的先进性研究 [D]. 南昌: 南昌大学法学院, 2007.

[21] 钟利民, 刘丽. 红色文化与中国当代马克思主义大众化 [J]. 老区建设, 2009 (2): 1 -4.

[22] 赖宏, 刘浩林. 论红色文化建设 [J]. 南昌航空工业学院学报: 社会科学版, 2006 (4): 66 -69.

[23] 王以第. “红色文化” 的价值及其实现 [D]. 济南: 山东大学马列部, 2007.

[24] 李水弟, 傅小清. 红色文化的政治内涵 [J]. 南昌工程学院学报, 2008, (5): 1 -4.

[25] 刘亮红. 湘潭红色文化与湖湘文化 [J]. 湖南省社会主义学院学报, 2009 (3): 60 -63.

[26] 陈世润, 李根寿. 论红色文化教育的社会价值 [J]. 思想政治教育研究, 2009 (4): 15 -17.

[27] 钟利民, 曾敏. 红色文化资源的经济价值浅析 [J]. 企业家天地, 2009 (1): 40 -41.

[28] 程东旺, 黄伟良. 红色文化的价值形态与德育功能探析 [J]. 现

代教育科学，2006（3）：19－21.

［29］蔡红梅，龙迎伟. 论“红色文化”与未成年人思想道德教育［J］. 湖南科技大学学报，2006（2）：122－125.

（作者简介：施佳慧，女，浙江理工大学马克思主义学院研究生）

红色文化资源研究综述

闻洁璐

党的十八大以来，习近平总书记的足迹已遍布革命老区，从河北的西柏坡、山东的沂蒙山，到福建的古田、陕西的延安，再到贵州遵义、江西井冈山、上海兴业路76号和浙江嘉兴。[1]习近平总书记始终坚定不移地创新红色基因的传承方式，其行为带给大家一次又一次的精神洗礼，全国各地也因此掀起了学习、研究红色文化的热潮。其中，红色文化资源作为红色文化传承和发展的重要载体，近几年来越来越受到学术界的关注。2013年7月，教育部、中共中央党史研究室联合设立了8个“中国共产党革命精神与文化资源研究中心”，其中设立在井冈山大学的研究中心已于2015年创编《红色文化资源研究》一书，设立在赣南师范大学的研究中心也已于2016年创办了学术期刊《红色文化书刊》，这都为红色文化资源的深入研究搭建了稳定且高水平的平台。

本文利用中国知网、万方数据以及维普资讯三大平台，以“红色文化资源”为关键字检索2003—2018年8月近十五年发表的相关文献。经分析比较，发现三大平台检索到的文献数目不尽相同，但对于以红色文化资源为关键字的文献发表趋势是相似的，即国内学者对红色文化资源的相关研究在2011年后急剧增多，并且基本呈逐年递增趋势。其中中国知网所涵盖的信息最为全面，共检索出1 773篇文献。2003—2010年241篇，2011年起发文量明显增多，并在 2012 年出现小高峰，该年全年发文量为 198 篇，而 2013—2018 年共计 1 164 篇。笔者以中国知网的文献为样本，以“红色文化资源”为关键字进行检索，将其年度发文趋势进行整理，如图 1。

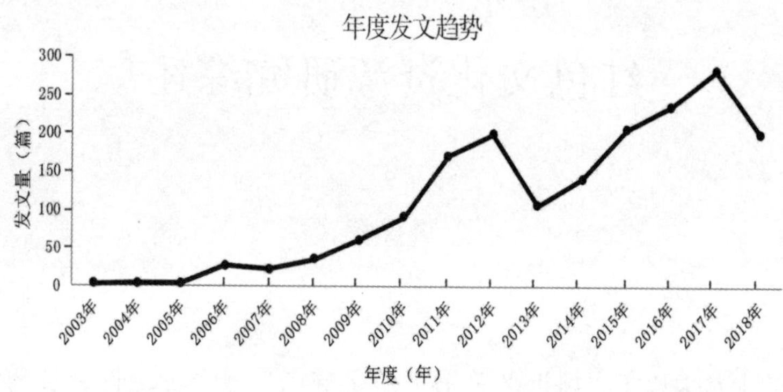

图 1　“中国知网”上以“红色文化资源”为关键字检索到的发文量总体趋势

笔者通过对文献的计量可视化分析，得知目前学术界对红色文化资源的研究主要集中在红色文化资源的内涵、特征、价值和分类四个方面。本文将分别针对这四个方面的研究现状、成果、经验和教训等加以梳理和分析。

一、 红色文化资源的内涵

红色文化资源作为红色文化的重要组成部分，已经成为学术界当前研究的热点。红色文化资源是由“红色”“文化”和“资源”这三个关键词复合而成的概念，并且这三个关键词还可两两组合成“红色资源”“红色文化”等内涵相近的概念。其中红色资源一般认为是从文化资源的角度界定红色文化，强调红色文化的资源可利用性；而红色文化资源除了突出红色文化的资源性，相对于红色资源也更加强调了红色文化丰富的精神内涵。

据追溯，“红色资源”最早在2002年由谭冬发、吴小斌[2]在《“红色资源”与扶贫开发》一文中提出；“红色文化”的概念始于2003年刘欣文[3]发表在《中国文化报》上的《河北“红色文化”研究有新收获》一文；而“红色文化资源”的概念首次提出于2003年彭央华与项波[4]所著的《利用江西红色文化资源培育大学生民族精神的思考》一文。

那究竟什么是红色文化资源？陈始发等[5]认为很难在学术界统一红色文化资源的定义，在学者间难以形成对其概念的统一认识，因此可以允许有不同的阐释和概括。但是必须包含三个核心要素：灵魂是革命精神与革命传统，关键点是红色文化与资源，显著特征为原生性和衍生性。肖发生[6]认为红色文化资源的核心词汇始终是“红色”二字，主要指的是中国共产党领导中国人民在长期革命实践过程中所形成的历史遗存，具有资政育人的重要意义。方生更[7]则认为红色文化资源在内容和形式上具有特定的物质载体和精神指向，比如他提出陕西红色文化资源就指的是从陕西共产主义青年团和共产党组织的建立到陕西全境解放期间，发生的一系列革命历史事件、一处处革命遗址遗迹，以及在该期间创作出的红色文艺作品，包括其中所蕴含的红色传统、红色精神等。周宿峰[8]提出所谓的红色文化就是中国共产党自成立以来，领导中国人民，在长期的革命战争、社会主义建设和改革开放大潮洗礼的过程中逐渐形成的，其具有三种不同形式，即器物文化、制度文化和精神文化。

国内学术界对红色文化资源内涵的界定并不明确，也没有形成统一的认识，但是纵观各种研究成果，还是可以看出其具有共性的那一部分，即都指出红色文化资源并不是红色、文化和资源这三个概念的简单叠加，而是它们的有机整合。“红色”二字规定了红色文化资源的主体和年代，即中国共产党和中国人民在革命战争时期所创造的一系列资源；“文化”概念则是指该时期形成的制度文化、物质文化以及精神文化的有机统一；“资源”概念则揭示了红色文化具有资源属性，体现出红色文化是可以被开发利用的。这三个方面的相互规定与有机整合，就形成了大众日常了解的红色文化资源，即指中国共产党领导中国人民在革命战争年代开展了一系列革命活动后形成的可被人民群众开发利用的物质形态、信息形态、精神形态等的历史遗存，如红色作品和红色纪念物等。

二、红色文化资源的特征

相比于自然资源，文化资源的特征明显，如因其存在物质形态和精神形态两大类而具有的样态丰富性，还有可资利用的无限性等。学术界认为红色文化资源作为文化资源的一个重要分支，既具有文化资源的共性，亦有着其"红色"二字所体现出来的独一无二的特征。杨娴[9]在2015年以毕节市的红色文化资源为例，提出其具有数量多、分布广、内涵深等特征，这也是学术界普遍认同的观点。

（一）内涵的丰富性

红色文化资源是一个极具开放性和包容性的系统，蕴含着丰富的革命精神和文化内涵。每一处遗址遗迹，每一件历史文物，每一部红色经典都蕴含着革命先辈们的崇高理想、爱国精神及其高尚品质。尤其是红色精神，更能说明其内涵的丰富性。如穆华[10]认为遵义的红色文化内涵就是长征文化，具体体现在人民精神的先进性既能够加强党的建设服务，又能够鼓舞人民群众建设社会主义的信心，激励着大家奋发向上。李荣珍[11]认为甘肃红色文化资源的内涵集中表现为红西路军精神，即不屈不挠的奋斗精神、大无畏的革命英雄主义气概，以及对党忠诚、注重团结、严守纪律的革命精神。除此之外，红船精神、井冈山精神等丰富的革命精神，都是一代又一代的革命先辈为争取民族独立、人民解放和国家富强而艰苦奋斗、无私奉献，甚至流血牺牲所锤炼出来的高洁品质，其蕴含着的丰富内涵更值得广大人民群众尤其是新时代的青年们去了解，去学习。

(二) 分布的广泛性

在中国共产党领导人民进行长期革命斗争的时期，基于地理条件和群众基础的原因，中国共产党的革命根据地遍布全国，因此在全国各地都留下了极其宝贵的红色文化资源，可以说全国的各个城市，甚至各个城乡也都有当地的红色文化资源。刘月兰等[12]认为红色文化资源在空间分布上存在着整体广泛、区域集中的特点，比如庆阳被挖掘且开发的红色文化资源已经高达200多个点，并广泛地分布在各区县。陈志军等[13]认为以江西为代表，全省的各个地方都分布着大量的革命遗址，也都较好地保留着各种革命纪念物等，由此可证红色文化资源不仅数量多、分布广而且类型较为齐全。除了地理上的分布广泛性，随着革命先辈活动足迹的变化，同一个地方往往也会有着不同历史时期的红色文化资源，且其在不同时期的动态发展也恰好可体现出其在时间分布上也具有一定的广泛性。

(三) 地方文化的特色性

地方文化是在特定地区内被当地人民群众在特定的时间所创造出来的一种文化，是当地物质财富与精神文明的总和，具有鲜明的特点。红色文化资源从地域上看，分布在全国的各个地方，有着各个地区独特的历史特征和文化遗存等，因此也有着一定的地域特色。如孟祥林[14]就认为保定有着红、绿、古、俗等不同文化交织在一起的文化品牌特色，这点即可证明红色文化资源具有鲜明的地方特征。丁仁祥[15]认为由于当时的革命斗争条件不尽相同，斗争的地理环境也有着显著的差异，因此每个地方的革命历史也极具当地特色。由此可以说明红色文化资源因为地域的不同，其形成有着不同的历史条件，因此有着鲜明的独特的地域特色。

(四) 精神的传承性

文化资源具有发展规模大、传播范围广等特点，因此普遍都有较强的传承性。而红色文化资源内涵丰富，文化积淀深厚，自身也就具有较强的传承性。而在新时代，红色文化资源的传承除了依靠其自身的内涵魅力，也已经改变了它以往单一的传播方式，摒弃了通过几张图片讲述其蕴含的革命故事的前世今生这种方式，这种方式让群众尤其是当代青年认为红色文化空洞无趣，只是“说教”而已。在新时代，在信息时代，红色文化资源的传承则更多的是利用新媒体的传播以及新型体验活动的参与来进行。如田铁等[16]就认为在2018年狗年春晚期间，《牵妈妈的手》《为了共产党人的使命》等微视频在朋友圈以刷屏的形式，使得红色精神的传承既容易引起情感共鸣，也更容易为大家所接受，也就能起到显而易见的宣传教育效果。金民卿[17]认为红色文化传承的核心是红色文化精神的传承，其可以直接体现在红色实践当中和时代英模身上，并通过开发红色旅游，形成红色影视作品等方式留传下来，对人们产生时代性和持久性的感召力。丁慧民等[18]则以小岗村为例，说明红色基地作为红色文化资源中的一类，以革命遗址、革命纪念物为重要依托承载了丰富而伟大的红色精神。因此可通过参观和听讲解并重的形式，让络绎不绝的来访者了解并学习革命历史知识，而诸如此类的爱国教育就是在发挥传承精神、激发爱国热情的作用。刘琨[19]认为红色文化资源中的红色精神具有历时性、共时性以及时代性，一种革命精神的形成会转化为巨大的精神财富，对各个时代的人们都能起到突破时空限制的激励作用。红色精神传承形式多样，除了上述几种形式，还可以通过报纸、影视等新媒体的广泛宣传，将一些红色文艺作品传播至全国，而其中所蕴含的红色精神也会相应地传播到全国各地。

（五）物质资源的原真性

原真性和原生态性有一定的区别与联系，从革命遗址层面上说，原生态性指的是没有被雕琢过的，还保留着当年境况的原址原貌。原真性指的是在原貌被破坏的基础上，得到过一定修复和完善的。原真性、原生态性二者虽然有差异，但有着相同的本质，即都能体现中国共产党和中国人民英勇斗争的历史，是一笔不可估量的物质财富和精神财富。而现存的红色文化资源具有的多是原真性，井冈山、西柏坡等革命旧居旧址，湘鄂西、川陕等革命老区等都能体现这一点。刘建平[20]认为红色文化资源的整治工作要坚持“整旧如故，以存其真”的原则，力争做到最低限度的干预，修旧如故。一些遗址遗迹的修复也要严格按照“原环境、原结构、原工艺和原材料”的“四原”原则，尽可能保持和恢复原有的建筑风格，且原则上不得重建。禹玉环[21]认为遵义的红色文化遗产要能够持续利用，保持其原真性十分重要，并提出可运用多种技术手段为这些资源建立初始档案。

综上论述，我们可以看出，红色文化资源由于“红色”“文化”以及“资源”这三者的各自特点，以及三者两两结合所产生的化学反应，有着众多的特征。而除了以上的学术界认同度比较高的红色文化资源的几点特征，丁仁祥还提出其具有整体性、过程性、针对性等特征，古松岭[22]还提出其具有导向性、时代性等特征。

三、 红色文化资源的价值

价值可解释为“正面作用”，指的是事物本身所蕴含的一种内在有用性。红色文化资源的价值，就可以说是红色文化资源自身所蕴含着的对社会进步和健康发展的积极促进作用。从文化价值和社会功能上看，红色文化资源具有多种价值，通过查阅和整合学术界关于红色文化资源价值的各类观点，笔者认为可将红色文化资源的价值大致归为政治价值、经济价值、文化价值、教育价值和其他价值这五类。

（一）政治价值

政治价值指人们对政治现象做出的价值判断，主要包括政治判断、立场明示、目标聚拢等。红色文化资源是伴随着中国共产党成长、壮大而形成的，中国共产党的政治行为、政治理念和政治信仰等是其重要的政治内涵，有效利用该资源有利于培养人民群众的政治认同感，并能为促进政治发展提供思想支撑。如谭佳等[23]提出红色文化资源印证了中国共产党在艰辛岁月里做出的不懈斗争，面对现在各国文化相互激荡的新形势，整合红色文化资源、弘扬红色精神能增强人民的民族自豪感，有利于社会的稳定和发展。曾庆美[24]认为红色文化资源具有政治价值，它倡导了崇高思想境界和革命道德情操，塑造了一代代人的道德理想与价值追求。张梅龙[25]认为红色文化具有使广大群众坚定马克思主义信仰的力量，并且依托红色文化资源，能让大家更加坚定实现中华民族伟大复兴的信心与决心。从上述学者观点中可以看出有效地对红色文化资源进行整合，并且大力弘扬红色文化能密切党同人民群众的联系，增强民族凝聚力，从而达到缓和社会矛盾，促进政治稳定的目的，这也就是红色文化资源所具有的政治价值。

（二）经济价值

一定的文化总是反作用于一定的经济，而看某种物质或者精神是否具有经济价值，主要决定于它能否促进经济发展。红色文化资源作为社会主义市场经济中的重要经济资源，其蕴含的革命精神能使当地对红色旅游进行开发，从而带来直接的经济效益，并且可以通过后期的进一步开发促进当地社会的整体发展，使得人民群众的生活得到改善，其经济价值不容小觑。渠长根[26]认为红色文化资源中的红色旅游和红色文化产业是拉动经济发展的重要引擎，且在保护红色文化资源产生的一系列行为中，必定会切切实实地形成经济活动，产生不容忽视的经济效能，比如勘探勘查红色基地等。魏本权等[27]在文章中提及沂蒙六姐妹、齐鲁红都等红色品牌正随着红色经济、红色文化产业化而进入大众视野。一些具有“红色风情”的红色周边产品，如“沂蒙小调”系列食品、拥军布鞋等已经成为当地知名品牌，甚至涉及上百个门类的红色产品，而这些也成为当地的特色经济代表，其带来的经济效益十分可观。石功鹏等[28]举例大别山等一些革命老区凭借已有的知名度，转变传统的经济发展方式，大力推进红色文化资源的开发，并将其推向市场。因此在这些颇具名声的革命老区产生了以红色文化资源为关键点的新兴文化经济产业，而通过这些产业的进一步开发，为当地社会带来了良好的经济效益，这在一定程度上也就证明了红色文化资源的经济价值。

（三）文化价值

红色文化的根本属性是文化，因此首先具备一般的文化价值，如导向、传承价值。王爱华等[29]认为加强传播红色文化可以引导广大人民群众在潜移默化中树立正确的世界观、人生观和价值观，自觉抵制腐朽文化的侵蚀，始终保持积极向上的精神面貌。张璐等[30]认为红色文化通过传承在中国革命、建设和改革开放实践中以及和平建设时期形成的各种精神，印证了没有共产党就没有新中国的历史纪实。其次，文化以不同而具有特殊价值，因此红色文化也具有其特殊的文化价值。沈成飞等[31]认为红色文化具有标注中国特色的文化价值，红色文化继承和发展了马克思主义的先进思想并将之与中国实际相结合，且其通过传承红色精神而使得近代中国逐渐形成了新的时代特色，这都是红色文化区别于一般文化的价值所在。中国红色文化研究会会长刘润为[32]认为正确把握红色文化的本质特征和发展规律，能够使人民群众清楚地看到民族文化的光明前景。红色文化是以中国化的马克思主义为核心的充满民族智慧的文化，依托红色文化资源可使人民群众做出正确的价值判断，从而树立文化自觉和文化自信。综上论述，可以看出各学者认为红色文化资源的文化价值不仅仅在于传承红色精神，更是因为红色文化可依托革命遗址、红色精神等重要载体还原历史真相并引导人民群众形成积极向上的价值判断，从而增强大众文化自信，逐步提高国家文化软实力。

（四）教育价值

红色文化资源是优质的独特的教育资源，能针对性地使教育对象了解历史真相，从而树立正确的世界观、人生观、价值观。张泰城等[33]认为红色文化资源作为中国共产党在长期革命战争和社会主义建设实践中积累的优质资源，承载了中国共产党始终坚定不移的理想信念，每一处革命遗址遗迹，每一件珍贵文物，每一段令人动容的烈士事迹等都能折射出革命先辈的崇高理想和坚定信念，这正是适合对大学生开展思想政治教育的生动教材。王开琼[34]则认为红色文化资源可以从理想信念的导向、崇高道德的培育、健康情感的熏陶以及实践的参与这四个层面出发，提高教育对象的思想境界，增强其爱国情感。潘伟玲[35]以陈云纪念馆的“伟人精神进高校”活动为例，提出诸如此类的以红色文化资源为依托，进行红色文化体验的项目既贴近当代青年学生的审美情趣，又能让学生们深刻体会到伟人精神带来的正能量。陈俊[36]提出红色文化资源除了帮助人民群众树立“三观”，形成健康心理的教育价值，还可以通过发挥网络技术发展的正面作用来有效应对西方资产阶级意识形态的渗透。综上论述可发现，红色文化资源凭借自身特别的内涵，充满正能量的各种精神以及丰富的教育素材等原因，在对教育对象进行思想教育方面有其特殊的价值，且其价值发挥并不局限于大学生，丰富有趣的红色研学活动也能让小学生、初中生、高中生或者企事业单位职员产生文化认同感，从而受到“红色”教育；其价值发挥也不局限于现实世界，不局限于书籍、报刊等传统媒介，而是可以通过信息技术的革新拓宽红色文化传播的渠道，比如红色作品的有声阅读，可以使得教育对象在声情并茂的语境中受到教育，使得教育对象在虚拟化的网络世界里充分受到红色文化潜移默化的熏陶。

（五）其他价值

学术界对红色文化资源价值的探究并未形成统一认识，以上三点是大多数学者提出的具有共性的一些观点，而关于红色文化资源的价值，学者们还有着个人独特的观点。如谷松岭[37]还提出了红色文化资源具有艺术价值和生态价值的观点。此外也有部分学者提出红色文化资源具有一定的强军价值，能在军队建设方面发挥一定的作用。

综上所述，红色文化资源的价值是潜在价值，附着于各类红色文化资源之上，需要人民群众去关注它，并正确合理地对其进行开发、利用和保护，使其进一步发挥其社会影响，实现其价值。

四、红色文化资源的分类

红色文化资源内涵丰富，其存在方式的多种多样导致了其类型也呈现出多样化的特点，且可以依据不同标准作出不同划分。而目前学术界所面临的问题是怎样将红色文化资源进行更合理的归类。比如文字符号，革命先烈留下的文字材料，在载体上它属于物质，但其真正具有的价值则是因为文字材料中所体现出来的红色精神，因此该如何对这类红色文化资源进行归类，是值得研究的。笔者整理了迄今为止，学术界关于红色文化资源分类的一些学说，具体如下。

（一）“静态”“动态”的红色文化资源

曾喜云[38]将红色文化资源分为静态和动态两种类型。静态的红色文化成果有红色经典、红色网络等；动态的红色文化活动形式有红歌比赛、红色旅游等。同时，曾喜云认为一种资源的归类并不是绝对的，静态的文化成果也会有动态的成分，动态的文化活动形式也有静态的部分，此时对红色文化资源类型的区分则依据其成分的比重而定。

（二）基于物质、精神两分法下的红色文化资源

学术界针对红色文化资源进行的分类，最基本就是两分法，即将其分为物质和精神两大类，之后再将这两大类进行更为具体的划分。如渠长根在《红色文化概论》一书中认为红色文化资源有物质和非物质两大类型，在现实中其物化形态具体表现为三大类型：遗址踪迹、历史文物和重要文艺作品，或者也可以从组织机构、场地场所、设施设备、文本文献四种状态来解读。但同时他也认为无论用上述哪一种方式进行区分，各种红色文化资源之间都会有所交叉或重叠，即某一个红色文化资源会既属于此门类，又属于彼门类。迟海波[39]在《红色文化资源》一书中，将吉林红色文化资

源中的物质部分分为遗址踪迹类红色文化资源、建筑与设施类红色文化资源、重要革命历史文物及重要文艺作品四类。

（三）国家旅游资源分类法下的红色文化资源

除了以上的简单归类，学术界也有不少学者按照国家旅游资源分类方法对此进一步细分。如刘建平等[40]以甘孜州为例将红色文化资源分为遗址遗迹、建筑与设施、人文活动三类。此外，张克伟[41]将红色文化资源细分为三大主类、八大亚类和十种基本类型，具体分类如表1。

表1　红色文化资源的三大主类、八大亚类和十种基本类型

三大主类	八大亚类	十种基本类型
遗址遗迹	社会经济文化活动遗址遗迹	历史事件发生地
		军事遗址与古战场
建筑与设施	综合人文旅游地	文化活动场所
	单体活动场馆	展示演示场馆
	景观建筑与附属型建筑	碑褐（林）
	居住地与社区	名人故居与历史纪念建筑
	归葬地	陵区陵园
人文活动	人事记录	人物
	艺术	事件
		文学艺术作品

注：见张克伟．沂蒙红色文化资源产业化研究［D］．济南：山东大学，2010：14－15.

谢庐明等[42]提出红色文化资源可包括三大主类、九大亚类、十二种基本类型，与张克伟提出的分类基本相同，但也略有不同之处。如建筑与设施这一主类中，谢庐明等人将张克伟划分出的景观建筑与附属型建筑这一亚类细分为水工建筑、交通建筑两类，并由此衍生出水井、桥这两种基本类型。

（四）红色文化资源可根据不同的需要进行分类

张泰城[43]认为不同研究需要下的红色文化资源分类有所区别，笔者根

据其文献将其结论整理如表2。

表2 不同研究需要下的红色文化分类

研究需要	划分类型	具体形态
一般的理论研究	物质类	有形的实物形态的红色文化资源，如革命遗迹等
	信息类	以信息形态存在的红色文化资源，如数据、文字等
	精神类	无形的意识形态的红色文化资源，如井冈山精神等
理论与应用相结合	红色旧居旧址类	不可移动的革命历史遗迹，其表现形式为各式各样的建筑或建筑群
	红色器物类	革命战争年代与重大事件和重要人物活动有关的各种用品用具
	红色文献类	指的是以信息形态存在的记录革命历程和人物活动的书面材料与影像资料等
	红色文学艺术类	主要指的是在革命战争年代人们所创作的文学艺术作品
	红色纪念建筑类	当年为纪念重大事件和缅怀英烈而建的各类建筑以及革命胜利后所建造的供人们瞻仰凭吊的纪念建筑
	红色意识形态类	中国共产党人在革命战争年代形成的意识形态

注：见张泰城．论红色文化资源［J］．红色文化资源研究，2015，1（1）：1－11.

并且张泰城[44]还根据学科需要，依据“以主题分类为主、兼顾学科的原则”将红色文化资源分为10个基本大类：红色旧址、红色器物、红色文献、红色人物、红色事件、红色文艺、红色建筑、红色精神、红色研究、红色创作。

（五）红色文化资源可根据一般和特殊进行分类

郑敬东[45]认为长江三峡地区的红色文化资源主要有近代革命文化资源和红岩文化资源两大部分。近代革命文化资源是指从辛亥革命到中华人民共和国成立前在长江三峡地区乃至全国各地的红色文化资源。而红岩文化特指以周恩来为核心的中共中央南方局和重庆歌乐山烈士陵园的先烈们创造的伟大业绩的文化。这种一般和特殊的两分法在学术界比较少见，但也不失为一种分类方法。

综上所述，除了简单的两分法，即将红色文化资源分为物质和精神两类，学者们大多是按照不同的标准将物质的部分再次进行细分，主要细分为建筑、文本、文艺作品等。但是即使如此细分，还是有一些红色文化资源难以进行分类。比如英雄先烈的遗体，在物质具象层面，它是有实体的，但同时它也象征着一种无私奉献的爱国主义精神，并且其所蕴含的精神比单纯的身躯更贴近于红色文化内涵。如果按照人的身体是实物，属于物质层面的话，根据以上文献中对物质层面的细分，难以将其进行具体分类。因此笔者认为可在最后加入一类“其他”，将对分类有争议的红色文化资源归为此类。

五、 红色文化资源的研究展望

2014 年 12 月，习近平总书记来到南京军区机关视察，在南京军史馆内，在一组组雕塑、一幅幅图片以及一份份文物前，总书记提出把红色资源利用好、把红色传统发扬好、把红色基因传承好。此后，习近平总书记也曾多次强调红色文化资源的重要性。[46]从中可以看出，利用红色文化资源这一重要载体，红色文化能得以更好地传承，并且在新时代仍然发挥着重要的作用，如牢记历史、宣扬爱国主义精神等。因此笔者认为，在新时代如何正确定义红色文化资源，如何找准红色文化资源特征研究的新思路，如何发挥好红色文化资源的价值值得学术界深入研究。

（一）深入开展红色文化资源的理论研究

目前学术界针对红色文化资源的研究视角和研究方法比较单一，很多学者都是针对当地的红色文化资源进行探讨和研究，注重红色文化资源地区性的同时却忽视了其所具有的民族性。红色文化资源是内涵特别丰富的综合性资源，基于红色文化资源的研究显然也应该是综合性的研究。因此笔者认为应该要整体地、多维度地推进红色文化资源的深入研究，如可以利用马克思主义理论、马克思主义中国化研究、中国近现代史基本问题等学科，以及社会学、艺术学等为其提供学科支持，推进其多层面的研究。

（二）系统开展红色文化资源的挖掘方式研究

在开发红色文化资源的实践中，由于无法全面地详细地掌握相关资料，且缺少统一的规划和管理，往往会导致相关部门认识不到资源之间存在的一致性或相关性，从而造成配套设施不完善的后果。于永芳[47]对此建议可设立相关层面的管委会，建立红色文化资源大数据库，对分散在全国各地的红色文化资源和同一性质的红色文化资源进行归类、存档以及挖掘、开发等。笔者认为，成立专门的管理机构来对红色文化资源进行研究、开发、管理，有利于红色文化资源开发效用的最大化。尤其在红色旅游中，该机构可将当地的红色精神与自然风光、历史遗迹等串联起来，设计出一条有特色且富有内涵的红色旅游精品线路，通过寓教于乐的方式将红色文化的教育功能发挥到最大程度，从而扩大红色文化的影响层面。

（三）创新开展红色文化资源的利用成效研究

当前在全球化的背景下，创意与影响力密不可分，可以说创意的制高点被谁占领，谁就能在全世界拥有不可忽视的影响力。由此可见绵延红色文化资源生命力的关键还是在于创新。管仕廷等[48]提出需创新红色文化的表现形式，比如打造红色经典作品，塑造具有亲和力的“红色人物”形象等，这样既能展现当代中国人民的精神风貌，又能符合新时代观众的文化欣赏品位。笔者认为，由于我国当前的社会矛盾正是人民日益增长的美好生活需要同不平衡不充分发展之间的矛盾，文化产业的兴起才会对人们的生活产生巨大的影响，这影响不仅是针对物质生活，也包括人们的精神生活。因而针对文化产业的特殊分支红色文化资源，必须在实事求是的原则上，发挥充分的创造力对其进行整合、利用。从人们的实际需求出发，创新红色文化资源的形式，打造出一批人民群众喜闻乐见的红色文化精品。

(四) 科学开展红色文化资源本真的保护途径研究

在开发利用红色文化资源的过程中，经常会出现因对其内涵的把握不到位，甚至曲解、误解，而导致庸俗化的开发利用的情况，比如红色文化产品的过分商业化，红色经典遭恶搞等。因此，吉颖晨[49]提出要通过加强红色旅游景区的基础设施建设，加强红色资源管理的体制建设以及红色资源旅游从业人员的队伍建设三个措施来切实保护红色文化资源。钟金贵[50]提出对待红色文化资源要开发利用与保护并举，树立科学开发与保护观念，坚决防止急功近利、一哄而上的无序开发和低水平建设。笔者认为在开发过程中，相关部门必须牢牢把握住“科学保护，合理利用”的原则，建立相关法律保护体系，保护好红色文化的“原真性”，这样才能用最接近真实的载体来还原历史发展的真实轨迹，用最优秀的载体让所有人看到历史真相，从而由衷地产生历史认同感。

参考文献：

[1] 渠长根．红色文化学科建设刍议［J］．红色文化资源研究，2017，3（02）：1－7.

[2] 谭冬发，吴小斌．“红色资源”与扶贫开发［J］．老区建设，2002（07）：44－45.

[3] 刘欣文．河北“红色文化”研究有新收获［N］．中国文化报，

2003－10－01（T00）.

［4］彭央华，项波．利用江西红色文化资源培育大学生民族精神的思考［J］．南方冶金学院学报，2003（06）：4－6.

［5］陈始发，李立娥，齐耀祖．红色文化资源研究的历史考察［J］．理论视野，2014（8）：82－84.

［6］肖发生．多维视角下的红色文化资源［J］．红色文化资源研究，2015（1）：19－24.

［7］万生更．陕西红色文化资源价值探析［J］．理论导刊，2010（4）：79－81.

［8］周宿峰．红色文化基本问题研究［D］．长春：吉林大学，2014.（6）.

［9］杨娴．论毕节试验区红色文化资源的特征及价值［J］．南方论刊，2015（12）：88－91.

［10］穆华．遵义红色文化资源与美育之精神内涵相结合的研究［J］．新课程：上，2013（7）：101.

［11］李荣珍．甘肃红色文化资源的基本内涵和特点［N］．甘肃日报，2012－10－24（10）.

［12］刘月兰，傅悦．庆阳红色文化资源特点探析［J］．陇东学院学报，2016，27（2）：7－10.

［13］陈志军，黄志繁．江西红色文化产业化发展对策研究［J］．老区建设，2013（20）：26－27.

［14］孟祥林．京津冀一体化背景下保定红色文化发展研究［J］．中国名城，2014（4）：33－42.

［15］丁仁祥．红色文化资源的特性与整合［J］．红色文化资源研究，2016（2）：41－47.

［16］田铁，陈婕．新媒体时代红色文化的传播策略［J］．人民论坛，

2018（11）.

［17］金民卿．红色文化的精神传承与理想信念的当代建构［J］．井冈山大学学报：社会科学版，2015，36（1）：15－19.

［18］丁慧民，张任远．红色基地对当地文化及爱国主义情怀传承影响——以安徽省小岗村为例［J］．红色文化资源研究，2017，3（2）：96－104.

［19］刘琨．红色文化研究［D］．沈阳：辽宁大学，2015.

［20］刘建平，李双清．论乡规民约与乡村红色文化遗产的保护［J］．湘潭大学学报：哲学社会科学版，2009，33（6）：89－93.

［21］禹玉环．遵义红色文化遗产的档案式保护策略探讨［J］．兰台世界，2014（2）：95－96.

［22］谷松岭．论新时期红色文化意义的拓展及基本特征［J］．学校党建与思想教育，2014（21）：85－88.

［23］谭佳，黄平森．建设文化强国视域下的红色文化资源整合［J］．红色文化资源研究，2016，2（1）：61－66.

［24］曾庆美．红色文化资源价值分析——以怀化市为例［J］．湘潮：下半月，2012（4）：80－82.

［25］张梅龙．论红色文化对于坚定马克思主义信仰的价值［J］．井冈山大学学报：社会科学版，2012，33（1）：22－26＋42.

［26］渠长根．红色文化概论［M］．北京：红旗出版社，2017. 247－245.

［27］魏本权，陈敬．红色资源学视野下的临沂红色文化及其产业开发［J］．井冈山大学学报：社会科学版，2011，32（1）：15－20.

［28］石功鹏，居继清．对大别山红色文化资源价值及其利用的思考［J］．黄冈师范学院学报，2010，30（5）：45－46.

［29］王爱华，李艳．红色资源的时代价值与教育功能［J］．学校党建

与思想教育，2014（4）：15－17.

［30］张璐，王小元．试述红色文化在实现中国梦进程中的价值［J］．党史文苑，2015（10）：78－80.

［31］沈成飞，连文妹．论红色文化的内涵、特征及其当代价值［J］．教学与研究，2018（01）：97－104.

［32］刘润为．红色文化与文化自信［J］．红旗文稿，2017（12）：4－7.

［33］张泰城，常胜．论红色资源融入思想政治理论课教学的有效途径［J］．思想理论教育导刊，2011（12）：69－71.

［34］王开琼．红色文化资源价值与德育功能研究［J］．教育现代化，2016，3（24）：219－220＋232.

［35］潘伟玲．红色文化资源在高校思想政治教育中的应用探究——以陈云纪念馆“伟人精神进高校”为例［J］．思想政治课研究，2016（1）：52－56.

［36］陈俊．网络时代红色文化融入大学生思想政治教育的途径探析［J］．学校党建与思想教育，2014（19）：90－92.

［37］谷松岭．论红色文化资源的价值［J］．红色文化资源研究，2017（1）：14－20.

［38］曾喜云．红色文化资源开发利用中存在的问题、原因及对策［D］．武汉：华中师范大学，2008.

［39］迟海波．红色文化资源［M］．长春：吉林人民出版社，2011.

［40］刘建平，王洪树．四川藏区红色文化资源的当代价值与开发思路——以甘孜州为例［J］．理论观察，2016（1）：105－109.

［41］张克伟．沂蒙红色文化资源产业化研究［D］．济南：山东大学，2010.

［42］谢庐明，陈建平．赣南红色文化资源分析评价与开发研究［J］．

党史文苑，2007（20）：56－59.

［43］张泰城．论红色文化资源［J］．红色文化资源研究，2015，1（1）：1－11.

［44］张泰城．论红色文化资源的分类［J］．中国井冈山干部学院学报，2017，10（4）：137－144.

［45］郑敬东．长江三峡地区红色文化与抗战文化资源的分类及特色［J］．三峡论坛（三峡文学．理论版），2012（05）：31－34＋148.

［46］周金堂．把红色资源红色传统红色基因利用好发扬好传承好［J］．党建研究，2017（05）：46－48.

［47］于永芳．用好丰富的红色文化资源［J］．群众，2015（5）：27－28.

［48］管仕廷，宋志鹏．论培育社会主义核心价值观目标下的红色文化创新［J］．决策与信息，2016（9）：69－77.

［49］吉颖晨．保护利用红色资源，传承弘扬红色文化［J/OL］．北方文学：下旬，2017（7）：175［2018－02－23］．http：//kns. cnki. net/kcms/detail/23. 1058. I. 20170731. 1334. 264． html.

［50］钟金贵．红色文化的开发利用与保护研究——以遵义为例［J］．黑龙江史志，2013（11）：346－348.

（作者简介：闻洁璐，女，浙江理工大学马克思主义学院研究生）

红色文化的概念、内涵及其传承

郤淑波　赵允福

进入21世纪以来，随着中国国力的强盛，以及一系列大型纪念活动的开展，红色文化以前所未有的力度和广度进入国人的视野，红色文化得到了进一步的传播与弘扬。众多对红色文化的研究也方兴未艾，出现了数量可观的研究成果。但在红色文化概念的界定、内涵的诠释等方面，还存在着不清楚的地方。本文从对红色文化概念的界定与分析入手，认为红色文化是新民主主义时期最先进的文化，具有持久的生命力，红色文化已经成为当代中华文化的一个重要组成部分，对红色文化的宣传与传承，有助于增强中华民族的文化自信。

一、红色文化概念的厘定

学术界关于“文化”的理论探索与解析的相关著述已很多，但对“红色文化”的概念界定还没有取得一致，对“红色文化”的理论与学科体系的研究还处在初级阶段，当前，亟须建立“红色文化”的理论体系。首先应该是对“红色文化”的概念进行界定。

文化史上的“文化”是指人类在社会发展过程中所创造的物质财富和精神财富的总和。在“红色文化”概念的界定上，学术界基本取得一致的是：（1）红色文化的创造主体是中国共产党及其领导下的革命大众；（2）红色文化的指导思想是马克思主义和毛泽东思想；（3）红色文化是新民主主义时期的先进文化。

但在所谓的“红色文化”概念涵盖的时间段上，却发生了不一致的理解：（1）大部分学者认为，红色文化产生的时期是“新民主主义时期”，如刘辉的《红色文化的当代价值及其实现路径探新》[1]，李水弟、傅小清的《红色文化的内涵》[2]等论文皆持此论；（2）也有学者将社会主义建设和改革开放时期也归入红色文化时期，如沈成飞、连文妹的《论红色文化的内涵、特征及其当代价值》[3]，马静、刘玉标认为红色文化“经过了中国革命、建设和改革90多年的风雨洗礼”[4]；（3）还有的学者将红色文化的产生期限界定为第二次国内革命战争时期，刘寿礼先生就持此议。[5]

笔者认为，红色文化经过了产生、发展与传承两个重要的时期：（1）新民主主义革命时期，是红色文化的产生时期；（2）1949年中华人民共和国成立后至今，是红色文化的传承时期。进入21世纪以来，随着国力的提升、党和国家层面的高度重视，红色文化得到了很好的传承。上述两个时期中，前者是后者的基础与前提，后者是对前者的传承和进一步发扬。

对红色文化的概念的理解，笔者倾向于这样一种诠释：“红色文化是新民主主义革命时期，由中国共产党、一切先进分子和人民群众共同创造的、具有中国特色的先进文化；是马克思主义、毛泽东思想与中国革命实践相结合的时代产物；是中华民族精神和党的优良革命传统的继承和体现；是民族性、科学性、大众性、时代性、先进性和创新性的统一。就其本质而言，是在中国共产党领导的革命和建设过程中形成的具有无产阶级意识形态的先进文化。”[6]

二、 对红色文化概念内涵的进一步诠释

对这一概念的内涵，我们可以从以下几方面来加强理解：

1. 对红色文化“是新民主主义时期的先进文化”[7]其中的“先进性”，应从如下几方面来进行理解。

红色文化的产生与发展，是与马克思主义中国化的过程密切相关的。以毛泽东为代表的中国共产党将马克思主义与中国实际相结合，创造出了适合中国发展的新的马克思主义——毛泽东思想。

毛泽东同志率先指明马克思主义中国化的核心思想，即马克思主义基本原理与中国具体实际相统一的思想。他第一次鲜明地提出“相结合”的科学概念，向全党提出了“使马克思主义在中国具体化”和“使中国实际马克思主义化”的双重任务；首创了马克思主义与中国实际相结合的革命道路，探索出了实现马克思主义中国化的具体路径，赋予马克思主义以中国的民族特点、民族方式、民族风格和民族气派。[8]毛泽东思想是中国共产党集体智慧的结晶，是当时最先进的指导思想。在这一先进思想支配下的红色文化，也必然是最先进的文化。

红色文化的先进性，还表现在与人民群众利益的始终一致上。即便在最困难的长征时期，共产党人也始终坚持群众利益至上。如遵义地区的宣传性的红色歌谣就唱道：“红军是工农自己的军队，白军是帮助土豪劣绅的军队，红军是帮助干人谋利益。”[9]中国共产党在成立初期就明确说明，党的宗旨是全心全意为人民服务。

红色文化指导思想的先进性，决定了它是新民主主义时期最先进的文化。

2. 红色文化的产生和发展时期是新民主主义革命时期，大致与中国共产党成立时的1921年同步，至1949年中华人民共和国成立。

当然这一时段并没有严格的界定，而是还应该进行适当的前伸与后延。其前伸，要溯及五四新文化运动前夕马克思列宁主义传入中国之时，包括中国共产党成立前具有共产主义思想的知识分子开始从事建党等进步宣传活动的时间。所谓后延，当是延至中华人民共和国成立后，在解放全中国的一系列革命战争时期。

故狭义的红色文化所包含的时期，应该是中国红色政权或中国工农红军成立时的1927年，至新民主主义革命取得胜利的中华人民共和国成立时期；广义的红色文化所包含的时期，应在此基础上进行适当的前伸与后延。至于中华人民共和国成立后，进入社会主义革命与建设时期，则进入红色文化的传承时期。其中1966—1976年“文革”期间，是带有“极左”意识形态的红色文化时期。[10]

3. 红色文化的产生有“一个特定的”创造主体。伟大的中国共产党和中国人民是全人类优秀文化的创造者和发扬者。

“广泛的人民性”是红色文化的标志性特征。[11]中国共产党是红色文化的“领创者”。[12]红色文化的创造者，除了领导中国革命的中国共产党，也包括与中国革命团结合作的民主人士，更有千千万万的在中国共产党领导下的广大人民群众。这些都是红色文化的创造主体。

此外，参与过中国革命的外国人士，我们也将之归入红色文化创造主体的范围，诸如来华行医的加拿大医生白求恩、印度医生柯棣华，来华积极报道中国人民的抗日战争，对抗日根据地军民热情讴歌的美国记者斯诺等。

近几年来，对红色文化人物的研究，也逐渐呈现出具体化、扩大化的趋势，例如对“沂蒙红嫂”的研究。“沂蒙红嫂”在很长一段时间里固化为对沂蒙革命老区积极支持革命的沂蒙妇女的讴歌与赞颂，其群体固化为用乳汁救治伤员的明德英，积极支援前线的沂蒙六姐妹等人身上。但在沂蒙革命老区，积极支持革命甚至付出生命代价的，还有更多的男女老幼，数不胜数。因此，在“沂蒙红嫂”的旗帜下，更有“沂蒙红哥”“沂蒙红爷爷”“沂蒙红奶奶”等。

4. 艰苦奋斗、不屈不挠、英勇抗争的“革命化”是红色文化的永恒主题，也是其鲜明特色。有学者将“革命文化统称为红色文化”[13]，认为红色文化“是中国共产党在新民主主义革命过程中以马克思主义为指导，在不同时期的革命斗争实践与不同地方具体经济、历史和文化条件相结合而创造的一种文化形态”。[13] 这实际上突出了红色文化鲜明的“革命化”特征。

“战争与革命决定了20世纪的面貌。”[14]战争是20世纪前期中国历史的常态。中国的红色政权自诞生伊始，就面临着严峻的生存条件。从中国共产党内部而言，20世纪20年代后期和30年代前期，盛行马克思主义教条化、共产决议和苏联经验神圣化的错误倾向，中国革命几乎陷入绝境。从外部而言，以蒋介石为首的国民党右派叛变革命，除了发动一系列反革命叛变，举起屠刀，大肆屠杀共产党人及其革命群众，还连续组织了五次针对红色政权的反革命“围剿”，第五次反“围剿”的失败，直接将中国共产党领导的革命推向了生死存亡的境界。红色政权面临着严峻的生存危机，这也就决定了必须以革命的手段对抗残暴的反革命手段。新民主主义革命时期，面对一系列严峻的为生存而不得不进行的斗争，“革命化”成为红色文化的显著特色。

中国共产党从成立伊始，就把“打倒列强除军阀”写入党纲，并矢志于这一奋斗目标的实现。即便是在面临严峻的生存考验时期，中国共产党也从未放弃这一目标，而是愈挫愈强，越发弥坚。如长征时期，生存极端困难，红军第四军司令部布告：“红军宗旨，民权革命”“帝国主义，哪个不恨”“打倒列强，人人高兴；打倒军阀，除恶务尽；统一中华，举国欢庆”。[15]布告以朗朗上口的四字歌谣形式，把革命的性质、任务、目的清楚地展现在人民群众面前，宣传了党的主张，调动了人民群众参与革命的积极性。

新民主主义时期的文化，就是革命的文化。红色文化则当是新民主主义文化中的先进文化，革命性是其主要特征。

5. 红色文化的鲜明特点是“红色”。荷兰社会学家霍夫斯泰基德说过，

“文化是我们思想中集体的，能够把一类人与另一类人区别开来的思考程序”。红色文化即具有这一鲜明的个性特点。它以色彩上的“红”与其他文化作了一个明显的划分，红色为刻在其身上的最鲜明的深深烙印，是其同其他文化区别开来的最鲜明的个性特征。[16]

红色是自然界的一种颜色，是中国人民非常喜爱的一种颜色。但在特定时代，在政治学领域，红色常常被用来象征先进、进步、革命等形象，被赋予了“希望、热烈、勇敢、创造、奋斗、牺牲等象征意味”[17]。国际共产主义运动从诞生开始，就以红色为其鲜明特征。马克思早年被问及“最喜爱的颜色”时，他曾明确回答是“红色”。1864 年共产国际成立，标志颜色是红色。《国际歌》中也这样唱道：“快把那炉火烧得通红，趁热打铁才能成功!”中国共产党领导中国人民革命的过程，与“红色”也息息相关。如嘉兴南湖上召开中共一大的游船，被称为“红船”；组建的第一支武装部队被称为“中国工农红军”；1927 年后陆续建立的各革命根据地和 1931 年成立的中华苏维埃政府被称为“红色政权”，毛泽东曾写下《中国的红色政权为什么能够存在》《星星之火可以燎原》等论著；红军制服八角帽上的五角星也是红色的。美国记者斯诺的《西行漫记》的直译就是《红星照耀中国》(Red Star Over China)。

基于“红色文化”具有鲜明的“红色”标志，若将红色文化指红色政权存在时期的文化，则更是明白直观地了解。如刘寿礼对红色文化的理解为：红色文化“从很大范围来说，就是指在第二次国内革命战争时期诞生于井冈山和以瑞金为核心的中央苏区‘红土地’之上的人民大众反帝反封建的革命文化”。[18]

三、 红色文化传承助长中华民族的文化自信

冯天瑜认为：“许多学科的基本概念，往往经过了漫长、含义模糊的古

典阶段，发展到近代，随着学科范围的明朗化和研究的精密化，逐步从不确定走向比较确定。后来随着科学的进一步发展，那些基本概念的内涵和外延又获得新的深度和广度，从而需要在更高层次给予新的界定。”[19]时代在变迁，社会在发展。红色文化诞生于革命战争年代，却并没有固化为历史沉淀，而在社会主义建设与改革开放时期得到了很好的传承与发展。“红色文化”这一概念的提出，也大致经历了这一“反复锻冶的过程”。

概念是“从具体观察得出的抽象观念，作为理论的基本结构元件或元素”[20]。“红色文化”这一概念并不是从其一产生就具有的。通过对中国期刊全文数据库的检索来看，2003 - 2004 年间，学界开始以“红色文化资源”“红色文化”等概念来指称革命战争时期的文化。[21]

“红色文化资源是静态的，不能言说的，这就需要外部媒介的介入与运用才能将其内涵丰富的精神力量传递给受众。”[22]自 20 世纪八九十年代来以来，随着“文化热”的兴起，特别是进入 21 世纪，随着以庆祝中国共产党成立 90 周年为契机的一系列大型纪念活动的开展，红色文化也以铺天盖地之势，得到了不断传承与发展，成为当代中国新的文化景观。

红色文化资源一直是我们党和国家的重要精神性资源。“红色文化资源实质是一种精神性资源，其最大价值在于德育。”[22]无论是在革命战争时期，还是在社会主义建设时期，党和国家一直重视对红色文化的传承。自 2004 年以来，中办、国办连续印发了三个规划纲要：《2004—2010 年全国红色旅游发展规划纲要》《2011—2015 年全国红色旅游发展规划纲要》《2016—2020 年全国红色旅游发展规划纲要》，其中强调指出，“自鸦片战争以来，大批仁人志士为了国家和民族的复兴，抛头颅，洒热血，前仆后继，艰难求索，留下了许多可歌可泣、催人奋进的爱国主义壮丽诗篇”。这就是强调红色文化是中华民族复兴道路上的价值一致性。

继印发红色旅游发展规划纲要以来，党中央、国务院、中央军委在出台的政策文件中，多次提及“弘扬传承红色文化，传承红色基因，发展红色旅游”，如中共中央、国务院《关于打赢脱贫攻坚三年行动的指导意见》指出，“帮助革命老区加强红色资源开发，培育壮大红色旅游产业，带动贫困人口脱贫”。中共中央办公厅、国务院办公厅也出台《关于实施革命文物保护利用工程（2018—2022）的意见》，指出，“打造红色旅游品牌”，“促进革命老区振兴发展”。国务院办公厅《关于促进全域旅游发展的指导意见》指出，“以弘扬社会主义核心价值观为主线发展红色旅游，积极开发爱国主义和革命传统教育、国情教育等研学旅游产品”。此外，中央有关部门和各地方党委政府也加大推进力度，陆续印发了大量推进红色文化旅游的文件。

文化从来都是一个民族进步的动力与源泉，文化自信也正是来自民族内部深厚的文化积累。红色旅游的发展推进了爱国主义和革命传统教育的大众化和常态化，大大增强了人民的爱国心与民族自信力。红色旅游是传承红色文化的重要途径。红色文化的传承有利于红色文化的传播，另一方面，红色文化作为新时代的先进文化，对红色文化资源充分发掘与传承，也必然助长中华民族的文化自信，“红色文化有利于增强文化自信”[23]。

四、结语

红色文化是新民主主义革命时期，由中国共产党领创的以马克思主义、毛泽东思想为指导的先进文化。在社会主义革命与建设时期，得到了很好的传承；进入21世纪以来，随着中国国力的提升，红色文化受到空前高度的重视，红色文化也得到了进一步的传承。

红色文化已成为当代中国特色社会主义文化的一个重要组成部分。中国特色社会主义文化是包括红色文化在内的，并吸纳一切先进文化在内的文化。中国特色社会主义文化的大繁荣大发展，离不开对红色文化的传承，“红色文化有利于标注中国特色”。同样，对红色文化的传承，也有助于提升中华民族的文化自信。[24]

红色文化具有丰富的数量可观的文献；研究队伍也日益庞大——众多的“红色文化研究中心”陆续成立，如贵州遵义师范学院的“红色文化研究中心”，临沂大学的“红色文化研究中心”，延安大学的“红色文化研究中心”，三明学院的“红色文化研究中心”，安徽大学与安徽金寨干部学院合作成立的“红色文化研究中心”，武夷学院马克思主义学院成立的“闽北红色文化研究中心”等；研究成果也颇为显著，有国家层面的重视，有基层民众的参与，红色文化已经成为一门显学。

参考文献：

[1] 刘辉．红色文化的当代价值及其实现路径探新［M］//王爱华．多维视野下的红色文化．成都：西南交通大学出版社，2011：51.

[2] 李水弟，傅小清．红色文化的内涵［J］．南昌工程学院学报，2008.

[3] 沈成飞，连文妹．论红色文化的内涵、特征及其当代价值［J］．教学与研究，2018（1）.

[4] 马静，刘玉标．刍论红色文化的基本特征［J］．理论学刊，2012.

[5] 刘寿礼．苏区“红色文化”对中华民族精神的丰富和发展研究［J］．求实，2004.

[6] 刘辉．红色文化的当代价值及其实现路径探新［M］//王爱华．多维视野下的红色文化．成都：西南交通大学出版社，2011. 51.

[7] 学界多有学者认为，红色文化是当时最先进的文化。如巩章义、曹文斌等（参见巩章义《试论打造黔北遵义红色文化品牌的战略意义及现实手段》，曹文斌《弘扬红色文化 加强情感腐败》，均参见王爱华主编：《多维视野下的红色文化》，西南交通大学出版社，2011 年，第 24、60 页）。

[8] 顾海良，梅荣政．马克思主义发展史［M］．武汉：湖北人民出版社，2006：308.

[9] 周帆. 从红色歌谣看红军长征途中宣传的言说策略——以长征时期遵义红色歌谣为例 [M] //参见王爱华. 多维视野下的红色文化. 成都: 西南交通大学出版社, 2011: 9.

[10] 张寒梅. 红色文化的内涵·特征及传播创新研究 [J]. 重庆工商大学学报: 社会科学版, 2014, 2.

[11] 马静, 刘玉标. 刍论红色文化的基本特征 [J]. 理论学刊, 2012, 10.

[12] 李水弟, 傅小清. 红色文化的内涵 [J]. 南昌工程学院学报, 2008, 10.

[13] 谢耀楠. 论红色文化的生成、结构、传播与变迁——以闽西红色文化为例 [J]. 宁夏党校学报, 2018, 1.

[14] 汉娜·阿伦特. 论革命 [M]. 译林出版社, 2007: 1.

[15] 遵义县革命文化史料征集办公室. 壮歌行, 1992: 154-156.

[16] 张寒梅. 红色文化的内涵·特征及传播创新研究 [J]. 重庆工商大学学报: 社会科学版, 2014, 2.

[17] 刘润为. 红色文化: 中国人的精神脊梁 [J]. 红旗文摘, 2013 (18)

[18] 刘寿礼. 苏区"红色文化"对中华民族精神的丰富和发展研究 [J]. 求实. 2004, 7.

[19] 冯天瑜, 何晓明, 周积明. 中华文化史 [M]. 上海: 上海人民出版社, 2005: 3.

[20] 克莱德·M, 伍兹. 文化变迁 [M]. 石家庄: 河北人民出版社, 1989: 119.

[21] 魏本权. 从革命文化到红色文化: 一项概念史的研究与分析 [J]. 井冈山大学学报: 社会科学版, 2012, 1.

[22] 杨帆. 红色文化资源话语功能分析 [J]. 理论月刊, 2018, 02.

［23］沈成飞，连文妹．论红色文化的内涵、特征及其当代价值［J］．教学与研究，2018，1.

［24］沈成飞，连文妹．论红色文化的内涵、特征及其当代价值［J］．教学与研究，2018（1）

（作者简介：郎淑波，男，潍坊学院马克思主义学院，讲师；赵允福，男，潍坊学院马克思主义学院副院长、教授）

中华人民共和国 70 年中国共产党革命精神的历史考察

种鹏

“中国共产党革命精神是中华民族弥足珍贵的精神财富，是中国共产党和中国人民创造辉煌业绩的精神支柱。”[1] 以习近平同志为核心的党中央强调：“实现党和国家兴旺发达、长治久安，全党同志必须保持革命精神、革命斗志。”[2] 目前，学者对中国共产党革命精神的研究多集中于对某一具体历史时期中国共产党革命精神及其价值的研究、习近平总书记对中国革命精神的传承等。如西柏坡时期提出的“两个务必”“两个敢于”“两个善于”“两个坚持”等重要思想，从改进革命作风、坚定革命信念、创新革命方法、夯实革命基础等层面，丰富了中国共产党革命观的内涵，对新时代永葆革命本色、昂扬革命斗志、弘扬革命精神、练就革命本领有重要作用；[3] 习近平对中国共产党革命精神的主导思想进行了新发展，价值目标进行了新阐释，精神形态进行了新补充，从而构建了中国共产党革命精神新话语，成为习近平新时代中国特色社会主义思想的重要组成部分。[4] 通过梳理中华人民共和国 70 年中国共产党革命精神的历史演进过程，分析中国共产党革命精神在不同历史时期的表现，发现中国共产党革命精神始终贯串着不变的国家情怀、深厚的人民情怀和强烈的斗争精神。新时代中国特色社会主义是中国共产党领导人民进行伟大社会革命实践成果，担当这场社会革命主角的共产党人，在新的征程中，需要有继续激励和引领人民群众不断前进的革命精神。

一、 中华人民共和国70年中国共产党革命精神的历史演进考察

“中国共产党革命精神是指党在领导人民群众进行革命、建设和改革实践过程中，在特定的历史时期和特殊的历史环境下形成的，集中体现中国共产党政治觉悟、意志品质、思想道德和工作作风的一系列优良传统和革命风范。”[5]中华人民共和国70年中国共产党革命精神演变过程根据主题大致可以分为三个历史阶段：第一阶段是1949—1978年；第二是阶段是1978—2012年；第三个阶段是2012年至今。中国共产党革命精神的形成与发展带有鲜明的时代烙印，时代的发展赋予中国共产党革命精神新的内容，同时中国共产党革命精神的发展也推动了时代的发展。

第一阶段，是1949—1978年。中华人民共和国成立初期，面临着严峻的考验。国内，它所继承的是一个千疮百孔的烂摊子，生产萎缩、民生困苦。国际上，美国仍拒绝承认中华人民共和国，企图在政治上实行孤立，在经济上实行封锁，在军事上实行包围。此外，党自身也面临着在和平建设的历史条件下，能不能继续保持同人民群众的血肉联系，保持实事求是、谦虚谨慎和艰苦奋斗的优良传统。[6]面对中华人民共和国成立初期的复杂形势和种种困难，中国人民在中国共产党的领导下，迸发出建设一个新世界的巨大热情和精神力量，在一穷二白、百废待兴的基础上艰苦创业、改天换地，成功建立起了独立的、比较完整的工业体系、国民经济体系和国防体系，从根本上改变了中国社会的整体面貌。在社会主义革命和建设的伟大实践中，形成了以自力更生、艰苦奋斗、无私奉献为内容的中国共产党革命精神。

如1960年，正是国家三年困难时期，在这最艰苦的岁月里，在技术、

人员、生产工具都极为缺乏的时代，王进喜带领工人们发挥“有条件要上，没有条件也要上”“宁可少活二十年，拼命也要拿下大油田”的英勇无畏精神，为建设大庆油田做出了突出的贡献。在井喷最危险的时刻，王进喜带着伤腿，首先跳进泥浆，压住了井喷。他的精神被当地誉为“铁人”精神。20 世纪 90 年代，江泽民同志在回忆这段历史时，将铁人精神概括为：“为国争光、为民族争气的爱国主义精神；独立自主、自力更生的艰苦创业精神；讲求科学、‘三老四严’的求实精神；胸怀全局、为国分忧的奉献精神，深刻揭示出大庆精神爱国、创业、求实、奉献的深刻内涵。”[7] 再如，在三年困难时期，民众忍饥挨饿，靠一锤、一铲、两只手，在太行山悬崖峭壁上修成了全长 1 500 千米的红旗渠，结束了十年九旱、水贵如油的苦难历史，孕育了“自力更生、艰苦创业、团结协作、无私奉献”的红旗渠精神。在这个历史时期，面对中国科学技术落后，原子弹技术被美国垄断，威胁人类的生存和安全的现状，毛泽东毅然决定研制“两弹一星”，拥有自己的核武器，不再受制于人。在这种情况下，广大科研工作者抛家舍业甚至隐姓埋名，在大漠深处研发出中国的“两弹一星”，同时也培育了“热爱祖国、无私奉献，自力更生、艰苦奋斗，大力协同、勇于攀登”的“两弹一星”精神。同一时期，面对兰考县遭受严重的内涝、风沙、盐碱三害，焦裕禄坚持实事求是、群众路线的方法，同全县干部一起，与自然灾害进行顽强斗争，他身患肝癌，仍旧忍着剧痛，坚持工作，始终保持人民公仆本色，铸就了亲民爱民、艰苦奋斗、科学求实、迎难而上的焦裕禄精神等。总之，在社会主义革命和建设时期，中国共产党革命精神发挥出凝聚人民群众、激发民族力量、塑造一代新人的巨大作用，成为新时代中国特色社会主义不可缺少的重要组成部分。

第二阶段，主要是 1978—2012 年。1976 年 10 月，“文化大革命”结束后，中国在经济领域面临着巨大的国际竞争压力。在这关键性时刻，邓小平同志斩钉截铁地说：“如果现在再不实行改革，我们的现代化事业和社会主义事业就会被葬送。”[8]这一断言指明了中国社会前进的方向，中国改革的发展必须走改革开放的道路，不改革开放，中国就没有活路。改革开放的伟大事业呼唤新的伟大精神，改革开放需要不断进行理论创新、制度创新、政策创新和实践创新，需要敢闯敢试、敢为天下先、锐意进取、开拓创新的精神，它是当代中国改革开放的灵魂。

在这一时期形成了解放思想、实事求是、与时俱进、改革创新、求真务实、谦虚好学的一系列符合时代特征的精神品质和社会风尚。在这些精神品质和社会风尚中，改革创新处于核心地位，是新时期中国共产党革命精神的最强音，它贯穿改革开放的全过程，呈现于改革开放的各个领域。邓小平同志退休后，党的第三代领导核心江泽民同志继续高举改革开放的大旗，强调伟大的创业实践需要伟大的创业精神，江泽民同志指出：“伟大的创业实践，需要伟大的创业精神来支持和鼓舞。解放思想、实事求是，积极探索、勇于创新，艰苦奋斗、知难而进，学习外国、自强不息，谦虚谨慎、不骄不躁，同心同德、顾全大局，勤俭节约、清正廉洁，励精图治、无私奉献，这些都应该成为新时期我们推进现代化建设所要大力倡导和发扬的创业精神。这些精神的核心和精髓，就是邓小平同志一再强调的解放思想、实事求是。”[9]在这一时期，面对几次大的灾难，中华民族在考验中形成了不畏艰险、众志成城的精神。如在1998年大洪水中，全党全军全国各族人民以自己的行动，与洪水进行抗争，以惊人的勇气和力量，保护了长江流域的安全，保护了人民的财产和生命安全，形成了“九八”抗洪精神。2003年，面对突如其来的传染性非典型肺炎疫情，领导干部冲锋在前，与人民群众团结一致，互相支援，迎难而上，形成了不畏艰险的抗击“非典”精神。在汶川地震中，中华民族又表现出万众一心、众志成城、不畏艰险、百折不挠的抗震救灾精神。胡锦涛同志曾指出，在波澜壮阔的抗震救灾斗争中，用理想凝聚力量、用信念铸就坚强、用真情凝结关爱，大力培育和弘扬了万众一心、众志成城，不畏艰险、百折不挠，以人为本、尊重科学的伟大抗震救灾精神。[10]在2008年举办夏季奥运会期间，中华民族向世界展现了国家利益高于一切，为国争光，顽强拼搏、超越自我，友好相待、公平竞争，热心服务、乐于奉献的志愿者精神。改革开放时期还涌现了以郑培民、任长霞等为代表的廉洁奉公、恪尽职守、一心为民的公仆精神的典范。以改革创新为核心的改革开放时期的中国革命精神为改革开放的伟大事业凝聚了中国力量，为新时期改革攻坚克难提供了精神支柱，为实现实践创新、理论创新和制度创新提供了不竭的动力源泉。

第三阶段，主要是2012年至今。十八大以来的五年，是党和国家发展进程中极不平凡的五年。面对世界经济复苏乏力、局部冲突和动荡频发、全球问题加剧的外部环境，面对我国经济发展进入新常态等一系列变化，我们坚持稳中求进的工作总基调，迎难而上，开拓进取，取得了改革开放和社会主义现代化建设的新成就。经过长期努力，中国特色社会主义进入新时代，这是我国发展新的历史方位。

新时代需要新的精神面貌，习近平总书记对中国共产党革命精神进行创新发展，如爱国主义精神，总书记在不同场合多次提到爱国主义精神对国家、民族的重要意义，勉励青年人不忘历史，共建家园。如2014年10月，习近平在主持召开文艺工作座谈会时对文艺创作者强调："要把爱国主义作为文艺创作的主旋律，引导人民树立和坚持正确的历史观、民族观、国家观、文化观，增强做中国人的骨气和底气。"[11]2015年9月，习近平总书记在纪念中国人民抗日战争暨世界反法西斯战争胜利70周年大会上的讲话中指出："以爱国主义为核心的伟大民族精神是中国人民抗日战争胜利的决定因素。古往今来，任何一个有作为的民族，都以自己的独特精神著称于世。爱国主义是中华民族精神的核心。"[12]再如"中国梦"的理想信念，中国正处在社会转型时期，观念多样、利益多元，每个人都有自己的梦想，每个阶层、群体也都有自己的梦想，这些梦想往往各有诉求甚至大相径庭，需要求同存异。坚定不移地推进"中国梦"的实现，是中华儿女最大的公约数。2013 年 3 月，习近平总书记在莫斯科国际关系学院发表演讲时明确指出："实现中华民族伟大复兴，是近代以来中国人民最伟大的理想，我们称之为'中国梦'，基本内涵是实现国家富强、民族振兴、人民幸福。"[13] 又如强调奋斗精神，习近平曾在多个场合向全国人民发出奋斗动员令，"幸福都是奋斗出来的""奋斗本身就是一种幸福"。习近平在 2018 年春节团拜会讲话中，22 次提到"奋斗"；在第十三届全国人大一次会议讲话中，10 次提到"奋斗"。十九大至今，"奋斗"成为习近平讲话中一个重要的关键词。他强调"幸福都是奋斗出来的""奋斗本身就是一种幸福""新时代是奋斗者的时代"。除此之外，习近平总书记强调以人民为中心的思想，如在党的十九大报告中，习近平总书记强调以人民为中心的发展思想和以人民为中心的创作导向的同时，首次把"坚持以人民为中心"作为坚持和发展中国特色社会主义的十四条基本方略之一明确提出来，并处于第一个基本方略"坚持党对一切工作的领导"之后，其他十二个基本方略之前的突出位置。习近平总书记指出："中国共产党的初心和使命，就是为中国人民谋幸福，为中华民族谋复兴，这个初心和使命是激励中国共产党人不断前进的根本动力。全党同志一定要永远与人民同呼吸、共命运、心连心，永远把人民对美好生活的向往作为奋斗目标。"[14] 新时代中国共产党革命精神为决胜全面建成小康社会，夺取新时代中国特色社会主义伟大胜利做出了重要贡献。

二、中华人民共和国 70 年中国共产党革命精神是对马克思主义的继承和发展

通过对中华人民共和国 70 年中国共产党革命精神的历史梳理，我们可以看到，在不同时期、不同环境下形成的中国共产党革命精神具有特定的内涵和外延。但不论形式如何变化，中国共产党革命精神体现着不变的国

家情怀、深厚的人民情怀、强烈的革命斗争精神，这些革命精神是对马克思主义的继承和发展。

（一）不变的国家情怀是对马克思主义国家观的继承与发展

铁人王进喜之所以能够不顾左腿重伤，跳进泥浆，用自己的身体搅拌泥浆，奋战三个多小时制服井喷；以邓稼先为代表的一批优秀科学家，之所以能够告别亲人，在环境极端艰苦的西部戈壁滩上隐姓埋名28年，战胜重重困难，陆续研制成功原子弹、氢弹和卫星，使中国成为少数独立掌握核技术和空间技术的国家；航天运动员之所以能够舍小家、顾大家，把对父母、子女和亲人的爱埋在心中，忘我地投入航天事业，都是因为他们心中高扬爱国旗帜，一心为国争光。恩格斯指出："国家绝不是外部强加于社会的一种力量。国家也不像黑格尔所断言的是'伦理观念的现实'，'理性的形象和现实'。确切地说，国家是社会在一定发展阶段的产物；国家是承认：这个社会陷入了不可解决的自我矛盾，分裂为不可调和的对立面而又无力摆脱这些对立面，而为了使这些对立面，这些经济利益相互冲突的阶级，不至于在无谓的斗争中把自己和社会消灭，就需要有一种表面上凌驾于社会之上的力量，这种力量应当缓和冲突，把冲突保持在'秩序'的范围以内；这种从社会中产生又自居于社会之上并且日益同社会相异化的力量，就是国家。"[15]恩格斯在这里指出了国家是阶级不可调和的产物的本质。20世纪初，列宁以马克思恩格斯的有关论述，深入批判考茨基等人的错误观点，发展了马克思的国家学说。"国家即组织成为统治阶级的无产阶级。""第一，无产阶级所需要的只是逐渐消亡的国家；第二，劳动者所需要的'国家'，'即组织成为统治阶级的无产阶级。'""劳动者需要国家只是为了镇压剥削阶级的反抗，而能够领导和实行这种镇压的只有无产阶级，因为无产阶级是唯一彻底的革命的阶级，是唯一能够团结一切被剥削劳动者对资产阶级进行斗争、把资产阶级完全铲除的阶级。"[16]这说明，国家是阶级统治的国家，随着阶级的消失，国家会逐渐灭亡。但是，阶级存在的时候，仍然需要无产阶级专政的国家。因为无产阶级专政是为绝大多数人谋利益，消灭阶级，最终实现每个人自由而全面的发展。世界范围内有资本主义和社会主义意识形态的斗争；中华人民共和国成立，经过三大改造，消灭了资产阶级。但是在新时代仍存在大量资本，存在各种分裂和破坏国家的行为，这就需要我们坚持无产阶级专政，弘扬爱国主义革命精神。

（二）深厚的人民情怀是对马克思主义政治立场的继承与发展

焦裕禄能够面对危害老百姓生产生活的三大灾害——内涝、风沙、盐碱，带领人们全身心投入封沙、治水、改地斗争；雷锋以关心别人为重，为集体和群众做了数不清的好事；洪水面前一方有难、八方支援，将人民财产损失减少到最低程度；三年困难时期，“沂蒙人民没有丢掉战争年代形成的无私奉献精神，没有忘记要顾全国家大局，宁肯自己吃糠咽菜、挨饿受冻，也要勒紧腰带，一粒不少地完成向国家交售公粮的任务”。[17]所有这些，都是因为他们始终坚持无产阶级的立场，忠于人民。19世纪40年代，在《共产党宣言》中，马克思恩格斯就已充分认识到农民和小资产阶级正处在不断分化并转入无产阶级队伍的过渡阶段。在这里，他们已经提出了无产阶级必须把劳动者中的非无产阶级阶层吸引到自己方面来，建立广泛的统一战线思想。经过1848年革命的洗礼后，马克思恩格斯清醒地认识到农民是无产阶级天然的同盟军。19世纪70年代，马克思恩格斯指出，彻底废除官僚制度，防止社会公仆变为社会主人，这是巴黎公社所创造的，一条伟大的、有深远意义的经验。公社代表了占人口大多数的被剥削群众的利益，体现了人民当家做主的原则。其具体表现就是用人民选举、监督并可以随时撤换的公仆取代旧机构的官吏，而且明确规定国家公职人员只应领取相当于工人工资的薪金。这些措施充分体现了社会主义民主的原则。马克思政党最鲜明的政治立场，就是致力于无产阶级和广大人民群众的利益。因此，从上可以看出，中国共产党革命精神深厚的人民情怀是对马克思政治立场的继承和发展。

（三）强烈的革命斗争精神是对马克思主义斗争精神的继承和发展

林县人能够在极其恶劣的环境下，用自己的双手创造了红旗渠的奇迹，邓稼先在“两弹一星”遇到前所未有的苦难时，迎难而上；中国人民在抗震救灾过程中不畏艰险，就是因为他们不屈服，具有强烈的斗争精神。在19世纪30至40年代，马克思在政治观点上是激进的革命民主主义。在博士论文时期，马克思在突出强调自我意识是世界发展过程中的决定力量，通过对伊壁鸠鲁无神论思想的充分肯定，宣扬了彻底的、战斗的无神论观点，把批判的矛头直指德国当时的封建统治及其精神支柱，表现了激进的革命民主主义立场。18世纪40至60年代，马克思在《共产党宣言》中指出：“共产党人不屑于隐瞒自己的观点和意图……他们的目的只有用暴力推翻全部现存的社会制度才能达到。让统治阶级在共产主义革命面前发抖吧。无产者在这个革命中失去的只是锁链。他们获得的将是整个世界。”[18]这里马克思认为只有彻底消灭剥削制度的社会革命，才能获得真正解放。在1848年革命期间，马克思恩格斯着重强调了被压迫民族运动和欧洲民主革命之间存在着密切的联系和相互影响，并明确指出了“被压迫民族解放斗争是欧洲革命的最好同盟军”这一极为重要的理论观点。19世纪70年代至20世纪初，马克思在总结巴黎公社革命经验的基础上，进一步阐述了无产阶级进行暴力和打破资产阶级国家机器的思想。马克思指出，巴黎公社的一条重要经验，就是巴黎工人阶级在革命的过程中，自始至终掌握着革命的武装，并用暴力打碎了旧的国家机器，保卫了新生的革命政权，维护了巴黎城里的革命秩序，抵御了入侵并围困巴黎的普鲁士军队，使巴黎公社存在了72天。马克思在《哥达纲领批判》中指出：“在资本主义社会和共产主义社会之间，必然有一个从前者变为后者的革命转变时期。同时这个时期相应地也有一个政治上的过渡时期，这个时期的国家只能是无产阶级的革命专政。”[19]综上所述，从革命民主主义到共产主义，马克思的一生充满了革命色彩。中国共产党坚持马克思主义革命精神，同时结合时代条件又赋予其新的内容，将其演化为勇于变革、锐意创新、敢于面对挑战并战胜困难的精神。

三、中华人民共和国70年中国共产党革命精神历史考察对新时代的启示

十九大作出了中国特色社会主义进入新时代的重要判断。习近平总书记指出：“面对世界经济复苏乏力、局部冲突和动荡频发、全球性问题加剧的外部环境，面对我国经济发展进入新常态等一系列深刻变化，我们坚持稳中求进的工作总基调，迎难而上，开拓进取，取得了改革开放和社会主义现代化建设的历史性成就……同时必须清醒地看到，我们的工作还存在许多不足，也面临不少困难和挑战。”[20]面对这一系列问题，需要在新时代背景下注重中国共产党革命精神的培养和教育。

（一）新时代依然要保有爱国主义精神教育不能变

中国特色社会主义进入新时代，前景十分光明，挑战也十分严峻。中国正处在从大国走向强国的关键时期，外部环境更加复杂，一些敌对势力对我国的阻遏、忧惧、施压不断增大。如当前西方霸权势力宣称他们的宪政民主政治模式是现代民主的范本，极力向其他国家推销其政治模式。国内也存在“爱国早已过时了”，或者“爱国是别人的事，与己无关”的言行，却不知爱国是每个公民都应具有的最起码的品质，只有爱国，国家才富强，民族才兴旺，个人才得以更好地发展。在中华民族5 000多年绵延发展的历史长河中，爱国主义始终是激昂的主旋律，始终是激励我国各族人民自强不息的强大力量。实现中华民族伟大复兴的“中国梦”，是当代中国爱国主义的鲜明主题。爱国主义的丰富性和生命力，正是通过它的历史性和具体性来表现的。正如毛泽东所说：“爱国主义的具体内容，看在什么样的条件之下来决定。”[21]在1949—1978年，爱国主义主要体现在勤俭建国、

无私奉献；在1978—2012年，爱国主义主要体现在弘扬爱国主义与扩大对外开放的统一；在新时代，爱国主义主要表现为献身于建设新时代中国特色社会主义伟大事业，献身于实现中华民族伟大复兴“中国梦”的实践，献身于促进祖国统一大业。新时代的爱国主义，既承接了中华民族的爱国主义优良传统，又体现了鲜明的时代特征，内涵更加丰富。新时代的爱国主义要坚持爱国主义和社会主义相统一、维护祖国统一和民族团结、尊重和传承中华民族历史和文化、坚持立足民族又面向世界。新时代的爱国主义，必须团结全体社会主义劳动者、社会主义事业的建设者、拥护社会主义的爱国者、拥护祖国统一和致力于中华民族伟大复兴的爱国者，汇集起实现中国梦的磅礴力量。

（二）新时代立足于以人民为中心的立场不能变

中华人民共和国70年，中国共产党革命精神的历史演变始终贯穿着全心全意为人民的立场，说明中国共产党高度重视民心。党要依靠群众又要教育和引导群众前进。这是马克思主义群众观的重要内容，也是践行马克思主义群众观的重要前提。[22]“中国共产党在长期严酷的革命战争环境中锤炼成了区别其他政党的优良作风，在人民群众中树立起了伟大形象。”[23]习近平指出：“学习马克思，就要学习和实践马克思主义关于坚守人民立场的思想。人民性是马克思主义最鲜明的品格……让人民获得解放是马克思毕生的追求。我们要始终把人民立场作为根本立场，把为人民谋幸福作为根本使命，坚持全心全意为人民服务的根本宗旨，贯彻群众路线，尊重人民主体地位和首创精神，始终保持同人民群众的血肉联系，凝聚起众志成城的磅礴力量，团结带领人民共同创造历史伟业。这是尊重历史规律的必然选择，是共产党人不忘初心、牢记使命的自觉担当。”[24]决胜全面建成小康社会，夺取新时代中国特色社会主义伟大胜利，更需要坚持以人民为中心的观点。但在现实工作中，某些党员干部缺乏宗旨意识，与群众路线的出发点脱轨，存在官僚主义问题；缺乏使命意识，与群众路线的目标脱轨，存在形式主义问题；缺乏忧患意识，与群众路线的实质脱轨，存在享乐主义、奢靡之风等问题。为此，要把人民群众的利益放在首位。习近平强调："人民群众是历史的创造者，是决定党和国家前途命运的根本力量。必须坚持人民主体地位，坚持立党为公、执政为民，践行全心全意为人民服务的根本宗旨，把党的群众路线贯彻到治国理政全部活动之中，把人民对美好生活的向往作为奋斗目标，依靠人民创造历史伟业。"[25]其次，要注意群众工作方法。毛泽东指出："在我党的一切实际工作中，凡属于正确的领导，必须是从群众中来，到群众中去。这就是说，将群众的意见（分散的无系统的意见）集中起来（经过研究，化为集中的系统的意见），又到群众中去作宣传解释，化为群众的意见，使群众坚持下去，见之于行动，并在群众中考验这些意见是否正确。然后再从群众中集中起来，再到群众中坚持下去。如此无限循环，一次比一次更正确、更生动、更丰富。"[26]

（三）新时代继续发扬敢于斗争的精神不能变

习近平总书记指出："实现伟大梦想，必须进行伟大斗争。"进入新时代，我国仍存在削弱、歪曲、否定党的领导和我国社会主义制度的言行；存在损害人民利益、脱离群众的行为；存在分裂、破坏民族团结和社会和谐稳定的行为等问题。为此，我们必须进行具有许多新的历史特点的伟大斗争，并充分认识这场伟大斗争的长期性、复杂性、艰巨性，发扬斗争精神，提高斗争本领，不断夺取伟大斗争新胜利。

新时代学习马克思的斗争精神是对马克思最好的纪念方式之一。习近平总书记指出："马克思的一生，是为推翻旧世界、建立新世界而不息战斗的一生。"[27]马克思毕生的使命就是为人类解放而斗争。《共产党宣言》是一部斗争的宣言书，全文共32处用到"斗争"一词，充满了斗争精神。斗争在不同的语境中具有不同的内涵，马克思所讲的斗争精神主要指与旧世界决裂，具有特定的哲学内涵。新时代的斗争精神传承了马克思的斗争精神，又具有鲜明的时代特色，是指我们在以经济建设为中心的新征程上，不能丢失那种敢于直面矛盾、敢于较真碰硬、敢于尽责尽力的精神状态，那种攻坚克难的实际行动。坚持和发展中国特色社会主义，就要开辟中国特色社会主义道路、创立中国特色社会主义理论体系、完善中国特色社会主义制度和建设社会主义先进文化，它承载着中国崛起的历史重任，体现着中国共产党人的伟大创造，但也意味着在前进的道路上不可能一帆风顺。什么时候都不要以为可以敲锣打鼓、顺顺当当实现我们的奋斗目标，唯有发扬敢于担当、敢于斗争的精神，认真冷静分析、主动大胆作为、有力有效斗争，才能因势利导、化危为机，在发展中解决发展的问题。

参考文献：

[1] 王炳林，房正．关于深化中国共产党革命精神研究的几个问题［J］．中国高校社会科学，2016（3）：4－15.

[2] 习近平在学习贯彻党的十九大精神研讨班开班式上发表重要讲话［EB/OL］．新华网 http：//www. gov. cn/zhuanti/2018－01/05/content_5253681. htm，2018－01－05.

[3] 杨子强，车宗凯．西柏坡时期中国共产党革命观的发展及启示［J］．思想教育研究，2018（07）：100－104.

[4] 时玉柱．习近平对中国共产党革命精神的新发展［J］．思想政治教育研究，2018（01）：124－128.

[5] 王炳林，房正．关于深化中国共产党革命精神研究的几个问题［J］．中国高校社会科学，2016（3）：4－15.

[6] 胡绳．中国共产党的70年［M］．北京：中共党史出版社，1991. 235－236.

[7] 大庆精神的由来与发展［EB/OL］中国共产党新闻网. http：//dangshi. people. com. cn/n1/2016/1229/c85037－28984831. html，2016－12－29.

[8] 邓小平．邓小平文选：第2卷［M］．北京：人民出版社，1994. 150.

[9] 江泽民．江泽民文选：第1卷［M］．北京：人民出版

社，2006. 301.

［10］胡锦涛．胡锦涛文选：第 3 卷［M］．北京：人民出版社，2016. 126.

［11］习近平：在文艺工作座谈会上的讲话［EB/OL］新华网．http：//www. xinhuanet. com/politics/2015－10/14/c_ 1116825558. htm，2015－10－14.

［12］习近平在纪念中国人民抗日战争暨世界反法西斯战争胜利 70 周年大会上的讲话［EB/OL］新华网．http：//www. xinhuanet. com//2015－09/03/c_ 1116456504. htm，2015－09－03.

［13］何毅亭．以习近平同志为核心的党中央治国理政新理念新思想新战略［M］．北京：人民出版社，2017.

［14］习近平在中国共产党第十九次全国代表大会上的报告［EB/OL］．人民网，http：//cpc. people. com. cn/n1/2017/1028/c64094－29613660. html，2017－10－28.

［15］列宁．列宁选集：第 3 卷［M］北京：人民出版社，2012. 113.

［16］列宁．列宁选集：第 3 卷［M］北京：人民出版社，2012. 130.

［17］徐东升，等．基于沂蒙精神育人的社会主义核心价值观教育研究［M］．济南：山东人民出版社，2015. 124.

［18］马克思，恩格斯．马克思恩格斯选集：第 1 卷［M］．北京：人民出版社，2012. 435.

［19］马克思，恩格斯．马克思恩格斯选集：第 3 卷［M］．北京：人民出版社，2012. 373.

［20］习近平在中国共产党第十九次全国代表大会上的报告［EB/OL］．人民网，http：//cpc. people. com. cn/n1/2017/1028/c64094－29613660. html，2017－10－28.

［21］毛泽东．毛泽东选集：第 2 卷［M］北京：人民出版社，1991. 520.

［22］孙海英．沂蒙早期党组织对实践马克思主义群众观的探索及启示

[J]. 学海，2017（6）：13.

[23] 赵长芬. 转型期党的社会凝聚力研究 [M]. 北京：中国社会科学出版社，2017. 50

[24] 习近平：在纪念马克思诞辰200周年大会上的讲话 [EB/OL]. 新华网，http：//www.xinhuanet.com/politics/leaders/2018－05/04/c_1122783997.htm，2018－05－04.

[25] 习近平在中国共产党第十九次全国代表大会上的报告 [EB/OL]. 人民网，http：//cpc.people.com.cn/n1/2017/1028/c64094－29613660.html，2017－10－2.

[26] 毛泽东. 毛泽东选集：第3卷 [M]. 北京：人民出版社，1991. 899.

[27] 习近平：在纪念马克思诞辰200周年大会上的讲话 [EB/OL]. 新华网，http：//www.xinhuanet.com/politics/leaders/2018－05/04/c_1122783997.htm，2018－05－04.

（作者介绍：种鹏，女，北京科技大学马克思主义学院博士生）

习近平总书记关于红色文化的相关论述研究

张德艳

曾在延安梁家河度过知青岁月的习总书记在延安精神的滋养下成长，多年来，他的红色足迹遍布信仰高地，他多次强调要把红色资源利用好、把红色传统发扬好、把红色基因传承好。习总书记在庆祝中国共产党成立95周年大会上的讲话中指出："在5 000多年文明发展中孕育的中华优秀传统文化，在党和人民伟大斗争中孕育的革命文化和社会主义先进文化，积淀着中华民族最深层的精神追求，代表着中华民族独特的精神标识。"[1]革命文化、红色文化作为优秀文化资源，是全国人民凝心聚力的精神财富，是我们党生生不息、思想建党的智慧力量，是新时期铸魂育人的利器。

一、沿着习总书记的红色足迹，看其对红色文化的相关论述

习总书记从政以来，探访多个革命老区，深刻感受革命精神的洗礼，在红色的土地上留下了坚实的足迹。他对革命精神、革命文化、红色基因进行了大量的论述，这些都是红色文化的范畴。

2005年2月，习近平率浙江省委理论学习中心组成员到南湖瞻仰红船，首次对红船精神进行了系统论述，他明确指出："红船精神，同井冈山精神、长征精神、延安精神、西柏坡精神等一道，伴随着中国革命的光辉历

程，共同构成我们党在前进道路上战胜各种困难和风险、不断夺取新胜利的强大精神动力和宝贵精神财富。”[2]

2006 年，习近平参观“伟大的长征——浙江省纪念中国工农红军长征胜利 70 周年图片展”时表示，长征是一部中国革命的百科全书，长征精神集中体现了党和红军的优良传统和作风，是中国共产党人世界观、人生观和价值观的全面展示，更是我们构建社会主义和谐社会的强大精神动力。

自 2006 年开始，到 2008 年、2016 年，习近平先后三上井冈山，三次论及井冈山精神。他饱含深情地说，无数革命先烈用鲜血和生命换来的江山，为我们创造美好生活奠定了坚实的基础，他们留下的优良传统是永远激励我们前进的宝贵财富，任何时候都不能丢。最后他指出：“我们要结合新的时代条件，坚持坚定执着追理想、实事求是闯新路、艰苦奋斗攻难关、依靠群众求胜利，让井冈山精神放射出新的时代光芒。”[3]

2009 年 11 月，习近平在陕西调研时强调结合新的实际弘扬延安精神。他强调伟大的延安精神教育滋养了几代中国共产党人，始终是凝聚人心、战胜困难、开拓前进的强大精神力量。

2010 年 5 月，习近平在广西百色市和南宁市调研期间，他语重心长地说，人民共和国来之不易，中国今天的大好局面来之不易，革命先辈的历史功绩党和人民永远不会忘记。我们要继往开来，与时俱进地发扬党的优良传统，把革命先辈为之奋斗的宏伟事业坚定不移地不断向前推进。

2011 年 3 月，习近平在湖南调研期间，瞻仰了毛泽东同志、刘少奇同志、彭德怀同志故居。他深情地说，革命传统资源是我们党的宝贵精神财富，每一个红色旅游景点都是一个常学常新的生动课堂，蕴含着丰富的政治智慧和道德滋养。要把这些革命传统资源作为开展爱国主义和党性教育的生动教材，引导广大党员干部学习党的历史，深刻理解历史和人民选择中国共产党的历史必然性，进一步增强走中国特色社会主义道路、为党和人民事业不懈奋斗的自觉性和坚定性，永葆共产党人的政治本色。

2011 年 9 月，习近平在出席全国老干部工作先进集体和先进工作者表彰大会时强调，广大老干部在中国革命、建设、改革各个历史时期都做出了巨大的历史性贡献，是成立中华人民共和国、建设中国特色社会主义事业的功臣。尊重老干部就是尊重党的光荣历史，爱护老干部就是爱护党的宝贵财富，学习老干部就是学习党的优良传统和作风，重视发挥老干部作用就是重视党的重要政治资源。

2012 年 12 月，元旦前夕，习总书记冒着零下几十摄氏度的严寒到达晋察冀边区政府的所在地河北阜平，充分肯定了革命老区和老区人民为中国革命胜利所做出的重要贡献，党和人民都不会忘记。

2013 年 7 月，习近平再次走进河北省的革命圣地——西柏坡。他说："每次都怀着崇敬之心来，带着许多思考走。""这里是立规矩的地方。"

2013 年 11 月，习近平到山东沂蒙山革命老区。他指出，这次来沂蒙就是看望老区人民，重温沂蒙精神。革命胜利来之不易，主要是党和人民水乳交融，党把人民利益放在第一位，为人民谋解放，人民跟党走，无私奉献，可歌可泣啊！沂蒙精神要大力弘扬。"沂蒙精神与延安精神、井冈山精神、西柏坡精神一样，是党和国家的宝贵精神财富，要不断结合新的时代条件发扬光大。"[4]

2014 年 10 月 31 日，习近平专程来到福建省上杭县古田镇，召开全军政治工作会议。在闽西革命老区，习近平同志带领中央军委全体成员和会议代表，重温我党我军的光荣历史和优良传统，接受思想启迪和精神洗礼。他深刻指出，"把理想信念的火种、红色传统的基因一代代传下去"。[5]

2015 年一年间，习近平共走访 3 个革命老区，分别是陕西延安、陕西照金和贵州遵义。在陕西看望慰问广大干部群众时，他说，老一辈革命家和老一代共产党人在延安时期留下的优良传统和作风，培育形成的延安精神，是我们党的宝贵精神财富。今天，全面从严治党要继续从延安精神中汲取力量。要把抓理想信念贯穿始终，提高辩证思维、系统思维能力，保持党同人民群众的血肉联系，始终为党和人民事业艰苦奋斗、不懈奋斗。

2016 年 4 月 24 日，习近平在安徽考察调研时指出，一寸山河一寸血，一抔热土一抔魂。回想过去的烽火岁月，金寨人民以大无畏的牺牲精神，为中国革命事业建立了彪炳史册的功勋，我们要沿着革命前辈的足迹继续前行，把红色江山世世代代传下去。革命传统教育要从娃娃抓起，既注重知识灌输，又加强情感培育，使红色基因渗进血液、浸入心扉，引导广大青少年树立正确的世界观、人生观、价值观。

二、习近平总书记红色文化相关论述的内涵分析

（一）习近平总书记红色文化相关论述的范畴

首先，从词汇上来讲，从习总书记对红色文化的相关论述中可以发现，他反复强调的革命精神、革命文化、红色基因、红色传统、红色资源等都属于红色文化的范畴；其次，从涵盖范围上来讲，习总书记红色文化的范畴既包括有形的，又包括无形的。沿着习近平的红色足迹，通过他参观革命旧址和遗址，缅怀那些为革命事业而牺牲的烈士，来追忆那段可歌可泣的峥嵘岁月，这些人、物和事都是红色资源，是中国共产党人精神与文化的象征，是红色文化的有机载体，也就是红色文化的物化形态，是有形遗产。习近平指出："无数革命先烈留下的优良传统是永远激励我们前进的宝贵财富，任何时候都不能丢。对于红色文化资源，我们既要注重有形遗产的保护，又要注重无形遗产的传承，大力弘扬红色传统。"无形遗产，就是红色文化的精神形态，就是习总书记在革命圣地深刻论述的西柏坡精神、沂蒙精神、古田会议精神、延安精神、遵义会议精神、井冈山精神、长征精神、红船精神等革命精神。

（二）习近平总书记红色文化相关论述的内涵

1. 核心与灵魂：坚定执着追理想

习近平总书记说："那些在抗战中英勇牺牲的革命先烈敢于抛头颅、洒热血，就是因为有坚定的理想信念。在我们的历史上，涌现了无数英雄模

范，也产生了不少蜕变分子、腐败分子。英雄模范之所以能够赴汤蹈火、舍生忘死，之所以能够任劳任怨、鞠躬尽瘁，之所以能够洁身自好、光明磊落，最根本的原因就是他们对理想信念的执着追求和坚守。他们选定了主义，站定了队伍，就终身为此不懈奋斗。反观那些蜕变分子、腐败分子，他们之所以走上歧途、走上不归路，最根本的原因是理想信念发生了动摇，在生死考验、利益诱惑、困难挫折面前松懈了斗志、忘却了身份、丢弃了忠诚。对理想信念的检验，和平年代尽管不像战争年代那样直截了当，但依然可以分出优劣高低。”[6]我们党之所以能够经受一次次挫折而又一次次奋起，归根到底，是我们党有远大理想和崇高追求。理想信念是共产党人精神上的“钙”，习近平总书记多次强调，“革命理想高于天”，理想指引人生方向，信念决定事业成败；理想信念坚定，骨头就硬，相反则会得软骨病，进而导致政治上变质、经济上贪婪、道德上堕落、生活上腐化。2015年2月13日至16日，总书记春节前夕赴陕西看望慰问广大干部群众时指出，今天，全面从严治党要继续从延安精神中汲取力量。要把抓理想信念贯串始终，提高辩证思维、系统思维能力，保持党同人民群众的血肉联系，始终为党和人民事业艰苦奋斗、不懈奋斗。坚定理想信念是习总书记红色文化相关论述的灵魂，是新时期广大党员干部淬炼党性的基础，也是在前进的道路上保持政治定力和战略定力，实现“两个百年”目标和中华民族伟大复兴的强有力保证。

2. 本质与精髓：艰苦顽强去奋斗

中国共产党在艰苦奋斗的实践活动中形成了优良的革命传统，比如：“三大纪律、八项注意”“艰苦奋斗”“谦虚，谨慎，不骄，不躁”“一不怕苦、二不怕死”等。这些红色文化，是中国共产党独具特色的红色基因，艰苦奋斗的顽强不屈精神最能体现中国共产党及其领导的广大无产阶级的战斗风格和精神面貌，是具有中国作风、中国气派的集中展现。2013 年 7 月，习近平专程考察革命圣地西柏坡，参观七届二中全会旧址，对“两个务必”思想内涵进行了新的阐发。他指出：“中国革命历史是最好的营养剂，多重温这些伟大历史，心中就会增加许多正能量。‘两个务必’包含着对我国几千年历史治乱规律的深刻借鉴，包含着对我们党艰苦卓绝奋斗历程的深刻总结，包含着对胜利了的政党永葆先进性和纯洁性、对即将诞生的人民政权实现长治久安的深刻忧思，思想意义和历史意义十分深远。”他告诫全党，党面临的“赶考”远未结束，必须深刻领会和思考“两个务必”的深邃思想，谦虚谨慎、艰苦奋斗。习近平早在《之江新语》中引用毛泽东的话语诠释了“困境之中见精神”，“什么叫工作？工作就是斗争。那些地方有困难、有问题，需要我们去解决。我们是为着解决困难去工作、去斗争的。越是困难的地方越是要去，这才是好同志。”习总书记的相关论述就是让我们从红色文化里汲取力量，艰苦奋斗攻难关，不怕牺牲甘奉献，走好新时期的长征路。

3. 根基与目的：全心全意为人民

习近平表示：“弘扬伟大长征精神，走好今天的长征路，必须把人民放在心中的最高位置。”在革命老区，他反复强调：“革命老区和老区人民为中国革命胜利做出了重要贡献，党和人民永远不会忘记。”“忘记老区，就是忘本，忘记历史就意味着背叛。”“要饮水思源，勿忘老区。”习近平走访革命老区的一个很重要的主题是考察老区脱贫致富的问题。他指出：“实现第一个百年奋斗目标、全面建成小康社会，没有老区的全面小康，特别是没有老区贫困人口脱贫致富，那是不完整的。”“加快老区发展步伐，做好老区扶贫开发工作，让老区农村贫困人口尽快脱贫致富，确保老区人民同全国人民一道进入全面小康社会，是我们党和政府义不容辞的责任。”习总书记每一个红色足迹里都包含着对人民深深的牵挂，每一次对红色文化的论述都有着“以人民为中心”的鲜明导向，由此作出“人民对美好生活的向往，就是我们的奋斗目标”的铿锵宣示，揭示“民心是最大的政治”的深刻道理。

三、在现实语境下看习近平总书记红色文化相关论述的时代价值

习近平总书记对红色文化的相关论述有着鲜明的政治立场、崇高的价值取向、深厚的群众基础和坚决的奋斗精神等，为实现中华民族伟大复兴提供了强大的精神动力。

（一）政治价值

习近平总书记在政治行为上频繁前往红色资源地区缅怀、考察或调研；在政治言论上，反复强调红色文化的重要性。红色文化在习近平党建思想体系中具有十分重要的地位，是习近平坚定共产党人理想信念的“钙”，是习近平强化共产党人宗旨意识的精神之源，是习近平增强共产党人群众观念的重要根基，更将成为新时代党建的重要指引。从习近平总书记数次重访井冈山到西柏坡的政治寻根，都显示出从严治党的决心，以史鉴今，这些政治规矩对于加强基层组织建设、营造和谐平等的党内同志关系、提高全体党员的素质和能力、加强党风党纪建设、维护中央权威具有十分重要的价值，是全面从严治党丰富的政治营养。红色文化是中国共产党革命生活的历史积淀，伴随着中国共产党的成长、成熟，是中国共产党意识形态的集中体现。当前西方敌对势力不断对我们“西化”“分化”。他们否定我们党的指导思想和社会主义道路，鼓吹历史虚无主义，歪曲党的历史和党的领导人，而红色文化则百炼成钢，通过加强红色文化的宣传，占领舆论阵地，成为抵御西方腐朽反动思想文化侵蚀、防止“和平演变”的利器。

（二）经济价值

与红色文化相对应的经济效益就是红色产业的发展，包括红色旅游和红色文化产品。近些年以红色文化为主体的影视作品深受大众喜爱，红色旅游发展给革命老区带来了人流、资金流和信息流。老区人民通过发展旅游产业，增加了收入，使大批当地群众脱贫致富。红色旅游，是“红色”

与“旅游”的有机结合，习总书记认为“突出红色，坚守红色”是红色旅游的本质和主旋律。他强调：“发展红色旅游要把准方向，核心是进行红色教育、传承红色基因，让干部群众来到这里能接受红色精神洗礼。”习近平总书记在参观将台堡三军会师纪念馆时指出：“革命传统和爱国主义教育基地建设一定不要追求高大全，搞得很洋气、很现代化，花很多钱，那就不是革命传统了，革命传统就变味了。可以通过传统教育带动旅游业，但不能失去红色旅游的底色。只有体会到革命年代的艰苦，才能使人们真正受到教育。”习近平指出：“发展红色旅游，指导思想要正确，旅游设施建设要同红色纪念设施相得益彰，要接红色纪念的地气，改善人民生活。”所以，《2011—2015 年全国红色旅游发展规划纲要》提出：要大力推动红色旅游发展和革命老区经济发展相结合，充分发动广大革命老区干部群众共同参与红色旅游发展，结合新农村建设，整合利用各方面资源，提供红色旅游餐饮、住宿等经营服务，延长红色旅游产业链，进一步带动革命老区经济社会发展。

（三）文化价值

在建党 95 周年庆祝大会的重要讲话中，习近平指出：“文化自信，是更基础、更广泛、更深厚的自信。在 5 000 多年文明发展中孕育的中华优秀传统文化，在党和人民伟大斗争中孕育的革命文化和社会主义先进文化，积淀着中华民族最深层的精神追求，代表着中华民族独特的精神标识。”鲜明独特、奋发向上的红色文化，是增强文化自信的三大源泉之一。要真正实现文化自信，就必须传承好、发展好红色文化。中国革命不是在别的什么文化的指引下而是在红色文化这一崭新文化形态的引领下取得胜利的。红色文化不仅继承了传统文化的优秀基因，同时孕育了社会主义先进文化，成为中国特色社会主义文化的重要源头。习近平关于弘扬红色文化的相关论述充分彰显了红色文化的历史地位和时代价值，只有高度重视红色文化的独特优势和其在国家文化建设中的地位，才能从根本上坚定中国特色社会主义文化自信，进而坚定对中国特色社会主义道路、理论和制度的自信。

（四）教育价值

习总书记红色文化的相关论述对党员干部、青少年进行思想政治教育、理想信念教育、爱国主义教育、社会主义核心价值观教育提供了丰富的营养。红色文化中的廉政文化对于今天全面从严治党和树立良好的社会风气具有重要的历史价值和教育功能，党员干部可以从红色文化中汲取党性教育的经验，发扬党的优良作风，提高党性修养，保持政治上的清醒和坚定。习总书记认为在长期的革命实践和斗争中、在社会主义革命和建设中形成的红色文化也是丰富青少年精神世界、促进青少年健康成长的重要精神食粮，只有加强青少年对红色文化的认知认同，才能保证“红色江山”永不变色、代代相传。他指出，要充分发挥爱国主义和革命传统教育基地的育人功能，在教育方法上，他认为：“既注重知识灌输，又加强情感培育，使红色基因渗进血液、浸入心扉，引导广大青少年树立正确的世界观、人生观、价值观。”[7]

参考文献：

[1] 习近平．习近平关于社会主义文化建设论述摘编［M］．北京：中央文献出版社，2017.

[2] 习近平．弘扬“红船精神”走在时代前列［J］．光明日报，2005-6-21.

[3] 东风送暖入赣鄱———习近平总书记春节前夕在江西看望慰问干部群众纪实［N］．江西日报，2016-2-4.

[4] 徐东升，等．基于沂蒙精神育人的社会主义核心价值观教育研究［M］．济南：山东人民出版社，2015. 124.

[5] 曹智等．在古田会议光芒照耀下继续前进——习近平主席出席全军政治工作会议侧记［N］．人民日报，2014-11-03.

[6] 中共中央文献研究室. 习近平总书记重要讲话文章选编 [G]. 北京：中央文献出版社，党建读物出版社，2016. 263

[7] 习近平在安徽考察调研参观金寨县革命博物馆时的讲话 [N]. 光明日报，2013-7-13.

（作者简介：张德艳，女，中共日照市岚山区委党校讲师）

关于红色基因研究的几点思考

刘世超　王书君

2013 年以来，习近平总书记在多种场合多次提及要传承红色基因，保持红色本质。近年来，学界对红色基因的形成、内涵、特征、功能、传承等进行了多方面、多维度的探讨，取得了丰硕的研究成果，为进一步研究红色基因奠定了基础。但现有的研究成果大多从微观上进行透视和剖析，缺乏从宏观上对红色基因的研究进行审视和把握，而且在一些问题上观点分歧较大，难以达成共识。本文拟在总结前人研究的基础上，对红色基因的诞生、内涵、特征、功能和传承进行追本溯源、凝练概括，学术旨意在于返璞归真、返繁归简，为红色基因的进一步研究和传承提供有益的借鉴。

一、 红色基因的母体本源是新民主主义革命

红色基因诞生于何时？现有的研究成果大致分为两种观点。一种观点认为，红色基因形成于党领导的革命、建设和改革时期。如有课题组认为“红色基因是我们党领导全国各族人民和人民军队在革命、建设、改革各个历史时期孕育、积淀形成的光荣传统和优良作风，是承接历史、现实和未来的精神纽带，有着深厚的思想内涵和无穷的价值力量”。[1] 另一种观点认为，红色基因形成于新民主主义革命时期。如龙飞认为“红色基因是中国

共产党在长期的争取民族独立、实现人民解放的革命历程中所凝聚、孕育形成的，它集中体现了中国共产党的性质、宗旨和作风，是我们党和国家的宝贵精神财富和核心优势，是增强党的凝聚力和战斗力，推进我们各项事业不断前进的重要法宝”。[2]

笔者以为，红色基因形成于新民主主义革命时期的观点较为可取。首先，回顾习近平同志的红色足迹，不难发现，总书记提及红色基因的背景都与革命相关。2013 年 2 月，习近平总书记在兰州军区视察时指出：“西北地区红色资源丰富，是延安精神的发源地，要发扬红色资源优势，深入进行党史军史和优良传统教育，把红色基因一代代传下去。”[3] 这是习近平同志在谈及延安精神时第一次提出“红色基因”。2014 年 4 月，习近平总书记在新疆军区某红军师史馆里，语重心长地对部队领导说：“你们开展的‘红色基因代代传’工程建设，把‘红色基因’融入官兵血脉，这个做法很好。要发扬光荣传统，永葆老红军政治本色。”[4] 这是习近平同志把继承红色基因与永葆老红军本色相提并论。2016 年 4 月，习近平总书记在参观安徽省革命老区金寨县革命博物馆时说：“一寸山河一寸血，一抔热土一抔魂。回想过去的烽火岁月，金寨人民以大无畏的牺牲精神，为中国革命事业建立了彪炳史册的功勋，我们要沿着革命前辈的足迹继续前行，把红色江山世世代代传下去。革命传统教育要从娃娃抓起，既注重知识灌输，又加强情感培育，使红色基因渗进血液、浸入心扉，引导广大青少年树立正确的世界观、人生观、价值观。”[5] 2018 年 5 月 30 日，习近平总书记在给陕西照金北梁红军小学学生的回信中说：“你们在信中说，村里的老人常给你们讲照金的革命历史，这片红色的土地让你们骄傲和自豪。希望你们多了解中国革命、建设、改革的历史知识，多向英雄模范人物学习，热爱党、热爱祖国、热爱人民，用实际行动把红色基因一代代传下去。”[6] 这是习近平同志寄希望于青年继续传承革命老区的红色基因。

其次，对于中国共产党人而言，红色是革命的颜色，代表着流血牺牲，代表着无私奉献，代表着光荣岁月。众所周知，红色的原意是“红的颜色”，象征着喜庆、欢乐和吉祥。但根据魏本权的研究，最先出现在中国当代文学研究中的“红色经典”概念，赋予了红色“革命”的含义。由此，“红色”逐渐成为具有强烈政治意指作用的革命象征符号，它所指向的“革命”与自由、解放、翻身、新生、救国、独立等相互关联，“因此红色就成为革命的表征”。[7]依此而论，红色基因的母体和本源自然是新民主主义革命。至于党领导人民在建设、改革时期形成的伟大精神，如大庆精神、“两弹一星”精神、抗洪抢险精神、载人航天精神和北京奥运精神等，其实是在继承了第一代红色基因中的革命精神后，逐渐形成的一种社会主义价值观，属于第二代、第三代红色基因。

二、 红色基因的核心内涵是信仰和忠诚

红色基因的内涵是什么？2014 年 9 月，时任江西省委书记的强卫较早地对习近平总书记提出的传承红色基因的重大命题作出阐述，把江西红色基因内涵概括为五个方面：信念坚定、纪律严明，对党忠诚、一心为民，艰苦奋斗、勇于牺牲，实事求是、勇闯新路，清正廉洁、无私奉献。[8]此后，有许多学者基于不同角度对红色基因内涵进行了解读。吴娜从文化学的角度对红色基因的内涵理解为：先进的无产阶级思想理论，伟大的民族精神和革命精神，优良的传统作风，高尚的道德品质。[9]郭秋光、王员以人民军队为视角，把红色基因内涵归纳为：坚定信念、不忘初心的核心理念，对党忠诚、听党指挥的政治灵魂，服务人民、拥政爱民的政治本色，实事求是、锐意创新的内在品质，勇往直前、敢于牺牲的精神风貌。[10]

应该说，学界对红色基因的内涵作出了多方面、多角度的阐述，有利于我们掌握红色基因的丰富内涵，但也缺乏对红色基因核心内涵的凝练表达。所谓“求木之长者，必固其根本；欲流之远者，必浚其泉源”。研究红色基因的内涵，必须要以搞清其核心内涵为依托。回顾党的伟大历史，党

历经磨难而不断成长，人民军队久经洗礼而愈来愈强，究其原因，在于党员干部信仰坚定，始终忠诚。因此，红色基因的核心内涵就是信仰和忠诚。邓小平说："为什么我们过去能在非常困难的情况下奋斗出来，战胜千难万险使革命胜利呢？就是因为我们有理想，有马克思主义信念，有共产主义信念。"[11]又说："我国过去几十年艰苦奋斗，就是靠坚定的信念把人民团结起来，为人民的利益而奋斗。没有这样的信念，就没有凝聚力。没有这样的信念，就没有一切。"[12]正因如此，党的十八大以来，习近平总书记一再强调理想信念的重要性："信仰的力量是无穷的。信仰纯洁是共产党人最根本的纯洁。革命战争年代，无数共产党人为了革命的成功，南征北战，流血牺牲，靠的正是坚定正确的政治信仰。和平建设时期，无数共产党人为了社会主义事业，艰苦奋斗，无私奉献，靠的还是坚定正确的政治信仰。改革开放以来，无数共产党人为了国家富强和民族振兴，顽强拼搏，勇往直前，靠的仍然是坚定正确的政治信仰。"[13]可见，信仰是红色基因之根。

同时，只有信仰坚定，才会始终忠诚。因为，作为一名党员干部，一旦信仰缺失，就会得"软骨病"，任其发展，就会导致政治上变质、经济上贪婪、道德上堕落、生活上腐化。习近平总书记指出，坚定的信仰始终是党员干部站稳政治立场、抵御各种诱惑的决定性因素。2016 年 1 月，习近平总书记在参观某军史馆驻足观看长征中红军战士周国才留下的半截皮带时，深有感触地说："这就是信仰的力量，就是'铁心跟党走'的生动写照。"[14]9 月，习近平总书记在纪念老一辈无产阶级革命家刘华清同志时指出，我们纪念刘华清同志，就是要学习他不论是生死关头，还是身处逆境，始终对党和人民无限忠诚，始终对革命事业矢志不渝的初心；就是要学习他一心向党、始终忠诚的坚强党性。总书记说："党的事业，人民的事业，是靠千千万万党员的忠诚奉献而不断铸就的。我们一定要把党摆在心头正中，增强政治意识、大局意识、核心意识、看齐意识，自觉站在党和人民立场上，对党忠诚、为党分忧、为党担责、为党尽责，竭尽全力完成党交给的职责和任务。"[15]因此，坚定马克思主义信仰，忠于党和人民，这是红色基因的核心内涵，是一切政治品格、优良传统和作风形成的根基所在。

三、 红色基因的基本特征是稳定性和变异性的高度统一

学界对红色基因的特征也进行了广泛的探讨。田歧瑞、黄蓉生认为，红色基因以思想、文化形态存在并传承，既具有文化基因的共同特征，又具有独有特征。共同特征表现为稳定性、变异性、外在性、多维性、无形性，独有特征表现为无产阶级性、实践批判性、先进前瞻性、中华民族性。[16]赵焱焱把红色基因的特征归纳为四个方面：资源特性、历史特性、精神特性和文化特性。[17]

笔者以为，如同红色基因具有核心内涵一样，红色基因也有基本特征，那就是稳定性和变异性。这与生物学意义上的基因极为相似。在生物学意义上，基因是生物的生命支撑，也是生物的遗传密码，它决定着生命的延续，决定着生物的本质，具有复制和遗传的稳定性，但也容易受环境的影响，具有变异性。红色基因的稳定性，在于其始终遵循马克思主义的本质规定性，这是中国共产党区别于其他政党的标志，也是社会主义价值观区别于其他国家价值观的标志。红色基因的变异性，在于其始终与时俱进，随着时代的变化而变化，随着时代的发展而发展，并在每个时代、每个历史时期表现为不同的目标诉求。

例如，在民主革命时期，红色基因集中展现为党领导人民推翻帝国主义、封建主义及官僚资本主义“三座大山”的统治，打碎旧的国家机器，建立一个崭新的政权；中华人民共和国成立后，红色基因体现为党领导人民为改变落后的农业国状态，把我国建设成一个工业国而奋斗；改革开放后，红色基因体现为党领导人民以经济建设为中心，不走改旗易帜的邪路，也不走封闭僵化的老路，全力推进中国特色社会主义事业的不断前进；进入新时代，红色基因体现为党领导人民不忘初心，牢记使命，继续高举中国特色社会主义伟大旗帜，为决胜全面建成小康社会，为实现中华民族伟

大复兴的“中国梦”而不懈奋斗。然而，不管是在革命时期，还是在建设、改革时期，任凭时代变换，党为人民谋幸福、为民族谋复兴的赤子之心从未改变。

同样，在人民军队建设方面，毛泽东同志提出的是“党指挥枪”；邓小平同志提出的是“我们的军队始终要忠于党，忠于人民，忠于国家，忠于社会主义”；江泽民同志提出的是“政治合格，军事过硬，作风优良，纪律严明，保障有力”；胡锦涛同志提出的是“听党指挥，服务人民，英勇善战”；习近平同志提出的是“听党指挥，能打胜仗，作风优良”。虽然党的历届领导人对人民军队建设的阐述不同，但一以贯之的始终是听党话、跟党走，为国家战、为人民死。正如邓小平同志所言：“我确信，我们的军队能够始终不渝地坚持自己的性质。这个性质是，党的军队，人民的军队，社会主义国家的军队。”[18]

2016 年 12 月，在中国人民政治协商会议全国委员会举行的新年茶话会上，习近平总书记说：“一个时代有一个时代的主题，一代人有一代人的使命。在新长征路上，每一个中国人都是主角，都有一份责任。让我们大力弘扬愚公移山精神，大力弘扬将革命进行到底精神，在中国和世界进步的历史潮流中，坚定不移地把我们的事业不断推向前进，直至光辉的彼岸。”[19] 在笔者看来，这是习近平同志对红色基因基本特征的完美阐释。变的是时代主题、历史使命，不变的是革命精神、伟大事业。这就是红色基因的基本特征稳定性与变异性的高度统一。

四、红色基因的根本功能是保持国不变色、党不变质、军不变心

红色基因的功能是学界重点关注的焦点之一。王伟、刘家桂提出，挖掘红色基因的时代价值，有利于发扬中国精神，探索中国道路，凝聚中国

力量，助推“中国梦”的实现。[20]李雷指出，在“两学一做”学习教育中传承红色基因，有利于引导广大党员坚定执着追理想、实事求是闯新路、艰苦奋斗攻难关、依靠群众求胜利。[21]王琳娜认为，红色基因可以确保中国共产党的先进性和助力和谐社会的构建，是社会主义核心价值观的逻辑起点。[22]

然而，从习近平同志的相关论述看，总书记对红色基因的功能寄予了更为直接和迫切的愿望，那就是保持国不变色、党不变质、军不变心。2013年7月，习近平总书记参观西柏坡纪念馆时指出：“全党同志要不断学习领会‘两个务必’的深邃思想，始终做到谦虚谨慎、艰苦奋斗、实事求是、一心为民，继续把人民对我们党的‘考试’、把我们党正在经受和将要经受各种考验的‘考试’考好，使我们的党永远不变质、我们的红色江山永远不变色。”[23]2016年4月，习近平总书记在参观安徽省革命老区金寨县革命博物馆时说：“一寸山河一寸血，一抔热土一抔魂。回想过去的烽火岁月，金寨人民以大无畏的牺牲精神，为中国革命事业建立了彪炳史册的功勋，我们要沿着革命前辈的足迹继续前行，把红色江山世世代代传下去。”[24]2017年8月1日，习近平在庆祝中国人民解放军建军90周年大会上发表讲话称：“90年来，在长期实践中，人民军队在党的旗帜下前进，形成了一整套建军治军原则，发展了人民战争的战略战术，培育了特有的光荣传统和优良作风。这是人民军队从胜利走向胜利的传家法宝，是人民军队必须永志不忘的红色血脉。”[25]

习近平总书记对红色基因功能的定位，源于现实提出的严峻考验。一方面，在科技日益发达的今天，随着信息网络的快速发展，国内外敌对势力正加紧对我实施网上“文化冷战”和“政治转基因”工程，大肆鼓吹历史虚无主义。他们歪曲历史、否定领袖、抹黑英雄，如果任其自流，不作出有力的回击，势必会动摇党心军心民心。另一方面，在经历了长期执政后，我们的经济建设已取得极大成就，我们的伟大事业已取得很大成绩，但在成就和成绩面前，我们的部分党员干部却在逐渐失去信仰，迷失自我，如果任其发展，势必会重蹈苏联的覆辙。面对严峻的挑战，怎么办？解决问题的办法就是习近平总书记反复强调的，“让红色基因代代相传”“把理想信念的火种、红色传统的基因一代代传下去”“把红色资源利用好、把红色传统发扬好、把红色基因传承好”。[26]因为在长期革命斗争中淬炼出的红色基因，是“红色政权”存在的政治基础和实践基础。“这个基因能够保存多久，党的生命就能保存多久；能够传承多久，红色江山就能够存续多少代。”[27]因此，党的十八大以来，习近平总书记的足迹遍布革命老区，多次提出要把红色基因代代相传，就是提醒我们必须时刻牢记自己是红色的传人，守护红色江山是我们责无旁贷的使命。

五、 红色基因的接续传承依赖培育和践行

对于红色基因的传承路径，学者们见仁见智。郑昌东提出了传承红色基因的三条路径：让红色基因进教材、进校园、进课堂；让红色旧居旧址成为激活红色基因的主阵地；让传承红色基因工作制度化、常态化、规范化。[28]江光友提出了红色基因传承的六条路径：以坚定理想信念为永恒指引，明确红色基因传承的方向和定位；繁荣红色文艺创作，大力推进红色文化的建设和发展；根植中国特色社会主义伟大实践，不断注入新的时代内涵；以增强党的“四力”为目标，塑造新时代的核心记忆代码；以知识灌输和情感培育为导向，创新回忆实践形式和方法；以党的组织生活为载体，实现红色基因传承的常态化、制度化。[29]

红色基因的传承首要的是依赖培育。习近平总书记说：“理想信念的坚定，来自思想理论的坚定。认识真理，掌握真理，信仰真理，捍卫真理，是坚定理想信念的精神前提。”[30]然而，人们认识真理、掌握真理是需要一个过程的，在这个过程中需要前人的引导。因此，红色教育现在是、未来

仍是培育红色基因的主要途径和方式。但红色教育要取得较好的效果，应注重加强教育的仪式感和代入感。在这个问题上，目前最为常见的是红色场馆教育。毫无疑问，红色场馆作为保存、收集、研究和宣传红色历史的记忆载体，通过纪念建筑或原状陈列的方式可以向人们直观真实地展示我党我军艰苦的奋斗历程，将其作为红色教育培训的新课堂，对于红色基因的传承确有裨益。但也应看到，当前的红色场馆教育在实际的教学过程中还是存在一些问题，如陈列简单、缺乏内涵，照本宣科、缺乏互动，走马观花、缺乏体验，等等。这些问题的产生，主要源于时代的冲击和红色教育的平面化。诚然，红色场馆里的许多故事可歌可泣，但由于时代的差异，平面化的教育使今人很难感同身受。甚至在一些红色体验教学中，让一些学员模仿红军自己挑粮、自己烧火做饭、挖食野菜，已不再是忆苦思甜，反而成了乡村休闲旅游。因此，在红色基因的培育问题上，需要继续探索和创新新的红色教育形式。

红色基因的传承靠培育，更要靠自觉践行。2018 年 3 月 8 日，习近平同志在参加十三届全国人大一次会议山东代表团审议时强调："中华民族从站起来、富起来到强起来，是一个不断创造奇迹的过程，不仅要让后代牢记，我们自己也不能迷失。数理化之外，爱国主义教育要加强，要让孩子们知道自己是从哪里来的，红色基因是要验证的。"[31] 总书记所说的"验证"，实际上就是指身体力行，躬自践行。习近平总书记已经告诉我们，中华民族伟大复兴，绝不是轻轻松松、敲锣打鼓就能实现的。全党必须准备付出更为艰巨、更为艰苦的努力。今天，我们大力提倡和弘扬红色精神，不仅仅是让后人知道我们党是怎么走过来的，更在于让后人继承党的伟大事业，并接续走下去。也只有把传承的红色基因内化于心、外彰于行，党和国家的伟大事业才能薪火相传、血脉永续。

参考文献：

[1] 江西省高校党建研究项目“红色基因融入高校基层党组织建设的路径研究”课题组．新时期下红色基因融入高校基层党组织建设的路径思考［J］．山西农经，2016（6）：103.

[2] 龙飞．近年来学术界关于红色基因研究的现状及展望［J］．教育现代化，2016（27）：261.

[3] 杜美辰．习近平的红色基因：追红色记忆 走红色足迹 悟红色精神［EB/OL］．http：//news. youth. cn/wztt/201601/t20160119_ 7541316. htm，2018-09-25.

[4] 紧紧围绕强军目标全面加强部队建设为确保新疆社会稳定和长治久安提供坚强力量支撑［N］．人民日报，2014-5-2（1）.

[5] 新华社．习近平：我同老区很有感情［J］．中国老区建设，2016（6）：4.

[6] 习近平．习近平给陕西照金北梁红军小学学生的回信［J］．雷锋，2018（7）：2.

[7] 魏本权．从革命文化到红色文化：一项概念史的研究与分析［J］．井冈山大学学报：社会科学版，2012（1）：18.

[8] 强卫．发扬光荣传统 传承红色基因［J］．中国井冈山干部学院学报，2014（5）：10-12.

[9] 吴娜．红色基因的文化学考察［J］．人民论坛，2015，(35)：183.

[10] 郭秋光，王员．浅谈红色基因的基本内涵——以人民军队为视角［J］．井冈山大学学报：社会科学版，2018，(2)：30-33.

[11] 邓小平．邓小平文选：第3卷［M］．北京：人民出版社，1993. 110.

[12] 邓小平．邓小平文选：第3卷［M］．北京：人民出版

社，1993. 190.

［13］习近平. 扎实做好保持党的纯洁性各项工作［J］. 求是，2012（6）：5.

［14］吴章勇，曹宏琰. 习近平治军 3 年，军队血脉承载红色基因［EB/OL］. http：//politics. people. com. cn/n1/2016/0113/c1001 -28049477. html，2018 -09 -25.

［15］习近平在纪念刘华清同志诞辰 100 周年座谈会上的讲话［N］. 人民日报，2016 -9 -29.

［16］田歧瑞，黄蓉生. 社会主义核心价值观的红色基因论略［J］. 西南大学学报：社会科学版，2015（3）：49 -50.

［17］赵焱焱. 红色基因与研究生思想政治教育［J］. 理论观察，2016（1）：153.

［18］邓小平. 邓小平文选：第 3 卷［M］. 北京：人民出版社，1993. 334.

［19］坚定不移把中国特色社会主义事业推向前进［N］. 南方日报，2017 -1 -1.

［20］王伟，刘家桂. 传承红色基因与实现中国梦［J］. 广东省社会主义学院学报，2016（2）：11.

［21］李雷. 论传承红色基因与践行“两学一做”［J］. 江西科技师范大学学报，2016（4）：36.

［22］王琳娜. 红色基因的内涵与价值功能研究［J］. 宝鸡文理学院学报：社会科学版，2017（5）：48 -49.

［23］习近平：让红色江山永远不变色［N］. 北京晨报，2013 -7 -13.

［24］习近平在安徽考察调研参观金寨县革命博物馆时的讲话［N］. 光明日报，2013 -7 -13.

[25] 习近平．在庆祝中国人民解放军建军90周年大会上的讲话［N］．解放军报，2017-8-2（2）．

[26] 陈始发．让红色基因代代相传［N］．中国教育报，2016-7-7.

[27] 完颜平．如何让“红色基因”代代相传［N］．光明日报，2016-2-22.

[28] 郑昌东．传承红色基因的路径选择研究［J］．理论导报，2016（2）：49.

[29] 江光友．新时代，红色基因传承如何可能——文化记忆与交往记忆交叉视角下的思考［J］．甘肃理论学刊，2018（2）：50-51.

[30] 习近平．在纪念红军长征胜利80周年大会上的讲话［N］．人民日报，2016-10-22.

[31] 刘喆．忆先辈 重传承 跟随习近平汲取红色力量开启新征程［EB/OL］．http://news.youth.cn/wztt/201804/t20180406_11580806.htm，2018-09-25.

（作者简介：刘世超，男，山东农业大学马克思主义学院讲师；王书君，男，山东农业大学马克思主义学院副教授）

红色文化时代化的哲学意蕴与实践路径

杨超　柏加

自马克思主义传入中国，马克思主义便一面引领着中国革命事业的发展，一面与中国传统文化发生着激烈碰撞。在这个现代与历史文化价值交融的过程中，红色文化应运而生。在革命时期，红色文化是凝聚中华人民的精神纽带，是推动人民争取民族独立与解放的精神力量，也是实现中国共产党执政的保障。“中国红色文化是在马克思主义中国化进程中，中国共产党在民族文化基础上创造的崭新文化形态，它既区别于传统文化，也有别于近现代以来其他阶层与党派的文化创造，构成20世纪以来中华文化发展的主流和前进方向；它是物态文化、制度文化、行为文化、心态文化的统一整体，其主要形态包括民族的、科学的、大众的新民主主义文化，以及社会主义革命和建设时期的文化。”随着马克思主义与中国实践的深入结合与中国传统文化的复兴，在当代，红色文化的内涵也愈发丰富、价值日益重要。在过去的大半个世纪的理论探索中，马克思主义中国化、时代化、大众化的理论已渐成系统，而红色文化作为中国先进的政治文化的一支，其时代化的命题也渐受重视，红色文化对现在以及未来的国民精神信仰体系的建设发挥着不可小觑的力量。

一、红色文化时代化的概念重识

在《辞典》中，“化”字首先指“性质或形态改变”，表示变化、分化、僵化。用在名词或形容词后时，则表示转变成某种性质或状态，如本研究中的“时代化”。在这一词组中，“时代”应指代一种属性——时代性。而红色文化时代化，即使红色文化获取时代性。

“时代”从抽象的哲学范畴理解从属于时间场域，是一个历史范畴。可以说，每一代人都有其“现代”，也都生活在属于他们的“小时代”之中，而无数的“小时代”所融汇的则是一个“大时代”。由此从无数的个性之中剥离出来，而后熔铸为“普遍的存在”——以“共性”与“一般”的形式。因此，本研究所提及的“时代”，不单单是连续或非连续的历时性的历史阶段，即在时空方位的定位中，不是简单地属于某一“时间域”、某一“小时代”，而是一种同一的“共时”的存在——是“过去”“现在”“未来”三个时间维度在此空间的契合。

第一，“过去”在此空间的契合性在于其能蕴含一定的恒久价值。返本足以开新。马克思说：“人们创造自己的历史，但是他们并不随心所欲地创造，并不是在他们选定的条件下创造，而是直接碰到的、既定的、从过去承继条件下创造的。”这表明在时空系统中所具有的延续性特征。时代价值或时代观念不是凭空产生的，时代化的过程包含了对过去的吸收与传承，抑或说会受集体记忆的无意识影响与干预。通过回顾“过去”所沉淀出的精神以及实践经验，去获取新的实践体验，从而形成新的、属于现世的价值能量。然后将这些精神力量作用于现代的社会空间，充分发挥其对现代社会积极的推动作用，而后能以达到“复兴”的境界与目的。从“变”与“不变”的角度诠释，“返本开新”的模式是对“历史文化”的扬弃与对“时代文化”的创建。

第二，“现在”在此空间的契合则更多地表现在横向与纵向两个维度。在纵向维度上表征为中国共产党自成立以来在革命、建设、改革等不同历史阶段的伟大成就，也包括中国共产党在当下的政治实践行为（其实践对象包括政治、经济、文化、社会、生态等）所能凝练并且练就的新的红色实践精神与文化品格。在横向维度上，红色文化时代化的过程是向社会各领域向高水平发展状态的“看齐”的过程。即向现代自然科学与社会科学的前沿“看齐”，对当下的社会环境的适应和顺应，对执政党对于红色文化的转型需求和创新发展的回应。然而，我们也应当了解“时代化”并不简单地意味着对时代的顺应，同时也包含着改造时代的历史使命——顺应时代，而不媚于时代。红色文化不可“委曲求全”地简单地服从于大众，而是要坚守自身的纯洁性。

第三，“未来”内含着“时代化”的“可持续”的特性，这是对人类社会发展趋势的一种迎合。人类社会有其发展的自身规律。红色文化在时代化的过程中，还需要把握社会未来的发展发向，寻求社会发展的主流趋势，迎合在未来社会可能出现的新的矛盾与变化。把握这种可能性，以在未来收获现实成果。在当代中国，最根本的规律遵循是“三大规律”，即共产党执政规律、社会主义建设规律、人类社会发展规律，这是推进红色文化时代化发展的主要依据。如何在中国共产党从“革命党”走向“执政党”的转变中实现红色文化的功能的形态的相应变迁？如何在中国特色社会主义从“富起来”到“强起来”的转变中实现红色文化的内涵与价值发展？如何在人类社会从孤立对立到“人类命运共同体”的转变中实现红色文化的普世性与广泛性发展？这些问题都深刻地支配着红色文化的发展，进一步提升红色文化发展的理论自觉。

二、红色文化时代化的哲学范畴

从哲学层面——起点范畴、终点范畴对红色文化时代化的过程进行构造是本研究的一个尝试。一般来说，从起点到终点的线性运动是有限的、非完满的。但是，“终点”作为一个理想型的概念，其拥有“完满”的特质。因此，在“起点——终点”的思维范式中，“终点”是相对存在的，它只是指明了红色文化的发展方向以及理想状态。红色文化在向终点运动的路径中，只能始终处于趋于或接近的状态，而无法抵达“终点”。借此范式意在借论证在有限中呈现出的无限的运动状态来印证红色文化的时代化进程应该是始终存在和面向未来的。

（一）起点范畴——历史感

对文化而言，其核心是精神，是价值，但它的生成不是一蹴而就的，它拥有原始积累的过程。对红色文化而言，该“原始积累”的过程则是中国共产党带领下的中华民族所进行的新旧民主主义革命，以及社会主义建设与改革的实践过程，也就是在这其中所孕育而生或被激活的大无畏、拼搏、爱国、正义感等精神品格和价值追求。它是久经淬炼而越发精固的气质品质，正是这样的存在让历史更加具有魅力。厚重的历史不是已逝去的老旧记忆，而是现代人类智慧的甘水源泉。因此，作为红色文化时代化历史性表征的原始积累，是红色文化进行时代化的必然要素。

英国学者道金斯在《自私的基因》中提出了“文化基因”的概念，并用“谜米”（meme）一词来诠释文化传承的基本单元。通过类推遗传学的基因变异可知，文化基因也存在着正向变异与负向变异，而其判断标准则在于对特定实践主体——中国共产党以及在特定历史环境的条件下产生的红色文化的个性与原真性的保存。现代人需要警惕的是在红色文化的氛围之下可能存有的“左”倾或右倾的文化气质。其一，“左”的政治文化所裹挟的是对红色文化时代化的过度解读，它表现为对“革命实践”本身的过度包装。虽然，隐含在革命实践中的英勇的气概、昂然的气魄以及对弱者的怜悯与帮扶是值得国人去感悟与获得的，但是，就现代中国社会而言，革命的实践行为已不再适用。其二，右倾的政治文化则与“左”倾相对，多表现为对红色文化的“无感”与“淡漠”，缺少对弘扬与继承红色文化的自主性与主动性，未能形成对于红色文化的文化自信。并就当下中国社会的政治文化来看，右倾思想相较于“左”倾表现得更为明显。

学者吴娜将文化基因解释为是隐藏在各类文化现象内部，决定文化系统本性和发展走向的基本因子，是对民族文化和历史发展产生过深远影响的文化传统、价值观念、基本精神、文化心理与思维方式等观念和精神形态的总和。本研究将红色文化的文化基因分为以下三种存在形态：精神基因、情感基因和概念基因。第一，精神基因，主要体现为革命精神与时代精神的性质品质，它们是凝聚着中国共产党以及在中国共产党领导下的中国实践理念的精神整体，规定着红色文化本身的精神气质。中国革命实践的正义性决定了红色文化基因的性质是基于理性的“血性”而不是基于情感冲动，从属于荒野的“蛮性”。而这是当下很多民众的误解之所在。第二，情感基因，红色文化的情感基因主要表现为民族情感以及爱国情感，这为红色文化奠定了基本的情感基调。第三，概念基因又称理论基因，这一基因形态表征着红色文化的相关理论概念、马克思主义理论以及中国化的马克思主义。这些理论概念以及其所构成的理论体系，则是红色文化时代化的基本指南，它们规制着红色文化时代化的限域与框架。要扩张红色文化时代化的空间，则需要在其基础的体系框架中打破一个新的缺口，从而育植新的理论生长基点。

在中国革命、建设和改革中孕育的红色文化是构成社会主义先进文化的核心元素，其中，红色基因作为红色文化的内核与精髓，是我们文化自信的源头活水，也是红色文化时代化的根本动力。因而，拒绝红色基因的异化与变质，以规避红色文化的个性流失，或规避其沦为商家的盈利工具、金钱附庸的风险为己任，永葆红色基因的纯真本色，则是红色文化时代化的逻辑起点。

（二）终点范畴——现实历史感

红色文化的兴起，始于特定的主体与特定的环境，这一特性，往往使原始的红色文化在现代的传播中受到限制，这样的局限来源于不同时空环境的摩擦与排斥。此外，从其特殊性中可知，处于兴盛时期的红色文化具有不可复制性。但是，依当下在红色教育中“情景再现”或“实践体验”的模式来看，虽然历史具有不可复制性，但对历史事件而言，将事件以当时的情景进行“还原”却有“可模拟”的性质，通过模拟，来获得情感感化、心理同化与价值认同的教育体验。而后达到面向未来的传承与发展。红色文化时代化对现实历史感的获取，不仅意味着对历史注入现代元素或是单纯地遵从现实，同时也意味着对未来导向的趋同。这决定了在红色文化从起点到无限趋近终点的线性运动中，主要体现出以下四个特性：

第一，在其方向上，红色文化始终与中国共产党的奋斗目标是一致的。这说明，红色文化作为中国共产党的意识形态堡垒，始终是服务于党、服从于党的，其发展必定遵从无产阶级政党的本质要求。

第二，在其性质上，红色文化始终是代表中国共产党的先进文化。红色文化是党的附属品。中国共产党属于无产阶级政党，其代表的是广大人民群众的利益，反映着人民的诉求与愿望。

第三，在面向未来的发展过程中，红色文化的表现形态应呈出多元化、生活化、更加灵动、更加亲民的特性。这些特性是由社会对文化发展的需求所决定的。新时代社会的基本矛盾已转变为“人们对美好生活的需要同社会发展不平衡不充分的矛盾”。其中，美好的生活必然不是单一乏味的、流水线式的生活，而是多元、多样、多体验式的生活情调。因此，红色文化的时代化应当尽力满足人的这两种需要，不断地去丰富自己的表现形式，不断地去丰满己身的时代意蕴，彰显自身的时代风度。

第四，红色文化拥有净化庸俗文化、凝聚群体情感、激励民族意志、引领社会文化以及渗透文化品质的社会文化功能。这五种功能各有侧重又总是同时作用。首先，红色文化作为党的先进文化自然担负着净化以及引领现存的低俗文化或落后文化的使命。在网络技术迅速发展的今天，净化网络低俗文化是必要的。对低俗文化的干预应当是主动的、积极的，但是在具体的干预中需要维护文化的多元性，警惕红色文化对其他文化的过度干涉。其次，红色文化的生成具有特殊性，在中华民族陷于危难之际，多种力量都无法将民族拯救的时候，是中国共产党的出现挽回了中华民族的国土与自尊。而在这过程中形成的红色文化实则是一段属于中国人民的记忆。也就是这一段共同的苦难与集体的回忆，形成了一份归属，凝聚着每一个具有民族心的中国人。同时也激励着每一个中国人去脱离曾经担负过的耻辱历史，随后去造就一个新的不被欺压的强大的时代。

三、 红色文化时代化的实然表征

梁漱溟认为“文化本身”有着同源之意，即在这些“殊相”之间存有“共相”。作为形态学在人文社科的开拓者的歌德认为文化的形态虽然千奇如同树叶一般，但是，“共相”是存在的，即文化的各种形态都有其“类本质”，即便形态结构各异但终究归于“一”——一个类别，一个系统之中。以下的研究便基于此基础，将红色文化分为不同的四种形态，分别从其实然性的角度进行论述。四种形态即物态文化、制度文化、行为文化和心态文化。其中，物态文化是基础，它指代那些可感知的、可具化的实体存在；制度文化则规定了人们必须遵循的制度，其反映的是一系列处理人与物、人与自然以及人与人相互关系的准则；行为文化是由人类在社会实践，尤其是在人际交往中约定俗成的习惯性定势构成的；心态文化是由人类社会实践和意识活动中长期蕴化出来的价值观念、审美情趣、思维方式等构成的。文化的核心部分可拆分为以下两部分——社会心理，即大众心理和社会意识形态。

（一）物态文化

当红色文化以实体的形态存在时，其从属于物的范畴，对红色文化而言则大致包含“人”“事”“物”（革命英雄遗物、红色建筑遗址、红色革命纪念馆等）三种具体形态。对于满足这一物质形态的时代化需要，通过对当今社会已步入信息社会的认知以及对文学创作中基于人性的人物塑造方式的借鉴，得出要促进红色文化的时代化可以着眼于以下两个方面的改造。

第一，科技创新利用层面，更多的在于构成“科技 + 文化”的发展模式，在于科技对文化表达方式以及途径的渗透性。尤其在对物态文化表现形式的作用上，要注重网络时代这样一种信息化与数字化的发展，将会给红色文化传统的话语体系以及其单一、平面地较为枯燥的表达所带来的冲击。要顺应这样一种变革，首先，能够将零散的红色文化信息系统地整合，通过现代信息库的管理方式，使得红色文化信息能够以更加系统更加完整的方式存在与保存。这样的信息数字化不仅方便了对红色文化信息的索引，同时也增强了对红色文化研究的便捷性。其次，能够将这些物态文化得以“虚拟化”的更具有体验性、吸引力的展示。通过现代信息技术与材料技术的融入，使得人在这一体验中获得“通感体验”，从而调动人的各种感官——听觉、嗅觉、视觉、触觉甚至味觉上的体验，由此获取更多的感性认知，进而刺激人的知觉，使人获取更加丰满的情感认同与理性认知。

第二，革命英雄的圆形塑造层面。文学家斯福特提出在文学作品中对人物的塑造往往有两种区别，其中，一种是圆形人物，另一种是扁平人物。圆形人物往往饱满，鲜活而真实，在其人物性格的设置中不偏不倚、有优有劣，这样的人物往往更具有亲和力，更容易让人接受，甚至更容易让读者将现实生活中的普通人、平凡人、小人物们对号入座，因为这样的表达更符合人性不完美的一般共识。而扁平人物的塑造，则往往具有人格的一元性和对某一性格、气质的扩大化描写——极恶或极善，以妖魔化或神化的方式呈现，这使作品的表达效果更具戏剧化，但往往被拉离现实，而被视为“虚无的艺术”。这也是在日常生活中难以感知的。这在 20 世纪中叶，过度的、神化的宣传是较为普遍的。这样的宣传虽然在当时起到了一定的鼓舞人心的作用，但其历史局限性明显。而这些已然是历史的事件，以一种集体记忆的方式延续，并且在很大程度上影响着世人对红色文化的态度。因此，对红色人物的宣传应避免极端地一元化，“避轻就重”进行过多地被夸大的正面宣传，这可能会使得人物被神化。

（二）制度文化

政府在制定制度时，对公共意志的遵从与满足是政府获取政治信任和合法性的重要来源，也影响着社会公民对政府信任的程度与态度。这些制度调节着人与人、人与物以及人与自然的相互关系。通过“制度”来规定“标准”，从而形成一定的秩序与原则，而后产生一定的工作绩效。因而，将柔性的规划转向刚性结构的制度成为一个文明社会的普遍选择。这样的行为逻辑对红色文化也同样适用。对于红色文化在制度文化维度的构建，亦可从人与人、人与物以及人与自然这三对关系着手。

首先，在人与人的关系上，宜以“尊重”为制度设定的基本价值。对于这一人与人的关系规定而言，应当始终保护故人的那份荣誉，由此去捍卫他们所守护的信仰。在这个环节理应坚持“以人为本”的思想，坚持对“真相”的保护。不夸大、不丑化，只消真实地还原，使人成为他自己，便是对其自身、对历史最大的尊重。

其次，是人与物的关系，则以护、用、创为基本原则，即将保护、利用、创新作为制度设立点。对于红色文化而言，此“物”可具体化为革命先辈的遗物、革命纪念博物馆等。对于这一关系的和谐创建，则需要在“制度”上予以规定：要规定人对红色文化应当保护的职责与范围；应限定以及规范对先辈遗物、人物事迹等的应用范围，使之保持原有的一种庄重感与信念感；还应当从刚性的制度上做出对红色文化创新的激励政策，激发社会和市场的创新活力。

最后，应该始终营造人与自然“共生”的常态关系。而红色文化的自然环境，应该是人化的人文自然环境。当下，依托革命老区兴办红色景区已成为一种风尚，而对于红色文化自然景点的存留则需要不断地加入人的元素，使之不至于沦为简单的可能随时被消解遗忘的历史的存在。这样的共生关系，是给予这一环境以顺应时代发展的因子与动力。

（三）行为文化

红色文化时代化不仅只是一个目的或是结果，更体现为一种状态与过程，即将红色文化时代化理解为是一个辩证的运动发展过程。因此，对于红色文化时代化的实现则应当考虑其行为主体以及主体特性的问题。

首先，对于行为主体的人而言，应当予以“扩大化”。主体的扩大化从个体的角度看，体现为全民性；从宏观的角度看则表现为集体干涉。从红色文化的历史起源来看，其实践主体往往被囿于政党的组织成员群体，而红色文化的原始使命则是维护新政权的合法性。在经济快速发展的时期，红色文化一度被忽视，被视为“历史的存在”。传播红色文化的主体与受众范围也在逐步缩小。普通群众也大多无意成为弘扬红色文化的践行者，因此，在当下提倡红色文化继承的环境中，普通群众也往往表现出以第三者的姿态来对待这一文化的发展。这使得推进红色文化时代化的主体范围缩小。因此应从点到面，由单个的人向群体，致力于刺激全民的参与行为，扩大行为主体，使之不至于缺乏人的推力作用，发挥共同体的参与效应。

其次，对于红色文化时代化的实践本身而言，在实践形式上应有“仪式感”，内容上有“庄重感”。但是，对形式的注重并不等同于形式主义中过分在意表面的作风，而是通过对行为形式的模式化操作，增强对红色文化时代化这一活动过程的认知深度，是让人的精神得到满足。另外，实践内容上的庄重感与轻松感的统一，这是对“娱乐至死”的态度的规避，也是对过于沉重的情感体验的警惕。对于红色文化的时代化而言，其应当是严肃而不失活泼、深刻而不失灵气。由此，得以形式与内容相结合，摒弃以往过于随意、漫不经心的态度与模式，给予厚重历史的尊重与敬畏，以此来培育或纪念红色文化的精神与品格。而这两个特性也是由红色文化源于革命的历史起点所决定的。

（四）心态文化

要实现红色文化时代化的深层转化，就要在“心态”层面构建意识形态领域的合力，打通“官方舆论场”与“民间舆论场”的对话渠道，消解社会心态的分裂与对立，实现国家与社会心态的同频共振。

一方面，对于大众心理，其一般表现为非理性的自发状态。因此，在促进红色文化时代化的过程中应当注重激发群众对红色文化的心理认同，这一认同还应涵盖理论认同与价值认同。理论认同体现为学术界对红色文化的理论化、系统化地构建；价值认同则是社会舆论的正面回应，以及对红色文化存在的自觉维护。

另一方面，国家需要将红色文化的价值品格进行输出，宏观地进行知识普及。但应当注意的是，这样一种输出和普及应该是有所限制、有所规定的。红色文化时代化不论是向内不断地丰富自身内涵还是向外不断扩张自己的影响范围，其都有一定的限度，即拥有其特殊性与具体性。虽然文化具有极强的渗透能力，但管理者应当知晓“过犹不及”的辩证关系，强渗透力并不等于它应当去干预或影响社会的所有领域，而是有所选择的。

四、 当代红色文化时代化之困

红色文化时代化是一个过程，包含着一个过程的起点与终点，而过程的实现也不可忽视作为内在推力与桥梁的中介作用。对红色文化时代化本身而言，其中介的特性应该表现为强推力与弱阻力，然而，谈及时代化的困境，中介便以弱推力、强阻力为表征。对诞生于革命时期的红色文化来说，其时代化所面临的阻力的一支也应当来自其本身。因此，红色文化的时代化之困来源于内与外两个维度，如果进一步剖析，则其困境源于内部与外部的矛盾运动。

(一) 红色文化的政治性与现代价值的普世性之间的不适应

首先，红色文化以政治性与阶级性为基本特性。自其产生以来，则始终体现于无产阶级的立场，服务于党与人民的利益。红色文化在革命时期所宣扬的牺牲、勤恳、奉献等价值观念激发了争取民族胜利的斗志，但是这些价值观念在与现代社会人们所关注的社会价值之间的契合上产生了偏差。根据郑雯、李良荣对中等收入群体在中国网络社会的角色与地位研究可知，以“个人权利”“社会保障”“生活品质”为目标的民生议题成为网络表达的高发领域。这从一定程度上可以反映出，在物质丰富、温饱无忧的今天，大多数人的需求是“向内”的更好的生活，而不是过去“向外”的付出与奉献。因此，对于红色文化的时代化来说，则需要在其价值表达的侧重点上有所转移，以满足当前社会的主要需要为旨归。

其次，两者的矛盾还表现在社会主体对红色文化的弱选择倾向上。一般而言，在论及因果联系之时，除了两者之间存有的单向的因果关系，还存在互为因果的关系模式。个体对红色文化的弱选择倾向，导致红色文化时代化的弱推力的形成，则不仅在于社会主体的“漠视”，未能有“为往圣继绝学”的使命感，还应在于红色文化给予人们的陈旧的印象。这样的陈旧印象又不仅源于其陈旧的话语体系，更在于这样陈旧的话语体系难以再带来一种持久的价值情感的认同。例如，在红色文化中所蕴含的“激情”的力量，在对主体的情感感化上虽然有一定的“爆发性”的触动，但在持续性上却显得短暂。

(二) 红色文化的单一表达与信息多元化之间的紧张

以20世纪红色文化发育的鼎盛时期、占领舆论场以及成为人民群众自觉拥护的对象的时期来看，其信息的获取渠道是较为单一的，多是以报纸、宣传墙或是口口相传的模式；另外，从信息的内容来看，其多是被党政系统的媒体所掌控的。由此来看，不论是信息传播的途径还是信息传达的内容均具有单一性或一元化的特点。而这样的特点与信息结构，也往往予人以单向度的思考范式，从而造成思想禁锢的局面。

20 世纪末，中国社会信息生产与传播主体向多元化发展，信息覆盖的广度得以延伸，极大削弱了囿于区域或政治文化的限制，“双百方针”的提出也助力推动了各类思想观念、人物事件以一种全新的形象得以展现。再者，依托互联网信息技术的发展，使得信息传播更具时效性、主体更具多元性等特点。

与信息的多元化相伴的是信息的碎片化。在碎片化的、模糊的时代之中，个人的知识系统容易被冲击至零散的状态；对社会集体而言，也面临着“被解体”“被分化”的危机。因为在破碎的多元的异质性的选择之中，选择的主导权回归个体。然而，对于相对传统红色文化而言，这样的时代趋势使之被其他的新鲜事物所掩盖。

此外，多元化的信息，也难免会产生与红色文化相对立的“异质性”的事物，两者之间产生一定的互斥作用，但却难以形成相互理解的范式。红色文化所蕴含的集体意识、爱国意识甚至是历史意识，在这样一个后现代化——反传统、反权威、追求个性的时代之中，面对着很大的“生存压力”。例如，红色文化中所宣扬的集体主义与当代西方个人主义思潮的对立。这样的对立所带来的是倾注集体情感依附以及脱离集体张扬个性的两种相对的张力。正如一个人在不断地寻找集体归属的同时又不愿被集体同化的矛盾心理，即便他所寻找的是一个与自己特性相似的群体，但对个性的追求也同样会促使着他表现得与众不同。

（三）红色文化的历史追求与历史虚无主义之间的冲突

历史虚无主义思潮可追溯至我国的“五四时期”，其所表征的不仅是对历史的虚无，更是对历史价值的虚无。对于以政治性为核心特征的红色文化而言，对它的攻击则直接指向对中国共产党执政地位合法性的质疑和动摇。而对红色文化所蕴含的历史价值的消解，则破坏了红色文化时代化的根基。

虽然红色文化所包含的某些价值观念不能够很好地适应当今社会的现实需要，或者难以成为红色文化时代化的推力，但也不能以现代的观念环境来否定其过去存在的意义。历史虚无主义者对红色人物、相关事件的神化或妖魔化，都反映出其对历史的畸形认识和形而上考究。但反观社会中存有的历史虚无主义却也主要体现在对先烈的“污名化”与“庸俗化”。例如，一段时期中，社会少数人通过自媒体等途径否认雷锋事迹的存在，对雷锋的大公无私、忘我奉献精神进行质疑和否定。历史虚无主义就是通过对这些革命英雄人物进行质疑、诋毁、抹黑等，试图对这些榜样当时的时代进行否定和攻击，进而上升到对国家制度和国家政权的攻击，其险恶动机可见一斑。

五、 红色文化时代化的可能性路径

红色文化伴随着中国共产党的成长而发展，历经了中国从“站起来”“富起来”到“强起来”的伟大时代变迁，激励着一代又一代的中国人民为实现民族的伟大复兴而努力奋斗。推动红色文化从 20 世纪成功走向 21 世纪，就必须看到作为一种本土文化的独特性与发展性，在理解红色文化发展规律与变迁路径上，要用中国思维、中国话语去理解、去阐述、去宣传。为此可从以下几个方面推动红色文化的时代化发展。

第一，发展根源：中国共产党的执政理念与能力的创新发展。“政治文化的性质、内容及其观念价值取向都不是源于思想家的理论与设想或人们的主观情感与想象”，它的生成必然是“直接根源于现实的社会生活，是由人们的社会存在状况决定的。”红色文化作为中国共产党领导的新民主主义革命过程中所生成的一种无产阶级政治文化，是依附于中国近现代史演变历程的一种先进思潮，伴随着中国共产党发展的全过程而存在。进入 20 世纪后期，中国共产党的合法性基础从“意识形态”转向了“经济绩效”，执政方式从“管理”走向了“治理”，红色文化也从“革命文化”走向了“主流文化”，但仍然作为中国共产党执政的重要合法性基础发挥着作用。因此红色文化实现时代化发展的根源，还在于中国共产党在21世纪的转型成功，在于中国共产党以创新的方式领导和管理国家，实现“东西南北中、军民工商学、党领导一切”的执政目标。红色文化也必将伴随着中国共产党的执政模式转型而深入发展。

第二，文化基础：马克思主义中国化和中国传统文化的深度体现。根植于中国土地上的红色文化是中国共产党在长期的革命实践中所总结和凝练出来的一种文化形态，本质上是一种创新文化，充分体现了马克思主义的基本原理和中国传统文化的进取精神。马克思主义中国化进程始终伴随着中国共产党从革命、建设走向改革，马克思主义中国化的理论成果也日趋丰富，红色文化的现实形态日趋多样，从毛泽东思想、中国特色社会主义理论体系到习近平新时代中国特色社会主义思想，可以看到红色文化与时俱进的发展。在新时代推进红色文化的时代化发展，要遵从习近平总书记提出的“把红色资源利用好、把红色传统发扬好、把红色基因传承好”的总要求，实现红色文化的科学化发展、精细化管理和历史性继承。另外，在红色文化具体形态的历史演进中，从革命年代的井冈山精神、长征精神、延安精神、红岩精神、西柏坡精神，到社会主义建设年代的雷锋精神、大庆精神、“两弹一星”精神、抗洪精神等，一脉相承，都深刻地体现了中华民族“民为邦本”的执政思想、“自强不息”的奋斗精神等。因此，红色文化在21世纪的继续发展，必须要深刻体现马克思主义中国化的理论创新要求和中华优秀传统文化的深厚涵养。

第三，制度支撑：推进红色文化的制度化管理和规范性运行。在马克思看来，“在现代性社会的状态下，一切固化的、僵硬的社会关系以及与之相适应的被人们尊崇的崇高性和权威性都被消解，一切新形成的社会关系来不及固定下来就迫不及待地陈旧。一切等级的和固化的关系好像都烟消云散了，一切神圣的东西都被人们无情地亵读了”。现代社会是一个价值理想、价值标准全面解体的时代，权威被赶下神坛，调侃和解构成为主流。尽管当代青年在各种集体活动中参观红色景点、唱诵红色歌曲、追忆红色人物，但社会上所充斥的对红色典故的“重思”、对革命英雄人物的“反思”、对革命成就的“辨别”等，都在不同程度上动摇着红色文化的崇高性、侵蚀着红色文化的话语权、淡化着红色文化的阶级性。近年来国家出台了一系列法律政策，包括《中华人民共和国国家勋章和国家荣誉称号法》，由党和国家功勋荣誉表彰工作委员会制定的《中国共产党党内功勋荣誉表彰条例》《国家功勋荣誉表彰条例》《军队功勋荣誉表彰条例》《“共和国勋章”和国家荣誉称号授予办法》等，特别是《中华人民共和国英雄烈士保护法》近来对“暴走漫画”“抖音”等媒体和APP的违法违规行为从重从快惩处，充分表明了对红色文化的管理走上了制度化道路。

第四，信息技术：红色文化走向大众化和创新化的必要载体。文化的生命力在于传播。根据第41次《中国互联网络发展状况统计报告》，中国网民人数达7.72亿，手机网民人数达7.53亿，互联网模式不断创新、线上线下服务融合加速以及公共服务线上化步伐加快，中国已发展为名副其实的互联网大国。为此，开展红色文化宣传也要遵循“因势而谋、应势而动、顺势而为”的策略，对红色历史、红色教育、红色旅游、红色标志的挖掘和整理也要根据媒体的传播特征而调整，充分运用微博、微信、抖音、直播等方式，向受众全方位、立体化、多视角展示和宣传红色文化，更加突出红色文化的传播叙事内容的生活化和网络化视角，吸引青年人的关注和喜爱。例如，2016年长征胜利80周年之际新华社推出的网络直播栏目《红色追寻——三个年轻人的长征路》一经推出便得到广大青年大学生的追捧；2017年建军90周年之际人民日报社推出的“我的军装照”活动一经上线便刷爆朋友圈，这些都是利用新媒体宣传红色文化的典型案例。

参考文献:

[1] 徐东升，汲广运．沂蒙精神研究［M］．济南：山东人民出版，2017：1.

[2] 邓显超，邓海霞．十年来国内红色文化概念研究述评［J］．井冈山大学学报：社会科学版，2016，37（01）：29－39.

[3] 马克思，恩格斯．马克思恩格斯文集：第3卷［M］．北京：人民出版社，2009：459.

[4] 吴娜．红色基因的文化学考察［J］．人民论坛，2015（35）：182－184.

[5] 劳承万，蓝国桥．中西文化形态论［M］．北京：中国社会科学出版社，2014：213.

[6] 威廉·米勒斯，理査德·罗斯．何为政治信任的来源？——以后共产主义国家为背景考察制度理论和文化理论［J］．周艳辉，译．理论视野，2012（09）．

[7] 金民卿．红色文化的精神传承与理想信念的当代建构［J］．井冈山大学学报：社会科学版，2015，36（01）：15－19.

[8] 郑雯，李良荣．中等收入群体在中国网络社会的角色与地位研究［J］．现代传播，2018，40（01）：92－95.

[9] 张秀琴．批判、解构与实践——后现代哲学和马克思哲学比较研究［J］．哲学研究，2004（4）：9－13.

[10] 杨先顺，周文娟，曹姝丹．网络传播主体后现代伦理行为动机及其感知风险研究［J］．现代传播：中国传媒大学学报，2015，37（1）：125－130.

[11] 刘森林．历史虚无主义的三重动因［J］．哲学研究，2015（1）：11－18.

[12] 王沪宁．政治的逻辑——马克思主义政治学原理［M］．上海：

上海人民出版社，2004：343.

［13］马克思，恩格斯．马克思恩格斯选集：第1卷［M］．北京：人民出版社，1995：275.

（作者简介：杨超，男，长安大学马克思主义学院讲师；柏加，女，长安大学马克思主义学院学生）

红色基因思想的价值追求及其哲学来源

雷梅珍

党的十九大向全世界宣布：经过长期努力，中国特色社会主义进入了新时代，这是我国发展的新的历史方位。[1] 中国特色社会主义进入新时代，我国社会矛盾发生了变化，但我国仍将处于并将长期处于社会主义初级阶段的基本国情、我国是世界上最大的发展中国家的国际地位和实现中华民族伟大复兴的“中国梦”的历史任务始终没有变。在实现中华民族伟大复兴的新长征路上，必须要进行许多新的历史特点的伟大斗争。这就需要我们的党始终是时代先锋、民族脊梁，始终是中国特色社会主义的坚强领导核心和全国人民的主心骨，自身必须始终过硬，不能忘记我们从哪里来，要去向哪里。[2] 每一代人有每一代人的长征路，每一代人都要走好自己的长征路。新时代强国的长征路上，我们要不忘初心，牢记使命；我们要重温历史，不断复制、激活和传承红色基因，让红色基因继续成为鼓舞和激励中国人民继续攻坚克难、从胜利走向胜利的强大精神动力，才能永葆红色的本色，才能在中国特色社会主义的道路上继续前进。[3]

一、 红色基因的价值追求

基因，生物学上是胚胎细胞通过自然程序或结构复制而把父母的性状遗传给孩子的遗传单位，是世代实现着生物血脉延续、并保持个体和群体独特性的一种稳定结构。基因支撑着生命的基本构造和性能，是决定生命体健康的重要内在因素；基因忠实地复制着以保持生物的基本特征。但这种复制和延续不是凝固不变的，在一定的环境和条件中也会发生变异，因此需要与周围环境和时代的融合。

中国共产党从成立到今天虽历经了艰难曲折却依然保持初心和旺盛的生命力，依靠的就是中国共产党在艰苦的红色革命过程中积淀孕育并经过中国建设和改革锤炼检验的理想信念、革命精神、优良作风、纪律品格等先进的遗传因子汇聚而成的DNA。这就是2013年2月4日习近平总书记在原兰州军区视察时首次提出的“红色基因”，并嘱咐官兵要把红色基因融入官兵血脉，让红色基因一代代传下去。红色基因是马克思主义进入中国后，与中国优秀传统文化及中国国情结合的产物，在中国革命、建设和改革实践中淬炼出了自己的价值追求，它是中国共产党的自信之源和精神之源，是中国共产党的红色血脉、情感的归属和价值的认同。

（一）红色基因的形成

红色，一直是东、西方人钟情的颜色。红色，光学上是长波末端的颜色，与鲜血类似的色彩。在古代中国，红色是太阳的颜色，是自上而下被崇敬的颜色：至上是权威的颜色，红墙碧瓦、朱笔批阅是统治者富足和特权的象征；至下也是普通百姓喜欢的象征喜庆的颜色，百姓们期待的是过上红红火火的日子。在西方，红色也象征革命和流血牺牲，红色旗帜象征的是突发的紧急状况。红色与马克思主义产生联系可以追溯到1848年的法国革命，红色革命旗帜从法国蔓延至德国、意大利、奥地利等国家；同年，标志马克思主义诞生的《共产党宣言》出版。但真正意义上的马克思主义红色政权是1871年成立的巴黎公社，随着1917年俄国十月革命的爆发，红色政权最终取得胜利。这一胜利开创了人类历史的新纪元，为世界各国无产阶级革命、殖民地和半殖民地的民族解放运动开辟了胜利前进的道路。

随着1917年俄国十月革命的胜利，马克思主义在东方突破了帝国主义统治的薄弱环节，这场红色风暴为民族危亡之际的近代中国人送来了马克思列宁主义。在马克思列宁主义红色潮流的引领下，中国共产党在浙江嘉兴南湖的红船上成立了。刚成立的力量尚薄弱的中国共产党在呐喊中开始了新的道路的摸索，在摸索过程中，中国共产党人沿着马克思主义传统，赋予了红色特殊的意义：这个在国家和民族发生危机的关头诞生的政党以马克思列宁主义为指导，竖起了自己的“红旗”，创建了红色革命根据地——“红区”，发展和形成了独特的红色文化，以红色割据为指导打下红色江山。

正是在俄国十月革命胜利的红色浪潮推动下，在近代中国掀起的这场革命中，马克思主义与中国优秀传统文化和国情相结合的过程中孕育并产生了红色基因。这些红色“星星之火”，逐渐为中国共产党和中国人民所继承和延续，积淀形成了一系列的革命精神、革命传统、优良作风和纪律品格等先进的遗传因子，这些遗传因子在中国革命、建设和改革过程中不断升华锤炼并渗透在共产党和中国人民的血液中。红色基因是特殊时代回应的产物，推动着中国共产党领导中国人民去完成肩负的历史使命和任务。

（二）在革命实践中淬炼出的红色基因的价值追求

没有中国共产党就没有新中国，但没有马克思列宁主义就没有中国共产党的成立与发展，就没有红色基因的积淀孕育和激活传承。马克思主义是实践的理论，指引着人民改造世界的行动，正是在中国革命、建设和改革的进程中，淬炼出了红色基因的价值追求。

中国共产党在成立之初，面对的是异常强大的敌人，外有帝国主义对中国政治、经济和文化上的入侵与压迫，内有封建主义的腐朽统治和勾结帝国主义对中国革命的镇压，有官僚资本主义对帝国主义的卑躬屈膝和对中国人民的垄断剥削。革命中，中国共产党确立了占人口总数80%的农民阶级是革命的主力军，城市小资产阶级是可靠的同盟军，还要团结民族资产阶级等一切可以团结的力量。在这条基本路线的指引下，一代又一代的中国共产党人始终坚守为人民谋幸福的初心和使命，不论面对顺境还是逆境都始终弘扬以爱国主义为核心的民族精神，催生出了长征精神、延安精神、西柏坡精神等；在各族人民的大力支持下，不断形成着优良的革命传统和作风品格等；在这场斗争中，中国共产党最终也是在人民的大力支持下才取得了革命的胜利，而革命的胜利同时也为世界无产阶级革命做出了巨大的贡献。在革命中积淀的“以人民为中心”的价值追求从红色基因诞生之时就渗透在中国共产党人的血液中，伴随着不断发展壮大的中国共产党，走向中华人民共和国、走向中国特色社会主义，并将最终实现中华民族的伟大复兴，这就是中华民族生生不息的生命之火。

在战火纷飞的革命岁月中，中国共产党和革命先烈们为了坚守“为人民谋幸福”的追求，不惜付出血与生命的代价。在取得革命胜利后，历经了血与火的磨炼和洗礼的共产党人深深体会到没有各族人民的血肉支持，就没有中国革命的胜利。中华人民共和国成立后，百废待兴，在各族人民的支持下，我们取得了社会主义革命的胜利，确立了社会主义制度，完成了中华民族有史以来最为广泛而深刻的社会变革，中国人民站起来了。在建设的道路上，面对时代的要求、国家的发展和人民的期待，1978 年 12 月，党的十一届三中全会作出把党和国家工作中心转移到经济建设上来、实行改革开放的历史性决策，动员全党全国各族人民为社会主义现代化建设进行新的长征，实现了党的历史上具有深远意义的伟大转折，从此，社会主义道路、理论、制度和文化上都发生了一系列革命性变革，开辟了中国特色社会主义道路，开启了中国特色社会主义新时代，中国人民从站起来、富起来到走向强起来。

正是在中国共产党的领导下，在全国各族人民的大力支持和配合下，我们取得了改革开放和社会主义现代化建设的历史性成就。但中国共产党依然不忘初心，牢记使命，永远把人民对美好生活的向往作为奋斗目标。

为了解决好发展不平衡不充分的问题，中国共产党牢记自己从哪里来、要去向何处，依然勇立潮头，始终保持“先锋队基因”，与人民同呼吸、共命运、心连心，不断开辟中国特色社会主义新境界，广大人民群众的创造性得到了大大的激发，社会发展活力不断得到增强，人民美好生活得到显著改善，综合国力显著增强，中华民族越来越焕发出勃勃生机，越来越接近承载着13亿中国人民的伟大梦想。

从中国共产党成立到今天，九十多年的革命、建设和改革的进程中，正是在马克思主义这个“看家本领”的指引下，中国共产党清楚地认识到，人民群众是历史的创造者，只有依靠人民群众的自觉的努力和斗争，才能取得革命的胜利；作为马克思主义政党，中国共产党清楚地认识到自己的领导作用，就是正确地给人民群众指出斗争的方向；作为马克思主义政党，在革命、建设和改革过程中，始终贯彻着一切为了群众，一切依靠群众，一切从群众中来，到群众中去的路线。

二、 红色基因价值追求的哲学来源

从2005年习近平提出红船精神到2013年2月正式提出红色基因，红色基因思想不断被挖掘，逐渐形成了一个包括理想信念、民族精神、革命传统、革命品格、优良作风等在内的庞大的DNA。这个庞大的DNA诞生于马克思主义进入中国后与中国传统文化、中国革命结合的过程中，锤炼和验证于中国社会主义建设和改革时期，它明确告诉我们满足人民对美好生活的向往始终是我们的目标，也正是在各族人民这一铜墙铁壁的支持下，才有了中国革命、建设和改革的胜利。这一“以人民为中心”“人民利益至上”的价值追求既坚持了马克思主义唯物史观的基本原理和党的群众路线，又是我们党对执政规律和社会发展规律认识的深化和把握。

红色基因“以人民为中心”的价值追求继承和发展了马克思主义的唯

物史观。唯心史观与唯物史观的区别就是坚持个人史观还是人民史观。马克思恩格斯在《共产党宣言》中就明确指出，共产党与其他无产阶级政党最主要的不同之处就是共产党人进行一切重大历史实践活动都是建立在人民立场之上。因为人民群众是社会赖以存在和发展的物质财富和精神财富的创造者，人民群众的创造不断地推动着历史的车轮滚滚向前。坚持“人民至上”的价值导向，是马克思主义执政党最根本的政治立场，中国共产党作为马克思主义政党，也始终坚持这一价值导向。在马克思主义中国化过程中积淀孕育的、为一代代共产党人所继承的红色基因，自然就内蕴着“以人民为中心”的价值追求。

红色基因“以人民为中心”的价值追求继承和发展了党的群众路线。群众路线是中国共产党根据辩证唯物主义和历史唯物主义的原理，在马克思主义传播和中国化的进程中，提出要深入群众、相信群众和依靠群众的路线，这是对马克思主义关于人民群众是社会主体和历史创造者的理论做出的创新和重大发展。在中国革命中，中国共产党相信只有依靠人民群众才能取得了革命的胜利，要尊重人民群众的历史首创精神；中国共产党相信除了广大人民群众的利益，无产阶级政党没有自己的私利；中国共产党相信人民群众的利益就是无产阶级政党的利益，要为人民的利益而坚持真理、修正错误。正是因为有相信群众、依靠群众的路线，尽管敌我力量悬殊，但最终我们仍然取得了革命的最终胜利。在这个过程中积淀孕育的红色基因自然就继承了深入群众、相信群众和依靠群众，从而在全心全意为人民服务的过程中形成了党的革命精神、优良传统和作风等。

红色基因“以人民为中心”的价值追求也是我们党对执政规律和社会发展规律认识的深化和把握。中国共产党从成立的那一天开始就高高举起了马克思主义的旗帜，也就始终牢记着带领中国人民改造旧世界的神圣使命。革命初期，刚成立的中国共产党理论准备和实践经验都不足，对于中国的历史和社会状况、中国革命的特点和规律不太了解，再加上共产国际指导的失误，革命走了弯路。依靠实事求是的路线，中国共产党从城市向力量薄弱的、占中国80%人口的农村转移；在统一战线这个革命取得胜利的法宝的引领下，动员和团结一切可以团结的力量，才逐步改变了敌强我弱的态势。红色基因“以人民为中心”的价值追求是我们党对执政规律和社会发展规律认识深化的产物和结果。

正是革命先烈们播撒的马克思主义信仰和革命的火种积淀孕育出了红色基因，红色基因从诞生之时就渗透在中国共产党的人民立场中，浸透在中国共产党人的血液中，指引着中国共产党带领各族人民攻坚克难，取得了一次又一次的伟大胜利。正是一代又一代的共产党人舍生取义，始终坚守着一个时代先锋忠贞不渝的信仰，传递着为人民谋幸福的理想信念，用爱国、救国和殉国的革命篇章滋养锤炼了红色基因。在新时代的长征路上，红色基因是始终坚定中国化的马克思主义的红色底色，继续把人民对美好生活的向往作为奋斗目标，继续朝着实现中华民族伟大复兴的宏伟目标奋勇前进。

三、 新时代毫不动摇坚守红色基因价值追求

十八大以来，党带领全国各族人民取得了改革开放和社会主义现代化建设的历史性成就，中国特色社会主义进入了新时代。但我国依然处于并长期处于社会主义初级阶段的基本国情没有变，实现中华民族伟大复兴的“中国梦”目标没有变，新时代的征程上，在全面建成小康社会的道路中出现了许多前所未有的新情况、新问题：我们的改革进入了深水区，利益和矛盾凸显；我们党面临着许多严峻的挑战，党内存在着许多亟待解决的问题：部分党员干部理想信念褪去了色彩、安于现状、不思进取等问题也不断凸显，尤其是一些党员干部中发生的贪污腐败、脱离群众、形式主义、官僚主义等，必须下大力气解决。[4]面对新时代的重大时代课题，中国共产

党必须从理论和实践结合上系统回答新时代中国坚持和发展什么样的中国特色社会主义、怎样坚持和发展中国特色社会主义，[5]红色基因的“以人民为中心”的价值追求就是要告诉我们永远不能忘记自己是从哪里来的，永远要从革命历史中汲取原初的智慧和力量。[6]

（一）红色基因的价值追求指引我们坚定不忘本来，不忘红色底色

一个民族的历史是一个民族安身立命的基础。总结和吸取历史教训，目的是以史为鉴、更好前进。红色基因的“以人民为中心”的价值追求是在艰苦卓绝的革命中孕育诞生的，是历经建设和改革实践锤炼验证的。中国已经迈入了新时代，在新时代的长征路上，已经没有了血与火的战乱，中国正稳步向前发展，虽然我们遇到的困难已经难与红色革命战争时期相比，但我们现在面临的是一个执政环境复杂、影响党的先进性和纯洁性的因素更复杂的时代。实现伟大的梦想，必须进行伟大的斗争，这就需要13亿人紧紧凝聚一起，在中国共产党的强有力的领导下，才能更好应对重大挑战、抵御重大风险、克服重大困难、解决重大矛盾。这就需要我们坚守红色基因的“以人民为中心”的价值追求，坚定不忘本来，不忘红色本色。就如2016年7月1日，习近平总书记在庆祝中国共产党成立95周年的大会上提出的：“一切向前走，都不能忘记走过的路；走得再远、走到再光辉的未来，也不能忘记走过的过去，不能忘记为什么出发。”[7]自从中国共产党成立以来，人民对美好生活的向往就是我们奋斗的方向和目标，人民的需求就是领导干部的“镜子”，它时刻告诫党员干部居安思危、迎难而上，时刻引导党员干部登高望远，更好地发挥党的团结凝聚的红色本色，从而更好地将各族人民团结在党中央周围，迎接新时代的挑战。各族人民始终是我们汲取力量的源泉，回首来时路，是在中国共产党的带领下，无数革命先烈的鲜血和汗水、曲折和付出铸就了革命的成功。2018年3月8日，习近平总书记参加十三届全国人大一次会议山东代表团审议时就强调：中华

民族从站起来、富起来到强起来，经历了多少坎坷，创造了多少奇迹，要让后代牢记，我们要不忘初心，永远不可迷失了方向和道路。[8]在艰苦卓绝的革命洗礼中孕育诞生、经过建设、改革检验的优良的红色基因及其价值追求，已经深深地渗透在中华民族和共产党人的血脉和灵魂中的，不论遇到多少的艰难困苦，红色基因的价值追求始终引领我们不忘初心，牢记使命，不忘革命先辈的足迹。

（二）红色基因的价值追求指引我们坚定面向未来，永葆红色底色

中国特色社会主义进入新时代，迎来了实现中华民族伟大复兴的光明前景，中国从富起来走向强起来，中国日益走进世界舞台的中央，不断为人类做出更多的贡献。中国共产党自成立以来，我们取得的一切成就，是一代又一代中国共产党人同各族人民接力棒的结果。面向未来，习近平总书记指出：坚持和发展中国特色社会主义是一篇大文章，现在，我们这一代共产党人的任务，就是继续把这篇大文章写下去。我们的事业越前进、越发展，新情况、新问题就会越多，面临的风险和挑战就会越多，面对的不可预料的事情就会越多。[9]因此我们必须走自己的路，习近平总书记曾指出："站立在960万平方千米的广袤土地上，吸吮着中华民族漫长奋斗积累的文化养分，拥有13亿中国人民聚合的磅礴之力，我们走自己的路，具有无比广阔的舞台，具有无比深厚的历史底蕴，具有无比强大的前进定力。"[10]革命时期孕育、建设和改革时期的锤炼验证的红色基因的价值追求就是我们中华民族深厚的历史底蕴，是中国共产党和革命先烈流血牺牲的积淀，是指引我们党走向未来的养分钙质，是将13亿中国人民聚合一起的磅礴之力，是我们革命、建设和改革能取得胜利的保障，是我们前进道路的自信之源，是我们的红色底色，它将引领中华民族在红色的道路上继续书写中国特色社会主义这篇大文章。

结语

诚如习近平总书记所说："一个民族，一个国家，必须知道自己是谁，是从哪里来的，要到哪里去，想明白了，想对了，就要坚定不移朝着目标前进。"[11]新时代新征程，我们必须要更加清醒地想明白自己是谁、从哪里来、要去哪里。诞生于血与火的革命战争时期的红色基因，就是告诉我们中国共产党是一个始终走在时代前列的、勇于自我革命的、经得起各种风浪考验的务实的马克思主义执政党；就是告诉我们实现中华民族伟大复兴是人民的重托、历史的选择；就是告诉我们马克思主义及其中国化的最新成果，是实现中华民族伟大复兴的行动指南；就是告诉我们人民是历史的创造者，要让改革发展成果惠及更多的人民。新时代新的长征路，红色基因依然承载着人民的重托和历史使命，是带领中国共产党前行的航标，是中国共产党砥砺前行的精神动力，是中国共产党人始终要信守、复制、传承的信仰和情怀，我们必须要毫不动摇地坚守红色基因的价值追求。

参考文献：

[1] 习近平．决胜全面建成小康社会 夺取新时代中国特色社会主义伟大胜利［M］．北京：人民出版社，2017：10.

[2] 习近平．决胜全面建成小康社会 夺取新时代中国特色社会主义伟大胜利［M］．北京：人民出版社，2017：16.

[3] 习近平．在纪念红军长征胜利80周年大会上的讲话［N］．人民日报，2016－10－21.

[4] 习近平．关于协调推进"四个全面"战略布局论述摘编［M］．北京：中央文献出版社，2015：121.

[5] 习近平．决胜全面建成小康社会 夺取新时代中国特色社会主义伟

大胜利［M］．北京：人民出版社，2017：18.

［6］霍小光．把革命老区发展时刻放在心上——习近平总书记主持召开陕甘宁革命老区脱贫致富座谈会侧记［N］．光明日报，2015-2-17.

［7］习近平．在庆祝中国共产党成立95周年大会上的讲话［N］．人民日报，2016-7-1.

［8］习近平李克强王沪宁赵乐际韩正分别参加全国人大会议一些代表团审议［N］．光明日报，2018-3-9.

［9］中共中央宣传部．习近平总书记系列重要讲话读本［M］．北京：学习出版社．人民出版社，2016：38.

［10］中共中央宣传部．习近平总书记系列重要讲话读本［M］．北京：学习出版社．人民出版社，2016：39.

［11］习近平．共倡开放包容共促和平发展——在伦敦金融城市长晚宴上的演讲［N］．人民日报，2015-10-23.

（作者简介：雷梅珍，女，中央民族大学哲学与宗教学学院博士研究生）

把握沂蒙精神的内涵和特征

徐光寿

“沂蒙精神”一词正式被提出以来，大致有大同小异的三种表述。当前广泛认可的是“爱党爱军、开拓奋进，艰苦创业、无私奉献”16个字。与中国民主革命过程中形成的其他精神内涵相比，这个归纳既不准确又无特色。一句话：不够精准。准确把握沂蒙精神的内涵，彰显其真谛和特征，离不开以下三个视角。

首先，中国革命新道路的视角。中国革命新道路，就是从井冈山革命根据地开始，由毛泽东为代表的中国共产党人开辟，形成于土地革命战争时期的农村包围城市、武装夺取政权的道路。

2013年11月，习近平总书记视察沂蒙地区时，把沂蒙精神与井冈山精神、延安精神和西柏坡精神相提并论，是从“三山一坡”精神的共性而言的。这个共性应是，民主革命时期我党在农村发动广大农民、实行土地革命、建立农村根据地、发展人民军队、发动人民战争，走出了一条农村包围城市、武装夺取政权的中国革命新道路，并在这个过程中所形成的中国革命精神。

然而，作为不同革命阶段和不同地域环境中产生的红色文化，其精神实质显然具有各自的典型特征。众所周知，井冈山精神的典型特征是敢闯新路，延安精神的典型特征是自力更生，西柏坡精神的典型特征是谦虚谨慎。因为在井冈山，中国共产党开辟了一条农村包围城市、武装夺取政权的中国革命新道路，使中国共产党最终夺取全国政权；在延安，中国共产党提出自力更生、丰衣足食的口号，开展了轰轰烈烈的大生产运动，渡过了抗日战争最艰难的阶段；在西柏坡，中国共产党不仅制定了夺权全国政权的战略决战计划，而且开始探索执政党建设的方针政策，提出了谦虚谨慎、不骄不躁和艰苦奋斗的建设要求。

其次，革命战争流血牺牲的视角。中国革命是武装的革命反对武装的反革命，是战争解决问题。沂蒙精神是伟大民族精神在革命战争时期的展现和升华，也是中国共产党领导全国各族人民在革命战争时期创造的宝贵的精神财富。

沂蒙精神产生于抗日战争和解放战争两大历史阶段，沂蒙地区被誉为“两战圣地”、红色沂蒙。沂蒙精神就是在中国共产党的领导下，沂蒙军民共同创造的民族精神和时代精神，也是当代中国的民族精神、时代精神。“巍巍沂蒙是与十万英烈的忠魂融为同体的英雄山，滔滔沂河是与无数红嫂的乳汁交融汇聚的母亲河。血雨腥风不弯腰，沂蒙人民爱党爱军，无私奉献，与山东党政军一起书写了可歌可泣的壮丽篇章，也共同锻造出了伟大的沂蒙精神。”[1]它形成于革命战争年代，成长于社会主义建设和改革开放的新时代。抗日战争时期，沂蒙军民以血肉之躯，创建了沂蒙抗日根据地，数百万优秀的沂蒙儿女，为挽救民族危亡，以高度的爱国主义精神，同侵略者进行了英勇悲壮的斗争。在这里，每一座山头，都燃烧过抗日战争的烈火；每一寸土地，都浸透了抗日军民的鲜血。在残酷的战争中，沂蒙人民用鲜血和生命支持了战争，涌现出了数不清的沂蒙红嫂，创造了数不清的抗日楷模村。[2]当时沂蒙老区 420 万人口中，“有超过 20 万人参军，百万儿女拥军支前，10 万将士献出生命，村村有烈士，乡乡有红嫂”。[3]

井冈山精神产生并存在于土地革命战争前期；延安精神的产生和存在虽然跨越土地革命战争、抗日战争和解放战争三个历史阶段，但一直是中共中央和中央军委机关所在地，戒备森严，相对安全；西柏坡精神产生于即将夺取全国政权的解放战争后期，时间较短。在12年的民主革命岁月里，沂蒙人民历经抗日战争和解放战争，不怕流血，不惧牺牲，不愧为“抗日解放、不惧牺牲”精神。

再次，党群军民、鱼水情深的视角。党群之间血肉相连、军民之间鱼水情深的亲密关系，是沂蒙精神的灵魂。与其他革命精神和红色文化相比，这个视角最能体现沂蒙精神的实质和特征。

“革命战争年代，沂蒙人民把最后一个儿子送战场、把最后一口粮当军粮、用最后一块布做军装，爱国爱军，为了建立中华人民共和国，留下了彪炳千秋的英雄事迹。”[4]民主革命时期中国共产党扎根沂蒙12年，党的组织和人民军队在这里长期生存和艰难发展，逐渐形成的党群、军民之间的水乳交融、生死与共的鱼水关系，其实质是党群、军民关系的密切与和谐。

作为沂蒙精神主体的红嫂精神、支前精神、满缸运动等，都充分体现了党群、军民之间的鱼水情深。“红嫂、沂蒙六姐妹、火线桥等故事，至今家喻户晓、妇孺皆知。他们所展示的崇高品格和博大胸怀正是对党、对人民子弟兵的无限热爱和对共产主义理想信念的不懈追求的真实写照”，[5]无不展示出党群、军民之间的鱼水之情。其实，爱党爱军的实质就是党群、军民之间的鱼水情深，只是主体换成了人民群众。而无私奉献只是中国共产党人的一般优点，不足以充分体现沂蒙精神的特征，显然没有鱼水情深体现沂蒙精神更为精准、更具特色。习近平总书记谈到沂蒙精神时强调是军民水乳交融、生死与共铸就的，这实际上就突出了党群、军民之间鱼水情深的特征。

如果说井冈山精神、延安精神以及西柏坡精神的创造主体是中国共产党的精英群体，那么沂蒙精神凸显的就是普通人群，它的创造主体是纯朴、善良、憨厚、耿直的沂蒙百姓，理应凸现党群、军民关系。这种关系正是水乳交融、生死与共的鱼水之情。因此，用“抗日解放、不惧牺牲，党群军民、鱼水情深”16个字概括沂蒙精神，不仅符合红色文化内涵的一般表述，而且既突出了沂蒙地区作为抗日、解放的“两战圣地”的特殊地位，又凸现了党群、军民之间血肉相连、生死与共的鱼水情深，显然要比“爱党爱军、开拓奋进，艰苦创业、无私奉献”更为贴切。

正如原临沂大学校长韩延明教授所谈道的：“时代在变，环境在变，但共产党人确立的群众观念、群众路线不能变；一切依靠群众、一切为了群众的宗旨不能变；人民群众热爱党、信任党、拥护党、坚定跟党走的信仰、信念和信任不能变，这就是沂蒙精神的真谛所在!”

总之，沂蒙精神是我们党与群众血浓于水的关系的生动写照，弘扬沂蒙精神是密切党群干群关系的迫切实践要求。当前要大力弘扬沂蒙精神，以筑牢党与人民群众血肉联系的基础。

参考文献：

[1] 孙海英，陈永莲. 沂蒙精神与临沂革命老区跨越式发展研究 [M]. 济南：山东人民出版社，2017：1.

[2] 徐东升，汲广运. 沂蒙精神研究 [M]. 济南：山东人民出版社，2017：168.

[3] 徐东升，等. 基于沂蒙精神育人的社会主义核心价值观教育研究 [M]. 济南：山东人民出版社，2015：125.

[4] 徐东升，等. 基于沂蒙精神育人的社会主义核心价值观教育研究 [M]. 济南：山东人民出版社，2015：148.

[5] 徐东升，汲广运. 沂蒙精神研究 [M]. 济南：山东人民出版社，2017：168.

（作者简介：徐光寿，男，上海立信金融会计学院马克思主义学院院长、教授）

“沂蒙红色文化”的构成及意义探微

刘爽

一、“沂蒙红色文化”的内涵解读

（一）“红色文化”的称谓及内涵

“红色文化”是21世纪以来我国文化、政治领域出现的一种特色文化称谓。这是一种具有中国历史文化特色、中国民族表现风格、中国本土内容气派的特定文化形态的泛称。尤其指代那些具有政治、历史、传统与民俗本质的文化类型。从某种意义上而言，“红色文化”不仅仅指代共产党领导革命、建设与改革开放过程中的文化，也指代那些优秀的民族传统文化与国内外一切与时俱进的优秀文化。因此，“红色文化”是一种国家、民族优秀文化的泛称，这种文化中包含了中华民族与外来民族文化的多种成分，成为现代社会语境下国家、民族“文化软实力”的重要组成要素。“红色文化是一个包容性很强的概念，其中，红色物态文化遗存是它的显性存在，红色精神则是它的内核和精髓；反映革命历史时期事件与人物的红色经典是中国红色文化大众化与时代化的主要载体。”

“红色文化”的深刻内涵，不仅决定了在现代化建设过程中必须要重视和传承“红色文化”才能获得各项事业发展所需要的精神动力与智力支持，还在一定意义上决定了“国家文化软实力”的发展高度与水平。所有这些“红色文化”中的构成因子，都是多种传统文化、地域文化与民族文化的精髓。因而对文化的整体实力具有重要的影响意义。

（二）“沂蒙红色文化”

“红色沂蒙文化”是“红色文化”与“沂蒙文化”结合的产物。“沂蒙文化”是千百年来沂蒙山区人民在生产、生活与抗击邪恶、强暴势力中形成的一种质朴的地域文化。“沂蒙文化”中不仅包含了当地人们的善良、质朴、勇敢、正义精神，还包含了艰苦奋斗、仁义孝道、乐观天性等内容特质。“沂蒙红色文化”则是泛指那些与上述优良品质相关的革命文化、建设文化、传统文化与本土文化的综合体。“临沂历史悠久，人杰地灵，物华天宝，文化灿烂。这里历史文化资源丰富，红色文化资源更是享誉中外。在抗日战争和解放战争时期，沂蒙老区是著名的革命根据地，是山东解放区的政府所在地和华东地区革命斗争的指挥枢纽，被誉为华东的‘小延安’。刘少奇、徐向前、罗荣桓、陈毅、粟裕等老一辈无产阶级革命家曾在这里战斗、生活过，留有大量的革命遗迹。在沂蒙大地上涌现出来的英雄个体和群体人物如沂蒙母亲、沂蒙红嫂、沂蒙六姐妹等的故事代代流传。”

“改革开放以来，临沂的变化可谓翻天覆地，已成为全国老区振兴的排头兵。1996 年，沂蒙革命老区在全国 18 个扶贫连片地区中率先实现整体脱贫，2000 年就实现了全面基本小康。”现代化的临沂城不仅成为全国第三大批发市场，还成为江北第一大商品集散地。昔日生产不发达、交通不便利的沂蒙老区早已旧貌换新颜。而且近些年来，沂蒙人民又在发扬传统精神的基础上，彻底改变了他们的精神世界。无论是二十多年前的“王廷江精神”，还是近些年涌现出的时代楷模，都带有很强的“意志”、“精神”建设成果特征。

二、“沂蒙红色文化”的构成要素

（一）传统文化中的“爱国主义”

“沂蒙红色文化”具有深刻的精神内涵，包含了多种不同的构成要素。但是最为主要的“爱国主义”是“沂蒙红色文化”的重要组成部分之一。在这种中国最为传统的文化中，“爱国主义”精神体现出中华民族几千年来“分分合合”的发展历史特征。这种“爱国精神”不仅包含了强烈的民族意识和地域精神，还包含了人类文明社会发展中的核心文化特征——“国”与“家”的价值取向，沂蒙人们与中国各地的儿女一样，注重“有国才有家”，在进行道德伦理取舍时，更为强调先有“国”、再有“家”。在“爱国主义”这一点上，“沂蒙红色文化”不仅与中国优秀传统文化保持着深度的一致性与传承性，在民族精神内涵层面也都保持一定的“契合性”，整体上形成了多个不同层面构筑的“爱国主义”内涵、特征，也在一定程度上体现出了悠久文化的历史承继性特征。

“爱国主义”作为一种重要的传统文化特质，千百年来不仅扎根于沂蒙山区百姓的生活中，也渗透到整个中华民族文化的最深处，成为维系各民族团结、国家地域统一的纽带，也成为中华民族抵御外辱、自强不息的重要动力。“沂蒙红色文化”更是几千年来中华民族文化精髓的代表，也是沂蒙人民能够克服各种困难最为重要的精神基因之一。

在当前的历史新时期，高度重视和传承这种“沂蒙红色文化”不仅需要充分地弘扬爱国主义精神，还需要针对具体生活中的各种现象、情况，举行多种形式的“爱国主义精神”展演、互动与交流，从而深化这种精神的影响力、凝聚力，实现在尊重和传承中华民族的优秀历史文化基础上，带领沂蒙百姓走向更富强、更幸福、更美好的生活。

（二）传统伦理中的“社会正义”

“沂蒙红色文化”还体现出了传统社会伦理中强烈的“社会正义”要

素。马克思主义的根本力量在于与人民群众实践的紧密结合。历史上的“沂蒙精神”在现代最为鲜活的体现是“军爱民、民拥军”。在中国共产党驱逐外侵，以及解放战争中，沂蒙人民发挥了崇高的传统伦理作用：不仅道义上坚定地站在正义的队伍这一面，还在现实战斗中表现出了拥护、支持共产党的正义举动。陈毅元帅曾深情地感叹“淮海战役是山东百姓用小车推出来的”，就体现出了沂蒙人们对正义事业的有力支持。“沂蒙地区党的历史和沂蒙精神产生发展的历史就是一部深入贯彻和践行群众路线，党同人民群众同甘共苦、血肉相连的历史。”

历史上的“沂蒙精神”也有很多伟大的壮举，无论是在民族战争中的“除暴安良保家乡”运动，还是“台儿庄会战”中面对日寇进行坚贞不屈的“临沂保卫战”，都体现出了传统正义伦理价值观对百姓的影响。这种深厚的传统基础上所展现出来的战斗精神与优良作风，都是与传统文化中的“社会伦理”具有密切关系的，传统文化是其产生的深厚的思想基础。

此外，这种传统社会正义价值观还体现在“全心全意为人民服务”的“民生情怀”方面。沂蒙地区在多年的建设与发展中，取得了前所未有的可喜成就，一方面是党的有力领导起到了很大的作用；另一方面是国家、政府多年来为沂蒙老区配备了坚强、有力的领导队伍。“沂蒙红色文化”在此基础上逐渐形成了具有典型特征的基本内容架构，在这个文化传统中，红色文化的“民生观”是其最为重要的内容之一。

鉴于沂蒙地区人民的创造性传承，红色精神在这片土地上得以开出了灿烂的成就之花。在传统文化中，沂蒙人民就有“圣人无常心，以百姓为心”，不仅很好地传承了“因民之利而利之”“民为国本”“政得其民”等民本思想，还在具体的生活实践中发扬了“沂蒙红色文化”的精髓，将这种富有情意与正义感的“民生情怀”发挥到极致。中国共产党在沂蒙老区根据时代发展的需要，领导沂蒙人民对中国传统文化中伦理道德与民本思想都进行了创造性的传承，从而生成了新时期的“沂蒙红色文化”。这种文化本身就蕴含着厚重的“民生情怀”。

（三）民族传统中的“刚健有为”精神

新时期重视和传承“红色文化”。“沂蒙红色文化”中的厚重伦理传统与“民生情怀”，不仅是发展沂蒙建设潜力的有力武器，还是发掘人们幸福、自由的精神源泉。“沂蒙红色文化”需要在沂蒙人民努力实现富强的过程中，不断地发掘与创造的中华民族优秀元素，不断地发扬艰苦奋斗的精神，实现与其他“红色文化”的借鉴、融合、影响。

这些“民生情怀”本身就是构成“自强不息”“刚健有为”传统的重要元素，是承继了“沂蒙红色文化”中典型的中国传统文化精髓的表现。“自强不息”“刚健有为”的思想不仅是中国传统文化中的重要精神，也是新时期重视和传承“沂蒙红色文化”的重要依据。无论是何种形态的“红色文化”的形成，都是在实干的基础上建立起来的。因此，“沂蒙红色文化”的传承不仅需要发扬自强不息的艰苦奋斗精神，还需要在传承中华民族传统文化中进行“有为”的实践探索。

自强不息、艰苦奋斗的精神，之所以能够贯串和体现于“沂蒙红色文化”中，最为重要的是艰苦、恶劣的自然环境赋予了人们实战的精神。“从渊子崖的抗争到大青山突围再到孟良崮决战，从红嫂布满老茧的双手到搭起‘火线桥’的孱弱的肩膀再到小推车的滚滚尘烟，从厉家寨愚公移山到九间棚斗地战天再到临沂商城异军突起”，“沂蒙红色文化”在形成和发展的各个时期，都贯串着这种独特的传统特征。沂蒙大地无论是在中国民族革命时期、解放战争时期，还是在现代化建设时期，都体现出了对于“红色文化”的注重。在中国共产党的带领下，沂蒙人民不仅实现了地区、地域的独立和解放，还实现了在艰苦奋斗的精神鼓舞下建设出富强、民主的好生活的目标。

三、 沂蒙红色文化对现实生活的影响

（一）鼓舞艰苦奋斗精神的发扬

“沂蒙红色文化”在新时期，依然具有传承和弘扬传统文化的意义，尤其需要发掘其鼓舞人们进行艰苦奋斗的精神动力作用。“沂蒙红色文化”在中华文化中具有独特的魅力价值，还在鼓舞群众进行艰苦奋斗、自强不息的现实生活中具有重要意义。

其一，“沂蒙红色文化”可以起到鼓舞人们艰苦奋斗、提升国家文化软实力的作用。“沂蒙红色文化”是国家“红色文化”体系的重要组成部分，也是提升国家文化软实力的重要资源和重要载体。“文化软实力”不仅是多方面文化相互整合的结果，还包含了优秀的本土文化、外来文化特征；既承继了本土性的传统文化精髓，又立足于现代社会中的文化精髓。

其二，“沂蒙红色文化”在鼓舞人们发扬艰苦奋斗精神这方面，还具有典型的案例意义。“沂蒙红色文化”需要在当前发掘出“红色文化”中的精神实质，让其产生强大的影响力，引导人们的精神视野和文化价值取向。“沂蒙红色文化”也是国家文化软实力的组成部分，可以鼓舞千千万万的文艺、文化工作者发扬这种精神，创作出更多的优秀作品。这些作品中不仅有沂蒙地区的内容，也有国家建设的具体内容，发扬出文化软实力的真正作用。

“沂蒙红色文化”既能够很好地体现出沂蒙文化本身的价值，又能够发扬其本身的吸引力、凝聚力和整合力，带领各阶层群众在发扬艰苦奋斗精神的前提下，走向美好的幸福生活。“沂蒙红色文化”在沂蒙地区的历史与现实生活中都可以发挥凝聚人心、鼓舞志气、振奋精神、激励斗志等重要作用，也彰显出了其本身就具有强大的民族凝聚力和社会整合力的特征。“沂蒙红色文化”的这些特征说明，它是涵养社会主义核心价值观的重要源泉。

（二）促生民族自信与文化自信

“沂蒙红色文化”还可以促生民族自信与文化自信。“沂蒙红色文化”一方面体现出了沂蒙人民在改造自然、建设社会中的精神与智慧水平，另一方面也体现出了他们对自己指导精神、传统伦理、地域文化的热爱与认同。

现代社会语境下，沂蒙人民的传统精神也发挥着提升文化软实力的重要作用。这些都是“沂蒙红色文化”的重要构成资源。在当地的文化软实力建设中，需要在发挥社会主义核心价值观这种核心要素基础上，进一步发掘出文化自信与民族自信的内涵。在沂蒙地区的现代社会与文化建设中，“沂蒙红色文化”不可偏离社会主义核心价值观的轨道，需要引导这种区域性的文化软实力坚持社会主义方向。“沂蒙红色文化”本身就是社会主义核心价值观的重要体现，是其文化软实力的重要组成部分，可以引导沂蒙人民树立坚定的文化自信心。

此外，“沂蒙红色文化”本身所凝结的理想信念、道德操守、价值追求和坚定信仰，需要坚持与社会主义核心价值观倡导的基本内容相一致。在此基础上，不仅可以让更多的百姓理解这“沂蒙红色文化”的深刻内涵，还可以让其树立起坚定的社会主义核心价值观的自信心。

“让每一个群众生活得更加幸福”不仅是沂蒙各级领导的时代使命，也是坚持深入群众，关心群众，切实解决人民群众生活实际问题的亲民爱民为民作风的具体体现，这些都可以提升群众对于“红色文化”的自信心与自尊心。

四、结语

“沂蒙红色文化”作为沂蒙地区民族精神与时代精神的统一体，不仅需要在实践探索中充分地发掘这种地域“红色文化”的软实力，还需要发掘沂蒙百姓、领导的智慧，将具有历史文化传统的“现代精神”穿越时空、时代的局限，产生强大的创造力和创新性能量。而这些本身都离不开“自强不息”“刚健有为”的传统沂蒙精神。

“沂蒙红色文化”是在中国共产党领导中国进行新民主主义建设与社会主义建设中所形成的“核心价值观”的重要构建部分。这个文化体系逐渐形成的过程，也展现出了非凡的价值整合功能特征。“沂蒙红色文化”也需要在引导人民精神建设的实践过程中，逐步贯彻社会主义核心价值观。

参考文献：

[1] 涂成林，史啸虎．国家软实力与文化安全研究［M］．北京：中央编译局出版社，2009：156.

[2] 魏本权．红色文化与社会主义核心价值体系关系要论［J］．求实，2012（11）：92－96.

[3] 钟秀利，杨艳春，罗春洪．试析红色文化的政治价值——执政文化的视角［J］．求实，2007（11）：31－33.

[4] 徐东升，汲广运．沂蒙精神研究［M］．济南：山东人民出版社，2017：4，74.

[5] 闫立光，刘晓华，张文彬．井冈山精神、延安精神、大庆精神：价值维度的对话与融合［J］．井冈山大学学报：社会科学版，2015（3）：8－12，40.

[6] 孙海英．沂蒙早期党组织对实践马克思主义群众观的探索及启示［J］．学海，2017（6）：16.

[7] 孙海英，陈永莲．沂蒙精神与临沂革命老区跨越式发展研究［M］．济南：山东人民出版社，2017：220.

（作者介绍：刘爽，女，齐鲁师范学院音乐学院讲师）

新时代沂蒙精神话语体系的重构与价值研究

王增乾

沂蒙精神话语体系是改革开放以来思想宣传领域对沂蒙党政军民团结协作共同铸就的伟大革命精神的概括和总结。习近平总书记 2013 年考察山东时指出沂蒙精神是“军民水乳交融、生死与共铸就的”，深刻揭示了沂蒙精神的本质。由此，应对沂蒙精神话语体系进行重新锤炼和升华，继续传承与弘扬新时代沂蒙精神，发挥出沂蒙精神助力推进“四个伟大”的不可或缺的巨大作用。

一、 与时俱进的精神动力：沂蒙精神话语体系嬗化

特定的话语体系是特定时代的产物。沂蒙精神话语体系的出现，基础在于革命战争年代沂蒙党政军民的革命精神，背景在于改革开放以来对这种崇高精神的客观需要。随着改革开放的不断深入，人们的认识在不断深化，关于沂蒙精神话语体系的表达，也开始经历着一个与时俱进的深化过程。

（一）沂蒙精神话语体系的初步形成（1989—1997）

沂蒙精神概念的提出始于 1989 年。当时，为落实党中央关于充分发挥党的政治优势、大力加强党建和思想政治工作推进改革开放的要求，时任

临沂地委宣传部长的李祥栋在《临沂大众报》发表题为《发挥老区优势，弘扬沂蒙精神》的文章，总结沂蒙人民在革命、建设和改革开放中形成的风范和精神，首次提出了沂蒙精神的概念，并将之概括为“团结奋斗、无私奉献、艰苦创业、求实创新”。在“沂蒙精神”这个概念出现之前，其所反映的精神内涵，在革命战争年代的沂蒙党政军民身上已经形成，但尚未进行系统的概括与提炼。这种崇高精神是革命战争年代凝聚沂蒙党政军民的精神动力，而这种精神动力恰恰是改革开放以来更需要弘扬的，是时代发展的客观需求，由此触发了对沂蒙精神话语体系的概括与提炼。

沂蒙精神的概念一经提出，就引起了山东省委的高度重视。1990 年 2 月，时任山东省委书记的姜春云到临沂视察，要求全省兴起弘扬“立场坚定、爱党爱军、艰苦创业、无私奉献”的沂蒙精神的高潮。1991 年 5 月，山东省委宣传部、山东省社科联、中共临沂地委在济南和临沂联合召开了山东省首届沂蒙精神理论研讨会。1992 年，沂蒙精神进入中央最高领导的视野，时任中共中央总书记江泽民为临沂题词“弘扬沂蒙精神，振兴临沂经济”。1997 年，在为纪念该题词而举办的研讨会上，中共临沂市委、市政府广泛吸纳各界关于沂蒙精神的研究成果，认真总结临沂人民在改革开放实践中的新创造、新经验，进一步把沂蒙精神概括为“爱党爱军、开拓奋进、艰苦创业、无私奉献”。[1]

沂蒙精神的这个概括，后来被人们广泛使用，成为推进改革开放的强劲精神动力。多年来，历届山东省委主要领导把沂蒙精神视为山东精神的核心，要求在全省大力弘扬，发挥了沂蒙精神话语体系在山东省改革开放中的精神动力价值。

（二）沂蒙精神话语体系的与时俱进（1997—2013）

1997 版沂蒙精神的概括形成后，随着更多中央领导人的相关讲话与批示，沂蒙精神话语体系在全国范围内得到更广、更深地弘扬。1999 年，胡锦涛同志视察临沂时指出：“在长期的革命斗争中，临沂人民为中国革命事业的胜利创立了光辉的业绩，做出了巨大贡献。中华人民共和国成立后，临沂人民为改变贫穷落后的面貌进行了不懈的努力。改革开放以来，把发扬革命传统同弘扬时代精神结合起来，形成了具有时代特征的沂蒙精神。”2005 年，在纪念中国人民抗日战争胜利 60 周年之际，中共山东省委、山东省人民政府于 8 月 16 日至 25 日在中国国家博物馆联合举办沂蒙精神大型展览，进一步提升了沂蒙精神的政治高度，扩大了沂蒙精神在全国的影响。时任中央政治局常委李长春在参观沂蒙精神展时指出：“在血与火的战争年代，沂蒙人民在中国共产党的领导下，前赴后继，浴血奋战，用小车推动历史，为中国革命事业的胜利创立了光辉业绩，铸就了伟大的沂蒙精神。”时任中央政治局委员、书记处书记、中宣部部长刘云山在参观展览后也强调：“现在我们提倡井冈山精神、长征精神、延安精神、西柏坡精神，再加上沂蒙精神、太行精神，所有这些都是我们民族精神的具体体现。正因为有了这些精神，才形成了无坚不摧的民族精神”。李长春 2011 年赴临沂调研时再次强调：“沂蒙精神是伟大民族精神在革命战争时期的展现和升华，也是中国共产党领导全国各族人民在革命战争时期创造的光辉精神财富，与井冈山精神、长征精神、延安精神、西柏坡精神一样，都是我们的宝贵精神财富。”党的十七大闭幕后不久，时任中央政治局常委、中纪委书记贺国强到临沂视察时指出，伟大的事业需要伟大的精神来支撑，实现党的十七大提出的各项奋斗目标，必须大力弘扬包括沂蒙精神在内的党的优良传统。中央领导人的这些重要讲话，将沂蒙精神提升到“伟大民族精神”的高度，与“井冈山精神、长征精神、延安精神、西柏坡精神”等一系列中国共产党革命精神置于同样重要的地位。

（三）沂蒙精神话语体系重新锤炼的探索（2013— ）

长期以来，1997 版沂蒙精神的概括与阐释，深刻影响了人们对沂蒙精神的认识。人们普遍认为，沂蒙精神的内涵就是“爱党爱军、开拓奋进、艰苦创业、无私奉献”。多年来，绝大多数关于沂蒙精神的论文、著作、讲话、报告等问题，大都围绕这十六个字进行阐释、论证。时至今日，仍有相当一部分研究者有定式思维，继续围绕这一表述及相关资料并联系实践作解读。客观地讲，1997 版沂蒙精神的概括，具有鲜明的人民性，为激励人民群众以“爱党爱军、开拓奋进、艰苦创业、无私奉献”的精神投身改革开放伟大事业发挥了重要的精神激励作用，是一种推动社会发展进步的巨大的精神动力。但也应该看到，这一表述仅单向解决了人民群众践行“爱党爱军、开拓奋进、艰苦创业、无私奉献”这一崇高精神的问题，而忽视了沂蒙人民过去为什么会有、新时代怎样才能无须倡导即可自觉践行的问题。也就是说，这一表述在倡导人民群众以“爱党爱军、开拓奋进、艰苦创业、无私奉献”的精神投身改革开放上具有精神动力价值，但本身并没有回答人民群众过去为什么会、现在为什么要继续“爱党爱军、开拓奋进、艰苦创业、无私奉献”的问题。沂蒙精神话语体系的这个单一架构问题，使得沂蒙精神话语体系的重新锤炼成为必然。那么，究竟应当如何重新锤炼呢？这成为一直困扰学术界，又难以突破的问题。

2013 年 11 月，习近平总书记关于沂蒙精神的重要讲话，为新时代重新锤炼沂蒙精神话语体系指明了方向。习近平总书记说：“山东是革命老区，有着光荣传统，军民水乳交融、生死与共铸就的沂蒙精神，对我们今天抓党的建设仍然有十分重要的作用。”[2] 习近平总书记这一重要讲话，从马克思主义群众观的高度、从党的建设的角度，第一次并真正、完全、深刻地揭示了沂蒙精神的本质，回答了人民群众过去为什么会、现在怎样才继续会“爱党爱军、开拓奋进、艰苦创业、无私奉献”的根本性问题，从而为新时代重新锤炼沂蒙精神话语体系提供了根本遵循。2013 年以来，学术界对沂蒙精神话语体系的新探索，正是在这个方向上展开的。

二、 重构沂蒙精神话语体系： 党群关系的最高典范

习近平总书记强调沂蒙精神是“军民水乳交融、生死与共铸就的”的

论断明确指出了沂蒙精神不是人民群众单方面的精神，而是党政军民共同的精神，也就是说，沂蒙精神具有双重主体、双重内涵、双重目标。

（一）“军”“民”“党”“群”意蕴的辩证统一

习近平总书记关于沂蒙精神的重要讲话明确指出了“军”“民”是铸就沂蒙精神的双重主体。这里的“民”，当然是人民群众，沂蒙人民是其典型代表。但这里的“军”，不是指一般的军队，也不仅仅指党领导的人民军队，而是特指以中国共产党为核心的“党政军”。在革命战争年代，中国共产党、党领导的人民军队、党领导的人民政府（政权组织）是浑然一体的。所以，这里的“军”，其实讲的是“党政军”，核心是“党”。同时，这其中包含着党和人民群众是辩证统一的整体。从群众史观的角度看，一方面，党来自人民群众，党和人民群众是一体的；另一方面，党是人民群众中有共产主义觉悟的先进分子组成的政党组织，党不同于一般的人民群众。“群”和“民”意蕴大致相同，都是指人民群众，只是时代不同，范围大小、语言表述有差异。

所以说，在有着与时俱进的理论品格的这个沂蒙精神话语体系中，最初创造主体是“军”和“民”，在新时代内的创造主体则是完全可以转述为“党”和“群”，即中国共产党和人民群众。在习近平总书记讲“军民水乳交融、生死与共铸就的沂蒙精神”的这个话语中，“军”和“民”两个主体完全可以理解为“中国共产党”和“人民群众”。同时，习近平总书记强调是沂蒙精神“对我们今天抓党的建设仍然有十分重要的作用”，这实质上也是为我们对沂蒙精神的价值弘扬指出了路径。由此可以看出：沂蒙精神的本质就是“水乳交融、生死与共”的党群关系。

（二）沂蒙精神话语体系的双重主体

习近平总书记关于沂蒙精神的重要讲话明确指出，“军”“民”是铸就沂蒙精神的双重主体。分析“爱党爱军、开拓奋进、艰苦创业、无私奉献”这个沂蒙精神话语体系，我们明显可以看到这个版本的提炼是从单一的角度确定“沂蒙人民”是创造主体。实际上，从精神发生学的角度看，任何一种精神的出现，都不是无缘无故的。“爱党爱军、开拓奋进、艰苦创业、无私奉献”代表了沂蒙人民的崇高精神，那么，这种崇高精神虽然有沂蒙传统民风和文化底蕴深厚的沂蒙大地做基础，但之所以能够在彼时彼地上升到如此崇高境界，并非完全是沂蒙人民“自发”和“聚集”出来的，而是与当时以中国共产党为核心的“党政军”在沂蒙革命根据地的“激发”和“引导”有着密切的关系。近年来关于沂蒙精神的史学研究一再证明，沂蒙人民之所以“爱党爱军”，开端在于革命战争年代沂蒙“党政军”爱民为民。在此后的军民同呼吸、共存亡、心连心、共命运的水乳交融的伟大历程中，共同铸就了伟大的沂蒙精神。群众利益始终是党的一切工作的出发点和归宿，群众路线是党的生命线和根本工作方法。因此，沂蒙地区党组织对群众路线的认识更加深化，践行马克思主义的群众观更加自觉，积极地为铸造沂蒙革命根据地的铜墙铁壁累积蓄力。沂蒙地区党的历史和沂蒙精神产生发展的历史就是一部深入贯彻和践行群众路线，党同人民群众同甘共苦、血肉相连的历史。[3]这样的党群关系体现了中国共产党和沂蒙人民之间的双向选择，即“党一切为了群众，群众选择了党”。这是因为中国共产党在沂蒙山区为人民群众抛头颅、洒热血、谋利益，为了沂蒙老区人民的生存权、发展权浴血奋战，产生出强大的凝聚力、吸引力和感召力，让沂蒙老区人民看到了出路和希望。因此，同时考虑到“党政军”和“人民”两个主体，对沂蒙精神的认识才能更全面、更客观。总之，“军”“民”构成了沂蒙精神的双重主体，任何偏离“军”“民”双重主体的认识，把沂蒙精神单独归结为“沂蒙人民的精神”，或单独归结于“沂蒙党政军的精神”，都既不符合史实，也不符合精神生成的基本逻辑。

（三）沂蒙精神话语体系的双重内涵

沂蒙精神既然是“军”“民”共同铸就的，也就天然地既蕴含着人民群众的精神，也蕴含着中国共产党领导的党政军的精神，两者既各有特点，又辩证统一。考察沂蒙地方党史，沂蒙党政军和人民群众在沂蒙精神生成和发展的历程中，也的确呈现出各具特色又相互联系的精神风貌。[4]在沂蒙党政军这个主体身上，表现出的是“大仁”——“胸怀群众、引领群众、爱护群众、奉献群众”。具体表现在：坚定的理想信念，树立党群关系建设的价值目标，深刻地认识到人民群众的伟大力量，坚决捍卫人民利益，重视自身作风建设，掌握有效的工作方法，将党和人民群众紧密联系在一起。[5]这种“大仁”深度融合了中国传统社会治理理念与马克思主义政党理念，是升华了的“仁政”。在沂蒙人民这个主体身上，表现出的是“大义”——“爱党爱军、开拓奋进、艰苦创业、无私奉献”。在党的领导下，沂蒙人民迅速觉醒，对党所倡导的合理负担、减租减息、民主选举、文化教育等主张积极拥护，从而对党所追求的政治信仰、政治理念、政治品格产生强烈认同。[6]于是，沂蒙人民拥军支前、毁家纾难，“将最后一个儿子送战场，把最后一口粮当军粮，用最后一块布做军装。当时的沂蒙地区几乎是村村有烈士，户户有红嫂，留下了彪炳千秋的英雄事迹”。[1]这种“大义”深度融合了中国传统社会核心价值观与马克思主义价值观，是升华了的“义理”。沂蒙党政军民身上不仅分别有浓厚的“大仁”“大义”理念，还共同渗透着“奋发有为”的精神。这种“奋发有为”精神既表现为战争年代的“不畏艰难、勇往直前”精神，也表现为和平时期的“艰苦创业、开拓进取”精神。这种“奋发有为”精神深刻体现了“开拓进取、奋发有为”的齐鲁文化精髓，是民族精神、时代精神在齐鲁大地的生动展现。由此看来，与沂蒙精神的双重主体相匹配，沂蒙精神话语体系理应以“大仁大义、奋发有为”为核心内容。“大仁大义、奋发有为”，是包括齐鲁文化在内的中国优秀传统文化滋养下马克思主义价值观中国化的典型成果，构成沂蒙精神话语体系的基本内涵。

（四）沂蒙精神话语体系的双重目标

任何一种意识形态都有其特定的预期目标。20世纪90年代以来，沂蒙精神的概念一经提出，就被赋予了激励、凝聚人们精神的期待。但长期以来，由于把沂蒙精神归结为“爱党爱军、开拓奋进、艰苦创业、无私奉献”的精神，强调沂蒙精神主要是沂蒙人民的精神，所以在那样一种话语体系下弘扬沂蒙精神，主要就是号召人民群众在新形势下继续“爱党爱军、开拓奋进、艰苦创业、无私奉献”。这样的号召在过去对激励人民群众投身改革开放、建设中国特色社会主义发挥了重要作用。但正如习近平总书记沂蒙精神讲话所揭示的，沂蒙精神存在着党政军和人民群众两个辩证统一的主体，不仅表现为人民群众“爱党爱军、开拓奋进、艰苦创业、无私奉献”，还表现为党政军“胸怀群众、引领群众、爱护群众、奉献群众”。既然如此，“弘扬沂蒙精神”，在逻辑上就存在两个向度：一是面向人民群众弘扬“爱党爱军、开拓奋进、艰苦创业、无私奉献”的精神，二是面向党政军弘扬“胸怀群众、引领群众、爱护群众、奉献群众”的精神。[4]忽略任何一个向度，“弘扬沂蒙精神”都是不完整的、片面的。但是，由于多年来人们把“爱党爱军、开拓奋进、艰苦创业、无私奉献”视为沂蒙精神的全部，所以在弘扬沂蒙精神时，往往对弘扬的主体未加区分，弘扬的内容也未加区别。在新时代，以习近平总书记沂蒙精神重要讲话为指导，这个现状必须尽快改变。因为无论是从历史经验看，还是从现实需要看，党政军首先需要弘扬的都应当是“胸怀群众、引领群众、爱护群众、奉献群众”的精神。在此基础上，作为人民群众的组成部分，党政军还要与人民群众共同弘扬“爱党爱军、开拓奋进、艰苦创业、无私奉献”的精神。在这个意义上，最应该“弘扬沂蒙精神”的首先是党员领导干部。党员领导干部弘扬沂蒙精神，总体上是弘扬“大仁大义、奋发有为”的精神，目的不仅是作为人民群众的一部分“爱党爱军、开拓奋进、艰苦创业、无私奉献”，更重要的是在新形势下“胸怀群众、引领群众、爱护群众、奉献群众”，以不输历史的优秀的群众工作和人民群众重现“水乳交融、生死与共”的关系。

综上所述，在习近平总书记沂蒙精神重要讲话指导下，提炼并升华沂蒙精神话语体系，应突出其双重主体、双重内涵和双重目标，尤其是两大目标同时实现。因此，新时代，沂蒙精神的话语体系核心内容应该表述为：由军民水乳交融、生死与共铸就的、以“大仁大义、奋发有为”为基本内容的沂蒙精神，是党“胸怀群众、引领群众、爱护群众、奉献群众”的理念和实践，也是人民群众“爱党爱军、开拓奋进、艰苦创业、无私奉献”的认同与展现，成就党群关系的最高典范。

三、弘扬新时代沂蒙精神话语体系的价值：助力“四个伟大”，完成新时代中国共产党的历史使命

沂蒙精神从战火纷飞的新民主主义革命年代走来，在社会主义革命、建设和改革开放时期，得到了持续地传承与弘扬。进入中国特色社会主义新时代，大力弘扬沂蒙精神的新时代价值，应着眼于党群关系的典范，以助力推进“四个伟大”为着力点，完成新时代中国共产党的历史使命上。

（一）弘扬沂蒙精神，进行具有许多新的历史特点的伟大斗争

习近平总书记在十九大报告中指出：“实现伟大梦想，必须进行伟大斗争。社会是在矛盾运动中前进的，有矛盾就会有斗争。我们党要团结带领人民有效应对重大挑战、抵御重大风险、克服重大阻力、解决重大矛盾，必须进行具有许多新的历史特点的伟大斗争，任何贪图享受、消极懈怠、回避矛盾的思想和行为都是错误的。”[7] 习近平总书记“伟大斗争”的重要论述，不仅是辩证唯物主义和历史唯物主义的逻辑结论，也是基于历史经验对现实挑战的正视与回应。辩证唯物主义认为，矛盾是普遍存在的，事物就是在不断地解决矛盾中运动和发展的。历史唯物主义认为，“人民，只有人民，才是创造世界历史的动力”[8]，无产阶级政党正是依靠人民的力量才引领了历史的进步。从实践经验看，中国共产党从诞生之日起，就是为

了人民群众的根本利益不断解决各类矛盾的使命型政党；而各类矛盾之所以能够在党的领导下不断得以解决，则在于人民群众的拥护与支持。在包括沂蒙山区在内的全国各地，党之所以能够在新民主主义革命时期领导抗日战争、解放战争这些重大革命斗争取得胜利，在中华人民共和国成立后解决社会主义革命和建设中的一系列矛盾和问题，在改革开放以来不断解决一系列的新问题、新挑战，根本原因在于敢于正视矛盾和问题，善于团结带领人民群众解决矛盾和问题。党和人民群众“水乳交融、生死与共”的血肉关系正是在这种长期的与各种矛盾和问题并肩进行的伟大斗争中熔铸而成的。中国特色社会主义进入新时代，原有的矛盾有些已经解决，有些长期积累需要攻坚，随着时代发展还出现了一些新矛盾。面对各种重大挑战、重大风险、重大阻力、重大矛盾，更需要弘扬沂蒙精神这样的党和人民群众“水乳交融、生死与共”共同铸就的伟大斗争精神，依靠人民群众的力量，坚韧地“进行具有许多新的历史特点的伟大斗争”。

（二）弘扬沂蒙精神，深入推进党的建设新的伟大工程

习近平总书记在十九大报告中指出：“实现伟大梦想，必须建设伟大工程。这个伟大工程就是我们党正在深入推进的党的建设新的伟大工程。历史已经并将继续证明，没有中国共产党的领导，民族复兴必然是空想。我们党要始终成为时代先锋、民族脊梁，始终成为马克思主义执政党，自身必须始终过硬。”[7]习近平总书记“伟大工程”的重要论述，不仅深刻揭示了民族复兴和党的建设之间的辩证关系，还从历史的高度对加强和改进新时代党的建设提出了明确的要求。近现代以来，各种政治力量在风雨飘摇的中国舞台上轮流走过，但历史最终选择了中国共产党成为中华民族伟大复兴的领导力量，这不是偶然的，而是与中国共产党高度重视自身建设有着必然的联系。中国共产党的自身建设不仅包括以马克思主义科学理论为引领的思想理论建设、严密的组织建设，更包括严谨的作风建设、逐步完善的制度建设、越来越严厉的反腐倡廉建设。党的自身建设是中国共产党

保持先进性的内在源泉，也是熔铸与人民群众“水乳交融、生死与共”的血肉联系的动力源泉。革命战争年代，中国共产党“胸怀群众、引领群众、爱护群众、奉献群众”的精神和品质，是赢得人民群众“爱党爱军、开拓奋进、艰苦创业、无私奉献”的原动力。在和平年代，要想使人民群众继续“爱党爱军、开拓奋进、艰苦创业、无私奉献”，投身中华民族伟大复兴的宏伟大业，党必须经受住长期执政的考验，结合新的时代背景更好地“胸怀群众、引领群众、爱护群众、奉献群众”。正是在这样的背景下，十八大以来，党深入开展了群众路线教育实践活动等主题教育活动，深入进行了反腐败斗争。时代在不断变迁，但沂蒙精神的启示穿越时空、历久弥新。新时代深入推进党的建设新的伟大工程，就要大力弘扬沂蒙精神，按照习近平总书记在党的十九大报告中所指出的：“全党要更加自觉地坚定党性原则，勇于直面问题，敢于刮骨疗毒，消除一切损害党的先进性和纯洁性的因素，清除一切侵蚀党的健康肌体的病毒，不断增强党的政治领导力、思想引领力、群众组织力、社会号召力，确保我们党永葆旺盛生命力和强大战斗力。”[7]

（三）弘扬沂蒙精神，坚持和发展中国特色社会主义伟大事业

习近平总书记在十九大报告中指出：“实现伟大梦想，必须推进伟大事业。中国特色社会主义是改革开放以来党的全部理论和实践的主题，是党和人民历尽千辛万苦、付出巨大代价取得的根本成就。”[7]习近平总书记关于“伟大事业”的重要论述，明确宣示了要实现中华民族伟大复兴的梦想，新时代中国应当“举什么旗，走什么路”的根本问题，这就是要“全党要更加自觉地增强道路自信、理论自信、制度自信、文化自信，既不走封闭僵化的老路，也不走改旗易帜的邪路，保持政治定力，坚持实干兴邦，始终坚持和发展中国特色社会主义。”[7]伟大的事业需要伟大的精神，实现中华民族伟大复兴的梦想，需要“更好地构筑中国精神、中国价值、中国力量，为中国特色社会主义事业提供精神动力和道德滋养”[9]。沂蒙精神作为

穿越历史时空的崇高精神，将党政军的“大仁”与人民群众的“大义”融为一体，将以爱国主义为核心的民族精神和以改革创新为核心的时代精神融为一体，是社会主义核心价值观的鲜明体现，具有重要的精神动力价值。革命战争年代，党政军爱民为民，人民群众爱党爱军，沂蒙精神凝聚党政军民并肩战斗，最终打败日本侵略者、实现全国解放。在社会主义建设时期，长期被战乱破坏的家园百废待兴，沂蒙精神激励党政军民自力更生、艰苦奋斗，使山河面貌焕然一新。改革开放以来，沂蒙精神激励党政军民开拓奋进、干事创业，使区域经济社会发展焕发活力、人民生活日益富裕。当前，新时代社会主要矛盾的发展变化，要求进一步发挥沂蒙精神的精神动力价值，重铸水乳交融的党群关系，凝聚、激励党政军民团结协作、奋发有为，“着力解决好发展不平衡不充分问题，大力提升发展质量和效益，更好地满足人民在经济、政治、文化、社会、生态等方面日益增长的需要，更好地推动人的全面发展、社会的全面进步”。[7]

（四）弘扬沂蒙精神，实现中华民族复兴伟大梦想

习近平总书记在十九大报告中指出：“实现中华民族伟大复兴是近代以来中华民族最伟大的梦想。”[6]习近平总书记关于“伟大梦想”的重要论述，深刻揭示了中国共产党自建党以来始终不渝的目标是“为了实现中华民族伟大复兴的历史使命”，过程体现为攻克了一个又一个看似不可攻克的难关，创造了一个又一个彪炳史册的人间奇迹，其根本动力在于党“初心不改、矢志不渝，团结带领人民”。这个目标、过程与根本动力，与沂蒙精神生成、发展与弘扬的过程完全对应：从革命战争年代抗击侵华日军、推翻国民党政权、建立人民政权，到中华人民共和国成立以后在百废待兴中建设家园、艰苦创业，再到改革开放以来开拓奋进、改革创新，沂蒙党政军民“初心不改、矢志不渝”的目标就是为了实现民族复兴、人民幸福，而在此过程中攻坚克难、创造奇迹的原因就在于习近平总书记所讲的党“团结带领人民”、军民“水乳交融、生死与共”铸就沂蒙精神，具体体现为党

政军“胸怀群众、引领群众、爱护群众、奉献群众”，人民群众“爱党爱军、开拓奋进、艰苦创业、无私奉献”。由此可见，沂蒙精神生成、发展与弘扬的过程，就是党“初心不改、矢志不渝，团结带领人民”攻坚克难、创造奇迹的过程，就是建设水乳交融的党群关系的过程，就是实现中华民族伟大复兴的过程。习近平总书记在十九大报告中指出：“今天，我们比历史上任何时期都更接近、更有信心和能力实现中华民族伟大复兴的目标。”[7]在这样的背景下，实现中华民族伟大复兴的历史使命，就更加需要大力弘扬党政军“胸怀群众、引领群众、爱护群众、奉献群众”、人民群众“爱党爱军、开拓奋进、艰苦创业、无私奉献”，重铸“水乳交融、生死与共”的党群关系，加快实现中华民族的伟大复兴。

总之，在新时代视域下，沂蒙精神不仅没有因为发源于革命战争年代而远离现实，而且还在习近平总书记沂蒙精神重要讲话的指引下实现了话语体系的与时俱进，更加契合新时代的需要，更加具有时代价值。习近平总书记沂蒙精神重要讲话的着眼点在党群关系，这个视角直触沂蒙精神的本质，启示人们以新内涵去认识和弘扬沂蒙精神，自觉以沂蒙精神凝聚、激励新时代的党政军民，重现水乳交融的党群关系，就一定能够助力推进“四个伟大”，完成新时代中国共产党的历史使命。

参考文献：

[1] 徐东升，汲广运．沂蒙精神研究［M］．济南：山东人民出版社，2017. 126，175.

[2] 习近平在山东考察时强调：认真贯彻党的十八届三中全会精神，汇聚起全面深化改革的强大正能量［N］．人民日报. 2013－11－29.

[3] 孙海英．沂蒙早期党组织对实践马克思主义群众观的探索及启示［J］．学海，2017（6）.

[4] 李纪岩．沂蒙精神的内涵体系、生成基础与弘扬路径［J］．临沂

大学学报，2015（6）.

[5] 王成娟．党性与人性：沂蒙精神创造主体的双重维度［J］．党政干部论坛，2015（10）.

[6] 刘柯薇．沂蒙精神：党性和人民性高度统一的生动体现［J］．学理论，2015（10）.

[7] 习近平．决胜全面建成小康社会 夺取新时代中国特色社会主义伟大胜利［M］．北京：人民出版社，2017.

[8] 毛泽东．毛泽东选集：第3卷［M］．北京：人民出版社，1991：1031.

[9] 习近平．更好构筑中国精神、中国价值、中国力量，为中国特色社会主义事业提供精神动力和道德滋养［N］．人民日报．2015-10-14.

（作者简介：王增乾，男，中共山东省委党史研究室文献研究处三级调研员、副处长）

红色基因的政治功能

充分利用红色文化资源加强政治生态建设的思考

张同乐

中共中央政治局于2014年6月30日就加强改进作风制度建设进行第十六次集体学习。习近平总书记强调，加强党的建设，必须营造一个良好的从政环境，也就是要有一个好的政治生态。营造良好的从政环境，要从各级领导干部首先是高级干部做起。领导干部要坚守正道、弘扬正气，坚持以信念、人格、实干立身；要襟怀坦荡、光明磊落，对上对下讲真话、实话；要坚持原则、恪守规矩，严格按党纪国法办事；要严肃纲纪、疾恶如仇，对一切不正之风敢于亮剑；要艰苦奋斗、清正廉洁，正确行使权力，在各种诱惑面前经得起考验。抓作风是推进党的建设新的伟大工程的重要切入点和着力点，必须坚持从严治党，落实管党治党责任，把作风建设要求融入党的思想建设、组织建设、反腐倡廉建设、制度建设之中，全面提高党的建设工作水平。抓作风既要着力解决当前突出问题，又要注重建立长效机制，下功夫、用狠劲，持续努力、久久为功。

近年来，全党认真落实中央全面从严治党的战略部署，抓思想政治引领，抓选人用人导向，抓干部作风转变，抓党风廉政建设，政治生态呈现持续优化、不断净化的新局面，树正气、讲团结、聚合力、促转型已成为全国上下的高度共识和自觉行动。但也必须清醒地看到，政治生态方面依然存在不容忽视的问题，必须高度重视，采取有力措施认真加以解决；随着时代发展和改革开放的深入，政治生态建设中还会遇到许许多多的新情况新问题，党员和干部队伍中还会出现许多不适应，还会出现新的“污染”，影响政治生态环境。因此充分利用中国共产党革命精神与文化资源的思想政治引领作用，是进一步优化政治生态的一个重要切入点。

一、 优化政治生态环境方面存在的问题与不足

中国共产党的革命精神与文化资源积淀丰厚，但在运用其优化政治生态环境方面存在一些问题和不足。

1. 教育渠道单一。优化政治生态环境的多方面元素的整合不够，在党员干部教育过程当中，存在渠道单一的问题，比如说在“两学一做”中，学主要是单纯的政治学习，靠学文件，靠传达，靠灌输，这些传统渠道缺乏吸引力，而报刊、广播、电视、网络等，特别是新媒体，还没有很好地把红色文化资源整合起来，应用于优化政治生态环境之中。实景教学、体验式教学亟待拓展，精品课程、慕课亟待加大建设力度。

2. 资源缺乏整合。如地处京畿之地的河北省是革命文物大省，可用于优化政治生态环境的革命文化资源丰厚，如中国共产党创始人之一李大钊祖籍河北乐亭，中国共产党建立的最早的敌后抗日根据地晋察冀军区司令部在河北阜平，中国共产党创建的最大的敌后抗日根据地晋冀鲁豫司令部在河北涉县，中国共产党解放全中国的最后一个农村指挥所在河北平山西柏坡。为切实加大革命文物工作的保护力度，河北省文物局按照国家文物局《关于加强革命文物工作的通知》要求，对全省不可移动类革命文物资源进行梳理，编制了革命文物实施维修保护三年行动计划，积极有效地对全省重点革命的文物进行维修和保护。初审了中共晋冀鲁豫中央局和军区旧址保护规划，审核中央人民广播电台旧址保护与展示工程、涉县晋冀鲁

豫边区政府旧址修缮工程、冉庄地道战遗址整体保护工程等革命文物保护设计方案。实施了冉庄地道战遗址整体保护工程（三期）、晋察冀边区政府成立处旧址保护维修工程。同时做好了可移动文物普查中的革命文物的数据库建设。解放战争时期，西柏坡更是中共中央的驻地，是中国共产党最后一个农村指挥所，指挥三大战役和召开土地会议都在西柏坡，西柏坡时期，在平山县的中央领导机关有 20 多个，比如说中宣部、统战部、华北人民政府等中央机关旧址，都在平山县；众多的教育机构、学校，比如中央马列学院、华北联合大学也都在平山县，另外，河北有很多纪念馆，如西柏坡纪念馆、华北烈士陵园、冀南烈士陵园等，但是由于种种原因，这些革命历史文化资源，缺乏系统整合，基本上是各自为战。

3. 革命历史档案亟待整理。目前全国各级档案馆藏的大量革命历史档案尚未转化成优化政治生态环境的有效资源。革命历史档案承载着宝贵的革命精神与文化资源，但由于档案管理方面不合理的规章制度，档案部门往往是重管理，轻开发利用，使众多生动的、优化政治环境的素材长期沉睡在档案馆的仓库中。另外，还有众多的革命历史文物虽然已经被纳入国家文物保护的范围，但由于观念陈旧，缺乏创新意识，长期以来，文保部门往往是厚古薄今，对革命历史文物的管理和保护缺乏应有的举措。

4. 革命历史文物保护利用不够。目前，全国各地有众多的革命遗址和革命历史文物缺乏保护，特别是创新性保护利用、开发不够，缺少应有的科学化管理模式，只有为数不太多的地区利用革命遗址搞了实景剧表演，举办了一些群众喜闻乐见的文艺表演活动，比如山西省武乡县八路军总部的大型实景剧《太行山上》、河北省保定地区的《白洋淀雁翎队》等，这些实景剧的演出，吸引了不少的观众，使党员干部在观看表演的同时受到革命文化的熏陶，净化了灵魂。但是，此类革命文化题材的实景剧为数不多，革命历史文物保护利用不够。

5. 革命历史文化宣传存有差距。比如一些展览和纪念活动搞得“高大上”，不够接地气；高等院校研究基地的革命历史文化题材的大型音乐舞蹈史诗，因客观因素制约难于走出校门，可持续性发展乏力。另如举行纪念“三二三”毛泽东、中共中央“进京赶考”等活动，大体上还是停留在组织红色旅游层面，没有纳入各级党支部的组织生活，没有成为广泛的常态化的干部教育必修课，更缺少大众化的普及参与。

6. 革命历史文化研究开发有待深化。主要表现在科研经费短缺，研究机构不健全，缺乏协同创新的平台，研究人员配备不足，缺少力度。由于政策的导向，导致文化艺术作品不够接地气，缺少大众化宣传作品，甚至对革命历史文化进行研究的普及性论著，不能纳入到学术评价体系，往往是过分追求论文发表的刊物档次，而忽略了革命历史文化在宣传人民、优化政治生态的重要作用，缺少接地气的高水平作品，缺少让大众接受的传播方式，使革命文化的传播受到一定的局限，特别是缺少广大基层干部、党员接受革命精神和文化资源教育引领的渠道。比如说影视剧、网剧等新媒体在宣传革命历史文化方面，缺少应有的力度，所以，众多优良的革命历史题材未能拍摄成影视剧，难以形成良好的社会反响，在优化政治生态环境当中发挥不了应有的作用。

二、 充分利用红色文化资源加强政治生态建设的对策

中国共产党在领导中国革命、建设与改革的伟大实践中，形成的红色历史文化资源丰厚。重温革命历史，向广大干部讲传统，讲精神，这是发扬优良传统，增加社会正能量的有效途径，也是结合实际，深入开展优良传统教育的重要举措。在中国特色社会主义建设的新时代，此项工程的着力点在于：

第一，革命历史文物保护硬件上补短板。切实加强革命文物保护，做好具有重大影响和纪念意义的革命旧址群的保护利用规划编制工作。完成

馆藏革命文物的清理、定级、建账和建档工作，制订馆藏革命文物征集计划，加强革命文物调查征集工作。将价值突出的革命文物报经当地人民政府核定公布为相应级别的文物保护单位，落实好“四有”工作，对存在险情的革命文物，视轻重缓急，制订保护修复计划。按照国家文物局的工作安排，实施革命旧址维修保护三年行动计划，组织实施一批具有重大影响和示范意义的革命旧址保护重点工程，显著改善革命文物的保护状况。实施馆藏革命文物修复计划，及时抢救修复濒危的珍贵革命文物。加强革命文物的安全防范设施建设，完善革命文物的监测调控设施，改善革命文物藏品保管、陈列展览条件，确保革命文物安全。在保持博物馆、纪念馆基本陈列和革命旧址原状陈列相对稳定的前提下，及时补充彰显时代精神的展陈内容，改进展陈方式，应用现代科技手段，增强革命文物陈列展览的生动性、参与性和体验性。以河北省为例，除开放西柏坡中央机关旧址，还应该对尚未恢复的中央机构进行保护修复。使中华人民共和国从西柏坡走来，这样悠久的、重要的历史文化资源，应充分整合利用起来，可以讲，河北省、石家庄市、平山县具有众多的中华人民共和国开国文化资源，比如说华北临时代表大会的遗址在石家庄市，华北人民政府旧址在平山县王子村，还有西柏坡中央旧址所在地，中国人民银行、中央人民广播电台、新华社、中国人民大学的前身华北大学等，这些都曾经发源于河北或是在河北有一个重要发展阶段。上述这些革命旧址、文化资源，只要进行充分的开发利用，就会发挥中国共产党的革命精神与文化资源在优化政治生态中的优势。

为切实加强新时代的革命文物工作，充分发挥革命文物在开展爱国主义教育、培育社会主义核心价值观、实现中华民族伟大复兴“中国梦”中的重要作用，2018 年 7 月，中共中央办公厅、国务院办公厅印发了《关于实施革命文物保护利用工程（2018—2022 年）的意见》，明确指出，新时代党和国家事业的发展，迫切需要加强革命文物的资源整合、统筹规划和整体保护，迫切需要深化革命文物的价值挖掘、阐释传播，迫切需要发挥革命文物服务大局、资政育人和推动发展的独特作用。要从巩固党的执政地位、筑牢意识形态阵地的战略高度，从坚定“四个自信”的战略高度，充分认识加强新时代革命文物工作的重大意义。要夯实革命文物基础工作，加大革命文物保护力度，拓展革命文物利用途径，创新革命文物传播方式。推动革命传统教育进学校进教材进课堂，编纂出版系列革命文物知识读本，鼓励学校、党校（行政学院）到革命旧址、革命博物馆纪念馆开展现场教学。建立革命旧址、革命博物馆纪念馆与周边学校、党政机关、企事业单位、驻地部队、城乡社区的共建共享机制，组织开展具有庄严感和教育意义的系列主题活动。融通多媒体资源，推进“互联网+”革命文物，对革命文物进行全景式、立体式、延伸式展示宣传，传承革命传统，弘扬革命精神。

第二，学术研究上加大支持力度。从决策层面给予重视，有一定的顶层设计，建立中国共产党革命精神与文化资源协同创新平台，整合多头管理、职责不明的有关机构，采取项目委托、综合利用资源、联合攻关的方式，将目前已有的革命精神与文化资源研究中心、革命历史纪念馆、革命旧址等单位松散的协同创新协作平台进行优化整合，进一步形成长效的协作机制，形成综合实力，充分发挥集体协同创新优势，打造具有革命历史文化特色的抗日根据地书系、解放战争时期中国共产党历史文献书系。发挥学术研究在优化政治生态的思想引力优势。开展实景教学，使革命历史遗址成为党员干部教育的教学基地。大力发展红色旅游，培育以革命文物为支撑的研学旅行和体验旅游精品线路，支持革命老区振兴发展。将革命文物展示利用纳入“互联网+中华文明”行动计划的支持范围。结合纪念活动，精心设计活动内容和活动载体，拓展社会教育覆盖面。

第三，革命历史档案开放上扩大范围。文物、档案、博物馆等有关部门，应扩大开放的力度。各级档案馆负责对本区域的革命历史文化档案的整理，定期发布，并结合特定的纪念活动、节日进行展出，同时提高服务意识，简化查阅手续，使更多地学者、博士生、硕士生乃至相关专业的本科生，更多地到档案馆查阅革命历史档案，汲取精神营养。大量革命历史档案史料的公开，对了解中国共产党人奋斗的历程，用科学的历史教育人，优化政治生态具有重要作用。

第四，口述历史挖掘上树立抢救意识。设立专门机构，搜集保存革命老人活的口述历史资料，要树立抢救意识，要有紧迫感。老干部局、党史研究部门、政协文史委、省社科院、高等院校历史、党史等相关专业、民政、宣传新闻出版等部门协同，将尚健在的抗战时期的八路军老战士、解放战争时期的解放军老战士，以及各方面革命历史的亲历、亲见、亲闻的“三亲”者，统计立档，组织专人进行采访，征集录音、录像、文字口述资料，抢救革命历史财富。搜集保存优化政治生态环境的历史文化资源。

第五，革命历史创作上聚焦重大题材。策划历史文化研究的大题材、大的项目，讲好革命历史故事。出版部门应协同有关作者，共同打造高品位的、具有特色的革命文化历史论著，出版大众普及文化作品。有关文艺创作部门应策划具有社会影响力的影视剧、文学作品，讲好革命时期的历史故事。

第六，革命文化教育上入课堂。优化各地政治生态环境中，学校教育不能缺席，课堂、教材、教师都是塑造青年一代灵魂的不可或缺的重要硬件和软件，因此，应组织力量精心编写地方《历史与文化》系列教材，并使之入课堂、入考卷，发挥学校的教化作用，将培养人才与优化政治生态环境有机结合，从人格的培育养成入手，从长远战略谋划，从根本上优化政治生态。

优化政治生态是一项系统工程，其突破点在于：有关部门如文博、考古、科研、新闻、出版等方面通力协作，多管齐下，联合攻关，作为一个系统工程通盘谋划运作。按生态学的理论，一个地区，如果环境优化了，就会形成良好的生态环境。同样，优良政治生态环境的形成，对净化人们的心灵，改善经济社会发展环境，改善投资环境，提高人民的思想觉悟，防止灵魂上的蜕变，对树立良好的党风、政风、民风有着重要的现实意义。

（作者简介：张同乐，男，河北师范大学中国共产党革命精神与文化资源研究中心研究员、河北师范大学历史文化学院教授）

中共长征时期全面从严治党的历史经验考察

裴恒涛

习近平总书记多次强调，历史是最好的教科书，中国革命历史是最好的营养剂。认真总结党的历史，更好发挥党的历史鉴今、资政作用，是新形势下推动党和国家事业不断发展的迫切需要。中共党史中丰富的经验教训为当下全面从严治党提供了宝贵的历史镜鉴。从严治党是中共的优良传统和宝贵经验，长征时期是中国共产党领导的民主革命的一段特殊时期，期间从严治党的历史经验弥足宝贵，有一定的现实意义。关于民主革命时期中共从严治党的问题，学界作了相关研究，涉及民主革命时期中共从严治党的历史考察，包括从严开展思想教育、从严培育优良作风、从严推进组织建设、从严建立党的制度等方面，[1]有学者分析了红军长征与党对军队绝对领导的历史经验问题，[2]有学者则分析了从严治党的重要前提——严明纪律问题。[3]本文在学者研究基础上，试对中共长征时期全面从严治党的历史经验进行梳理。

一、 长征时期中共从严治党的历史背景

1. 客观方面：长征时期，中国革命处于特殊时期、转折时期。这一时期，中共领导的苏维埃运动开始从失败中寻求胜利转折，即如遵义会议决

议指出：中央苏区、湘鄂赣苏区、湘赣苏区与闽浙赣苏区变为游击区，苏维埃革命运动中出现挫折。[4]长征时期，也是中国的阶级矛盾和民族矛盾发生重要转换的时期，即随着日本帝国主义侵华的加剧，中华民族的民族危机不断加深，换言之，伴随着中日民族矛盾的不断激化，这一阶段成为国内革命战争向抗日民族解放战争转折的重要时期。但由于蒋介石国民政府囿于其阶级及集团利益，顽固坚持并贯彻其“攘外必先安内”政策，助长了民族危机的加深，使抗日民族统一战线的建立颇费周折，蒋介石国民党军事集团集中全国政治军事经济资源对中国共产党领导的苏区政权及工农红军竭力绞杀，给中共的生存环境造成了极大压力。总之，客观方面，这一时期总的特点是革命处于暂时的低谷，党和红军面临强敌和恶劣的生存环境的严峻考验。

2. 主观方面：长征时期，面对中国革命的低潮以及严峻的困难局面，以农民为主体的中国共产党内部各种错误思想不时出现，使党面临严峻形势、生死考验。全国而言，共产党员数量的急剧减少，如第五次反“围剿”失败前全国有党员 30 多万人，而长征结束不久、西安事变前后全国党员的数量只有 4 万。[5]特别是长征初期，在党和红军面临极端困难的处境下，一些共产党员对革命的前途丧失信心，脱离革命队伍，甚至变节投敌。此外，各种“左”倾或右倾的思想在一部分党员干部中广泛存在，对党和红军的战略行动造成消极影响。王明“左”倾教条主义直接导致中央苏区第五次反“围剿”战争的失败，其追随者博古等人坚持“左”倾错误思想，给长征初期的行军与作战造成不利影响。张国焘的右倾机会主义、军阀主义思想，一度对长征中的党和红军造成极大危机。正如中华人民共和国成立后毛泽东在斯诺的采访中指出，1935 年长征途中在草地与张国焘之间的斗争是其一生中最黑暗的时刻，“当时党面临着分裂，甚至有可能发生前途未卜的内战”。[6]

二、 中共长征时期全面从严治党的历史考察

全面从严治党，核心是加强党的领导，严肃党的政治纪律和政治规矩，严肃党内政治生活，加强党内监督和制度保障，坚持人民立场，始终保持党同人民群众的血肉联系。

1. 加强党的思想建设，用科学的马克思主义理论和观点武装党员干部

思想建党是党的建设的首要工作，也是中国共产党区别于其他政党的一大特色。长征中，中国共产党的思想建设主要是通过党在红军中的思想政治工作完成的。中国共产党在红军中的革命政治工作，是红军与白军相比的优势所在，是红军长征中的生命线。长征中，中国共产党坚持自身的思想政治建设，不断纠正自身错误，用科学的马克思主义理论与观点武装全体党员，指导广大红军官兵，发挥了领导核心的作用。以博古为首的临时中央，从 1933 年春由上海迁到中央根据地以来，在军事、政治、组织各方面贯彻王明的“左”倾路线，军事上采取进攻的冒险主义、防御中的保守主义、撤退中的逃跑主义，政治上在统一战线方面实行关门主义，是造成第五次反“围剿”失败及长征初期被动挨打的一个重要原因。长征中，党和红军在行军和作战的实践中，不断总结经验教训，自觉用马克思主义理论和观点武装全党。以遵义会议为标志的系列会议纠正“左”倾错误，确立毛泽东在党和红军中的领导地位，重新确立实事求是的马克思主义思想路线，确立符合中国国情的军事路线，树立了长征中党的思想建设的典范。其他根据地及红军在党的领导下，在长征时期的实践斗争中，同各种错误路线和思想做斗争，加强党的思想建设，努力建设马克思主义指导下的无产阶级政党。如红二、红六军团会师以后，在以任弼时同志为首的省委及以贺龙同志为首的军分区领导下，强调党的领导和建设，开展反对夏

曦同志的肃反扩大化和一度削弱党的领导和解散政治机关的错误做法，在军团内进一步恢复和健全了党、团组织。

认清形势，不断保持正确的路线，走在时代的前列，保持党的先进性。长征中，中国共产党人总揽全局，运筹帷幄，及时地根据国内外阶级矛盾的动向调整自己的方针政策，特别是随着日本帝国主义侵华的不断加剧，中日民族矛盾日益成为当时中国社会的主要矛盾，而国共两党的阶级矛盾暂时退居次要地位，及时调整战略，实行抗日民族统一战线的策略和总方针，实现了从国内战争向民族解放战争的转变。《两河口会议》重申北上陕甘的方针，《瓦窑堡会议》批判了党内认为中国民族资产阶级不可能和中国工人农民联合抗日的错误观点，确立了抗日民族统一战线的策略。会后，毛泽东作的《论反对日本帝国主义的策略》报告，系统地提出了建立抗日民族统一战线的问题，总结了两次国内革命战争时期的基本经验，制定了党在民主革命时期的基本路线。

坚持马克思主义理论联系实际的观点，制定正确的革命路线，同错误的路线进行斗争，这是长征胜利的重要保证，正如刘伯承回顾长征的历程后所说："长征是彻底纠正了'左'倾错误路线，确立了毛泽东同志正确路线的领导，才取得胜利的；长征是在与张国焘的右倾机会主义路线和他的分裂阴谋作了坚决斗争，并坚持了毛泽东同志的正确主张，才取得胜利的。"[7]

加强党的思想建设，必须发挥好党的思想政治工作的优势，团结教育广大干部。如通过开办红军大学，耐心细致地对党和红军的干部开展思想政治工作。长征路上，开办红军大学，是培养思想政治素质高、军事业务能力强的红军干部的重要方式。1935 年 6 月，红一、红四方面在四川西北部会合后，为提高干部的军事政治水平，适应抗日救国的需要，党中央决定，把红一方面军干部团和红四方面红军学校合并，成立中国工农红军大学。红军大学的教育方针是“理论联系实际，全面培养干部”，即把马列主义的原理，特别是军事方面的理论，结合当时斗争的实际，需要什么学什么，缺什么补什么。教学课程主要设政治课和军事课。在政治教育方面，开设了中国革命史、中共党史、马列主义理论知识和军队政治工作等课。着重讲红军的性质、任务和宗旨，组织学习党的抗日民族统一战线政策，以及党的民族自治、民族平等、民族联合等政策。在军事教育方面，主要开设了《苏联红军战斗条令》和《苏军野战条令》课程。同时油印《红炉》作为校刊。要求把学员培养成为有高度政治觉悟，有指挥作战本领，有管理教育能力，有艰苦奋斗不怕牺牲精神的红军干部。

长征路上，党的领导干部经常开展耐心细致的思想政治教育工作。任弼时长征中经常说“越是艰难困苦，越要发挥我党政治工作的威力”。[8]关向应、成仿吾同志，也时常用各种生动活泼的方式进行简短的鼓动和教育。他们经常给战士们讲故事，如讲革命导师马克思在断了经济来源的饥荒中如何伏案写《资本论》；讲十月革命后，列宁怎样带领群众粉碎白匪的经济封锁，战胜了饥荒；讲太平天国的将领在断水断粮的困境中如何带头吃牛皮、树皮；讲自己的留学故事及如何弃文参加革命。这些生动故事或切身体会，避免了泛泛而谈的说教式的长篇大论，滋润了广大红军战士的心，振奋了革命精神，鼓舞了革命斗志。

2. 加强纪律建设和制度建设，落实民主集中制，实行批评与自我批评，用严格的纪律约束党员干部。

严明组织纪律，加强民主集中制，实行批评与自我批评，是马克思主义政党的重要原则，是加强党的自身建设，保持党内活力，发挥党的战斗力的重要制度保障。长征中具有转折意义的遵义会议的胜利召开，即是实行民主集中制的典范。遵义会议的绝大多数与会者，包括博古同志在内，识大体，顾大局，忠于党的事业，显示了高度的马克思主义原则性。此外，保守军事秘密，服从组织安排，服从上级命令，服从大局，党指挥枪，指哪里打哪里，是长征中纪律建设的重要方面，也是长征这一危急环境中战略转移出奇制胜的保证。红军长征的部署是在秘密的情况下进行的，长征初期许多红军指战员甚至包括红军的领导人和高级将领严守政治纪律，知道红军战略意图的，对红军的意图及前进方向保守秘密，严格政治纪律。不知晓的也依然坚持党性修养，服从大局，严守党的组织纪律，服从组织决定。聂荣臻回忆了毛泽东长征前夕的坚守政治纪律和组织纪律，1934 年 9 月中旬，“得知毛泽东同志在瑞金，我和林彪去找他，想问个究竟。毛泽东同志历来是很守纪律的，没有说什么，却提议去看看瞿秋白同志办的图书馆”。[7]长征中担任全军殿后的红五军团红三十师工作的团级干部韩伟回忆说：“刘伯承同志非常守纪律。他虽然受到不公正的待遇，对‘左’倾教条主义者的那套错误的东西，自然比我们体会更深，但他并没有在部属面前流露任何不满情绪。当我大胆地问他：部队是不是要有大的行动？刘伯承同志却回避这个问题，并严肃地说：部队中有议论，当领导的要做好思想工作，稳定指战员的情绪。刘伯承同志这样严守纪律，使我深受教育。”[7]

严守组织纪律，服从中央的统一领导。长征中，以毛泽东为核心的党中央领导的陕甘支队与陕北红军红十五军团会师后，红十五军团编入红一方面军，红十五军军团长徐海东强调组织纪律观念、大局意识，他多次表示说：“现在情况不同了，由党中央直接领导，今后一切大政方针由中央掌管，我们就照中央指示办，要执行好，贯彻好。”他教育部队，要尊重和服从中央的领导，要求全体干部、党员要保持自觉的党性和高度的组织纪律性。[8]

严肃纪律方面，中国共产党在长征中注意正反面典型的示范作用，教育广大党员干部群众。陈云曾说：“军队有大批党员也是保证我们西征胜利的一个原因。在某些部队中，党员占了百分之四十。连长以上的指挥员一律都是共产党员，大多数的排长也都是党员或共青团员。军队里的共产党员，无论是指挥员，还是普通战士，都作出了勇敢无畏、忠于党、忠于工人阶级的表率。”“军队里实际上集中了我们党的全部精华。”[9]在长征的每次攻坚战斗中，共产党员身先士卒，冲锋在前，不怕流血牺牲，涌现了许多可歌可泣的优秀共产党员形象。“红三军团的红五师为了掩护大部队前进，对敌人进行了顽强的阻击，以一个师的兵力打退了敌人两个师的多次进攻，使敌人未能前进一步。在激烈的战斗中，师参谋长、两个团长、政治委员、营、连、排指挥员大多牺牲或负伤，战士伤亡也相当大，剩下的指战员同敌人展开殊死战斗，人在阵地在，直到完成阻击敌人的任务才撤退。”[10]如湘江战役中担任后卫的红三十师师长陈树湘，在圆满完成阻敌任务后，身负重伤，寡不敌众，不幸落入敌手，敌人用担架抬着陈师长去向上级邀功请赏，陈树湘乘敌不备，用手从腹部伤口处绞断肠子，壮烈牺牲，年仅29岁，实现了他“为苏维埃新中国流尽最后一滴血”的誓言，其惊天地、泣鬼神的壮举再次证明了共产党人是用特殊材料制成的，可以战胜和克服各种心理及生理的考验。

对触犯党纪、军纪的行为进行严厉处罚。如1934年10月30日，中央红军红五军团第九师供给部军实科科长因在双元附近遗失冲锋枪子弹两千余发，于当日上午被扣留送军团高级裁判所。[10]11月11日，第九师三十七团一营代营长李发长政治动摇，有反革命企图，决定对其撤职逮捕送保卫局。[10]在长征中，吃饭是最大的问题之一，“粮食就是生命，粮食就是政治”。红二军团红六师十七团某个连队的政治指导员在给全连发青稞面粉时，悄悄为自己多拿了一把。此事迅速反映到上级政治机关，引起震动，就因为一把面粉，这个指导员被撤了职，军团政治部主任甘泗淇亲自签署了处分决定。师部在部队中宣布这个处分决定，并对这个指导员进行了严厉批评。[8]在四川草地毛儿盖藏民区，红军总部命令要遵守“三大纪律八项注意”，严守民族政策。贺子珍（别名贺自珍）的弟弟贺敏仁因自由散漫，骄傲自大，忍受不了长征路上的艰苦，擅入喇嘛寺拿了藏民的铜板，触犯了红军铁的纪律，被处以枪毙。此事不乏内部斗争的牵连，对贺敏仁的控告有夸大之嫌，但体现了长征中红军铁的纪律及在纪律面前的人人平等。贺子珍在谈到此事时说：“如果这件事发生在平时，当然可以争个是非曲直，但当时是战争，是红军生死存亡的紧要关头，一切都要服从这个大局，不能干扰毛泽东对军队指挥工作的进行。即使有人有意地陷害，我也要用红军的纪律约束自己，也要用红军的纪律严格要求自己的亲人。”[11]

3. 加强作风建设，保持优良作风，时刻保持同人民群众的血肉联系。

党和红军在长征的艰苦岁月里，把革命党和军队的优良传统发扬光大，培育出了伟大的长征精神。其中最主要的就是做到官兵一致，军民一致。长征中，党和军队的领导干部始终保持优良的革命作风，和广大战士及人民群众在一起，同甘共苦，患难与共。党在红军战士和人民群众中有威信，有号召力。正如化名廉臣的陈云所言：“在别的军队中当一团长，个人生活已极奢华，更无论师长军长矣。但赤军军官则相反：赤军军官之日常生活，真是与兵士同甘苦。上至总司令下至兵士，饭食一律平等。赤军军官所穿之衣服与兵士相同，故朱德有‘火伕头’之称。”“这种赤军军官与兵士同甘共苦之日常生活，确为国内其他军队之军官所无。也正因为赤军领袖在日常生活上与兵士同甘苦，所以虽在各种困难环境之下，而赤军兵士仍毫无怨言。”[9]榜样本身就是最有力的政治工作，长征中，党和红军的高级干部率先垂范，关心爱护战士，保证了党领导的革命队伍的紧密团结，迸发出无穷的战斗力。如长征中，党和红军总部要求各级领导干部亲自做收容工作，发动党团员对体弱有病的同志进行协助，帮助掉队人员背枪和背包，并动员一切马匹运送伤病员。任弼时和贺龙等同志以身作则，用自己的马，往返抢救生病的干部和战士。此外，在长征的艰难日子里，任弼时同志坚持和干部战士同甘苦共患难，从不搞特殊。他经常和大家一起走路。没有床，他就和战士们一样睡在稻草堆里；没有粮食，他和同志们一起吃南瓜、红苕、玉米，一起吃野菜、野果，还啃过牛皮；战士挨饿受冻，他也同样挨饿受冻。正如红二、红六方面军参加长征的同志所说："我们部队就是靠加强政治思想工作，靠官兵紧密团结，英勇顽强的战斗精神，去征服雪山、草地等险阻的。"[8]

长征中，党同人民群众建立了密切的关系，无论是党和红军的高级干部，还是普通党员战士，都自觉践行党的力量在人民，党的根基在人民，全心全意为人民服务。广大党员干部关心群众疾苦，以实际行动改善民生。如毛泽东等党和红军领导人送衣物给少数民族群众，同少数民族群众促膝谈心，嘘寒问暖。在民族聚居地区，努力贯彻党的民族政策，尊重少数民族的风俗习惯、宗教信仰及语言文字。"当刘伯承率领红军战士进入大凉山彝族区不远，彝民们就挥舞着土枪、长矛等，高喊'不许走'，企图阻止红军前进。红军将领萧华等同志耐心细致地做彝族首领小叶丹的工作，最终小叶丹为红军的真诚和严明的军纪所感动，答应让红军经过，并愿意和红军结盟。为了团结少数民族同胞，为了红军主力顺利通过彝族区，刘伯承亲自担任拜盟的主角。随后，刘伯承和小叶丹叔侄歃血结盟，彝族群众拿着红旗，欢迎红军到来，并自觉为红军带路。"[10]

加强纪律监督方面的制度建设，把权力关在制度的笼子里。长征中党依据不同的地区环境，各级党组织出台了系列群众纪律规定。如中央红军长征在广西发布的《关于对苗瑶民的口号》，在贵州期间出台的《关于注意与苗民关系加强纪律检查的指示》《关于进入城市执行政策的规定》。红四方面军在西康等地出台的《番区十要十不要》《回区十要十不要》。红二十五军在甘肃出台"三大禁令，四项注意"等。

4. 加强党的组织特别是基层党组织建设，发挥其战斗堡垒作用。

加强党的基层党组织建设并发挥其战斗堡垒作用是长征中从严治党的重要方面。一是发挥好支部建在连上的优良传统，发挥红军中基层党组织的战斗堡垒作用。支部建在连上，是红军的优良传统，也是党领导人民军队和保持人民军队战斗力的重要方式。毛泽东同志曾指出："红军所以艰难奋战而不溃散，'支部建在连上'是一个重要原因。"长征过程中，红军重视连队组织工作，如总政治部1935年4月6日发布关于连队组织工作训令，对红军连队组织工作机构的设置、工作职能进行了明确，如规定连队设立党支部、列宁青年组、政治战士、十人团及地方工作组，十人工作团主要帮助连指导员对个别政治落后分子和新战士进行政治解释教育。地方工作组除进行宣传争取群众、扩红，应对本连队的纪律严格检查，保障本连队纪律的巩固。[13]在紧张的行军和战斗之余的休息中，红军各军团经常召开支部会议，进行精神鼓动，如童小鹏回忆军团司令部及直属队长征前夕在铜锣湾召开支部大会进行动员，"说明这次反攻的意义，要大家发扬艰苦奋斗、不怕牺牲的精神，准备走夜路，爬大山，打大仗，党团员要起模范作用"。[7]对长征中有开小差思想的战士，党小组密切关注，召开连队党小组会议，研究具体帮助办法，耐心说服教育，帮助有开小差思想的同志，使他们消除顾虑，坚定信念。如长征时在红一军团二师五团二营当机枪排长，同时担任党小组长的陈国球曾回忆了活跃在长征路上的党小组的工作情况，他们战斗当先锋，危险任务党员上，还成功解决了战士李国发开小差的思想苗头，经过党小组同志的一番耐心细致的思想启发教育，李国发提高了阶级觉悟，认识到了自己想法的错误，成长为一名优秀的革命战士和共产党员，胜利走完长征，光荣牺牲在东征战役中，为解放事业流尽最后一滴血。[8]长征中，红军基层党组织的支部书记发挥了先锋模范作用，有的为党的事业献出了宝贵的生命，在红军指战员面前树立了不朽的丰碑。《红星》

报曾以《这样坚决勇敢的支部书记，我们应该学习他》为题报道了红军某连支部书记朱锡林同志的光荣事迹，他在南岭背战役中，当敌人冲锋到四五十米时，他一个人跑到最前面用手榴弹阻住敌人，掩护了全营安全的撤退，在枪林弹雨中光荣牺牲。[14]

二是在长征经过的地区，尽可能建立秘密的群众组织与党的支部。如长征中发行的红军机关报《红星》报社论强调红军所到之处，要武装当地工农积极分子，动员他们加入红军，建立新的游击队与独立团、营，“建立我们党的支部，是我们的中心任务”。[15] 红军长征中成立了不少地方党支部，如中央红军长征过湖南宜章期间，“介绍了××新党员，成立了×个党的支部”。[15] 在贵州期间，党中央建立了长征途中唯一的一个省级党组织——中共贵州省工委。如李维汉回忆，红军二占遵义时，“我们在遵义城外一个农民家中开会，经中央批准，成立了中共贵州工作委员会，成员有林青、邓止戈、秦天真等，仍由林青负责。”[16] 等等，这些长征中建立的基层党组织，对于加强党的建设，发动组织群众，传播党的声音，扩大党的影响，推动长征胜利，起到了重要作用。

三、 中共长征时期从严治党的历史经验借鉴

1. 善于把握形势，总揽全局，始终走在时代的前列。

习近平总书记指出，长征是一次理想信念的伟大远征，长征是一次开创新局的伟大远征。中国共产党在长征中，坚定共产主义的信仰，坚定革命必胜的理想信念，自觉根据国内外阶级矛盾的变化，不断地加强思想建设，克服各种错误指导思想的干扰，适时调整自己的战略方针，把北上抗日从宣传口号的层面落实到建立抗日民族统一战线的实践层面，落脚抗日战争的前线陕北，使中共逐渐成为中华民族抗日民族解放战争的中流砥柱。

当下，全面从严治党，正是站在世界发展大局和中共发展过程中面临的重大问题的基础上考虑的。世界形势多变，中国共产党作为世界上最大的执政党，所面临的风险与考验也前所未有。这就需要中国共产党人不忘初心，坚定社会主义和共产主义的理想信念，练就“金刚不坏之身”，用科学理论武装头脑，不断培植共产党人的精神家园。这就要求共产党人与时俱进，总揽全局，运筹帷幄，科学把握时代大势，紧跟时代潮流。

2. 善于重点突破，把思想和作风建设作为从严治党的重心

全面从严治党，千头万绪，是项系统工程。长征中，中国共产党在极端危急的环境中，始终把思想和作风建设作为坚持党的领导，发挥党组织的战斗堡垒作用的重中之重。坚持对党内存在的主观主义、军阀主义、官僚主义等错误思想作斗争，以遵义会议为代表重新恢复了党的实事求是的思想路线，以俄界等系列会议同张国焘的军阀主义、分裂主义作坚决的斗争，保持了党的队伍的纯洁性和战斗力，为长征的胜利奠定了思想基础。

当下，全面从严治党，就要把思想和作风建设作为根本来抓，以踏石留印、抓铁有痕的劲头抓作用建设，筑牢全体党员的思想防线。始终坚持用马克思主义的基本观点、理论和方法武装、教育全体党员，并在实践中不断完善和发展马克思主义理论体系。就是要善于运用马克思主义中国化的最新成果——中国特色社会主义理论体系来武装全体党员干部。始终保持党全心全意为人民服务的宗旨，坚持党的群众路线教育，克服各种脱离群众的不良作风，彻底坚决地进行反腐败斗争，反腐倡廉常抓不懈，建立健全惩治和预防腐败体系，始终保持党同人民群众的血肉联系。

3. 注重加强纪律建设、制度建设和法制建设。

“加强纪律性，革命无不胜。”长征时期是中国共产党历史上的危急时期，严酷的自然条件，强大的敌人，内部的各种斗争，时刻考验着中国共产党人。长征路上，中共及其领导的红军用严明的政治纪律、组织纪律、

群众纪律，保证了党和红军的团结，保证了党和红军同人民群众的血肉联系，为长征的胜利乃至中国革命的胜利奠定了坚实的纪律和制度保障。

严明的纪律是全面从严治党的保证。正如习近平总书记强调：“党面临的形势越复杂、肩负的任务越艰巨，就越要加强纪律建设，越要维护党的团结统一，确保全党统一意志、统一行动、步调一致前进。”[17] 全面加强从严治党，就必须严明党的纪律，包括严明政治纪律和组织纪律。遵守党的政治纪律，就是始终坚持党的领导，坚持党的基本理论、基本路线、基本纲领、基本经验、基本要求，同党中央保持高度一致。严明党的组织纪律，就是严格贯彻党的民主集中制这一根本组织制度和领导制度，用严明的组织纪律，增强党性修养，约束党员干部的行为，把权力关在制度的笼子里，老虎苍蝇一起打；加强军队思想政治工作，加强党对军队的绝对领导，保持人民军队的革命本色；强调制度反腐，建立反腐倡廉的长效机制，遏制腐败行为的高发态势，保持风清气正的政治生态。

总之，长征是中国共产党人重塑自信心的重要历程，是中国共产党全面从严治党、治军的生动案例。正如十九大报告强调的“勇于自我革命，从严管党治党，是我们党最鲜明的品格”。认真梳理中国共产党长征时期全面从严治党的历史经验，对于全面建设小康社会进入决胜阶段、中国特色社会主义进入新时代关键时期，加强党的建设，坚持全面从严治党，不断增强党自我净化、自我完善、自我革新、自我提高的能力，始终保持党同人民群众的血肉联系，具有重要的历史借鉴意义。

参考文献：

[1] 肖贵清，王然．民主革命时期中共从严治党考察［J］．中国高校社会科学，2016（4）：20－28.

[2] 袁新涛．红军长征与党对军队绝对领导的历史回顾及经验启示［J］．

党政研究，2016（5）：28－34.

［3］梁柱．严明纪律是从严治党的重要前提［J］．中国特色社会主义研究，2013（3）：82－87.

［4］中共中央党史资料征集委员会编．遵义会议文献［M］．北京：人民出版社，1985.

［5］安振华．延安时期与延安精神研究［M］．西安：陕西人民出版社，2014.

［6］斯诺．红星照耀中国：修订版［M］．石家庄：河北人民出版社，1992.

［7］中国人民解放军历史资料丛书编审委员会编．红军长征·回忆史料（1）［M］．北京：解放军出版社，1990.

［8］中国人民解放军历史资料丛书编审委员会编．红军长征·回忆史料（2）［M］．北京：解放军出版社，1992.

［9］刘统．亲历长征：来自红军长征者的原始记录［M］．北京：中央文献出版社，2006.

［10］陈伯钧，等．红军长征日记［M］．北京：档案出版社，1986.

［11］王行娟．贺自珍的风雨人生：第2版［M］．沈阳：辽宁人民出版社，2008.

［12］《贵州社会科学》编辑部．红军长征在贵州史料选辑［M］．贵阳：内部出版，1983.

［13］这样坚决勇敢的支部书记，我们应该学习他［N］．红星，1934－11－25.

［14］在新的环境下的政治工作［N］．红星，1934－10－25.

［15］宜章城市工作的经验［N］．红星，1934－11－25.

［16］李维汉．回忆与研究：上［M］．北京：中共党史资料出版

社，1986.

［17］中共中央宣传部．习近平总书记系列重要讲话读本［M］．北京：人民出版社，2014.

（作者简介：裴恒涛，男，遵义师范学院中国共产党革命精神与文化资源研究中心副主任、教授）

张太雷革命精神蕴含的红色基因透析及其新时代价值

朱成山　刘晓华

习近平总书记多次强调对我们共产党人来说，中国革命历史是最好的营养剂，只有不忘初心、牢记使命、永远奋斗，才能让中国共产党永远年轻；强调无数革命先烈留下的优良传统，永远是激励我们前进的宝贵财富，任何时候都不能丢；强调要把红色资源利用好、把红色传统发扬好、把红色基因传承好，让革命事业薪火相传、血脉永续。2018 年是中国共产党最早的党员之一、中国共产党早期的重要领导人、中国共产主义青年团创始人之一和青年运动的卓越领导人、中国共产党最早派往共产国际的红色使者、广州起义的主要领导人张太雷诞辰 120 周年，人们用各种方式纪念这位伟大的共产主义战士，纷纷表示要传承他留下的革命精神，赓续红色基因。这种纪念性的形式，无论是举办活动，还是举行学术研讨，都是一种“接着讲”的现代建构，可以使已经故去的革命家的业绩，作为一种精神被当下人所理解、所承认、所接受。本文试图从总结张太雷革命精神形成的肇因、透析张太雷革命精神中的红色基因、评论张太雷革命精神蕴含着的红色基因新时代价值等几个层面，进而学习张太雷同志的革命精神，传承张太雷革命精神中的红色基因，在新时代弘扬张太雷的革命精神。

一、 张太雷革命精神形成的肇因总结

张太雷革命精神是什么？不久前，由中共江苏省委宣传部、省委党史办、常州市委主办的“新时代弘扬张太雷革命精神研讨会”在张太雷家乡常州市召开。笔者荣幸地参加了此次研讨会并在会上作了《革命先驱张太雷精神初探——兼论“常州三杰”的人生观》的发言，提出了张太雷革命精神由四个方面组成：一是崇高真挚的理想信念；二是惊雷醒世的革命立场；三是永不停步的顽强探索；四是为人民谋幸福的奉献坐标。

张太雷革命精神是怎样形成的呢？笔者以为主要有以下五个方面。

（一）张太雷家乡常州深厚的文化滋养与近代革命形势的引领

常州市有个闻名遐迩的国家 AAAAA 级风景区，即 2 500 多年前的春秋时期的历史遗存——淹城。它昭示世人，常州是一座历史文化名城，人文荟萃之地。春秋时期的季扎就是一个品德高尚、具有远见卓识的政治和外交家，曾以“季扎挂剑”的典故而流传千古。时至清代，“公羊学派”（亦称“常州学派”）、阳湖文派、常州词派、常州画派、孟河医派等“常州五大学派”震荡九州学坛。常州深厚的人文积淀使得此地人才辈出，先后出了 19 名状元（含金坛、溧阳），2 920 名进士，常州在历史上的人才数仅次于北京、上海、苏州，位居全国第 4 位。[1] 近代民族工业的发展，带来了常州地区文化的进一步繁荣，许多常州学子外出深造，带来革命的新思想、新文化。所有这些，都对学童时期的张太雷产生了一定的滋养。

在中学时代，张太雷就表现出强烈的爱国热情。张太雷在常州府中学堂读书时，校长屠元博是一位有着炽热爱国心的知识分子，他在日本留学期间就加入了孙中山先生领导的同盟会。他担任常州府中学堂校长时，便将学堂作为常州、武进地区进行民主革命宣传和活动的一个重要场所。张太雷与我党另一位早期革命家瞿秋白成为同班好友一起议论时政，阅读了

大量进步书籍，对孙中山先生的生平和事迹知之甚详，对他的革命思想和事业极为钦佩，也非常关注，同时两人都对清王朝腐败无能痛恨不已，初步具有了一些革命思想的基础。

1915 年“二十一条”的签订，引起全国群情激愤，纷纷集会，拒不承认“二十一条”。常州府中学堂的全体师生积极地投身到反日爱国活动的洪流之中。张太雷忧国忧民、爱国心切，他与同学们一起到校外作宣传，发传单，在街头讲演，向过往的群众提出：“日本帝国主义的野心是要独占中国，灭亡中国。”

（二）北洋大学求学期间的革命文化熏陶与参与“五四运动”中的感悟

鸦片战争后的中国，帝国主义列强的入侵与宰割，军阀割据，民众生活在水深火热之中，救中国成为当时革命者的崇高使命。

1918 年，张太雷成为北洋大学法律系的大学生，他当时最喜爱看的一本杂志就是中国共产党早期领导人陈独秀创办的《新青年》，他被陈独秀等共产党早期领导人敢为人先的引领和带动中国广大先进分子向旧世界宣战所折服。当他在《新青年》上看到李大钊热情赞颂俄国十月社会主义革命的文章《布尔什维克主义的胜利》《庶民的胜利》后，深受教育与启发，认为“只有走十月革命的路，才能救中国”。

1919 年“五四运动”爆发后，张太雷积极投入运动之中，参加北洋大学学生组织的演讲团，成为天津地区爱国运动的骨干之一。在斗争中，他被选为天津学生的联合决策机构——评议会的评议长，负责主持天津学生的斗争策略与部署活动。他还参加了赴北京营救被北洋军阀政府逮捕的天津请愿代表的行动，迫使反动军阀释放了全部代表。同年 12 月，天津中等以上学校学生联合会成立，他被选为该会演讲委员会筹备委员。

张太雷在参与“五四运动”的实践中深深感悟到，工农大众是中国革命的力量源泉，也看到了革命运动迫切需要由革命党领导的重要性。他在《“五四运动”的意义与价值》一文中写道：“有革命觉悟及了解世界革命意义的青年，要纠正‘五四运动’的错误，逐渐集合在革命党的旗帜之下，在劳动阶级中间尽宣传与组织之力，以求中国民族革命的胜利。”[2]

张太雷开始与李大钊有了广泛密切的接触。他钦佩李大钊是伟大的马克思主义者，也正是在李大钊的影响下，他开始接触和信仰马克思主义，并参加了李大钊组织的北京大学马克思学说研究会，协助李大钊开展创建中国共产党的工作。

（三）共产国际工作过程中的历练与马列革命观的形成

1920 年 3 月，共产国际代表维经斯基和杨明斋第一次来华，先后在北京与李大钊会晤，后又到上海访问陈独秀、李汉俊、沈玄庐等人，张太雷因为懂英文，积极参与这些活动，他信奉科学社会主义，并于同年 10 月在北京加入了李大钊发起的北京共产党小组。11 月初，他把在天津北洋大学和省立天津中学分别成立的马克思主义研究会改为天津社会主义青年团小组，张太雷担任该小组的书记。

1921 年 3 月 26 日，张太雷受中共早期组织的委派，去达伊尔库茨克，参加共产国际执委会远东书记处工作，在老布尔什维克、时任俄共（布）中央远东局委员兼第五军革命军事政治委员会委员舒米亚茨基的直接领导下，当时远东书记处下设中、朝、蒙藏、日本四个科，张太雷担任中国科科长，曾代表中共出席共产国际三大，大约于 1921 年 8 月下旬回到上海。期间，张太雷第一次见到了列宁等许多共产国际共产主义者，受到了国际红色风云的考验。[3]

正因为张太雷是中国共产党派往共产国际工作的第一位红色使者，他不仅拓展了自己的国际视野，而且具有国际工作的经验，在中共一大还没有召开之前，他已经成为一个坚定信仰科学社会主义的中国共产党人。他是中国共产党内为数不多的不仅见到过列宁，并且在列宁逝世后为其送葬、扶棺和守灵的中共代表人物。

在中国共产党初创时期，张太雷是党内与共产国际和苏俄来华代表接触最多、关系最密切的领导人，他通过自己杰出的才能和辛勤的不知疲倦的工作，为中国共产党的建立和发展做出了不可磨灭的贡献。

（四）建党与建团实践的锻炼与在革命实践中提升创造

张太雷是个行动执行力很强的革命家，尤其是在建党建团的复杂工作中，自己超常的工作能力得到了发挥。

在“五四运动”的历练下，张太雷有了一定的组织能力和领导能力。1920 年 10 月，在李大钊的帮助下，张太雷去天津筹建社会主义青年团。由于有“五四运动”的基础和苏俄共产党人的帮助，张太雷一到天津，社会主义青年团便成立了，张太雷任书记，进行了大量的革命工作。然而，在早期各地建立的团组织中，普遍存在信仰不一、思想复杂等问题。团员中既有马克思主义者，也有无政府主义者，加上团组织的负责人经常变动，因而到 1921 年 5 月，上海、北京、广州等地的团组织相继处于停止活动的状态。

中国共产党很重视青年团的工作。8 月，张太雷肩负建立青年共产国际中国支部的使命[注]：青年共产国际是第三国际领导下的各国革命青年的国际联合组织，成立于 1919 年 11 月 26 日。[ ]，从莫斯科回到上海，受命主持全国各地团组织的恢复与整顿工作。他四处奔走，与邓中夏、蔡和森、俞秀松、施存统等共同努力，重新把团的工作全面开展起来，中国社会主义青年团于 1921 年 11 月正式恢复。1922 年 2 月，鉴于各地团组织的恢复整顿与发展，以及开展青年运动的需要，团的临时中央局向党中央建议把地方性团组织联合起来，建立全国统一的中国社会主义青年团。1922 年 5 月 5 日，中国社会主义青年团第一次全国代表大会在广州东园里举行，这一天也是马克思诞辰 104 周年纪念日。大会首先由张太雷致开幕词，中共中央局书记陈独秀在会上作了《马克思主义的两大精神》的讲话，共产国际青年代表达林发表了题为《国际帝国主义与中国及中国社会主义青年团》的演讲。中共二大和青年共产国际对团一大的高度认可，就是对张太雷主持下团的临时中央工作的高度认可，体现了对张太雷在中国社会主义青年团创建中所做出历史性贡献的充分肯定。

作为中国共产党最早的党员之一，张太雷先后参加过党的“二大”至“五大”，是四届候补中央委员、五届中央委员、大革命失败后的五人常委之一。张太雷当时不仅是连接共产国际和中国共产党的桥梁，也为推动朝鲜和日本共产党的创建做出了重要贡献。在短暂的政治生涯中，张太雷参与了建党、建团、建军，促成了第一次国共合作，从而在中国共产党创建时期做出了特殊的、不可替代的贡献。

（五）领导广州起义达到的崇高境界与对中国革命的贡献

对于中国共产党的历史来说，三大起义即南昌起义、秋收起义和广州起义是一个转折点，它标志着对枪杆子里面出政权的认知。广州起义是继“八一”南昌起义、秋收起义后，中国共产党高举武装斗争大旗的又一次伟大起义，作为广州起义的总指挥、中共广东省委书记的张太雷，在这场起义中起到了核心和表率作用，其表现可以用“大智大勇”来衡量和评判。“大智”表现为张太雷不仅事前作了严密的部署，而且在武装起义的消息被敌人得知后，立即提出举行起义并获得了成功；“大勇”则表现为在敌人组织反扑时，他沉着镇静地指挥，亲赴第一线作战，光荣地牺牲在战火中，成为中共历史上第一个牺牲在战斗第一线的中央委员和政治局成员。

二、张太雷革命精神中的红色基因透析

什么是红色基因？有多种释意，有的人认为“红色基因”指的是精神上的遗传，是专指从土地革命时期流传下来的红军精神；有人说“红色基因”在革命时期表现为不怕“流血”，建设时期表现为不怕“流汗”，改革开放时期表现为敢于“担当”。笔者认为“红色基因”是中国共产党精神的内核，是指可以被传承的一种革命精神的内在表达。这种内核与内在表达，

既是目光远大、追求高远的信仰，又是爱党爱国、矢志不渝的忠诚；既是勇于拼搏、自强不息的追求，又是无私奉献、无怨无悔的忘我。它鼓舞着一代又一代中华儿女为了实现民族的伟大复兴而勇往直前。

那么，张太雷革命精神中的红色基因内核和内在表达是什么呢？笔者认为主要有以下三个方面。

（一）“愿化作震碎旧世界惊雷”以醒世

每个时代都有不同的背景，革命精神的主题也不尽相同。张太雷所处的时代，革命者与共产党人的首要任务，就是要唤醒千千万万的民众，共同起来为中国革命事业而奋斗。因此，“醒世”和“唤醒民智”就显得十分的重要。

在短暂的革命生涯中，张太雷做革命的惊雷以醒世，为革命呐喊以救国的思想和事例比比皆是，足以成为张太雷革命精神中红色基因之一。主要体现在以下几个方面。

一是唤醒工人群众。张太雷在“五四运动”中，认识到必须联合劳工的重要性，就经常到天津市区和附近城镇乡村进行宣传活动。他先后在长辛店、南口以及京奉、津浦、京汉铁路沿线工人集中地区进行频繁地宣讲，如1919年6月1日，他和三位同学赴塘沽小学演讲，接着又乘船过海河到八里外的东大沽去演讲，返程中又在车站附近演讲，这些活动对于唤起工人阶级参加反帝爱国运动起到了促进作用。在此过程中，他不仅关心工人运动，同时也在努力探索人生道路，寻求改造社会的途径。

二是唤醒农民阶层。张太雷以马克思主义的世界历史眼光，考察了近代中国农民运动的历史特点，写成并在农民国际的机关刊物《农民国际》上发表题为《中国的农民及其革命运动》[4]，分析了中国农民土地占有及各阶层状况，指出中国“拥有1万亩以上的土地所有者，平均每个省只有10户”，表明大量土地集中到官僚、军阀和地主手中，个体小农（自耕农）面临破产或灭亡的命运；完全无土地靠租地主土地耕作的1 000多万户佃农、雇农在艰难困苦中挣扎；失去土地，离开农业生产的“无产阶级化的农民群众”在不断扩增，这是中国革命“必须好好考虑的因素”。[5]基于对上述农民各阶层的分析，张太雷强调唤醒农民并引入革命运动轨道，是中国革命党面临的重要任务。

三是唤醒广大青年。“五四运动”的主要成分是学生，充分表现了中国青年新的觉醒，也使张太雷进一步认识到唤醒广大青年从事革命运动的重大意义，他认为中国青年应当承担起挽救国家危亡和民族振兴的革命责任。他是中国社会主义青年团即共产主义青年团的主要创始人之一，在中国青年运动史上占有突出的地位。

四是唤醒知识分子。张太雷认为，“在以前，中国知识分子读书是为了做官”。新文化运动和“五四运动”唤醒了中国的知识分子，特别是“在俄国无产阶级革命以后，中国知识分子和学生才开始认真研究马克思主义理论”，知识分子的社会思想倾向开始发生变化，在很大程度上转向了文化和物质进步，转向了现代知识。

五是唤醒中国妇女。张太雷曾经在《致共产国际第三次代表大会的书面报告》中，一针见血地指出：“中国妇女是世界上最悲惨的人。她们不仅被剥夺政治权利和经济权利，而且是不折不扣的家庭奴隶。”提出“社会发展的必然逻辑，使得中国妇女意识到，使一切被剥削者和被压迫者遭受奴役的总祸根是资本主义、帝国主义和封建主义”。[6]他明确表态要唤醒中国妇女，就是让她们到共产主义队伍中来寻找“解放自己的办法”。

（二）举行武装起义以救中国

众所周知，张太雷是第一次国共合作统一战线的重要促成者，曾经为发展国共合作的统一战线付出了大量的心血。但国共合作统一战线建立之后，随着革命运动的不断深入发展，统一战线内部资产阶级和无产阶级争夺领导权的斗争愈演愈烈，并且十分尖锐。特别是国民党新右派蒋介石于1926年3月20日，制造了“中山舰”事件，又在5月召开的国民党二届二中全会上抛出了“整理党务案”，处心积虑地篡夺革命的领导权，限制和打击共产党人。正是在这种情况下，在共产党内讨论应对和决策时，张太雷和毛泽东均极力主张予以反击，坚信枪杆子里面出政权，提出组织10万工农军队，以革命的武装来反对反革命的进攻，从而逼迫新右派蒋介石下台。[7]

由于张太雷担任过广州起义的总指挥，并在广州起义中牺牲，故在很多研究者的研究视野中，论述张太雷对广州起义的贡献较多。其实，自八七会议确定了实行土地革命和武装起义的方针后，张太雷被中共中央决定担任广东省委书记，当即提出了“起义军打到哪里，就在哪里组织暴动响应”的计划，还将全省“工农讨逆军”改为“工农革命军”，将国民党的青天白日旗改树“斧头镰刀”的红旗，在广东掀起过一系列武装起义的高潮。据不完全统计，八七会议后至12月广州起义爆发前，广东共有30个县、市先后举行了60多次武装起义，参加起义的工农武装5万多人，群众1万人以上，并一度占领16个县城或市，建立11个县级工农革命政权及其一些区、乡革命政权。

所有这些都说明，张太雷作为坚定的革命家，他审时度势，积极提出并置身于武装起义救中国的革命实践之中，为党的事业和中国革命做出了重要的历史贡献。因此，举行武装起义救中国，成为张太雷革命精神中又一个红色基因。

（三）以“谋天下人将来永远的幸福”为信仰

“谋天下人将来永远的幸福”这句话出自张太雷，是1921年的春天，他在赴俄国伊尔库茨克担任共产国际远东书记处中国科书记临行之前，深知此去责任重大，但党交给他的秘密任务又不便向家人明说，在给其妻子陆静华写下长达2 000多字的家书中提及的。此次笔者在参与张太雷纪念馆编写新的展陈大纲时，一开始准备用“一声惊雷”，后来改用“醒世惊雷”，但都不足以高度概括张太雷的革命精神，后来才从张太雷的这封家书中找到了灵感，提炼了这个展陈主题，使得张太雷的革命精神鲜活了起来、高大了起来，成为张太雷革命精神中的红色基因之一。

张太雷这种精神是伴随着他在成为忠诚的共产主义战士的过程中确立

的。早在北洋大学求学期间，张太雷的个人理想目标是，毕业后到上海当律师，赚钱以养活家中的妻儿老小。但他在参加李大钊在北京组织的中国第一个马克思学说研究会，逐步成长为一名共产主义战士后表示："做人要整个儿改，我以后不到上海当律师了。国家兴亡，匹夫有责。只有走十月革命的道路，才能救中国。"[8]

三、 张太雷革命精神及其红色基因的当代价值建构

鲁迅先生说过："历史上都写着中国的灵魂，指示着将来的命运。"[9] 在步入新时代的今天，张太雷的革命精神及其红色基因仍然有着重要的历史价值。正如意大利历史学家克罗齐所说："一切真历史都是当代史。"

（一）努力学习的模范作用

张太雷只有 29 年短暂的人生，但他一直孜孜不倦学习的精神，是榜样，也是模范，值得当下每个共产党员学习。

在国家风雨飘摇、民族苦难深重、家庭个人条件艰苦的年代，他养成了勤奋苦学、不畏艰难、勇于进取的优良品格。因为幼年丧父，家庭贫困，中学时期的张太雷就在亲戚的资助下就读常州府中学，但他发奋读书，于 1915 年秋考入北大科预科班，但因北大学制七年，学费过高，就读半年后，他又改报天津北洋大学法科预备班，不仅最早接触到了先进的文化，积累了渊博的知识，尤其是外语知识，也养成了勇于追求真理的思想品格，为日后走上革命道路后承担大量艰苦复杂的工作，打下了坚实的基础。此后，他在革命的征途中系统地学习马克思主义理论，不断地学习提高自己，成为"中国革命最好的领袖"[10]。

张太雷认为："笔杆和舌头是我们革命者政治斗争的武器，应该不断地运用，不写不讲是不对的！在这个时候，群众是多么希望我们写和讲啊！而且有条件写和讲。"[8] 在张太雷从事的革命活动历程中，他先后撰写的文

章、书信、讲稿、报告，签署的文件、译文等文献近200篇，在《向导》《前锋》《人民周刊》《中国青年》等刊物上发表的论文有百余篇。

我们要学习张太雷革命精神，传承和赓续红色基因，就是要响应习近平总书记在党的十九大报告中指出的，要把培育和弘扬社会主义价值观作为凝心聚气、强基固本的基础工程，作为一项根本任务，切实抓紧抓好，要加强中国特色社会主义文化建设，大力弘扬中华优秀文化、革命文化和社会主义先进文化，增强文化自觉和文化自信。

（二）确立共产主义世界观的信仰力量

雨花台烈士纪念馆新馆展陈，展览主题用了一个响亮而又提气的名字——信仰的力量。在该馆布展期间，笔者有幸作为被邀请的专家参与讨论，当时就十分地赞成。为什么呢？先烈们就是用自己的一腔热血践行共产党人的信仰。在雨花台的烈士群像中，就有张太雷烈士。什么是共产党人的信仰？笔者认为，坚信共产主义一定能实现，这就是共产党人的信仰。

我们要学习张太雷革命精神，传承和赓续红色基因，就是以马克思主义中国化的最新成果武装头脑，指导我们的实践，永不停步地推进思想解放和实践创新，在新时代不断地研究出现的新问题，进行新探索，积累新经验，做出新的业绩。

（三）为人民谋利益的不懈追求

马克思、恩格斯认为无产阶级革命是为绝大多数人谋利益的运动，他们指出“过去的一切都是少数的或者为人谋利益的运动。无产阶级的运动是绝大多数人的，为绝大多数人谋利益的独立的运动。”[11]张太雷认识到中国革命中代表绝大多数人利益的是工农联盟，必须建立工农联盟和依靠工农联盟，才能取得中国革命的胜利。因此，张太雷坚持一切从人民利益出发，“只有人民的一致拥护，政府才能在战场上打败敌军，在外交上获得胜利。”[5]张太雷“人民拥护是胜利之本”、“为天下人谋永远幸福”等观点，与党的全心全意为人民服务的群众路线是一脉相承的，在构建社会主义和谐社会、建设有中国特色社会主义社会的今天，仍然熠熠生辉。

我们要学习张太雷革命精神，传承和赓续红色基因，就是要牢固树立执政为民的执政理念。如果结合中国革命和建设的实际来说，那就是张太雷主张的“谋天下人将来永远的幸福”；就是毛泽东提倡的“为人民服务”；就是习近平说的“要时刻把群众满意不满意、高兴不高兴、答应不答应作为工作的最高标准。”树立情为民所系，权为民所用，利为民所谋，牢记我们手中的权力是人民赋予的，只能用来为人民谋利益，要始终为人民掌好权、用好权，为人民多干实事，为人民多谋幸福，为人民多做新贡献。

（四）勇于奉献的责任担当

张太雷的革命生涯是勇于奉献的一生。具体表现在“五四运动”中作为天津的学生领袖，组织学生积极投身于轰轰烈烈地爱国运动；在党的对外交往中，他成为中共第一位派往共产国际的红色使者，让中共的主张第一次出现在共产国际上；在建党建团事业中，他四处奔走，与李大钊、邓中夏、蔡和森、俞秀松、施存统等领导人共同努力，为党的早期组织建立和中国社会主义青年团的恢复做出了杰出的贡献；在国共合作统一战线中，他积极支持与帮助共产国际代表马林，最终促成了第一次国共合作；在党的八七会议后，他主动提出去广东工作的要求，党决定他担任广东区委书记并临时代理主持中共南方局工作后，他组织一系列工农武装暴动，并在广州起义中担任总指挥直至牺牲在火线上，等等，均体现了张太雷为革命敢于担当的精神。

我们要学习张太雷革命精神，传承和赓续红色基因，就是永远保持旺盛的革命斗志和英勇的献身精神，我们这个新时代是要倡导英雄主义的，要弘扬张太雷那样的英雄主义精神。以敢为人先的豪迈气概、敢于负责勇于创新的精神状态和脚踏实地的工作作风，奋力推进政治、经济、文化、社会、生态文明建设，在科学发展的道路上勇往直前，创造出无愧于先辈、无愧于新时代、无愧于人民的崭新业绩。

参考文献：

[1] 摘自常州市博物馆《龙腾中吴——常州历史文化陈列》展览。

[2] 恽代英、张太雷、瞿秋白与《中国青年》［J］中国青年，1925 (76)：91－92.

[3] 张太雷诞辰110周年纪念研讨会论文集［M］．中央文献出版社，2008：24—25.

[4] 钱听涛，黄明彦．张太雷研究史料选［M］．北京：中央文献出版社，2004.

[5] 姚维斗．张太雷文集：C［M］．南京：江苏人民出版社，1992.

[6] 中共中央党史资料征集委员会．广州起义［M］．北京：中共党史资料出版社，1988.

[7] 中共广东省委党史研究室．广东工农武装起义［M］．广州：广东人民出版社，1991年4月版。

[8] 人民出版社编辑部．回忆张太雷［M］．北京：人民出版社，1984.

[9] 鲁迅．华盖集［M］．沈阳：辽海出版社，2009.

[10] 瞿秋白．瞿秋白文集：政治理论篇第6卷［M］．北京：人民出版社，1996.

[11] 马克思，恩格斯．马克思恩格斯选集［M］．北京：人民出版社，1995.

（作者简介：朱成山，男，中共江苏省委外宣办原副主任、侵华日军南京大屠杀遇难同胞纪念馆原馆长，现任中国抗日战争史学会和江苏省近现代史学会副会长、常州大学近现代史与红色文化研究院院长、教授；刘晓华，女，常州大学马克思主义学院院长、教授）

论雷锋精神与共产党人的初心和使命

刘建平　王昕伟

习近平总书记在中国共产党第十九次全国代表大会上的报告中指出："中国共产党人的初心和使命，就是为中国人民谋幸福，为中华民族谋复兴。这个初心和使命是激励中国共产党人不断前进的根本动力。"[1]不忘初心，方得始终。中国共产党人的初心和使命穿越时空而岿然不动，历久弥新又与时俱进，一代代中国共产党人始终铭记着初心和使命，并为践行初心和完成使命而不懈奋斗。雷锋作为一位伟大的共产主义战士，是中国共产党培养出来的杰出青年代表，他怀着对党的深厚感情，一心一意跟党走，铭记党的宗旨，忠于党的事业，用短暂的一生践行并传承着共产党人的初心和使命，并感召了千千万万同样的人，形成了伟大的雷锋精神。雷锋精神是社会主义时期对中国共产党人初心和使命的集中诠释，也是一种共产主义道德品质的深刻体现。当下，中国特色社会主义进入新时代，我们仍然需要雷锋精神。研究雷锋精神与共产党人初心和使命间的关系，对于深刻把握共产党人的初心和使命、传承红色基因、弘扬雷锋精神，培育和践行社会主义核心价值观，实现中华民族伟大复兴的"中国梦"具有重要意义。

一、 雷锋精神的形成发展是共产党人初心和使命的历史传承

雷锋精神是以共产主义战士雷锋的名字命名的、以雷锋的言行实质为基本内容并在社会主义实践中不断丰富和发展、概括化和系统化的雷锋式先进群体言行的理论总结。[2]雷锋精神不只是属于雷锋的一种个体精神，更是一种中国社会主义时期广泛存在的群体性精神。它是对社会主义时期以雷锋为代表的无数先进人物群体所表现出来的思想理念、道德观念、崇高品质、精神风范等的集中概括和凝练。党的十九大报告中指出："中国共产党从成立之日起，既是中国先进文化的积极引领者和践行者，又是中华优秀传统文化的忠实传承者和弘扬者。"[1]雷锋精神正是我党在社会主义时期引领、践行中国先进文化和传承弘扬优秀传统文化的过程中，所树立的一面鲜活旗帜，也是对共产党人初心和使命的历史传承。

（一）雷锋精神是社会主义先进文化的凝练结晶

社会主义先进文化是中国共产党领导中国人民在近代以来的一系列伟大斗争中所孕育的一种崭新文化，它反映着共产主义的价值追求，凝练着共产党人的奋斗目标，积淀着中国人民的共同理想，代表着中华民族的时代精神。中华人民共和国成立后，伴随着社会主义制度的建立，"民族的科学的大众的"新民主主义文化，也就适时地转化为社会主义先进文化。为此，中国共产党制定了一系列促进社会主义文化事业发展的方针、政策，不断加强马克思主义在我国意识形态领域的领导地位，不断推进思想政治工作和社会主义道德建设，不断鼓励和繁荣社会主义文化创作，不断增进社会主义先进文化的吸引力。使得中国共产党在革命战争年代所孕育的井冈山精神、长征精神、延安精神等一系列中国共产党革命精神和方志敏、刘胡兰、狼牙山五壮士、黄继光等英雄模范的光辉事迹在社会上得到广泛弘扬，全心全意为人民服务、无私奉献、艰苦奋斗、顾全大局、忠于职守

等党的优良传统和作风在社会上得到继续传承，形成了良好的党风、社风和民风，充分彰显了中国人民“翻身当家做主人”后的精神风貌，以及社会主义先进文化的强劲生命力。而雷锋同志生逢其时，在党和国家的培养下，接受社会主义先进文化的教育，接受革命精神的洗礼。他曾说道：“董存瑞和郅顺义两英雄的事迹，深深地教育了我，给了我莫大的鼓舞和无穷的力量，我一定要时刻用这些英雄的事迹来鞭策自己，永远忠于党，忠于人民。”[3]正是在社会主义先进文化的熏陶和滋养下，雷锋逐渐形成了“把有限的生命，投入到无限的为人民服务之中去”[3]的崇高价值追求，进而孕育出伟大的雷锋精神。

（二）雷锋精神是中华优秀传统文化的当代诠释

中华优秀传统文化是中华民族生生不息、永继发展的精神基础与导引，也是中华民族历经艰辛、矢志不渝追求的价值目标。[4]中国共产党是中华优秀传统文化的忠实继承者、弘扬者和建设者，在领导人民进行新民主主义革命、社会主义革命、社会主义建设，以及改革开放的伟大实践中，始终自觉肩负起传承发展中华优秀传统文化的历史责任。以儒家伦理思想为主，兼容道家、法家、墨家等诸子百家思想的优秀传统文化，是中华民族的精神命脉。其所强调的“民为邦本”“和而不同”“天下为公”“不患寡而患不均”“天下兴亡，匹夫有责”“位卑未敢忘忧国”“仁义礼智信”“仁者爱人”“老吾老以及人之老，幼吾幼以及人之幼”“见义勇为”“自强不息”“厚德载物”“富贵不能淫，贫贱不能移，威武不能屈”等思想理念，是中华民族理想追求与文化传统的深刻体现，也充分彰显了“富强、民主、文明、和谐、自由、平等、公正、法治、爱国、敬业、诚信、友善”的社会主义核心价值，是社会主义植根于华夏大地的文化沃土。雷锋在党的教育和培养下，充分继承了中华民族优秀传统文化中的核心理念和民族精神，热爱祖国、热爱集体、甘于奉献、见义勇为，他说：“一朵鲜花打扮不出美丽的春天，一个人先进总是单枪匹马，众人先进才能移山填海。”[5]“一个共产党员是人民的勤务员，应该把别人的困难当成自己的困难，把同志的愉快当成自己的幸福。”[3]“我觉得人生在世，只有勤劳，发愤图强，用自己的双手创造财富，为人类的解放事业——共产主义贡献自己的一切，这才是最幸福的。”[3]充分展现了中华优秀传统文化中的爱国情怀，仁者爱人、兼爱立人等道德要求和以天下幸福为己任的崇高精神境界。可以说，共产党人对于中华优秀传统文化的继承弘扬，是滋养雷锋精神形成的基本前提，雷锋精神是民族性与时代性的高度统一。

（三）雷锋精神是社会主义时期的一面鲜活旗帜

实现社会主义长期以来是一代代中国共产党人的奋斗目标，“中国要确保国家的独立和统一，发展国民经济，实现繁荣富强，使劳动人民免遭剥削和贫困，只有社会主义才是唯一的出路”。[6]中国共产党领导中国在五十年代选择了社会主义，确立了社会主义的政治、经济、文化等一系列制度，为雷锋精神的形成和发展奠定了坚实的政治基础、经济基础，以及良好的文化氛围。集中展现社会主义一代新人的精神风貌的“雷锋精神”，也就应运而生。正如李瑞环同志所指出的那样：“社会主义时代造就了雷锋”“雷锋精神就是中华民族传统美德与共产主义光辉思想相结合的典范，是我国人民步入社会主义新时期所产生的主人翁精神的体现。”[7]社会主义经济制度和政治制度在中国的确立，标志着中国共产党人在实现初心和使命的道路上，取得了历史性的迈进，也标志着中国人民真正成为国家的主人。翻身当家做主人的喜悦，伴随着“主人翁”意识的觉醒和一定要把社会主义建设好的新的时代使命，在中国共产党的继续引领和马列主义、毛泽东思想的教育下，激发了千千万万的社会主义劳动者和建设者们的积极性、创造性。以雷锋为代表的各行各业的先锋模范如雨后春笋般不断涌现，他们用奋斗与牺牲，书写着对理想与信仰的执着，对党和国家的忠诚，对集体和人民的热爱，用平凡的人生带给我们不平凡的震撼和感动。他们身上所体现的爱党、爱国、奉献、敬业、创新等价值导向，始终彰显着中国共产党的先进本色，闪耀着共产主义的思想光辉，在先进性与普遍性、实践性与群众性的整合统筹之下，不断丰富发展着雷锋精神，使得雷锋精神成为社会主义时期一面鲜活的旗帜。

二、 雷锋精神的基本内涵是共产党人初心和使命的具体体现

雷锋精神是共产党人初心和使命的时代传承的产物，具有鲜明的时代特征和丰富的科学内涵。毛泽东、周恩来、刘少奇、邓小平、江泽民、胡锦涛等历届党和国家领导人曾先后对雷锋精神进行过阐释，或为其题词，或作出批示，或围绕讲话，或概括归纳，充分反映了雷锋精神的时代影响和历史地位。2013 年 3 月 5 日，习近平在参加全国两会辽宁代表团审议时，对雷锋精神进行了新的时代概括，他指出雷锋身上具有“信念的能量、大爱的胸怀、忘我的精神、进取的锐气”，是“我们民族精神的最好写照”。[8]通过认真分析，可以发现雷锋精神的基本内涵就是爱党爱国、为人民服务、螺丝钉精神和艰苦奋斗。雷锋精神的基本内涵充分展现了共产党人的初心和使命。

（一）信仰的能量：爱党爱国是雷锋精神的第一要义，也是共产党人的初心和使命的活力源泉

热爱党、热爱祖国、热爱社会主义是雷锋精神的第一要义，也是雷锋精神穿越时空并不断发展的内在动力和活力所在。“没有共产党就没有新中国”，在中国共产党的领导下，中国人民取得了新民主主义革命的伟大胜利，建立了中华人民共和国，废除了几千年的封建剥削制度，实行了土地改革，并迅速实现了向社会主义过渡，开启了社会主义建设的新篇章。雷锋亲身经历了旧社会的苦难，在党的领导下翻身解放，感受到了党的恩情、党的温暖。雷锋作为党培养出来的杰出青年，他怀揣着对党的深厚情感和崇高的理想信念，下定决心跟党走，牢记党的宗旨，执行党的决定，响应

党的号召，毅然投身于为自己的祖国效忠，为崇高的共产主义理想立功的伟大事业中。雷锋在日记中写道：“伟大的党啊，您是我慈祥的母亲，我所有的一切都是属于您的，我要永远听您的话，在您的身下尽忠效力，永做您忠实的儿子。”“我是一个共产党员，人民的勤务员，为了全人类的自由、解放、幸福，哪怕高山、大海、巨川，为了党和人民的事业，就是入火海进刀山，我甘心情愿，头断骨粉，身红心赤，永远不变。”[9]雷锋对党、对国家、对社会主义的无比热爱，既是其“不忘本”和“感恩”情感的感性认识使然，也是其在党的教育下真正学习并接受了马克思主义后的理性认知的具体表现。这种爱党、爱国、爱社会主义的崇高品质，从本质上讲是对于共产主义的无限信仰和对革命理想的无比坚定。“革命理想高于天”，革命理想是中国共产党及其领导下的人民军队在为实现共产主义而奋斗的艰辛历程中所树立的理想、信念及人生追求的总和。[10]正是这种对革命事业的极端热忱和对马列主义的崇高信仰所凝聚成的坚定不移的革命理想，使得共产党人在面对各种艰难险阻和形形色色的敌人时，毫不畏惧，一往直前，表现出对党和国家的无比热爱和无限忠诚，这正是共产党人初心和使命一脉相承的活力源泉。而雷锋精神所体现的热爱党、热爱祖国、热爱社会主义也正是这种理想信念和信仰在社会主义时期的传承和延续。

（二）大爱的胸怀：为人民服务是雷锋精神的思想灵魂，也是共产党人的初心和使命的核心要义

全心全意为人民服务是中国共产党的根本宗旨，也是党一切工作的根本出发点和落脚点，更是共产党人最为根本的初心和使命。中国共产党自成立之日起，就把实现共产主义作为自己的最高纲领，为实现中国人民和世界人民的自由解放和幸福而努力奋斗。在不同的历史时期，中国共产党所面临的时代任务有所不同，但中国共产党人始终谨记“全心全意为人民服务”这一根本宗旨，不断把为人民造福的事业推向前进，不断“为人民谋幸福、为民族谋复兴”。毛泽东曾指出：“全心全意地为人民服务，一刻

也不脱离群众；一切从人民的利益出发，而不是从个人或小集团的利益出发；向人民负责和向党的领导机关负责的一致性；这些就是我们的出发点。"[11]老百姓关心期盼什么，共产党就重视关注什么，中国共产党人始终坚持植根于人民、把人民放在心中，在践行全心全意为人民服务中充分体现自身的价值，并表现出一种博爱胸怀和奉献精神。雷锋作为一名普通的共产党员，用自己短暂的一生践行着党的根本宗旨，"把有限的生命，投入到无限的为人民服务之中去"，他以帮助他人为人生的乐趣，以奉献社会为人生的幸福，以服务人民、建设祖国为自己的人生追求和目标。雷锋曾说过："共产党所以能够领导人民群众，正因为，而且仅仅是因为，它是人民群众的全心全意的服务者，它反映人民群众的利益和意志，并努力帮助人民群众组织起来，为自己的利益和意志而斗争""我决心永远和群众牢牢地在一起，为人类最美好幸福的生活而斗争"[9]"人民的困难，就是我的困难，帮助人民克服困难，贡献自己的一点力量，是我应尽的责任""能帮助人民克服一点困难，是最幸福的"[9]。习近平说："雷锋是一个时代的楷模，雷锋精神是永恒的。积小善为大善，善莫大焉，这和我们党'为人民服务''做人民勤务员'是一脉相承的。"雷锋言行一致地用生命践行了这种全心全意为人民服务的奉献精神，可以说雷锋精神的思想灵魂与实质就是"全心全意为人民服务，为了人民的事业无私奉献"[12]而这也正是对共产党人初心和使命的最好诠释。

（三）忘我的精神："螺丝钉"精神是雷锋精神显著特征，也是共产党人的初心和使命的本质体现

中国共产党是中国工人阶级的先锋队，同时是中国人民和中华民族的先锋队，而中国共产党党员则是中国广大群众中有共产主义觉悟的先锋战士。党的先进性要求共产党人必须发挥先锋模范作用。无论是在保卫祖国、抢险救灾以及人民生命财产遭受损失的关键时刻，还是在各行各业、各种平凡的工作岗位上，共产党人始终表现出勇挑重担、冲锋在前、埋头苦干、

毫不畏缩的优秀品质，展现出一种爱岗敬业、积极投入、刻苦钻研、争创一流的忘我精神，以良好的党员形象影响、带动着全体人民的共同进步，促进了各项工作和事业的又好又快发展。这种忘我的精神充分彰显了共产党人全心全意为人民谋利益的本色。同样，这种精神品质在雷锋精神中也有着突出体现，并被赋予了诸多时代特色，被誉为“螺丝钉精神”。雷锋把个人对党、对国家、对社会主义的热爱同现实生活结合起来，充分发挥党员的先锋模范作用，坚决服从组织安排，党让干啥就干啥，自觉地爱岗敬业，刻苦钻研提升工作技能，踏踏实实做好本职工作，干一行、爱一行，专一行、精一行，甘当革命的螺丝钉，忘我地投身于伟大事业之中。他说：“当党和人民需要我的时候，我愿意献出自己的一切”[9]“一个人的作用，对于革命事业来说，就如一架机器上的一颗螺丝钉，机器由于有许许多多螺丝钉的连接和固定，才成了一个坚实的整体，才能够运行自如，发挥它巨大的工作能力。”[9]“高楼大厦都是一砖一石砌起来的，我们何不做这一砖一石呢！”[9]“我要积极肯干、做到说干就干、干就干好、脚踏实地、实事求是地干、千方百计地干、事事捡重担子挑。”[9]如同他所说的那样，雷锋就像一颗“螺丝钉”一样，在极其平凡的岗位上，为党、为国家、为人民贡献自己的智慧和力量。可以说雷锋是社会主义时期无私忘我、勤勉敬业的楷模。2018 年 9 月 28 日上午，习近平总书记前往抚顺市，向雷锋墓敬献花篮并参观雷锋纪念馆。他说：“我们要见贤思齐，把雷锋精神代代传承下去。学习雷锋精神，就要把崇高的理想信念和道德品质追求融入日常的工作生活，在自己岗位上做一颗永不生锈的螺丝钉。”毫无疑问，这种对待革命工作极端负责任、甘当革命的螺丝钉精神，正是共产党人初心和使命的本质体现。

（四）进取的锐气：艰苦奋斗是雷锋精神的重要内容也是共产党人初心和使命的价值导向

艰苦奋斗是中华民族的传统美德，也是中国共产党人在进行革命和建设的漫长历史时期中形成和培育的优良传统和作风，是中国共产党的“传家宝”。艰苦奋斗有着十分丰富的内涵，简单来讲就是吃苦耐劳、勤俭节约、勇于拼搏、大胆创新，就是一种不服输、不丧气、不怕困难的进取锐气。近代以来中国半殖民地半封建的社会性质，决定了中国革命的长期性和艰巨性，而经济、文化等各方面都严重落后的国情，又增加了社会主义革命和建设的难度。但是中国共产党却凭借着艰苦奋斗这一“传家宝”，一往无前地战胜了革命道路上的一切艰难险阻，带领中国人民实现了站起来、富起来、强起来。可以说艰苦奋斗是中国共产党的政治本色，是革命胜利和社会主义建设成功的重要保证，更是共产党人为实现初心和使命的价值导向。艰苦奋斗这种精神永远不过时，毛泽东曾强调：“我们要保持过去革命战争时期的那么一股劲，那么一股革命热情，那么一种拼命精神，把革命工作做到底。”[13]雷锋精神体现着社会主义时期主流的价值取向，自然也包含着艰苦奋斗这一重要内容。雷锋充分继承了党的这一优良传统和作风，在日常生活中勤俭节约、力戒浪费，在工作学习中孜孜不倦、刻苦钻研。他说：“我们在学习上，也要提倡这种‘钉子’精神，善于挤和善于钻。”[9]“学习愚公不怕困难、敢于斗争、敢于胜利的精神。”[9]“我要像松树那样，不怕风吹雨打、严寒冰雪，四季常青；我要像柳树那样，插到哪里都能活，紧紧与人民连在一起。”[9]雷锋严格要求自己，用自己的行动展现了一名共产党员在社会主义时期应有的精神风貌，他说到做到。“在工作上，要向积极性最高的同志看齐；在生活上，要向水平最低的同志看齐。”“永远忠于党，忠于人民，兢兢业业为党工作一辈子，老老实实为人民服务。”[9]“我们国家正处于困难时期，再说，我们的国家还很穷。党和人民对我们这样好，我们也得为党和人民着想。应该积极响应党的号召，发愤图强，自力更生，处处做到增产节约，发扬我军艰苦朴素、勤俭节约的优良传统。”[9]他积极响应当时国家号召，被评为部队勤俭节约的标兵，用自己感人的事迹诠释着艰苦奋斗这一优良作风，为我们树立了光辉榜样。中国特色社会主义进入新时代，我们仍然需要雷锋精神，习近平总书记指出：“实现中华民族伟大复兴，要不断闯关夺隘，也需要更多的时代楷模。”无疑，雷锋精神这种进取的锐气将永远激励我们前进。

三、雷锋精神的传承弘扬是共产党人初心和使命的时代要求

雷锋精神是时代的产物，作为社会主义时期一种中国共产党革命精神的具体形态，它集中反映了共产党人的优良传统和作风，充分展现了共产党人的初心和使命的传承，是对社会主义道德和共产主义理想信念的深刻诠释。因而雷锋精神自诞生之日起，就受到全党、全军、全国各族人民的高度重视，先后多次开展学雷锋活动，在社会上大力弘扬雷锋精神，营造了良好的社会氛围，使得雷锋精神历久弥新、常学常新，涌现了无数像雷锋一样的先进个人或集体。当前中国特色社会主义进入新时代，在新的历史条件下，仍需要大力传承和弘扬雷锋精神。这既是不忘初心牢记使命的时代要求，也是实现中华民族伟大复兴“中国梦”的现实需要。

（一）新时代不忘初心牢记使命需要大力弘扬雷锋精神

改革开放已经40年，在党的正确领导下，中国特色社会主义现代化建设取得了辉煌的成就，中国特色社会主义进入新时代，但现阶段我国正处于整体转型升级期，市场经济所带来的一系列突出问题和矛盾不断涌现。此外，国际形势错综复杂，局部混乱冲突不断，西方国家经济危机频发，都对中国经济、社会发展产生负了面影响。西方敌对势力大力宣扬各种错误思想和言论，冲击着党员干部和人民群众的理想信念，造成了信仰危机。正如党的十九大报告中所指出的那样，我们必须“要深刻认识党面临的执政考验、改革开放考验、市场经济考验、外部环境考验的长期性和复杂性，深刻认识到党面临的精神懈怠危险、能力不足危险、脱离群众危险、消极腐败危险的尖锐性和严峻性”[1]。因而，习近平总书记反复强调“不忘初

心，牢记使命”，就是希望我们能用党的光荣历史和革命传统涵养党性、牢记共产主义远大理想、坚定中国特色社会主义共同理想，为实现两个一百年奋斗目标和中华民族伟大复兴的“中国梦”而努力奋斗。雷锋精神作为社会主义的一面鲜活旗帜，是以雷锋为代表的众多先进人物在党的领导下为社会主义事业而奋斗的伟大实践的产物。[14]它充分彰显了共产党人的初心和使命，是中国共产党人践行优良传统的坚定理想信念的光辉典范，也是社会主义核心价值观的生动体现。雷锋精神在其诞生后的五十多年的传承中，早已外化为一种道德象征和价值标签，成为引领社会良好风尚、加强思想道德建设的重要精神力量。我们不忘初心、牢记使命，必须要传承这种可亲、可敬、可爱的雷锋精神，深刻领会共产党人的初心和使命的丰富内涵，自觉地为实现新时代党的历史使命而不懈奋斗。

（二）弘扬雷锋精神有助于实现伟大复兴的“中国梦”

“中国梦”是以个人的成功与人们的共同幸福为出发点和落脚点，体现着浓厚的集体主义，凝结着中华民族共同的利益追求。实现中华民族伟大复兴的“中国梦”，是中华民族近代以来最伟大的梦想，也是共产党人的初心和使命。“中国梦是中华民族的梦想，也是每一个炎黄子孙的梦想。”[15]无数革命先辈、仁人志士为了实现中国梦而上下求索，苦苦追寻，历尽失败与挫折，饱尝艰辛与磨难，在中华民族先进分子的中国共产党的带领下，让我们今天比历史上任何时期都更接近实现“中国梦”。但是“中国梦”的实现不会一蹴而就，也不可能一帆风顺。“路漫漫其修远兮”，在建设中国特色社会主义和实现“中国梦”的道路上，不知有多少出人意料的困难正悄悄等待着我们，也不知有多少隐患潜伏在我们身边，但是我们要知难而上，要勇往直前，就必须要有“信念的能量、大爱的胸怀、忘我的精神、进取的锐气”，必须要不忘初心牢记使命，必须要大力弘扬雷锋精神。弘扬雷锋精神，传承红色基因，铭记共产党人的初心和使命，有利于增强党员干部拒腐防变、抵御风险的能力，也有利于加强党的政治建设、思想建设和作风建设。雷锋精神所诠释的“爱党爱国”“为人民服务”“螺丝钉精神”以及“艰苦奋斗”的优良传统和作风，对于广大党员干部自觉在实际工作中，真正做到“密切联系群众”，做到“全心全意为人民服务”，发挥着榜样作用。雷锋精神的传承和弘扬有利于永葆党的先进性、纯洁性，保持中国共产党人民公仆的政治本色，从而更好地领导和团结全国各族人民建设中国特色社会主义伟大事业，真正实现国家富强、民族振兴和人民幸福。可以说，雷锋精神的丰富内涵为我们今天不断开拓进取提供了强大的精神动力、科学的方法论断、成功的经验总结和具体而生动的工作方法，也为我们在处理各种问题上提供了指导和方向，是实现中华民族伟大复兴“中国梦”的不竭精神动力。

四、与时俱进传承弘扬雷锋精神，铭记共产党人的初心和使命

雷锋精神是我们建设中国特色社会主义事业和实现中华民族伟大复兴“中国梦”的重要精神支撑，为全国各族人民埋头苦干、锐意进取、不断前进，提供了坚强的思想保证和丰润的道德滋养。习近平总书记指出，“雷锋是我们‘民族的脊梁’”“雷锋精神是永恒的，是社会主义核心价值观的生动体现”，并强调“让雷锋精神落地生根”“以实际行动书写新时代的雷锋故事”。[16]这就要求我们在新的历史时期，不忘初心、牢记使命，继续向以雷锋为代表的先进模范学习，与时俱进地传承弘扬好雷锋精神。具体来讲：

一是要加强理论研究，深入挖掘雷锋精神的精神实质。以中国共产党人的初心和使命为切入点，进一步加强对雷锋同志生平及雷锋精神的研究，高度把握雷锋精神形成发展的时代背景与历史脉络，充分领会其“爱党爱国”“为人民服务”“螺丝钉精神”以及“艰苦奋斗”的核心内容和精神实质。形成一系列既有深度广度又通俗易懂的理论研究成果，如《学习雷锋精神读本》《学习雷锋好榜样》等，不断推动雷锋精神的大众化、普及化。

二是要密切联系现实，充分彰显雷锋精神的当代价值。弘扬雷锋精神的重要动力在于充分挖掘雷锋精神的当代价值，让全体社会成员意识到时代需要雷锋精神，人民需要雷锋精神，从而自觉践行雷锋精神。这就需要各级政府高度重视，加强对社会主流价值观的引导，通过各类公益广告、媒体宣传，将雷锋精神与社会主义核心价值观、中华民族伟大复兴“中国梦”的实现等联系起来，号召向雷锋同志学习，倡导传承雷锋精神，并不断赋予雷锋精神以新的内涵。

三是要创新传承方式，不断丰富雷锋精神的表现形式。为了有效传承雷锋精神，必须结合新时代的变化和特点，创新雷锋精神的传承方式，改变固有的“一堂课、一本教材”等滞后的说教形式。通过拍摄雷锋系列电影、电视剧、动画片，编制反映雷锋精神的漫画、小说、歌曲等创新传承雷锋精神的载体，通过举办雷锋事迹展览、雷锋主题红色旅游、雷锋精神系列讲座、开展各行各业的学雷锋活动等，以各种喜闻乐见的形式丰富传承雷锋精神的具体路径。

四是要营造良好氛围，长久保持学习雷锋精神的热潮。学雷锋不能只学一时，只学一阵，必须要在全社会营造学习雷锋精神的良好氛围。由政府和企事业单位出资，设立专门奖项，通过物质刺激和精神奖励齐头并进，鼓励社会各界持续学习和践行雷锋精神，多做好人好事。同时不断挖掘和宣传新时代传承雷锋精神的典型事例和代表人物，营造“学雷锋最光荣”等正确的价值导向。

五是要构建长效机制，多方发力全方位传承雷锋精神。雷锋精神的传承需要全体社会成员的共同参与，需要政府、企业、学校、家庭等共同努力。必须推动传承雷锋精神的制度化、规范化，构建起政府主导的传承雷锋精神的长效机制，以家庭教育为起点，学校教育为核心，社会教育为补充，职业教育为引领的传承模式，将雷锋精神的继承弘扬贯串于个人成长成才的全过程，贯串到每个社会成员的一生中去。

传承和弘扬雷锋精神，不能仅仅停留在理论研究或口头宣传上，必须要真抓实干，落实在行动中，体现在工作上。要号召让每位社会成员都能将雷锋精神铭记于心，以党员的标准严格要求自己，遵纪守法，自觉遵守职业道德、维护社会公德、传承家庭美德，以高度的道路自信、制度自信、理论自信和文化自信，不忘初心、牢记使命，自觉投身于新时代中国特色社会主义的伟大事业之中。只有这样，才是对雷锋精神真正的传承和弘扬。

参考文献：

[1] 习近平．决胜全面建成小康社会 夺取新时代中国特色社会主义伟大胜利［N］．人民日报，2017－10－28.

[2] 高欣翠．新时期大学生雷锋精神教育研究［D］．北京：首都师范大学，2014. 21.

[3] 总政治部．雷锋日记［M］．北京：解放军文艺出版社，2002. 105.

[4] 李红亮．真理与价值视域下的中华优秀传统文化传承发展［N］．光明日报，2017－04－10.

[5] 石军玲．雷锋精神学习读本［M］．北京：新华出版社 . 2012. 54.

[6]《胡乔木传》编写组．胡乔木谈中共党史［M］．北京：人民出版社，2015. 331.

[7] 李瑞环．在全国学雷锋先进代表座谈会上的讲话［N］．人民日报，1990－03－06.

[8] 廖言．为梦想铸魂［N］．人民日报，2013－03－08.

[9] 雷锋．雷锋全集［M］．北京：华文出版社，2012.

[10] 刘建平，王昕伟．红军长征在湖南与长征精神的形成［J］．红色文化资源研究，2016（02）．

[11] 毛泽东．毛泽东选集：第3卷［M］．北京：人民出版社，1991.

[12] 中共中央政策研究室. 江泽民论社会主义精神文明建设 [M]. 北京: 中央文献出版社, 1999.

[13] 中共中央文献编辑委员会. 毛泽东著作选读: 下册 [M]. 北京: 人民出版社, 1986. 186.

[14] 官彦. 雷锋精神学习读本 [M]. 北京: 研究出版社, 2012. 44.

[15] 赵长芬. 转型期党的社会凝聚力研究 [M]. 北京: 中国社会科学出版社, 2017. 23.

[16] 我们都有一个名字叫雷锋 [N]. 人民日报, 2015 -03 -02.

(作者简介: 刘建平, 男, 湘潭大学副校长、教授、博士生导师; 王昕伟, 男, 湘潭大学马克思主义学院博士研究生)

"沂蒙精神"视阈中的群众路线

刘长利

"沂蒙精神"是沂蒙人民在残酷的革命战争和艰苦的建设实践中形成的独具地方特色的强大精神力量与先进群体意识，集中体现了沂蒙人民在不同历史时期的高尚风格，生动地展示出党政军民水乳交融、生死与共的密切联系，是中华民族优秀文化的重要组成部分，是沂蒙人民、山东人民乃至中华民族宝贵的精神财富。"沂蒙精神，发源于革命战争时期的沂蒙老区，植根于中华民族的优秀文化传统，发展升华于社会主义建设和改革开放时期，是中国共产党领导山东人民进行伟大实践的产物，是中华民族精神的重要组成部分。这种精神经过革命战争年代的洗礼、和平建设岁月的陶冶、改革开放时期的升华，集中展现了山东人民的思想精神风貌，成为中华民族自强不息的强大精神力量。"它既是民族气节的凝聚，表现了沂蒙儿女勇于奉献、敢于创新的精神，又是我们党宗旨意识的落实，体现了党坚持群众路线、一切以人民为中心的政治原则。

群众路线是马克思主义的基本观点，是我们党的根本工作路线和党的生命线。密切联系群众，善于做群众工作，是我们党的优良传统，也是我们党的政治优势。党的血脉在人民、根基在人民、力量在人民；人民群众是我们党的执政之基、力量之源、胜利之本。密切联系群众，始终保持同人民群众的血肉联系，是我们党战胜各种困难和风险、不断取得事业成功的根本保证，“沂蒙精神”就是最好的例证。“践行马克思主义群众观是沂蒙红色文化和沂蒙精神产生的重要基础。沂蒙红色文化和沂蒙精神产生发展的历史，是中国共产党依靠群众和教育引导群众前进的历史，也是我们党不断践行马克思主义群众观的历史。”如果脱离了群众，失去了人民群众的拥护和支持，党的事业和一切工作就是无本之木、无水之鱼。从这个角度上看，“沂蒙精神”和党的群众路线在理论上是高度契合的，在实践中是紧密联系的。

一、党群干群关系的现状及问题

党群干群关系总体上是好的，和谐共处是主流。绝大多数领导干部思想政治素质高，理想信念强，有做好群众工作的能力和水平，能认真贯彻执行党和国家的各项方针政策，公道正派，廉洁自律，按照群众的愿意办事，深入群众、了解群众、倾听群众呼声，想群众之所想、急群众之所急、办群众之所需，有事与群众协商，积极为群众谋福利、办实事，成为群众的知心人和贴心人，受到群众的信任、称赞和拥护。

但实事求是地看，疏远冷漠、紧张对立在一定程度、一定范围内存在，具体表现在：一是少数领导干部信念淡薄、威信下降，工作难开展。个别领导无权威、无号召力、无凝聚力，说话没人听、指挥不灵、政令不畅，工作开展非常困难。二是情绪对立，相互不信任。一些领导干部对群众的埋怨情绪不断增加，反过来群众对他们的不满情绪也是与日俱增，有的从不满发展到愤慨，甚至偏执。领导干部见了群众躲着走，不敢面对现实。干群之间互不满意，互不信任，互不支持现象时有发生。如一般性的问题大都越级上访，就说明了这一点。三是冲突不断，不稳定因素增多。基层矛盾较多，而且非常尖锐，随时可能激化，给稳定带来了压力，一些小的问题和矛盾不是通过正常方式和手段来解决，而是利用非法途径，如个别领导干部暴力拆迁，而群众则暴力抗拆。很多人际关系、经济纠纷、城镇拆迁、利益分配等问题集中反映在党群干群矛盾上，一有“导火索”立即爆发，酿成流血事件，甚至出现严重的社会群体性事件。

二、党群干群关系疏远和紧张的原因探析

这种现象产生的原因是综合因素的影响，各种原因相互交织、叠加，一定范围内放大、扩散了矛盾。

（一）少数领导干部的思想作风和能力水平不适应群众工作

思想作风对于密切党群、干群关系有着根本性的影响，但是少数领导干部思想偏离党的宗旨，羞于与群众为伍，疏远群众，从而增加了矛盾的敏感性；个别领导干部素质较低，工作能力不适应形势发展的需要。一是政治观念差，本领恐慌；思想出现了偏差，少数领导干部不愿做、不想做群众工作；能力水平低下，少数领导干部不会做、不敢做群众工作。二是工作方法简单粗暴。过去群众有事都要找领导干部，依靠领导干部，现在群众的市场意识、法治观念、民主意识不断增强，特别是价值观念的多元化趋势明显，而少数领导干部的政策水平、工作方法却没有得到相应提高，缺乏过细的思想政治工作，过度依赖行政命令、强制手段甚至是非法手段，动辄训斥、打骂群众，导致工作屡碰“钉子”，与群众的感情距离越拉越大。

（二）少数领导干部的不正之风和腐败现象隔阂了党群干群关系

从整体上说，领导干部队伍的主流是好的，但也应该承认，领导干部队伍中的不正之风依然存在，主要表现在以下三个方面：一是纪律松弛，有禁不止。有的领导干部把上级制度、规定当作耳边风，搞上有政策，下有对策，有令不行，有禁不止；有的领导干部思想上放松对自己的要求，没有严格执行廉政制度，认为收点礼品，打打“擦边球”没关系，不是原

则性问题；有的领导干部本位主义思想严重，重收费“创收”，轻管理服务，能“创收”的事情争着办，不能“创收”的事情不愿办。二是不尚节俭，奢侈浪费。不少领导干部出现职务消费向权力消费异化的趋势，少数人艰苦奋斗思想淡化，图享受，讲排场，摆阔气，群众对此反映十分强烈。三是作风不实，办事拖拉。有的领导干部为民服务意识差，对上门办事的群众不热情，“衙门作风”严重，在执法中举止不文明，态度简单粗暴，以权压人；有的领导干部做决策时惯于下命令、发指示，难于认真“下问”，倾听群众的呼声；有的领导干部弄虚作假，搞“形象工程”，急功近利，竭泽而渔，损害群众利益；有的领导干部做事没原则，失去群众的信任。这些不正之风的蔓延和腐败现象的出现，极大地损害了党在群众中应有的形象，降低了党的威信。

（三）弱势群体生产生活问题，解决不好诱发党群干群关系紧张

党群干群关系紧张，权益问题是矛盾的实质。由于一些地区、一些行业、一些农村经济发展相对滞后，群众收入增加缓慢，导致一些贫困人口成为弱势群体，出现“深度贫困”和“贫困代际传递”，造成党群干群关系紧张。弱势群体的生产生活问题解决不好，挣钱门路少、上学难、看病难、买房难、就业难等一系列问题引起群众的不满，甚至演变成激烈的矛盾和冲突，影响整个社会的稳定。

（四）社会结构重大变革和利益格局深刻调整导致矛盾复杂化

首先，社会结构重大变革和利益格局深刻调整，出现分配不公，贫富差距进一步拉大，社会群体利益协调不到位，一定程度上侵犯了群众的利益，伤害了群众的感情，群众对此意见较大，一些群众埋怨少数领导干部由“为人民服务”变成了“为人民币服务”。其次，受市场经济追求利润最大化的消极影响，一些政府部门过度扩大自身利益，出现了“国家权力部门化，部门权力利益化，个人利益最大化”的不良现象，部门掌握的审批权和资金分配权成为谋取小集团利益或个人私利的砝码，在社会中产生了

不良影响。

（五）部分体制和机制的弊端阻碍了党群干群矛盾的化解

“上面千条线，下面一根针。”基层工作繁多交叉且重叠繁重，而相关工作职责边界模糊，缺少权威性和责任感；民主制度不健全，致使党群干群间信息交流、意见表达不顺畅，形成不必要的矛盾；群众工作队伍建设偏弱，专职的、有丰富群众工作经验的干部数量少，且缺乏化解党群干群矛盾的热情和方法，素质有待提高；群众工作载体陈旧，一些领导干部习惯于借助传统载体开展工作，对于迅速城镇化、信息化、法治化、民主化带来的日新月异的快节奏明显不适应。另外，解决诉求的机制不力，缺乏真正有效的“事事有着落、件件有回音”的问题解决机制，不能让群众感受到是在全力为他们办事。

（六）群众教育的滞后与脱节影响党群干群关系

教育群众是群众工作的重要方面，我们在大力发展经济的过程中也确实相对忽略了思想意识的宣传与教育，加之西方国家的负面影响，部分群众素质较低，国家观念、集体观念、大局意识、法制意识淡薄，个人主义、拜金主义、享乐主义私潮泛化。党群干群之间在思想认识上存在较大分歧和差距，群众意愿与党的指导思想及方针政策之间还很难达到完全吻合、有机统一。

三、弘扬“沂蒙精神”，牢记宗旨、多措并举践行群众路线

新时代下，“沂蒙精神”对我们坚定理想信念、执政为民、密切联系群众有积极作用，要在坚持群众路线中体现“沂蒙精神”。群众路线是党处理和对待党群干群关系问题的根本态度和领导方法。“一切为了群众，一切依靠群众，从群众中来，到群众中去。”这是党联系人民群众的正确途径和方

法，也是“沂蒙精神”的真实写照。

(一) 牢记宗旨意识，带着深厚感情做群众工作

“理论一经掌握群众，就会变成物质力量。”思想是行动的先导，只有牢固树立服务群众的信念，与群众建立深厚感情，才会得到群众的理解、信任和支持，一些涉及群众切身利益而又暂时无法解决的困难，群众就能体谅，矛盾就容易化解，问题就容易解决。“意莫高于爱民，行莫厚于乐民。”领导干部只有把自己的感情、利益和命运与老百姓紧密联系在一起，才能把群众的事情办好，才能更好地更有利地维护群众利益。领导干部对群众的感情越深，做好群众工作的自觉性就越强，就会真正站在群众利益的基点上想问题、作决策、办事情；就会自觉与群众结合，并由衷地产生责任感、使命感；就会时刻把群众的安危冷暖挂在心上，倾全力解决群众的困难；就会把群众的事情当成自己的分内事，把为民办事当成一种快乐、一种价值。

群众观的强弱，实质上是对群众的感情问题，是世界观和宗旨意识的问题。全心全意为人民服务的宗旨意识，是我们了解群众疾苦、解决实际问题的情感基础。对领导干部来说，对群众的感情，是衡量是否始终站在最广大人民群众的立场上的一把标尺。

(二) 明确工作导向，切实维护好群众的根本利益

一些领导干部反映工作难搞：征地拆迁难，接待上访难，就业安置难，社会稳定难等，这些都是客观实际情况，但是千难万难，根子就在于调节各种社会矛盾时，往往本末倒置，只注重以经济手段、行政手段和司法手段达到工作目标，忽视了运用群众工作手段，更没有从群众利益出发去考虑问题。只要我们把功夫下在做群众工作上，动之以情，晓之以理，依之以法，再大的难题也是可以克服的。

做好群众工作必须为民解忧，关心群众的衣食住行，解决他们的具体困难，这是做好群众工作最起码的要求。在此基础上，加快经济社会发展，

更多地满足群众经济、政治、文化和生态等各方面的合理需求，同时关注民生、维护民利，确保群众生活质量进一步提高，民主权利进一步保障，确保社会的公平正义。

做好群众工作还要与时俱进。当前群众的生存条件、生活方式、思想观念发生了很大变化，群众的需求也在不断调整、变化。要把群众工作做到实处、抓出实效，就要与时俱进，研究并适应这种需求的变化，认真解决满足需求与引导需求这个矛盾，鼓励群众不断进步。要关注群众的全面利益诉求。群众工作还不能仅仅停留在解决群众生活困难这个层面上，还必须更多地关注群众的经济、政治、文化、生态等各方面的利益。

（三）转变工作作风，努力树立领导干部良好的形象

群众对党委、政府的印象怎么样，关键还是要看我们的领导干部怎么样。群众工作要加强，关键在领导干部作风要转变。

1. 做好群众工作必须继承优良传统

坚持群众路线，改进工作作风，要进一步密切党群干群关系，使党的群众路线的优良传统代代相传，领导干部要时刻做到以德修身、以德服众，做道德修养的表率。孔子曾以“修己以安百姓”为官德的基本标准，为此，我们要始终做到公正清廉、恪尽职守、勤政爱民，正确处理好权力与责任、权利与义务的关系，做到亲民、爱民、为民、富民、安民。

2. 做好群众工作必须砥砺精神

廉洁自律是我们党一贯倡导的优良传统和作风，是领导干部必须具备的优良品格，也是加强党的建设、克服消极因素的重要举措。作为领导干部，必须做到严于律己、淡泊名利、无私奉献、一身正气、两袖清风，坚决抵制各种歪风邪气。坚持不懈地加强党性修养，培养高尚的道德情操，做到心怀坦荡、志存高远，团结广大党员群众，共同开拓群众工作新局面。

3. 做好群众工作必须严格自律

全心全意为人民服务，并不是高不可及的理想，而是可以身体力行的

具体行动。对领导干部来说，对群众有没有真情实感，是不是真心实意地为群众办事，完全可以作为检验我们宗旨意识是否牢固的唯一标准。群众对领导干部总是听其言观其行，领导干部的一言一行，一举一动都代表着党和政府的形象。只要不断加强自己的党性锻炼，努力提高党性修养，在工作、生活和学习中，时刻牢记全心全意为人民服务的宗旨，强化自身宗旨意识，自觉在与群众的接触中树立良好的形象，就一定可以做好群众工作。

（四）精通政策理论，着力提高群众工作的能力水平

既然党的政策深得民心，为什么党群干群关系仍然存在这样或那样的问题呢？问题还是出在群众工作薄弱上。由于群众工作没有跟进，在土地征用、房屋拆迁、企业改制、困难救助等方面，引发或激化的矛盾还不少。群众工作一方面要抓惠民政策不折不扣地落实，一方面要大力倡导工作重心下移，机关干部下沉，切实加强群众工作，好政策加上强有力的群众工作，才会产生巨大收效和积极的社会影响。

坚持群众路线，做好群众工作，是我们党的优良传统。在解决群众生产生活困难中，必须做到讲政策，用政策教育群众，在政策和法律的范围内解决问题。对待工作中遇到的新情况，努力做到用发展的理念、改革的办法、创新的精神来解决问题。对待法律、法规和各项规章制度，做到“以制度管人”“按程序办事”，减少随意性。

从干部到群众，从城区居民到乡村农民，大家谈起党的惠民政策时无不喜形于色，从中可以看出，政策已经深得民心，群众对党和政府的拥护发自内心。近些年来，国家加大政策扶持力度，不少农村遗留问题得到逐步化解，农民心情变得更加舒畅，新农村建设带来了路通、电通、水通、教育免费、新合作医疗等种种新变化。在城市社区，居民谈得最多的是社会保障带来的种种实惠，上学小班额化、就业有保障、社区医院看病方便等，这都是党的政策带来的积极效应。

（五）创新方式方法，不断增强群众工作的实际效能

做好群众工作，过去行之有效的好传统、好办法要坚持，更重要的是要适应新情况，不断探索新的方式、方法、手段和机制。要力求做到生动活泼，群众喜闻乐见，切忌形式主义、教条主义，切忌简单生硬，搞“一刀切”。

群众中蕴藏着丰富的教育资源，群众工作必须讲求春风化雨，润物无声，耐心细致，潜移默化。对群众在实践中形成和表现出来的好思想、好品德，对基层创造的新鲜经验和好的做法，要及时总结推广，使群众工作提高时效性，扩大覆盖面，增强影响力。领导干部要从小处着眼、把握全局，时刻把群众满意不满意、高兴不高兴、答应不答应作为工作的最高标准，自觉把群众意愿作为“第一信号”，把群众富裕作为“第一目标”，把群众难题作为“第一抓手”。据信访部门统计，信访事件中80%以上反映的是改革和发展过程中的问题；80%以上有道理或有一定实际困难和问题应予解决；80%以上可以通过各级党委、政府的努力加以解决；80%以上是基层应该解决也可以解决的问题。这“四个80%”说明，不能简单地把上访群众归之为无理取闹，大部分人还是因为自身利益受到侵害而又没有得到及时解决，才走上信访之路的。要深入开展大排查、大下访、大回访、大调解，并使之经常化、制度化、规范化。这些制度落实了，各种矛盾纠纷完全可以在基层早发现、早控制、早解决。改革发展稳定工作实际上就是做群众工作，各级党委、政府的主要职责归根结底就是做群众工作，只有群众问题解决了，社会情绪理顺了，改革才有动力，发展才有环境，稳定才有保障。

领导干部既要敏锐地体察群众的需要，尊重群众的意愿，又要努力在推进科学发展的实践中不断满足群众的需要，使两者有机统一起来。领导干部要养成集思广益的民主习惯，运用民主的方法，这是我们党的群众观点、坚持执政为民的根本制度保证。领导干部要利用新的工具和方法主动、

善于应对各种媒体，把应对媒体作为自己的重要职责，作为赢得群众信任、理解和支持的重要手段和工具。党和政府化解矛盾的各项努力，公众诉求的顺畅表达，民意民智的不断汇集，都少不了媒体这个渠道。善用媒体，是一种智慧、一种自信，也是体现领导水平的一大平台。

（六）整合社会资源，加快形成群众工作的强大合力

一是要发挥社会组织的作用。随着我国市场经济体制改革的深入推进，我国社会转型向纵深发展，社会利益趋于多样化，不同经济主体的具体利益诉求日趋个性化、复杂化，形成不同的社会组织。近年来，社会组织在保护群众利益、反映基层群众诉求、管理基层事物、组织群众参与政治等方面，发挥了积极作用。因此，在化解利益矛盾和冲突时，应广泛吸纳社会组织和公众参与，充分调动一切积极因素做好群众工作。

二是要发挥协会、学会等社会中介组织的作用，使其逐步成为党和政府开展群众工作的新生力量和有力助手。要充分发挥工会、共青团、妇联等群众团体和人大代表、政协委员联系群众的优势，鼓励他们积极主动、创造性地开展群众工作。要充分发挥社区、村等基层自治组织的作用，引导其通过依法自治活动，解决群众身边的实际问题。要进一步畅通群众参与决策的渠道，通过调研、座谈、咨询、听证等形式，形成集中民意和民智的长效机制。要进一步整合群众工作资源，形成加强群众工作的社会合力。

（七）坚持立足实际，努力增强群众工作的针对性

在改革开放不断深化和社会主义市场经济进一步发展的背景下，新情况、新问题、新矛盾不断涌现，人民群众的各种利益关系纵横交错，给做好群众工作带来了许多新的挑战。立足实际，做好群众工作必须注意把握情、理、法三个关键点。

所谓情，就是对群众要有感情。中国共产党的性质和宗旨决定了各级领导干部必须对群众怀有深厚的感情。只有有了这种感情，才能在群众工

作中有一个正确的态度，那就是全心全意为人民服务的态度、和蔼可亲的态度、及时解决问题的态度、公平公正的态度，这就是做好群众工作的前提和基础。

所谓理，就是要以理服人，以理相待。俗话说，“有理走遍天下，无理寸步难行”。做群众工作不仅要动之以情，更要晓之以理。大道理要讲清楚，小道理要说明白。群众最服的就是理，而不是权，群众最怕的是理，而不是官，这就是领导干部做群众工作必须明白的“理”。我们办每一件事、做每一项工作时，应首先把其中的道理对群众讲清楚、说明白，这样思想就能够形成统一，我们的工作才能顺畅，群众才能满意。

所谓法，就是依法行政，按章办事。依法治国是党领导人民治理国家的基本方略，而依法行政是依法治国的基础。依法行政、按章办事，既是确保国家长治久安的法宝，又是维护广大人民群众根本利益的有效手段。近年来，国家不断健全、完善法律法规，特别是在依法行政方面，如《行政处罚法》《公务员法》《政府信息公开条例》《行政复议法》等，为依法行政打下了良好的基础。

（八）重在落实、贵在坚持，认真贯彻党的群众路线教育实践活动

服务群众重在落实，也就是提高执行力，否则只能是空谈。习近平同志一再强调：“空谈误国，实干兴邦。”李克强同志也指出：“喊破嗓子不如甩开膀子。”要切实为群众干成事，干好事，不出事。服务群众的好方法和好措施，不能说在嘴上、写在纸上、挂在墙上，要“撸起袖子加油干”。有人说万事开头难，其实万事开头并不难，难的是坚持。水滴石穿，绳锯木断，就是坚持的力量。正所谓：“合抱之木，生于毫末；九层之台，起于垒土；千里之行，始于足下。”

总之，贯彻党的十九大精神，我们要继承和发扬“沂蒙精神”，坚持以人民为中心，牢记服务宗旨，把党的群众路线落实到治国理政全部活动之中，把人民群众对美好生活的向往作为奋斗目标，才能依靠人民群众创造

历史伟业！

参考文献：

[1] 马克思，恩格斯．马克思恩格斯选集：第三卷[M]．北京：人民出版社，1995.

[2] 毛泽东．毛泽东选集：第一卷[M]．北京：人民出版社，1991.

[3] 习近平．决胜全面建成小康社会 夺取新时代中国特色社会主义伟大胜利[R]．2017－10－18.

[4] 徐东升，等．基于沂蒙精神育人的社会主义核心价值观教育研究[M]．济南：山东人民出版社，2015.

[5] 李敬华．沂蒙精神及其时代价值研究[D]．济南：山东大学，2009.

[6] 孙海英．沂蒙早期党组织对实践马克思主义群众观的探索及启示[J]．学海，2017（6）：13.

（作者简介：刘长利，男，中共济宁市委党校讲师）

沂蒙抗日根据地县长的施政要务与历史成效

孙健伟

“中共革命何以成功”，这一历史议题始终是学界竞相研讨的学术焦点。近年来，针对这一问题的微观和区域研究勃然兴起。众所周知，中共力量的从弱到强、中共革命的从低潮到胜利，非常值得学界探讨，但对于领导中共革命的组织力量，特别是基层社会的干部队伍尤为值得研究。本文拟从沂蒙抗日根据地的县长出发，对战时中共县长的施政要务进行剖析，希冀为中共革命的成功提供一个合理的注脚，亦为当下的县级干部队伍建设提供一个真实的历史样本。

一、 根据地县长的产生方式

抗战时期，山东抗日根据地的党、政、军、群等首脑机关长期驻扎沂蒙山区。“沂蒙抗日根据地的创建，是鲁中区也是山东抗日根据地创建之开始。”[1]1939 年 5 月 19 日，中央书记处针对山东工作明确指出：“在政权问题上，应认识八路军部队或地方游击队，如无政权则绝不能发展巩固与建立根据地。因此，已得的政权不应放弃，并还应努力争取新的县区政权。”[2]在中共中央山东分局、山东省战时工作推行委员会（简称山东省战工会）的领导下，沂蒙抗日根据地的县区政权迅速发展起来。在县级抗日民主政权的建构中，选举和任命县长是其重要内容之一。

在沂蒙抗日根据地，县级政权在建设之初往往是通过设立县级办事处或者建立各界救国联合会（简称各救会）等形式进行的。办事处是临时性的县级行政机关，行使县级抗日民主政府之职权，其实质上等同于县级政府。在体制任用上，办事处和各救会实行主任制和会长制，而主任及会长的产生大多由上级党委委派或任命。1940 年 1 月，郯城县抗日民主政府成立后，为了进一步开辟苍（山）马（陵山）一带的抗日活动，山东分局于 1940 年 7 月成立了苍马办事处，成立后的苍马办事处由刘白涛担任。据他自己回忆称："我受党的委派，离开部队来到苍马办事处，任苍马办事处主任和工委书记。"[3] 1942 年春，为了重新开辟郯马地区，领导郯城境内的抗日斗争和政权建设，马陵办事处宣告成立，办事处主任由傅伯达担任，他也是通过上级委派任命的。[4] 除此之外，各县建立起来的各救会，如莒南县各界抗日救国联合会等，虽然是地方的群团组织，但它在县级党委的领导下，已经是具备了半政权性质的行政机关。可以看出，在县级抗日民主政府成立之前，各救会及县办事处的负责人，基本上由上级党委任命产生。这种委派任命的方式，满足了战时环境下建设县级抗日民主政权的需要。

1940 年，山东省临时参议会通过了《山东省战时县区乡村各级政府组织条例》，明文规定"县政府为代表全县抗日人民之抗日民主政府，为实行地方自治之领导机关"，"县政府设县长一人，由县参议会在县政委员中选举之"。[5] 1940 年之后，根据地县长的产生方式逐渐转变为民主选举。在沂蒙抗日根据地，各县参议会的成立和县长的产生基本上同步。程序大体为：组织成立县参议会，之后在成立大会上选举县政委员会成员，进而选举产生抗日民主政府县长、劳动模范等。在县长产生之前，县参议会通常要对县长候选人进行热烈的讨论，最终由全体参议员举手表决、选举通过。例如，1940 年 3 月 22 日，沂水县各界参议员 87 人，来宾 30 余人，在中共中央山东分局代表的主持下，沂水县临时参议会正式宣告成立。县参议会成立之后，随即选举成立了县政委员会，并推选县政委员会成员江海涛为沂水县长。[6]1944 年 5 月 23 日，沂南县参议会正式成立，朱亦楷、刘翔欧分别担任正、副参议长。紧接着，由县参议会推举选出县政委员会何方宏、张学春等七人，大会一致推选了为沂南抗日救国运动做出巨大贡献的何方宏为沂南县长。[7]经由县参议会这一民主体制，沂蒙各县县长在民主选举的程序中产生就职，他们的具体任职时间如下表所示：

沂蒙抗日根据地各县县长的入党时间及任职时间

县别	县长	入党时间	任职时间
郯城县	傅伯达	1938 年	1942. 4 – 1943. 9 1944. 4 – 1948. 12
费县	韩文一	1938 年	1940. 2 – 1940. 6
蒙阴县	杨荆石	1939 年	1940. 7 – 1942. 4
莒南县	王东年	1937 年	1941. 1 – 1943. 8
莒县	谢辉	1938 年	1940. 3 – 1940. 12
赣榆县	朱明远	1947 年	1940. 11 – 1946. 5
临沭县	刘白涛	1938 年 10 月	1940. 7 – 1943. 10
沭水县	王子虹	1939 年 3 月	1941. 6 – 1945. 8
临沂县	丁梦孙	1937 年 9 月	1940. 4 – 1941. 4

县别	县长	入党时间	任职时间
日照县	刘鸿若	1938 年 10 月	1940. 3 – 1941. 4 1943. 5 – 1945. 4
沂水县	江海涛	1939 年 1 月	1940. 3 – 1940. 11
	李贯一	1938 年 5 月	1940. 11 – 1945. 8
莒中县	卞子策	1938 年 11 月	1941. 8 – 1942. 11
沂源县	岳洪春	1938 年 9 月	1944. 5 – 1945. 8
海陵县	蔡放	1938 年 3 月	1942. 3 – 1944. 6
沂东县	袁子扬	1937 年 4 月	1942. 12 – 1949. 7
沂南县	何方宏	1938 年 2 月	1939. 12 – 1945. 8
莒临边县	薛翰亭	1938 年 8 月	1942. 10 – 1945. 8
临郯费峄边联县	狄井芗	1938 年 6 月	1941. 3 – 1941. 12

资料来源：根据相关地区县志资料整理而成。

抗战时期，外国记者斯诺在到访延安之后曾言及：“通过了自治参议会和他们群众组织的独一无二的制度，把全部人口都团结于作战的努力。”[8]正是中国共产党创建的自治参议会、“三三制”等民主制度，使得根据地民众在中共的组织号召下，表现出了比较浓厚的政治兴趣，也提升了他们自身的政治参与度。反之亦如此，根据地县长在县参议会上经过民主选举，得到了根据地民众认可之后，自然也会在战时的复杂环境中努力做好县域的具体工作。

二、 根据地县长的施政要务

任何一个政策方针的计划和实施，都需要党的干部去执行。“在正确的政治路线确定提出之后，组织工作就决定一切，其中也决定政治路线本身的命运，即决定它的实现或失败”。[9] 作为联系中国共产党与人民群众的基层一线干部，根据地县长不仅要贯彻执行党的政策决议，也要发动和领导群众搞好县域的各项具体工作。

（一）以政务运行为中心的行政事务工作

1939 年 7 月 6 日，中共中央山东分局书记朱瑞起草了《关于山东今后工作意见》，明确提出要“委任或民选新县长，颁布施行方针，改造村区政权，团结同情者，组织地方武装”。[10] 就县长的行政工作而言，颁布施政计划方针、汇报政务工作和建立健全行政会议制度是其主要内容。

沂蒙抗日根据地各县的施政计划方针以《山东省战时施政纲领》[11] 为依据，并结合本县的实际情况，由县参议会通过，以县长的名义发布实施。1940 年 3 月 18 日，民选日照县长刘鸿若发布了政府《布告》，“第一抗战建国，大家团结一致；第二救国公粮，负担公平合理；第三苛捐杂税，从今依法废除；第四努力生产，设法增产节约；第五抗日团体，务必踊跃参加；第六人权财权，一律保障安全；第七文化教育，发展抗日小学；第八抗日军队，需要发展壮大”，“特先宣布八项，赠我同胞悉知”。[12] 以县长名义公布的施政方针或政府布告，实质上是中共抗战救国方针的总体延续，它以顺口溜式的话语模式让基层民众知道他们“有了自己的县长来领导大家抗战”。[13]

汇报本县行政事务工作，是根据地县级政府工作方法的重要体现，主要分为向本县参议会汇报和向上级专署汇报两种方式。县参议会为代表本县之民意机关，具备“选举该级政府各长官及委员与司法行政人员”“决议该政府各施政方针”“决议行政机关及民众团体提交审议事项”[14]等职权。因此，县长作为县级行政机关的首脑，对县参议会做政府工作报告，既是必需之程序，亦是分内之责任。对上级行政专署的总结报告，也是县长极为重要的行政职责，这也是上级政府及时了解县区工作动态的重要途径。对此，山东分局有着较为严格的规定，“县政府每月向专署作书面报告一次，报告要写两份，一存专署，一由专署签注指示意见后转其上级（如有主任公署，则需要三份书面报告，专署存一份，转呈两份），时间为次月十日以前”。[15]总而言之，汇报政务工作，既是县长对县域工作的概括总结，又是听取上级机关、民意机关指示建议的重要途径。

与此同时，建立健全战时县域的行政会议制度，也是根据地县长的重要职责所在。县级会议制度主要包括县行政会议和其他各项专门会议。县行政会议，是讨论本县经济、社会发展和斗争形势的重要会议，一般如财政、文教、统战、战备动员等工作都要放到县行政会议上进行讨论与决策。除此之外，县级政府也会定期召开其他各项专门会议，如“各县每一个月召集各区粮秣会议”[16]“优待抗日军人家属委员会每月开全体委员会会议一次”[17]等。

（二）以备战备荒为任务的生产建设工作

战争环境下，如何提高人民群众的生产积极性以服务抗战大业，是每位县长面临的首要任务。1940 年 11 月，山东省战工会颁布了《减租减息暂行条例》，明文指出：“地主之土地收入，一律照原租额减少五分之一；钱主之利息收入，年利率一律不得超过一分五厘。”[18]之后，沂蒙抗日根据地各县陆续进行了减租减息实验。

莒南县作为实验县，由山东分局直接领导。莒南县长王东年等县政府干部积极广泛地发动群众，宣传党的土地政策和开展减租减息运动。首先，依靠贫农、中农、雇农，加强对他们的阶级教育，提高他们的政治觉悟；其次，对于拥护减租减息的地主，由农民和地主双方订约，共同服务抗战，而对于不拥护的地主，县长王东年发起“说理会”，由农民和地主当面进行辩论；最后，县长王东年对症下药，针对所辖筵宾区青黄不接、粮食短缺的问题，他发起了“借粮运动”。当时的莒南大店区是封建势力的聚集区，号称有“72 家堂号的地主群”，县长王东年创造性地发明了“拔地运动”，[19]即发动农民集会，派出代表与地主谈判，要求租地。以“双减”运动为主线，沂蒙各县的大生产运动也轰轰烈烈地开展起来。

1942—1943 年，日寇对根据地进行“大扫荡”，实行惨绝人寰的“三光”政策，沂蒙抗日根据地也因此遭受重创。此时，临沭县长刘白涛带领全县人民，“一手端枪打仗，一手端锄生产”。他亲自率领县区武装包围袭扰日军据点，掩护群众抢种抢收。为了发展生产，保障战备供应，他带领县政府等干部带头种粮种菜、养猪养鸡。此举措是县长刘白涛亲自带头实施的，在他看来，带头实现政府机关的半供给状态，可以为前线的物资供应贡献一份力量。为了进一步发展根据地的经济，县长刘白涛亲自勘察地形、开荒种植。他把全体政府工作人员组织起来，分十人一组进行拉犁开垦。此外，他还主持开办了织布、榨油、扎花等生产合作社、消费合作社，开合作商店等。在县长刘白涛的领导下，临沭县的生产建设工作如火如荼地开展起来。据统计，1942 年临沭县在开荒、整井、筑堤、种植等生产建设方面取得了良好的成就，具体情况如下表：

1942 年临沭县生产建设情况表[20]

开垦荒地	官荒	294 亩	熟荒	210 亩
整井灌浇	井数	16 井	\	\
筑堤开渠	起止地点	八里庄至沈马庄	覆盖田地	600 亩
播种棉花	播种亩数	423 亩	\	\
植树造林	公共植树	29 560 棵	私人植树	21 070 棵

总之，根据地县长在根据地生产建设方面的贡献，正如后来山东省政府主席黎玉指出的那样："我们一定要相信，凡是有工作、有战斗、有生产的地方，一定有模范、有英雄。"[21] 毋庸置疑，沂蒙抗日根据地的县长正是生产建设运动中的模范和英雄。

（三）以县域调控为目标的社会治理工作

在硝烟四起的战争环境中，沂蒙抗日根据地的县长不仅要搞好行政、建设工作，还要担负起复杂多变、较为棘手的社会治理工作。从客观情况来看，抗战初期的沂蒙地区被日军侵略占领，汉奸、特务的破坏行动十分猖獗，加之沂蒙地区以山区为多，土匪、会道门等势力的存在也由来已久。据记载，"国民党日照县长张希周、诸城县长梁钟亭、莒县县长许树声、郯城县长阎丽天等，均拥兵压榨民众之血汗"，"土匪李行修等在日照聚匪盘踞一方，地方势力派如姜丽川等亦拉起了部队自行其是"，"政府、土匪、地方势力派形成三角斗争"。[22] 因此，如何有效完成党的锄奸保卫、治匪平乱的工作，是沂蒙各县县长的一个重要使命。

在实际工作过程中，根据地县长往往会机智对待、灵活处理。比如，对待破坏抗日、蓄意制造惨案的土匪等顽固势力，他们会采用坚决打击消灭的办法；而对待有抗日意向的会道门等势力，他们则会采取合作拉拢的统战策略。1943 年，随着斗争形势的逐渐好转，郯城县长傅伯达为稳定县境社会治安，相继带领队伍"在苍山县的坊前消灭了制造横山惨案的顽匪李子赢"，"秋天，又在费县柱子消灭了盘踞鲁南三十多年的惯匪刘黑七"，"还在天井汪消灭了顽匪刘国桢"。[23] 莒中县农民为反抗政府压迫自发组织了带有会道门性质的"金钟罩"。莒中县长艾光楼及后任县长卞子策等人打入这个组织，积极利用农民办会的形式宣传抗日、发动群众、组织武装。在艾光楼等人的宣传动员下，莒中县所属各村以会员为骨干，组织起了自卫队，有的村甚至建立起党小组、党支部。沂蒙各县县长针对汉奸、土匪、会道门等地方势力的治理工作，有效地稳定了县域社会秩序。他们在这一工作中的斗智斗勇，也显示出他们在战争年代高度灵活的政治策略。

（四）以拥军参军为己任的武装动员工作

战争条件下的动员工作，是为战争而服务的。积极组织当地民众拥军参军，是根据地县长的经常性事务。1940 年以后，沂蒙抗日根据地各县掀起了轰轰烈烈的参军运动。在落实群众参军工作之初，抗日民主政府一般会“运用人事关系扩军的办法，如莒县曾派张子亮、王玉波、卞子策等人从事扩军工作；临沭由政府委派石涵九等人专做扩军工作”。[24]在政府组织机构上，县级政府设立武装科，重点负责当地群众的入伍参军工作。在动员群众入伍参军的实际工作中，沂蒙各县县长往往亲力亲为，不仅成效显著，而且感人至深。沭水县长王子虹在参军工作中热心动员、亲自上阵，他为参军新战士戴花、牵马，冒着大雪给入伍青年抬花轿。“披红戴花骑大马，参军卫国保家乡”，县长王子虹为参军青年抬轿牵马的事迹，也在山东抗日根据地传为一段佳话。

除动员群众参加抗战外，县长也会以身作则、身体力行，将自己的家人动员起来。在沂蒙抗日根据地，有一位被民众誉为“庄户县长”的杨荆石（蒙阴县长），早在抗战之初，就积极动员自己的妻子、儿子、女儿参加革命，甚至刚刚出生的小儿子也驮在马背上，随他四处奔波。其后，他又先后动员自己的亲属加入革命队伍，因而被民众赞誉为“杨家将”。在保家卫国的抗战环境中，根据地县长身上体现出来的家国为先、丹心报国的人生事迹，为中共获得民心、取得民众支持烙上了一种特殊的价值符号。据记载，从 1939—1941 年春，在中共“扩大主力，补充主力”的动员号召下，沂蒙抗日根据地各县“共计创造了 8 000 多人的武装”。[25]这一数字的取得，足以说明县长在战备动员工作上的辛勤与努力。

（五）以维护公平为主旨的司法审判工作

抗战时期，沂蒙山区作为经济文化落后的地区，人民群众的文化水平普遍较低。党政干部中也十分缺乏司法工作人员，故而，根据地各县的司法机关并没有普遍建立起来。针对此种情况，山东省战工会于1942年5月“遂训令各行政区、各专署、各县府尽可能建立司法机构。如因干部缺乏，也须在各级政府内设司法科；如设科也不可能，最低限度也要在第一科内派定专人负责司法工作”。[26]此后，各县政府纷纷成立司法科，根据地县长一般会亲自兼理司法审判工作。“莒南县于1941年3月成立承审处，后因负责人孟乐天因病去职，案件由县长兼理，直至1942年10月正式成立司法科”，“日照县由县长或秘书兼理”，“此外，莒临边、马陵办事处（郯城）以系游击区的工作，无专设司法科，案件即由县长兼理”。[27]

日照县政府一九四五年司法工作全年总结统计表[28]

案别 数目 处理	民事								刑事								
	婚姻	土地	山地	宅基	继承	租佃	债务	合计	贪污	盗窃	杀人	伤害	赌博	鸦片	土匪	汉奸	合计
判决	5						1	6	18	12	4	13	74	24		246	391
调解	14	3	2	3	4	6	9	41									
撤销									2			3					5
转送										3					3		6
未结									1	1	2	3		3			10
合计	19	3	2	3	4	6	10	47	21	16	6	19	74	27	3	246	412

上表鲜明地反映出，在抗战的大环境中，县长兼理之下的司法工作会呈现出一定的特殊性。战争环境下必然要对基层社会中的汉奸、土匪等施以专政，因此，在刑事案件中以审判汉奸、土匪等居多。而基层社会中复杂的人事生态和千百年来的宗法传统，体现在民事案件中又多以调解的处理方式为主。众所周知，中国几千年来的乡土社会是一个充满着“礼治秩序”的格局。“尚礼而无讼”是中国乡土社会所向往的一种理想秩序。“一个负责地方秩序的父母官，维持礼治秩序的理想手段是教化，而不是折狱。”[29]基于此，根据地县长在领导司法工作中，在所辖各区纷纷倡导建立了调解委员会。成立后的调解委员会在稳定社会秩序中发挥着不可替代的

重要作用。“临沭县自1942年3月至12月十个月中，受理民事案件250件，除未结7件外，调解成立的即达181件；刑事案件296件，除未结6件外，经调解撤销者亦达213件”。[30]通过司法调解，不仅可以有效化解基层社会中的民事纠纷，而且可以节省人力、时间，将更多的精力投入到抗战御敌和生产建设上。也正如美国学者乔尔・S・米格代尔所言：“只有在法院统治区域得到扩张从而使得国家的社会控制不断增长的情况下，才使得动员民众为一支标准化军队和其他任务提供人力和财政成为可能。”[31]

四、 根据地县长施政的历史成效

“中国共产党是在一个几万万人的大民族中领导伟大革命斗争的党，没有多数才德兼备的领导干部，是不能完成其历史任务的。”[32]县长，作为中共革命中的基层干部，其在抗日战争中的重要作用是不言而喻的。“延安五老”之一的谢觉哉曾对不同等级的干部给予这样的评论：“区长乡长更接近民众，然范围和权力较小，省长厅长总其大成虽有余，深入实际常不足。所以自来‘循吏’‘能吏’，都是县长；著名的有创制成绩的政治家，大都是‘起家州县’；后来的成就，由做州县时累积而来。”[33]由此审视沂蒙抗日根据地的县长群体，他们的历史地位和作用也值得重新思考和认知。

（一）县长是县域工作的指挥者和县境安全的保卫者

战时环境下，根据地县长的政务工作极其繁忙，他们经常开展工作中的具体实践，包括生产劳动、群众动员、武装保卫等一线工作。沂蒙抗日根据地“各县县长及干部大都能主动到区村去帮助工作，莒南、临沭、赣榆、沭水等县政府干部都能走一村做一村，各县也能按步骤耐心深入调查研究，开会来解决问题”。[34]干部作为一个政党政权的必需要素，也是一个政党组织在地方的代表和化身。根据地县长亲身参与、亲临一线的工作实践和亲民态度，成就了他们名副其实的指挥者的称号。与此同时，抵御伪寇、撤退转移也是根据地县长的经常性事务。因而，他们也肩负着保卫县境安全的重要职责。许多县的武装力量往往由县长亲自领导，如郯城县长傅伯达兼任县大队队长，他领导的县大队武装，及时稳定县境的安全秩序，他的英勇事迹也使其被当地民众赋予了“传奇县长”的美名。1944 年，《郯城通讯》曾这样描述一名共产党员应有的作为，即“不怕任何困难完成党交的任务的精神、艰苦卓绝黑白拼干的工作作风”。[35] 毫无疑问，根据地县长身上体现出来的指挥者和保卫者的工作角色，深刻诠释了这种共产党员的“应有作为”。

（二）县长是基层社会权力主体变迁的促推者

传统中国的基层社会治理并非处于“权力真空”的状态，实际上在县级政权以下依然存在着一些非正式的权力控制体系。这种非正式的权力控制体系往往以乡绅为主体而进行自我管理和运行。乡绅，多半出自较有权威的大户人家或知识分子。清末以来，中国基层社会逐渐呈现出政治民主化的趋向，但民主政治的实质并没有达到，相反，基层社会的权力主体——乡绅也进一步被合法化、体制化。抗战时期，在中共的领导下，基层社会的权力主体发生了深刻的变革，中共县长则是基层权力主体变迁的促推者。众所周知，根据地县长的产生，是由县参议会选举任命的，而县参议员大多是农民出身。由农民参议员选出自己的县长，使得一向偏离于权力中心之外的农民亲身体验到了民主自治的优越感。在选举县长的过程中，许多农民出身的参议员亲身体验到了当家做主的喜悦和自豪。“我没寻思到还能活到今天这个样”，“过去咱这样的上不了大场面，今天咱也说话了”，[36] 这些简单朴实的话语蕴含着迥然不同的社会变迁。可以看出，这种民选县长的群众性自治运动，不仅打破了乡绅自治的权力体制，而且极大地调动了群众的政治热情。当然，基层权力主体的变更不仅只局限于选举自治之上，在实际的工作中，根据地县长为人民服务的执政理念和亲力亲为的工作方式，对于普通民众来说，也承载了特殊的意义和象征。当民众表达出“我们的好县长”“找县长去”等话语的时候，不仅意味着他们的利益诉求得到了保证，更重要的是他们体验到了一种久违的政治参与感和当家做主的优越感。事实证明，在根据地县长的积极促推之下，基层社会的权力主体悄然改变。

（三）县长是根据地乡村建设的重要参与者

“干部决定一切。”中共一向注重自己的干部队伍建设，县长是干部梯队上的重要一环。对于身处基层一线的根据地县长来说，他们不仅仅是一支革命的力量，更是建设中的力量。抗战时期，刘少奇曾形象地指出：“根据地就是地盘，地能生万物。没有人有人，没有枪有枪，没有粮有粮。”[37]中共领导下的抗日根据地在战时大多位于乡村地区，因此，根据地乡村建设的好坏直接关乎根据地发展的成败。在此过程中，沂蒙抗日根据地的县长经常置身前线建设，生产劳作、开垦荒地、兴修水利、发展商业贸易、创办合作社等。这不仅使得根据地民众的生活得到了改善，而且使得乡村建设也轰轰烈烈地开展起来。为此，当地许多民众自发编唱出顺口溜，来歌颂他们的“好县长”。如临沭县长刘白涛，在全县的大生产运动中，带头开荒种地、打井种菜。当地群众编唱了歌颂他的顺口溜：“县长带领打水井，浑身泥巴他不嫌。全体同志跟他干，赤脚下水不觉寒。领导带头干劲足，打成深井好浇田……食堂生活改善好，都夸县长不平凡。抗战意志更坚定，打不倒日本不算完。”总而言之，县长埋头苦干的精神、贴近实际的朴实作风，以及积极工作的忠诚态度，着实是中共革命与建设中不可忽视的重要因素。

（四）根据地县长施政中的历史局限

抗战时期，中共在总结沂蒙抗日根据地政权建设的报告中，曾提及沂蒙山区“民情风俗各地不一，落后习俗依旧蔓延”，“党派团体中国民党团体互相倾轧、争权夺势”，“封建团体中有日照万仙会、三番子、圣贤道、无极道等，大部分与敌人有勾结，或与反民主势力协调，反对我民主政权”。[38]因此，在这样的社会政治生态中，根据地县长虽然尽职尽责，但在基层社会反动势力、落后习俗的渗透之下，仍然会出现一些干部“迷失方向、放纵自我”的现象。郯城抗日民主政府第一任县长翟新亚擅长统战工作，沟通协调能力较强。加之郯城地处鲁南苏北交接地带，特务、土匪、伪军等反动势力鱼龙混杂。就任县长之后，翟新亚忘却了自身职责，以统战之名，与当地的地主、资本家混在一起，甚至吸麻烟，最后被罗荣桓撤职查办。这一反面案例深刻地说明根据地县长的政治觉悟这一“总开关”需要始终拧紧，而不可放松。

从县长的具体工作中也可以看出，党的一些政策方针在实践中得不到合理的贯彻甚至偏航。政策执行过程中错误的出现，其根源在于领导干部对政策的模糊认识。例如，在沂蒙抗日根据地的减租减息和民主选举运动中，部分县在政策执行上出现了过“左”的不良现象。“有些干部表现得安然无事，认为过分剥削地主、限制富农发展是理所应当的”，“在选举的资格上过分强调其对抗战民主的表现，认为某些人对抗战民主的态度不积极，即不符合被选的标准，使其得不到参加政府的机会”。[39]这充分说明，一些党政干部不能从现实的具体问题上体悟政策方针的原则性，只是根据自己的所谓经验去执行。这种模糊的政策意识和“经验主义”都大大地影响了政策的贯彻执行。如果从抗战的大背景去考量，中共干部队伍中出现的反面案例和政策执行不当等现象，也鲜明地凸显了战时中共面临的一个问题：在一个硝烟四起、匪患不断、落后习俗盛行的旧社会里，复杂多变的基层样态必然会对中共革命产生一定的阻力。正如学者黄道炫所言：“革命的张力不可能无限制地伸展，夺取政权是革命的既定目标，但当年这样的目标事实上还很难企及。”[40]中共革命在乡村社会的实践，依然会面临着诸多难以预料的客观情状。无论是党内部的干部队伍问题，抑或恶劣复杂的外部环境，在一定程度上限制着革命的扩张。

结语

“政治路线确定之后，干部就是决定的因素。”[41]在革命的过程中，如果没有一支深入实际、组织群众、善于治事、勤于作为的地方干部队伍，其结果是不可想象、难以预料的。沂蒙抗日根据地的县长，作为地方干部中的重要群体，往往深入一线、踏足基层，其所处环境之纷繁复杂、所负任务之艰巨繁重，几乎超过了中国历史上的任何一个时期。正是他们贴近实际、贴近群众的县政实践，不仅为中共革命的成功注入了新的动力，而且为基层社会的改造与治理注入了新的活力。

参考文献：

［1］常连霆．罗舜初同志汇报鲁中区的工作［M］.1943年；中共山东省委党史研究室编．山东党的革命历史文献选编（1920－1949）：第5卷［M］．济南：山东人民出版社，2015：512.

［2］中央关于山东工作方针的指示［M］//山东省档案馆，山东社会科学院历史研究所．山东革命历史档案资料选编（1937.7—1940.7）：第4辑．济南：山东人民出版社，1982：70.

［3］《忆沂蒙》编写组．忆沂蒙：上［M］．济南：山东人民出版社，2014：227.

［4］山东省郯城县地方史志编纂委员会．郯城县志［M］．深圳：深圳特区出版社，2001：632.

［5］山东省战时县区乡村各级政府组织条例［M］//山东省档案馆，山东社会科学院历史研究所山东革命历史档案资料选编（1940.10—1941.5）：第6辑．济南：山东人民出版社，1982：26－27.

［6］七十万人民的胜利——沂水县参议会第一次大会缀拾［N］．大众

日报，1940－4－19.

［7］沂南沂中成立县参议会 民主选出两县县长 好多劳动模范当了参议员［N］．大众日报，1944－6－15.

［8］埃德加·斯诺著．为亚洲而战［M］．济南：新华出版社，1984：257.

［9］斯大林．斯大林选集：下卷［M］．北京：人民出版社，1979：343.

［10］关于山东今后工作意见［M］//山东省档案馆，山东社会科学院历史研究所．山东革命历史档案资料选编（1937.7—1940.7）：第4辑．济南：山东人民出版社，1982：80.

［11］《山东省战时施政纲领》于1940年8月7日颁布，主要有“拥护抗日民族统一战线”“实施民主政治”“改善人民生活”“开展群众性游击战争”等内容。参见山东省档案馆，山东社会科学院历史研究所．山东革命历史档案资料选编（1940.7—1940.9）：第5辑．济南：山东人民出版社，1982：133－136.

［12］日照市地方史志编纂委员会．日照市志［M］．济南：齐鲁书社，1994：805.

［13］民主光辉突破阴霾一角［N］．大众日报，1940－7－28.

［14］县各级参议会组织条例［M］//山东省档案馆，山东社会科学院历史研究所．山东革命历史档案资料选编（1940.10—1941.5）：第6辑．济南：山东人民出版社，1982：264.

［15］山东省战时工作推行委员会关于政权工作汇报的决定［M］//山东省档案馆，山东社会科学院历史研究所．山东革命历史档案资料选编（1940.10—1941.5）：第6辑．济南：山东人民出版社，1982：246.

［16］山东省战时工作推行委员会关于粮秣工作的决定［M］//山东省档案馆，山东社会科学院历史研究所．山东革命历史档案资料选编

(1940.10—1941.5)：第6辑．济南：山东人民出版社，1982：255.

［17］优待抗日军人家属委员会组织条例［M］//山东省档案馆，山东社会科学院历史研究所．山东革命历史档案资料选编（1940.10—1941.5）：第6辑．济南：山东人民出版社，1982：245－246.

［18］减租减息暂行条例［M］//山东省档案馆，山东社会科学院历史研究所．山东革命历史档案资料选编（1940.10—1941.5）：第6辑．济南：山东人民出版社，1982：64.

［19］王友明．革命与乡村解放区土地改革研究（1941—1948）［M］．上海：上海社会科学院出版社，2006：95.

［20］临沂市档案馆藏：《经建工作》（1942年），滨海专署，档号：0004－01－0001－006。

［21］民主思想 民主政策 民主作风——黎玉主任委员在山东省第二次行政会议上的总结报告［M］//山东省档案馆，山东社会科学院历史研究所．山东革命历史档案资料选编（1945.1—1945.5）：第14辑．济南：山东人民出版社，1984：74.

［22］临沂市档案馆藏：《武装工作》（1942年），滨海专署，档号：0004－01－0001－004。

［23］《忆沂蒙》编写组．忆沂蒙：下［M］．济南：山东人民出版社，2014：113.

［24］临沂市档案馆藏：《武装工作》（1942年），滨海专署，档号：0004－01－0001－004。

［25］临沂市档案馆藏：《武装工作》（1942年），滨海专署，档号：0004－01－0001－004。

［26］山东省第二次行政会议司法组总结报告［M］//山东省档案馆、山东社会科学院历史研究所．山东革命历史档案资料选编（1944.9—1944.12）：第13辑．济南：山东人民出版社，1983：317.

[27] 临沂市档案馆藏：《司法工作》（1942 年），滨海专署，档号：0004－01－0001－005。

[28] 临沂市档案馆藏：《日照县全年司法工作总结》（1945 年），滨海专署，档号：0004－01－0003－009。

[29] 费孝通．乡土中国 [M]．北京：人民出版社，2008：67.

[30] 临沂市档案馆藏：《司法工作》（1942 年），滨海专署，档号：0004－01－0001－005。

[31] 乔尔·S·米格代尔．强社会与弱国家 第三世界的国家社会关系及国家能力 [M]．张长东，等，译．南京：江苏人民出版社，2012：24.

[32] 毛泽东．毛泽东选集：第 2 卷 [M]．北京：人民出版社，1991：526.

[33] 谢觉哉．一得书 [M]．北京：人民出版社，1994：90.

[34] 临沂市档案馆藏：《民政工作》（1942 年），滨海专署，档号：0004－01－0001－007。

[35] 郯城县档案馆藏：《郯城通讯：共产党员应有的作为》（1944 年），县委全宗，档号：0001－1－1。

[36] 沂南沂中成立县参议会 民主选出两县县长 好多劳动模范当了参议员 [N]．大众日报．1944－6－15.

[37] 上海市新四军历史丛刊社．刘少奇百年诞辰纪念文集 [M]．上海：中共上海市委办公厅文印中心，1999：106.

[38] 临沂市档案馆藏：《滨海区政权工作总结》（1942 年），滨海专署，档号：0004－01－0001－008。

[39] 临沂市档案馆藏：《总结与检讨》（1942 年），滨海专署，档号：0004－01－0001－009。

[40] 黄道炫．张力与限界：中央苏区的革命（1933－1934）[M]．北京：社会科学文献出版社，2011：477－478.

[41] 毛泽东．毛泽东选集：第2卷［M］．北京：人民出版社，1991：526.

（作者简介：孙健伟，男，南开大学历史学院博士研究生）

传承沂蒙精神　提升基层党支部群众工作能力

王宜胜

习近平总书记在党的十九大报告中指出，党的基层组织是确保党的路线方针政策和决策部署贯彻落实的基础，要担负好组织群众、宣传群众、凝聚群众、服务群众的职责。学习宣传贯彻落实党的十九大精神，是全国400多万个基层党组织当前和今后一个时期首要的政治任务，在此过程中需要做的工作有很多，其中最基本的就是要做好组织群众、宣传群众、凝聚群众、动员群众的工作，顺应民意、集中民智、争取民心、凝聚民力，为全面建成小康社会和实现中华民族伟大复兴的“中国梦”奠定坚实的群众基础。沂蒙精神，是沂蒙人民在中国共产党的领导下，在革命、建设和改革的实践中所积淀形成的以“爱党爱军、开拓奋进、艰苦创业、无私奉献”为基本内涵的伟大精神。它既是党的群众路线的实践结晶，也是党的根本宗旨的具体体现。当前，大力弘扬和传承沂蒙精神，从中汲取营养和智慧，对于提升基层党组织的群众工作能力，密切党群关系，巩固和壮大党的执政基础，具有重要的现实指导价值。

一、加强自身建设，提升基层党支部组织群众的能力

十九大报告指出：“全党要更加自觉地坚定党性原则，勇于直面问题，

敢于刮骨疗毒，消除一切损害党的先进性和纯洁性的因素，清除一切侵蚀党的健康肌体的病毒，不断增强党的政治领导力、思想引领力、群众组织力、社会号召力，确保我们党永葆旺盛生命力和强大战斗力。”十九大报告在党的历史上首次提出党的“群众组织力”这一概念，既体现了党对群众地位、群众工作的深刻认识和精准把握，也反映了党执政能力和国家治理能力的提升。抗日战争时期，沂蒙根据地党组织以动员、组织和武装一切抗日民众，争取抗日战争胜利为中心任务，在加强基层党组织建设，扩大党组织覆盖面的同时，积极组织各党派、各阶层群众加入抗日队伍，牢牢抓住并充分发挥进步群众团体的力量，为实现全民族抗战奠定了组织基础。解放战争时期，沂蒙解放区以加强农村基层政权建设为着力点，在组织建设和发展党员方面做了大量的工作，除此之外，还高度重视群团组织建设，在当时，几乎每一个村子里都建立了完备的党支部、村委会、民兵武委会、妇女救国会、儿童团等，这些组织架构完善、分工明确，能有效地组织起人民群众。中华人民共和国成立以来，沂蒙地区基层党组织在摸索中不断发展和完善，基层党组织的战斗堡垒作用和党员的先锋模范作用得到充分发挥，为恢复国民经济和社会主义现代化建设做出了突出贡献。历史证明，有效组织群众是做好群众工作的前提和基础，直接关系到党的决策部署的贯彻落实。在当前，提升党的组织群众的能力就是要求基层党组织加强自身建设，切实提升依靠群众、团结群众、组织群众进行伟大斗争、建设伟大工程、推进伟大事业、实现伟大梦想的能力。

首先，要以提升群众组织力为基础，让基层党组织真正成为群众的“主心骨”。提升基层党组织群众组织力，就是要使基层党组织深深植根于各类基层组织和广大人民群众之中，发挥好桥梁和纽带作用，一方面要积极向群众宣传党的路线方针政策，把党的正确主张变成群众的自觉行动，组织引领群众听党话、跟党走；另一方面要倾听群众呼声，感知群众冷暖，向上级党组织反映群众需求，解决群众难题。要在党员之中广泛开展马克思主义唯物史观教育，引导基层党组织和党员干部坚守群众路线，始终保持对人民群众的赤子之心，想群众之所想，急群众之所急。要认真落实党的各项惠民政策，着力解决群众生产生活中的困难和问题，扎实做好联系群众和服务群众工作，实现好维护好发展好人民群众的根本利益。要严格遵守党的群众纪律，以铁的纪律和严的规矩规范党员干部的思想和行为，切实转变作风，树立良好形象，对于发生在群众身边和侵犯群众利益的不正之风和违纪违法问题，要切实整治、严肃查处。

其次，要以提升群众号召力为抓手，充分发挥党的组织优势。组织群众能力的提升离不开群众号召力的发挥，提升基层党组织群众号召力，就是要发挥基层党组织的组织优势、组织作用、组织力量，开展组织群众、宣传群众、凝聚群众、服务群众工作，最广泛、最深入地动员一切可以团结的力量，最大可能地发挥中国特色社会主义集中力量办大事的优势。要按照党章要求，健全党组织领导下的群团服务机制、群众参与机制，以党的基层组织建设带动其他各类基层群团组织建设，使其成为党组织发动群众的可靠助手。要健全基层民主自治制度，完善基层民主选举、民主协商、民主决策、民主管理、民主监督的机制，引导群众依法开展自治活动、参与基层治理，畅通群众表达意愿、参与决策、监督党的组织和干部的渠道，妥善协调利益关系，化解社会矛盾，营造良好的社会环境。

最后，以增强“四自能力”为重点，把基层党组织建设成坚强的战斗堡垒。党的十九大报告指出：“要不断增强党自我净化、自我完善、自我革新、自我提高的能力，始终保持党同人民群众的血肉联系。”基层党组织贯彻党的十九大精神，加强“四自能力”，就是要以直面问题的勇气和改革创新的魄力，着力解决自身建设中存在的突出问题，推动基层党组织和党员干部自我净化、自我完善、自我革新、自我提高。要加强党员队伍建设，坚持以政治建设为统领，着力提高党员队伍的政治素质，努力建设一支有信仰、敢担当、守规矩的党员干部队伍。要严肃党内政治生活，不折不扣地执行“三会一课”、组织生活会、谈心谈话、对党员进行民主评议等基本制度，维护和保障党员基本权利，严肃认真地开展批评和自我批评，切实增强党内政治生活的政治性、时代性、原则性、战斗性。要以与时俱进的眼光不断创新基层党组织的工作方式，按照扩大党员知情权与参与面、提高工作针对性与实效性的原则，在活动载体、工作方式、运行模式、评价机制等方面探索创新，使党组织活动更好地融入中心工作、符合党员需求、回应群众关切。

二、 把握正确方向， 提升基层党组织宣传群众的能力

宣传思想政治工作是基础党组织群众工作的重要组成部分，对于丰富群众精神世界，增强群众精神力量，满足群众精神需求，加深群众对党的感情认同，具有极其重要的作用。沂蒙精神中大量宣传群众的宝贵经验值得借鉴。抗日战争时期，沂蒙根据地党组织积极响应党中央“共产党员脱下长衫，到群众中去”的号召，主动深入群众之中，以宣传《抗日救国十大纲领》《论持久战》《论新阶段》等为重点，在群众中进行爱国主义教育和抗战动员教育，宣传党的抗日主张以及减租减息、增加工资收入等政策，向群众传递出中国必胜、日本必败的决心和信心，提振了根据地军民的抗战热情和积极性。解放战争时期，沂蒙解放区党组织通过出版、印刷进步报刊、传单，成立宣传团队，开展文艺表演等多种形式，主动走进学校、厂矿和乡村，以宣传党的和平建国、土地改革、优待军属、民主执政等政策为重点，在群众中开展阶级教育、时事教育和文化教育，提升了群众参军支前、翻身革命的积极性，同时也培养了大批善于做思想政治工作的党员干部。中华人民共和国成立以来，沂蒙地区党组织不断创新宣传群众的方式方法，深入群众之中宣传社会主义建设和改革开放政策，使党的正确路线方针政策得以在基层落地生根、开花结果。中国共产党在沂蒙地区开

展宣传群众工作的实践证明，只有坚持正确的政治方向，坚持人民导向，满足人民需求，才能真正激发起人民群众在革命、建设和改革实践中的积极性、主动性和创造性，才能取得宣传思想政治工作的实效。

首先，思想政治工作必须坚持正确的政治方向。思想政治工作是党的一项极为重要的工作，关乎旗帜、关乎道路、关乎命运，在党和国家事业发展中具有根本性、战略性和全局性的地位和意义。当前，受封建残余思想侵蚀、市场经济冲击、西方多元价值观影响，群众思想呈现出日益多元化的趋势。因此，在群众中开展思想政治工作，必须牢牢把握正确的政治方向，巩固马克思主义在意识形态领域的指导地位、巩固人民群众团结奋斗的共同思想基础，这是做好思想政治工作的前提，也是巩固壮大群众主流思想文化的根本。要坚持以习近平新时代中国特色社会主义思想为指导，高举中国特色社会主义伟大旗帜，坚定中国特色社会主义道路自信、理论自信、制度自信和文化自信，保持政治定力和政治清醒，严守政治纪律和政治规矩，在大是大非和政治原则面前，做到旗帜鲜明、立场坚定。要培育和践行社会主义核心价值观，使社会主义核心价值观深入人心，成为广大人民群众的共同价值追求，这有利于引领社会思潮、凝聚价值共识、汇聚奋斗合力。

其次，要采用群众喜闻乐见的方式开展理论宣传工作。马克思指出："理论一经掌握群众，也会变成物质力量。理论只要说服人，就能掌握群众。"理论宣传对群众工作具有重要的意义，但是学术文章、会议讲话、学术报告等不符合人民群众的话语和思维习惯，并不适合直接用于对群众的宣传。除此之外，"我讲你听、我说你记"的灌输式、填鸭式、说教式宣传，往往会导致群众听得多、想得少，看得多、参与少的尴尬局面。因此，新形势下，理论宣传要起到教育群众、吸引群众、引导群众的效果，使党的创新理论更好地服务群众，并转化为推动群众实践、促进社会发展的巨大力量，就要求基层党组织采取群众喜闻乐见的大众化方式，提升理论宣传工作的覆盖面、说服力和实效性。要创新宣讲方式，坚持人民导向，开展“送党课到一线”“送党课到基层”等活动，采取“讲议结合”“问答互动”等方式，与群众开展点对点、面对面的宣讲。要转变宣讲语言，摒弃大话、套话、空话，着力采用群众喜闻乐见、通俗易懂的语言，切实把党的重大决策部署宣讲到位，把涉及群众利益的政策解释到位，把群众关注的热点引导到位。要厘清宣讲重点，当前，要以党的十九大精神以及习近平新时代中国特色社会主义思想为重点，并结合群众普遍关心的教育、医疗、住房、养老等热点难点问题进行详细讲解，做到主题鲜明，重点突出，确保群众听得清、记得住。

最后，新闻宣传工作要坚持“三贴近”。新闻宣传工作是基层党组织承担的重要职责，走进新时代，做好新闻宣传工作尤为重要。坚持从群众中来，到群众中去，是新闻宣传工作的题中之意。这是因为，人民群众既是新闻宣传的主体对象，又是新闻价值的最终评判者。新闻宣传工作只有贴近实际、贴近生活、贴近群众，才能保持旺盛的生机和活力。否则，新闻宣传工作就会成为无源之水、无本之木。为此，新闻宣传工作人员要切实转变工作作风，践行党的群众路线，真正深入基层、深入一线、深入群众，从群众的视角出发，把镜头对准基层，把版面留给一线，把群众当作主角，多报道群众的生产生活，多宣传基层涌现的先进典型，多挖掘群众的平凡故事，多反映群众的利益诉求，多表现普通百姓的精神境界，自觉做党联系群众的桥梁和纽带，凝聚起推动新时代发展的磅礴力量。要及时准确地回应群众关注，坚持正面宣传为主的工作方针，弘扬主旋律，传递正能量，把群众最关心关注的事情宣传报道好。只有这样，新闻宣传工作才能更好地围绕中心、服务大局，为新时代呐喊助威，为实现既定目标凝心聚力。

三、切实为民服务，提升基层党组织凝聚群众的能力

中国共产党的性质和宗旨决定了党必须紧紧依靠群众、密切联系群众、

大力凝聚群众，时刻保持党群血肉联系。历史反复证明，得民心者得天下，能否得到人民群众的拥护和支持，能否凝聚起人民群众的磅礴力量，直接决定党的事业兴衰成败。抗日战争时期，沂蒙根据地党组织十分注重党群关系，切实开展群众工作，坚持为人民服务的宗旨，能够从人民群众的立场出发，通过减租减息、废除苛捐杂税、改善雇工待遇等政策，既解决了农民的土地问题，获得了广大农民的拥护和支持，又得到了开明地主、绅士对共产党抗日主张的支持，扩大了党的群众基础。通过建立“三三制”的抗日民主政权，展示了共产党的政治包怀力，凝聚了更加广泛的抗日力量，同时加强了和党外人士的合作，扩大了党的影响力。解放战争时期，沂蒙解放区党组织以广泛深入的土地改革作为改善民生的基础，贯彻落实党中央制定的《中国土地法大纲》，使亿万农民在政治上、经济上获得了自由解放，并由此赢得了民心，人民群众迸发出难以估量的革命热情，为夺取全国胜利，提供了取之不尽、用之不竭的力量源泉。中华人民共和国成立以来，尤其是改革开放以来，沂蒙地区党组织积极保障和改善人民群众的经济、政治、文化诉求，极大地改善了人民群众的生活水平，使沂蒙老区焕发出崭新的时代面貌。实践证明，顺应时代潮流，凝聚民众力量，是我们党 90 多年以来取得一切成就的关键所在。今天，要推进党的建设新的伟大工程，加强党的长期执政能力建设、先进性和纯洁性建设，就要求广大基层党组织切实为民服务，凝聚改革发展的民心、民智、民力。

首先，要以群众工作为抓手，密切党群、干群关系。密切联系人民群众是我们党最大的政治优势，和谐的党群、干群关系是党执政的必要前提。党的十九大报告明确要求要“始终保持党同人民群众的血肉联系”。在实际工作中，党员干部只有走入群众当中，倾听他们的意见和呼声，了解他们的困难和问题，时时处处地把群众放在心上，把群众当作亲人，从关系人民群众切身利益的点滴做起，从人民群众中汲取前进的力量，我们党才能始终立于不败之地。基层党组织在群众工作中发挥着桥头堡作用，是党的群众工作的组织基础。一支团结、高效、务实的党员干部队伍才能提升群众工作的质量和效率。为此，面对新形势新问题，要不断调整组织结构，增强干部队伍凝聚力，创新群众工作方法，扩大服务覆盖面，完善监督和制约机制，使党组织充分发挥密切联系群众的作用。基层党组织干部要变“官本位”的旧观念为“民本位”的新观念，做到密切联系人民群众，从人民群众中汲取前进的力量，坚持问政于民、问计于民、问需于民，做人民群众可以信赖和依靠的服务者；要着力解决群众反映强烈的突出问题，广泛开展党的群众路线教育实践活动，通过提供便捷高效的服务，真心实意为人民谋福利，树立求真务实和实干富民的良好形象；还要以思想政治教育和严肃组织纪律为重点，在党内推进反腐倡廉建设，完善惩治和预防贪腐的体制机制，提高党员干部队伍素质，保持党的先进性和纯洁性。

其次，要以加强学习为基础，努力提升服务能力和水平。服务效率和质量的高低，人民群众对我们党满意度的高低，取决于基层党组织服务工作的能力和水平。只有不断加强理论和实践的学习，正确把握群众工作的规律和特点，才能不断提高党员队伍的服务能力和水平。要突出抓好服务型执政党建设和党的先进性、纯洁性教育，不断提高党员干部的宗旨意识和群众观念，培养他们主动去做群众工作的政治觉悟；在理论学习的同时，还要注重理论联系实际，加强对党员干部实践能力的培养，提升党员干部为人民服务的本领，创新工作思路和途径，拓展党员干部为人民服务的深度和广度，不断破解新形势下的群众工作新难题，全面提升党员的素质和能力。要完善动力机制，通过创新学习载体，探索不同形式的党员教育模式，提高学习的针对性和吸引力，增强党员学习的自觉性、积极性和主动性，使全党始终保持一种主动学习、善于服务的精神状态，能够从容地回答和解决服务工作中面临的新问题和新困难；还要完善长效学习机制，将党的学习活动制度化、科学化，在全党营造和形成重视学习、热爱学习、坚持学习的良好氛围，将学习能力纳入群众工作的考核机制，激励党员干部自觉学习、终身学习的内在动力，确立终身学习先进知识和科学理论的理念。

最后，以改革创新为动力，加快推进服务型基层党组织建设。领导干部作为党组织的核心成员，在群众工作中发挥着主心骨作用，是服务群众的主体，一支为民、务实、清廉的领导班子和干部队伍对推进服务型执政党建设至关重要。因此，在领导干部的选拔上，要坚持德才兼备、以德为先的前提，突出注重工作实效和群众口碑，努力建设一支立场坚定、能力突出、敢于创新、作风优秀的骨干队伍，从而以领导班子和干部队伍优秀的群众工作带动全体党员参与到为人民服务的工作中，在全社会形成“爱服务、善服务、服好务”的良好局面。此外，还要推进基层党组织服务方式的创新性，顺应群众的需求。形势变化呼唤着基层党组织服务方式的变化，创新服务方式，必然会带来新的服务效果。因此，在实际工作中，基层党组织必须打破旧的管理和服务观念的束缚，着眼于现实状况，用人民群众喜闻乐见、易于接受的方式解决问题，如探索上门服务与预约服务相结合、面对面服务与通信服务相结合等不同的方式，真正为群众解难题、办实事。

四、 创新方式方法， 提升基层党组织动员群众的能力

动员群众是政党为了实现一定的政治目的，针对广大人民群众这一动员客体，利用各种动员手段，运用各种动员方式，以赢得人民群众的支持和参与的行为与运动。纵观我们党的发展历程可以看到，动员群众伴随党的发展始终。对于基层党组织来说，动员群众既是一项基本能力，又是一项基本任务，只要把群众真正发动起来了，党就无往而不胜。抗日战争时期，沂蒙根据地党组织根据中共中央“在敌后放手发动群众，开展独立自主的游击战争”的要求，深入农村动员民众参与抗日武装起义，开展敌后游击战争，发展民兵组织，参与对日反攻，不仅推动了抗战胜利，而且促

进了根据地的发展。解放战争时期，沂蒙解放区党组织始终将人民群众作为决定战争胜败的关键因素，采取由干部、党员到普通群众自上而下的方式，将物质动员和精神动员相结合，极大地调动了人民群众支前、参军的积极性，涌现出了一大批先进典型，奠定了解放战争胜利的群众基础。中华人民共和国成立以来，沂蒙地区党组织坚持人民主体地位，深入动员人民群众进行社会主义改造、恢复和发展国民经济、进行社会主义现代化建设，确保发展为了人民、发展依靠人民、发展成果由人民共享。历史告诉我们，人民的事业必须有人民的参与才能更好地完成，没有广大民众的参与，党的事业就有可能遭受挫折。做好动员群众工作，把群众的积极性充分地调动起来并合理地发挥出来，是基层党组织工作的核心，也是检验基层党组织工作好坏的重要标准。毛泽东曾说，“政策和策略是党的生命”。策略的恰当与否，直接关系到党能否开展有效的民众动员工作。基层党组织要增强政治使命感，把动员群众作为一项中心和日常工作来抓，通过创新方式方法，团结最广泛的力量进行社会主义现代化建设。

首先，要将物质动员与精神动员相结合。物质动员，是以满足人们物质需求为出发点，来调动人民群众的积极性，刺激生产生活动力的一系列动员手段。包括改善群众生活、增加群众收入、进行物质奖励等，在群众动员中起基础性和决定性作用。精神动员，是以满足人们精神上的需求为最终目标，通过有效手段影响人的价值取向和心理活动，从而激发内生动力，影响个体行为的动员手段。包括选树典型、价值塑造、愿景承诺等，它是社会健康发展的动力源泉之一，而且，随着经济的发展和人们生活水平的提高，其作用日益凸显。物质动员与精神动员作为群众动员的两种方式，是相辅相成、缺一不可的，只强调物质动员而忽视精神动员或只强调精神动员而忽视物质动员都是片面和错误的。总之，基层党组织要把物质动员和精神动员有机结合起来，在充分利用物质动员的同时，加强人民群众思想道德的培养和教育，尤其要加强以社会主义核心价值观为核心的精神文明建设，提升人民群众的思想境界，促使他们更加自觉主动地投身生产生活的实践中。对于基层党组织来说，只有把物质动员和精神道德、社会荣誉、责任力量等有机结合起来，才能推动社会主义现代化建设事业走向新的繁荣。

其次，要将传统动员与现代动员相结合。一方面，要坚持继承和弘扬传统民众动员方式。在中国革命、建设以及改革的发展过程中，我们党在动员群众的方式上进行了诸多积极的探索，其中，会议、标语、报纸、广播、电视等传统动员方式，在过去党组织动员群众的过程中发挥了不可替代的重要作用，事实证明这些传播途径成效显著。虽然随着经济的发展，这些传统的动员方式一定程度上受到了现代传媒的冲击，但是我们仍要继承和弘扬这些传统的民众动员方式，并在其基础上融入现代化元素，以实现对人民群众的动员和宣传。另一方面，要坚持与时俱进的观点，将现代媒介纳入宣传手段中。当前，科学技术的不断创新与发展，使得信息的传播手段与方式得以改变，传统、单一的信息传播方式已经远远不能满足广大人民群众的需求，现代传播手段慢慢地超越传统媒介成为动员群众的主流方式。基层党组织可以利用互联网、手机等现代通信工具，借助微信、微博、客户端等平台，构建传输快捷和开放互动的民众动员体系，以实现中国共产党民众动员的立体化和现代化。同时，要充分利用形象化的电影、电视、歌曲、文学等多种载体，把抽象的政策、方针和路线等形象化和通俗化。宣传方式的多样化，使人民群众在日常工作和生活中潜移默化地接受马克思主义理论，以增强中国共产党对民众动员的吸引力和感召力。

最后，要将坚持党的领导与发挥群众创造性相结合。习近平总书记在党的十九大报告中指出："坚持党对一切工作的领导。党政军民学，东西南北中，党是领导一切的。"在当前，开展群众动员工作，必须旗帜鲜明地坚持党的领导，这是一项根本政治原则。同时，我们还要意识到，人民群众是历史的创造者，是决定党和国家前途命运的根本力量。群众动员工作能否取得实效，关键还是看人民群众的积极性、主动性、创造性能否得到发挥。因此，基层党组织开展群众动员工作，必须将坚持党的领导与发挥群众创造性相结合。一方面，不折不扣地贯彻落实以习近平同志为核心的党中央关于群众工作的决策部署，把党的路线方针政策原原本本、原汁原味地传递给基层群众，确保中央政令畅通。另一方面，尊重人民群众的主体地位，发挥群众首创精神，紧紧依靠人民推动改革，凝聚起人民群众推进改革开放的强大正能量，坚持问政于民、问计于民、问需于民，充分调动群众生产生活的积极性、主动性、创造性，动员全民发扬“啃硬骨头”“涉险滩”的精神，投入实现“中国梦”的大潮中去。

求木之长者，必固其根本；欲流之远者，必浚其泉源。我们党的事业根基在基层，血脉在基层，活力在基层。基层党组织是党的全部工作和战斗力的基础，要从沂蒙精神中汲取宝贵经验，切实增强组织群众、宣传群众、凝聚群众和动员群众的能力，更好地发挥战斗堡垒作用。

（作者介绍：王宜胜，男，中国铁路济南局集团有限公司党校党建教研室讲师）

党的建设视域下沂蒙精神创新发展路径研究

孙一进

党的十九大明确指出，中国特色社会主义进入新时代，我们党一定要有新气象新作为。党要团结带领人民进行伟大斗争、推进伟大事业、实现伟大梦想，必须毫不动摇地坚持和完善党的领导，毫不动摇地把党建设得更加坚强有力。习近平总书记在山东临沂视察时强调，山东是革命老区，有着光荣传统，军民水乳交融、生死与共铸就的沂蒙精神，对今天抓好党的建设具有十分重要的启示作用和现实意义。

一、 深刻理解把握沂蒙精神的丰富内涵和精神实质

（一）沂蒙精神是党和国家的宝贵精神财富

习近平总书记指出，沂蒙精神与延安精神、井冈山精神、西柏坡精神一样，是党和国家的宝贵精神财富，要不断结合新的时代条件发扬光大。这是对沂蒙精神的最高肯定和认可，也为新时代传承、弘扬沂蒙精神提供了根本遵循。“沂蒙精神是沂蒙人民在中国共产党的领导和培育下，在长期的革命和建设实践中，以马克思主义理论为指导，升华优秀民族文化品质，逐步砥砺形成的一种具有鲜明时代特色的优秀群体意识和可贵革命精神，是沂蒙人民世界观、人生观、价值观的集中体现。”[1] 沂蒙是革命老区，在

抗日战争时期和解放战争时期，沂蒙根据地都是党和军队的重要根据地之一。在长期的革命岁月中，共产党人根植沂蒙大地，与人民群众同呼吸共命运，军民生死与共、水乳交融，沂蒙人民不屈不挠可歌可泣，为革命事业做出了巨大牺牲和奉献。在社会主义建设和改革开放新时期，沂蒙人民自力更生、艰苦奋斗，共同锻造了“吃苦耐劳、勇往直前，永不服输、敢于胜利，爱党爱军、开拓奋进，艰苦创业、无私奉献”的伟大精神，“战争中滋生、烽火中煅烧、磨砺中崛起、改革中发展的沂蒙精神一旦植入灵魂，奇迹就会不断被创造。如果说，沂蒙大地是一块蓬勃发展的红色热土，那么，不断深化和升华的沂蒙精神，就成为红色临沂全面建成小康社会进程中的精神引擎”，[2] 成为中华战天斗地、英勇奋斗精神的生动内涵和真实写照，成为党和国家宝贵的精神财富。

（二）沂蒙精神是民族精神和时代精神的高度契合

“沂蒙精神，发源于革命战争时期的沂蒙老区，根植于中华民族的优秀文化传统，发展升华于社会主义建设和改革开放时期，是中国共产党领导山东人民进行伟大实践的产物，是中华民族精神的重要组成部分”[3]，是山东人民在革命建设改革进程中形成的具有浓郁地方色彩的民族精神，集中展示了山东人民不同历史时期的精神风貌，展示了党同人民生死与共、水乳交融的血肉联系。中华优秀传统文化是沂蒙精神的传统基因，齐鲁文化是沂蒙精神主要的传统文化基因，务实创新、开放包容的齐文化，锐意进取、融会贯通的楚文化对其产生了重要影响。革命文化是沂蒙精神的红色基因，革命战争时期，沂蒙人民为民族独立和人民解放做出了巨大的牺牲和不可磨灭的历史性贡献，可以说革命文化是沂蒙精神最核心的基因，社会主义先进文化是沂蒙精神的创新基因，“自力更生、艰苦奋斗，敢为人先、改革创新”的精神为沂蒙精神提供了丰厚的精神土壤。沂蒙精神彰显着民族精神和时代精神，为我们弘扬中国精神、凝聚中国力量，推进中国特色社会主义事业，实现中华民族伟大复兴的“中国梦”提供了强大的精神动力。

（三）沂蒙精神在新的时代条件下不断丰富发展

沂蒙精神是伟大的民族精神在革命、建设和改革时期的重要体现和深化升华，是我们党和国家的宝贵精神财富。在新时代条件下不断发扬沂蒙精神，就要坚持以习近平总书记新时代中国特色社会主义思想为指导，不断挖掘沂蒙精神的丰富内涵和精神实质，推动沂蒙精神在新时代创新发展。要旗帜鲜明讲政治，牢固树立“四个意识”，增强“四个自信”，坚定理想信念，教育引导全党牢记党的宗旨，挺起共产党人的精神脊梁，凝聚起为中华民族伟大复兴奋斗的坚强思想基础。[4]坚持以人民为中心的发展理念，保持党同人民群众的血肉联系，坚持群众观点和群众路线，把群众路线贯彻到治国理政的全部活动中，把人民对美好生活的向往作为奋斗目标，依靠人民创造历史伟业。要继续弘扬艰苦奋斗的革命传统，牢记“两个务必”，不断锤炼党性修养和宗旨意识，永葆共产党人的政治本色。要强化责任意识和创新意识，以永不懈怠的精神状态和一往无前的奋斗姿态，开创新时代中国特色社会主义事业新局面。

二、 用沂蒙精神推动新时代党的建设创新发展

（一）提高政治站位，始终同党中央保持高度一致

中国共产党人的初心和使命就是为中国人民谋幸福，为中华民族谋复兴。中国共产党自成立以来，为了谋求民族独立、国家富强和人民幸福，带领中国人民进行了艰苦卓绝的斗争，谱写了气壮山河的壮丽史诗。在沂蒙大地上，党和人民军队始终坚定不移地把人民利益放在首位，沂蒙人民始终坚定不移地跟着党走，党政军民水乳交融、生死与共，共同铸就了伟大的沂蒙精神。

党的十九大明确指出，党政军民学，东西南北中，党是领导一切的。新时代坚持和改进党的领导，首要的是旗帜鲜明讲政治，深入学习宣传贯

彻党的十九大精神，以习近平总书记新时代中国特色社会主义思想为指导，牢固树立“四个意识”，坚定“四个自信”，坚决维护习近平总书记在党中央和全党的核心地位，坚决维护以习近平同志为核心的党中央权威和集中统一领导，坚定执行党的政治路线，严格遵守政治纪律和政治规矩，在政治立场、政治方向、政治原则、政治道路上同党中央保持高度一致。

（二）坚定理想信念，筑牢共同奋斗的思想基础

沂蒙精神的力量归根结底是理想信念的伟大力量，坚定的理想信念是团结人民共同奋斗的思想基础和精神纽带。在革命战争年代，沂蒙人民在历史和实践中感受到，只有中国共产党才真正为人民谋幸福谋利益，只有共产党才能救中国，只有中国特色社会主义才能发展中国，这种信念引领沂蒙人民开拓创新艰苦奋斗，形成了伟大的沂蒙精神，不断指引革命从胜利走向新的更大的胜利。

党的十九大明确提出，思想建设是党的基础性建设，革命理想高于天。理想信念的动摇是最危险的动摇，理想信念的滑坡是最危险的滑坡。沂蒙精神的重大时代价值在于激励我们把对马克思主义的信仰、对社会主义和共产主义的信念作为毕生追求，在改造客观世界的同时不断改造主观世界，解决好世界观、人生观、价值观这个“总开关”问题，不断增强政治定力，自觉成为共产主义远大理想和中国特色社会主义共同理想的坚定信仰者和忠实实践者，以实际行动让广大党员干部和群众感受理想信念的强大力量[5]。

（三）以人民为中心，保持党同人民的血肉联系

沂蒙人民用小米供养了革命，用乳汁养育了革命，用小车推动了历史，用智慧和汗水摆脱了贫困，走上了和谐富裕的光明道路。“坚持马克思主义科学理论的指导是践行马克思主义的群众观的首要前提，坚定的共产主义信仰是中国共产党人贯彻群众路线的精神支柱”。[6]弘扬沂蒙精神要充分尊重人民的主体地位，它所蕴含的历史经验深刻启示我们，人民群众是历史

的创造者，人民群众是真正的英雄，只有自觉站稳群众立场，牢牢坚持群众观点和群众路线，才能战胜前进道路上的艰难险阻，才能使事业永葆生机和活力。新形势下弘扬沂蒙精神，就是要坚持以人民为中心的发展思想，从群众实践中汲取智慧，保持党同人民群众的血肉联系，增强群众观念和群众感情，不断厚植党执政的群众基础。

党的十九大明确指出，把人民对美好生活的向往作为奋斗目标，依靠人民创造历史伟业。要贯彻党的群众路线，做到一切为了群众，一切依靠群众，从群众中来，到群众中去，为群众办实事、解难事，当好人民的公仆。我们党来自人民、根植人民、服务人民，一旦脱离群众，就会失去生命力。凡是群众反映强烈的问题都要严肃认真对待，凡是损害群众利益的行为都要坚决纠正。要弘扬马克思主义学风，大兴调查研究之风，深入实际、深入基层、深入群众，多到条件艰苦、情况复杂、矛盾突出的地方解决问题，千方百计为群众排忧解难，不辜负人民群众的信任和期待。

（四）弘扬革命传统，持之以恒推动作风建设

沂蒙精神焕发出来的“开拓进取、艰苦奋斗，不畏艰辛、勇往直前”的斗争精神和革命传统，成为推动事业发展和进步的强大精神动力。继承和发扬艰苦奋斗的优良传统和精神品格，自觉抵制享乐主义、奢靡之风等消极腐败现象的思想影响，对我们各项事业的发展有着重要的思想保障作用。同时，沂蒙人民在革命建设和改革进程中，顾全大局、公而忘私，自我牺牲、勇于奉献，对于广大党员领导干部强化理论武装和党性修养，自觉树立淡泊名利、无私奉献的思想意识，树立正确的权力观、地位观、利益观，把个人理想追求同全面建成小康社会、实现中华民族伟大复兴的“中国梦”结合起来具有重要意义。

党的十九大明确指出，要保持艰苦奋斗、戒骄戒躁的作风，以时不我待、只争朝夕的精神，奋力走好新时代的长征路。沂蒙精神是中华民族伟大精神的真实写照，实现中华民族伟大复兴的“中国梦”必须弘扬伟大精

神，推动伟大事业，实现伟大梦想。要强化政治纪律和组织纪律，持之以恒正风肃纪，保持党同人民群众同甘共苦、廉洁自律，真正树立党在人民群众中的良好形象和崇高威信，真正赢得人民群众的信赖和拥护。要牢固树立正确的权力观、地位观、利益观，从思想上筑牢拒腐防变的堤坝，树立务实、清廉、为民的良好形象。

三、沂蒙精神创造性转化创新性发展的实现路径

（一）强化理论阐释力度，形成标志性研究成果

要准确认识沂蒙精神的丰富内涵和精神实质，充分把握沂蒙精神的现实意义和时代价值，不断推动沂蒙精神的创造性转化创新性发展。要深入学习宣传贯彻党的十九大精神，坚持以习近平总书记新时代中国特色社会主义思想为指导，切实贯彻落实广泛开展理想信念教育，深化中国特色社会主义和“中国梦”的宣传教育，弘扬民族精神和时代精神，加强爱国主义、集体主义、社会主义教育要求，结合新时代党的建设的重点难点，结合干部群众关心的热点焦点，充分挖掘沂蒙精神的丰富内涵和精神价值，列出一批重点课题，加大研究阐释力度，为新时代加强和改善党的领导，推进全面从严治党向纵深发展提供有力的理论支撑。

（二）做好结合文章，融入社会主义核心价值观

党的十九大明确指出，没有高度的文化自信，没有文化的繁荣昌盛，就没有中华民族的伟大复兴。社会主义核心价值观是当代中国精神的集中体现，凝结着全体人民共同的价值追求。沂蒙精神作为民族精神和时代精神的体现升华，为培育和践行社会主义核心价值观，坚定文化自信，推动文化发展提供了丰富的内涵和源泉。要强化把沂蒙精神的宣传宣讲作为重大理论主题，用革命文化涵养人们的道德情操，深入实施群众性精神文明建设的创建活动，不断提升社会文明水平。要加强传播手段的创新，推动

沂蒙精神以群众喜闻乐见的形式进行宣传，加强互联网内容建设，提高互联网文化建设的传播力、引导力和影响力，使沂蒙精神真正融入社会主义核心价值观，充分挖掘精神蕴含的思想观念、丰富内涵和精神动力，不断转化为人们的情感认同和行为习惯。

（三）掌握意识形态主动权，反对历史虚无主义

“意识形态作为上层建筑的内容之一，天然具有凝聚功能。”[7]党的十九大明确指出，意识形态决定文化的前进方向和发展道路，建设具有强大凝聚力和引领力的社会主义意识形态，使全体人民在理想信念、价值观念、道德观念上紧紧团结在一起。沂蒙精神是党和国家的宝贵精神财富，是推动伟大事业的“精神之力”。弘扬传承沂蒙精神要旗帜鲜明地反对历史虚无主义，使之代代传承发扬光大。当前，社会思想观念多元多样多变，不同思想文化交流交融交锋，新情况新问题新挑战层出不穷，我们必须牢牢把握意识形态工作的领导权，强化理论武装，推动习近平总书记新时代中国特色社会思想深入人心，坚持正确的舆论导向，落实意识形态工作责任制，加强阵地建设和管理，注意区分政治原则问题、思想认识问题、学术观点问题，旗帜鲜明地反对和抵制各种错误观点。

（四）坚持学以致用，凝聚干事创业的伟大力量

弘扬传承沂蒙精神要注重联系实际，做到知行合一、学以致用，要按照党的十九大精神紧密结合工作实际，大力弘扬马克思主义学风，大兴调查研究之风，深入基层、深入实际、深入群众，紧密结合部门单位工作和党员干部的思想实际，提高工作的积极性主动性创造性，增强群众工作本领，坚持说实话、谋实事，出实招、求实效，深入研究新情况，提出新举措，解决新问题，切实用践行精神实效推动工作健康发展。要厉行节约、艰苦奋斗，牢记“两个务必”，始终以锐意进取的精神风貌，善于结合实际创造性推动工作，善于与时俱进运用新技术新方法开展工作，切实营造干事创业的良好氛围。

参考文献：

[1] 徐东升，等．基于沂蒙精神育人的社会主义核心价值观教育研究［M］．济南：山东人民出版社，2015：150.

[2] 孙海英，陈永莲．沂蒙精神与临沂革命老区跨越式发展研究［M］．济南：山东人民出版社，2017：2.

[3] 徐东升，等．基于沂蒙精神育人的社会主义核心价值观教育研究［M］．济南：山东人民出版社，2015：115.

[4] 习近平．决胜全面建成小康社会 夺取新时代中国特色社会主义伟大胜利——在中国共产党第十九次全国代表大会上的报告［R］．新华网，2017－10－27.

[5] 刘银萍．沂蒙精神对大学生核心价值观教育的价值及其路径研究［D］．海口：海南大学，2015.

[6] 孙海英．沂蒙早期党组织对实践马克思主义群众观的探索及启示［J］．学海，2017（6）：14.

[7] 赵长芬．转型期党的社会凝聚力研究［M］．北京：中国社会科学出版社，2017：84.

（作者简介：孙一进，男，山东中医药大学讲师）

论沂蒙精神对当代领导工作的启示

汲广运

一、从沂蒙精神的形成过程看，沂蒙精神是领导本质的典型体现

从领导学意义上讲，领导是指在人类社会共同活动中，具有影响力的个人或集体，在特定的组织结构中，通过示范、说服、命令等途径，动员下属实现群体目标的过程。其本质是领导者为被领导者谋权益，依靠影响力，通过人与人之间的相互作用，使被领导者能义无反顾地追随领导者前进，自觉自愿而又充满信心地把自己的力量奉献给组织，促进组织目标的更有效地实现。

2013 年 11 月 25 日，习近平总书记在临沂参观沂蒙精神展后指出："革命胜利来之不易，主要是党和人民水乳交融，党把人民利益放在第一位，为人民谋解放，人民跟党走，无私奉献，可歌可泣啊！"沂蒙精神是山东"军民水乳交融，生死与共铸就的。"从领导学的角度考察这段话，主要有三层意思：一是作为领导者的"党把人民利益放在第一位，为人民谋解放"；二是作为被领导者的"人民跟党走，无私奉献"；三是党和人民，即

领导者和被领导者形成了“水乳交融，生死与共”的关系，进而铸就了沂蒙精神。在这里，习近平总书记揭示了沂蒙精神形成过程中所体现的领导本质，换言之，从沂蒙精神的形成过程看，沂蒙精神是领导本质的典型体现。

（一）宣传党的思想主张，调动沂蒙人民参加革命战争的积极性

在沂蒙的山东党政军领导者努力宣传马克思主义和中国共产党的路线、方针、政策，为沂蒙带来了先进的思想观念和奋斗目标，带领沂蒙人民群众自觉参加革命。

抗日战争爆发后，受党中央委派，黎玉、徐向前、罗荣桓、朱瑞、刘少奇、陈毅、粟裕等革命前辈先后来到了沂蒙。他们通过报告、演讲、座谈会、个别谈心等形式，耐心、有计划地在人民群众中宣传马克思主义，解释党的路线、方针、政策，使沂蒙人民进一步接受了马克思主义，明确了革命的目标。如 1943 年，罗荣桓要求各级领导从学习整风文件入手，认真领会整风运动的精神实质，掌握马克思主义的立场、观点、方法，同时注意联系实际，提高对主观主义、宗派主义和“党八股”的辨别能力。为了使党员干部掌握毛泽东思想的精神实质，罗荣桓通过写文章、作报告、谈话、批改干部们所写的材料等方式宣传毛泽东思想。正是由于党把自己的主张告诉了沂蒙人民，教育了沂蒙人民，才使得沂蒙人民明确了奋斗目标，调动了沂蒙人民参加革命战争的积极性。

（二）以群众的利益为最高利益，得到了人民群众的大力支持和拥护

革命战争时期，中国共产党在沂蒙的党政军站在人民的立场上，坚决维护沂蒙人民群众的利益，得到了人民群众的大力支持和拥护。

中国共产党在沂蒙的党员干部观点鲜明，始终坚持党和人民的利益高于一切，像爱护自己的眼睛一样爱护群众利益。1944 年 4 月，黎玉在山东军区政工会议上的报告中指出：“爱护群众利益像爱护自己眼睛一样，要尽

我们的可能的力量，处处为群众打算。”“一切战时、平时环境要处处爱护群众利益，严格遵守群众纪律。”[1]八路军一一五师教导第二旅四团政治委员吴岱曾回忆说：“在艰苦的战争年代，最大的拥政爱民，就是要不惜一切代价用战斗来保卫人民政权和群众利益。”“平时一切从人民利益出发，保卫群众麦收，助民秋收秋种，生产自救减轻人民负担等。”“古贺区的干部群众为表示感谢，给我们团送了一面绣着‘滨海屏障’的锦旗。”[2]

在抗日战争最困难的时期，罗荣桓和山东的党政军领导开展减租减息和生产节约运动，克服由于敌人封锁造成的困难，减轻了根据地人民的负担，得到了沂蒙人民的大力支持和拥护。

（三）做好群众工作，带领沂蒙人民积极参加革命

沂蒙党政军领导多种工作方法并用，讲究群众工作艺术，全面、务实地做好了群众工作。群众工作是中国共产党的起家之本，是革命战争时期党在沂蒙的全部工作的基础。1941 年 4 月 1 日，《中共山东分局关于群众工作的决定》指出：“县以上各级党委成立群众工作委员会，其职责为计划研究并决定党在该地区的群众运动方针，检查督促各政党团执行计划的程度，调整统一工农青妇文各委会的步调……”[3]毛泽东对山东的群众工作曾给予高度评价，他说：“山东是执行中央十大政策的模范。罗荣桓一到山东，就在谁领导谁，谁团结谁，谁统一谁这个最根本的问题上，坚持正确的路线。”“罗荣桓在山东，一直抓住依靠谁、团结谁、打击谁。什么是中心？就是发动群众，依靠群众，武装群众。”[4]这些评价是恰当的。罗荣桓的确是做群众工作的行家里手。他在沂蒙 6 年，每年的主要工作都是群众工作，他不仅认识到位，而且落实到位，效果显著。为了广泛地发动群众，使之成为坚强的抗日力量，他从一一五师抽调大批干部，分成小组深入农村，帮助地方党组织做发动群众的工作，帮助各县、区群众，组织自卫团、农会和各种群众团体。军事行动的目的之一也是群众工作。1944 年 7 月 1 日，

罗荣桓在报告中借用毛泽东的话说："我们打仗，不是为了打仗而打仗，是为了宣传群众，组织群众，建立群众自己的政权，武装群众的力量而打仗。"[5]他还指出："发扬民主，提倡民主作风，培养民主习惯，造成民主风气，克服官僚主义、上下脱节与群众脱节的严重现象。实际上所谓民主作风的问题，就是一个群众观念和群众路线的问题，不难想象，没有群众观念，不走群众路线，而会有民主。"[6]

在沂蒙工作多年的黎玉也是做群众工作的专家，他仅在1939—1949年的10年间，就发表了《起来！为广大人民办事!》《介绍大家读李有才板话和我们的群众路线》《拥政爱民与军队群众工作的建设》《在鲁中区群众工作委员会扩大干部会议上作总结报告与今后工作的意见》《怎样开展群众性的游击战争——在山东纵队的干部会议上作的报告》《论群众路线与山东群众运动——在山东分局群众工作第二次代表会议上作的报告》《对于山东今后群众运动的意见——在华东局群工会上作的报告》等文章。他做群众工作的突出特点是办法多、踏实、细致。

（四）重视廉政建设，防止贪污腐败，体现了党的纯洁性，赢得了人民群众的爱戴和尊重

在革命战争年代，虽然物质较为贫乏，但是，山东党政军领导干部特别重视廉政建设和反腐工作。为了反腐倡廉，山东分局颁布了《山东省惩治贪污暂行条例》《修正山东省惩治贪污暂行条例》《关于招待费及菜金马干费的决定》和《关于招待会餐等费之决定》等，采取了一系列具体又切实可行的措施。如《关于招待费及菜金马干费的决定》规定："凡我各级机关、部队、团体间人员相互往来，不得报销招待费，尤其下级政府对上级政府或部队派来之人员，更不得随意招待。如有招待用费，公家概不准报销。违则由私人负责赔偿。如遇统战来宾及其他特殊情形必须开支招待费时，每人每餐不得超过4角。会议会餐应尽量减少，如必要时，每人不得超

过2角5分。”

1940年8月17日，山东省战时工作推行委员会在宣誓就职典礼上申明：“彻底实行民主政治，建立廉洁政府。”黎玉指出：“实行廉洁作风，惩戒各种贪污腐化营私舞弊的行为。”在会议的闭幕词中黎玉还指出：“新民主主义的明显标志，就是廉洁化，要反对贪污、腐化、浪费，贪污一定要枪毙！大吃大喝是剥削者压迫者的旧政权的作风，我们是抗战的代表人民利益的民主政权，是不能容许的。如果哪一县有这种现象，就是哪一县的耻辱，哪一个人有这种行为，就是新官僚、投机分子，那只有请他加到腐化的垃圾里去。”[7]他们是这样说的，也是这样做的，因而赢得了人民群众的爱戴和尊重。

正因为宣传群众、发动群众、组织群众、武装群众和反腐倡廉等方面的工作做得好，才形成了血肉相连、水乳交融、生死与共的党群关系和军民关系，以及“人民跟党走，无私奉献”的大好局面：抗日战争时期，沂蒙成为山东抗日根据地的中心，到1945年7月，山东五大解放区已完全打通，联系在了一起。8月15日，日本侵略者投降后，八路军的总人数已经发展到了27万多，基础民兵发展到了50万人，此外，还拥有数百万人民自卫武装，形成了一支雄厚的正义力量，为抗日战争的胜利做出了巨大贡献。在解放战争时期，沂蒙人民一切为了前线，全力参战，全力支前、全程支前、破家支前，形成了好儿郎踊跃参军，数以百万计的民兵、民工组成的浩浩荡荡的支前大军奔赴战场，妇女们在后方赶制军服、加工军粮、救护伤员的大好形势，为全国的解放做出了杰出的贡献。

二、沂蒙精神对当代领导工作的主要启示

（一）坚定理想信念，方向明确

共产主义远大理想和中国特色社会主义共同理想，是中国共产党人的

精神支柱和政治灵魂，党员领导干部必须高度重视思想政治建设，坚定理想信念，明确前进的方向。在此基础上处理好宣传教育人民群众和向人民群众学习的关系，带领人民群众前进，才能与人民群众一起完成伟大的历史和时代赋予的神圣使命。革命战争时期，山东党政军领导干部用铁的事实证明了真理。

（二）始终以群众的利益为最高利益，尊重人民群众的主体地位

“马克思主义的根本力量在于与人民群众实践的紧密结合。”[8] 人心就是力量。在沂蒙革命根据地，正是由于我们党始终坚持为了群众、依靠群众、相信群众，铸造了党与人民群众牢不可破的密切联系，才赢得了人民群众的拥护和支持。我们党只有积极地融入群众、造福群众，才能真正赢得民心；只有主动带着责任、带着问题深入民众、体察民情，才能真正走近群众、亲近群众，帮助群众解决实际问题，才能真正从群众期待中获取力量、从群众实践中汲取智慧、从群众信任中得到支持。这就要求我们党在党的核心价值观上，要坚持“全心全意为人民服务”，始终做到“立党为公、执政为民”；在党的行为准则上，要从“权为民所赋”的高度，尊重并彰显人民群众的主体地位，坚持“权为民所用、利为民所谋、情为民所系”。当年，刘少奇、罗荣桓、徐向前、黎玉等在沂蒙深入扎实地开展群众工作，收到了显著成效。在新时期，建设中国特色社会主义，实现中华民族的伟大复兴，更需要中国共产党牢固树立马克思主义群众观，深入践行党的群众路线，与人民群众形成血肉相连、鱼水情深的融洽关系，努力做好新时期复杂状态下的群众工作。因此，每一位党员干部都要从“权为民所赋”的高度，坚持“情为民所系、权为民所用、利为民所谋”，摒弃空谈，实干兴邦，最大限度地激发人民群众的凝聚力、向心力、创造力，为早日实现中华民族伟大复兴的“中国梦”做出应有的贡献。

（三）重视群众工作，讲究群众工作艺术

在沂蒙革命根据地，中国共产党的党政军领导刘少奇、罗荣桓、黎玉、

徐向前、朱瑞等都非常重视群众工作。他们站在人民群众的立场上，始终扎根于人民群众之中，始终把自己看成群众的一员，把群众看成自己的亲人，愿意接近群众，与群众同甘共苦，坚持同群众打成一片，与人民群众形成了水乳交融、血肉相连的关系；他们始终以群众的利益为最高利益，始终关注群众诉求，一切以人民群众的利益为工作的出发点和落脚点；他们为了广泛深入地发动和组织群众，在注重言传身教的同时，探索多种群众工作方法，讲究群众工作艺术；他们主张由经济斗争逐步吸引人民群众转到政治斗争；他们采取了深入群众，帮助群众，保卫群众，做群众的贴心人的方式方法；他们注意教育、启发和依靠群众；他们在组织群众时，要求普遍深入地发动和组织根据地的基本群众，普遍切实地改善群众生活，建立真正广大的牢固的群众团体，到一村做一村；他们把帮助群众劳动作为沂蒙党政军始终扎根于人民群众之中的法宝之一；他们强调军事斗争与群众工作紧密结合……这一切的一切无疑对今天的党员干部，特别对那些不愿意做，甚至不会做群众工作的党员干部有启发和借鉴作用，也对增强党员干部的群众工作意识，提高党员干部的群众工作能力，构建群众工作的长效机制，保证始终做好群众工作有积极的指导、借鉴意义。

在新形势下加强和改进党的群众工作，要借鉴党在沂蒙革命根据地开展群众工作的历史经验，要从思想上、组织上引导、教育人民群众，辩证地处理好学习群众和教育群众的关系，全面、务实地做好群众工作；要始终扎根于人民群众之中，与群众同甘共苦，要讲究群众工作艺术，在群众工作方法上，要做到继承与创新相结合。要牢记十八大报告中提出的新“两个凡是”：凡是涉及群众的切身利益的决定都要充分听取群众意见，凡是损害群众利益的做法都要坚决防止和纠正。要始终关注群众诉求，与群众同甘共苦，共同奋斗；要按照2014年5月9日，习近平总书记在河南省强调的那样去做，即“要从实际出发，把改进作风和增强党性结合起来，把为群众办实事和提高群众工作能力结合起来，把抓发展和抓党建结合起来，以实实在在的成效取信于民。为群众办实事既要有诚心，也要讲方法。要使办实事的过程成为宣传群众、组织群众、教育群众的过程，成为干部廉洁奉公、干净干事、在群众中树立良好形象的过程”。

（四）拒腐防变，清正廉洁，加强和规范党内政治生活

建设廉洁政治，坚决反对腐败，是加强和规范党内政治生活的重要任务。在艰苦的资源贫乏的革命战争年代，山东党政军领导干部为今天的廉政建设作出了表率。今天，每一个党员领导干部都必须筑牢拒腐防变的思想防线和制度防线，着力构建不敢腐、不能腐、不想腐的体制机制，保持党的肌体健康和队伍纯洁。领导干部特别是高级干部必须带头继承和发扬党在革命战争年代形成的廉洁自律的优良传统和作风，坚持立党为公、执政为民，坚持公私分明、先公后私、克己奉公；带头保持谦虚谨慎、不骄不躁的作风，保持艰苦奋斗的作风；带头执行廉洁自律准则，自觉同特权思想和特权现象作斗争，拒腐蚀、永不沾，慎独慎微；坚决同消极腐败现象作斗争，做到清正廉洁，营造风清气正的政治生态，确保党始终成为中国特色社会主义事业的坚强领导核心。

参考文献：

[1] 拥政爱民与军队群众工作的建设——一九四四年四月黎玉同志在军区政工会议上的报告［M］//山东革命历史档案资料选编（1943. 10—1944. 4）：第十一辑．济南：山东人民出版社，1982：402.

[2] 中共临沂市委．沂蒙将军颂：抗日战争卷［M］．济南：山东文艺出版社，1998：640＋644＋645.

[3] 山东省档案馆，山东社会科学院历史研究所．山东革命历史档案资料选编（1940. 10—1941. 5）：第六辑［M］．济南：山东人民出版社，1982：318.

[4] 罗东进．我的父亲罗荣桓［M］//罗嗣峰：红源革命光荣传统教育读本．北京：中国档案出版社，2005：195—196.

[5] 罗荣桓．学习毛泽东同志的思想——为纪念党的二十三周年而作［M］//中共临沂市委，中共山东省委党史研究室．三帅在沂蒙．北京：中共党史出版社，1996：477—478.

[6] 山东省财政科学研究所，山东省档案馆．山东革命根据地财政史料选编［M］．济南：山东人民出版社，1985：142—143.

[7] 山东省档案馆，山东社会科学院历史研究所．山东革命历史档案资料选编（1940.10—1941.5）：第六辑［M］．济南：山东人民出版社，1982：62.

[8] 孙海英．沂蒙早期党组织对实践马克思主义群众观的探索及启示［J］．学海，2017（6）：14.

（作者简介：汲广运，男，临沂大学马克思主义学院教授）

沂蒙精神对新时代干部教育工作的启示

朱洪涛

为政之要，首在得人。中国共产党历来十分重视干部教育工作，革命战争时期，毛泽东同志认为“政治路线确定以后，干部就是决定的因素。因此有计划地培养大批的新干部，就是我们的战斗任务”。[1]社会主义建设时期，邓小平同志强调“中国要出问题，还是出在共产党内部，对这个问题要清醒，要注意培养人，要按照‘革命化、年轻化、知识化、专业化’的标准，选拔德才兼备的人进班，我们说党的基本路线要管一百年，要长治久安就要靠这一条”。[2]2013 年 11 月，习近平总书记在山东考察工作结束时的讲话中指出：“山东是革命老区，有着光荣传统，军民水乳交融、生死与共铸就的沂蒙精神，对我们今天抓党的建设仍然具有十分重要的启示作用。”这里提出的“军民水乳交融、生死与共”，对沂蒙精神的产生、形成、内涵、性质做了新的深刻的揭示，对当前新的历史条件下，深刻认识、理解和弘扬沂蒙精神，抓好干部教育工作具有重大指导意义。

“己不正，焉能正人”，自十八大以来，习近平总书记始终强调要加强各级领导干部的教育力度，使领导干部要带头转变作风，身体力行，以上率下，形成“头雁效应”。结合习近平总书记关于新时代党建工作的总要求，应从历史与现实的双重维度考察沂蒙精神对新时代干部教育的借鉴与启示意义。

启示之一：坚定理想信念，补足精神之“钙”

革命理想高于天，理想信念是精神之“钙”、胜利之“钥”。1997 年来，共产主义远大理想激励了一代又一代共产党人英勇奋斗，成千上万的烈士们为了这个理想献出了宝贵生命。“砍头不要紧，只要主义真”“敌人只能砍下我们的头颅，决不能动摇我们的信仰”，这些视死如归、大义凛然的誓言生动表达了共产党人对远大理想的坚贞。习近平总书记指出：“理想信念就是共产党人精神上的‘钙’，没有理想信念，理想信念不坚定，精神上就会‘缺钙’，就会得‘软骨病’。”理想信念动摇是最危险的动摇，理想信念滑坡是最危险的滑坡。一些党员干部之所以在政治上、经济上、道德上、生活上出现问题，原因有很多，但归根到底是理想信念出了问题。党员干部如果没有坚定的理想信念，就会丧失党员应有的精神境界和应负的政治责任，就会把个人的利益、名誉、权力、地位看得很重，甚至千方百计规避或逾越党的纪律，最终走上违纪违法的邪路。

加强党员干部的教育是战时教育的一种重要形式，在沂蒙根据地的各种教育中占首要位置。为了适应抗战和根据地建设对党政军群干部的需求，沂蒙根据地先后创办了山东抗日军政干部学校、鲁南区抗日干部学校、八路军第一纵队随营学校等十几所各类干部学校，抗大一分校也来沂蒙根据地办学。这些干部学校以抗大一分校为榜样，坚持正确的政治方向，坚持以政治教育为主，使学员树立了民族解放的必胜信念。

始终不渝的革命信念是沂蒙精神的精髓。纵观沂蒙精神形成发展的全过程，在革命战争年代，一大批有着坚定理想信念的共产党人，用自己的实际行动甚至生命诠释了共产党人如何捍卫自己对理想信念教育的信仰和追求，并把这种信仰转化到实际的革命斗争中，在极度困难的条件下不放弃、不动摇直至献出自己的生命。在革命战争年代，像李清漪、李清滩、刘晓浦、刘一梦、侍振玉等革命先烈，是什么让他们前仆后继、抛家舍业，在极度险恶的条件下投入革命斗争中，甚至牺牲宝贵的生命也在所不惜？

正是因为在他们心中有着一份崇高的对马克思列宁主义的信仰，有着为人民群众翻身得解放而努力奋斗的坚定信念 。战斗在沂蒙大地的抗日女英雄陈若克，面对日本侵略者的屠刀，坚守着自己的信仰，为了党的事业慷慨赴死。这些共产党人在沂蒙大地播下了革命的火种，组织引导人民群众勇于革命，面对敌人的屠刀慷慨赴死，这些壮举不仅推动了革命的发展，也极大地感召激励着人民群众。正是由于这些优秀共产党员为革命信仰而奋斗、为人民利益不怕牺牲的行为，让处于水深火热中的沂蒙人民深刻感受到中国共产党是真正为人民谋利益的先进群体，是有担当和有作为的政党，代表了民族的未来与希望。沂蒙人民在血与火的考验中坚定了马克思主义的理想信念，选择支持和拥护共产党，才有了战争年代“水乳交融、生死与共”的感人事迹 。

信念坚定，是沂蒙精神的核心，是沂蒙精神历久弥新的根源所在。当前，社会思想观念多元多样多变，不同的思想文化交流交融交锋，党情国情世情发生着深刻变化，新情况新问题新挑战层出不穷，党不仅面临着执政考验、改革开放考验、市场经济考验、外部环境考验，还面临着精神懈怠的危险、能力不足的危险、脱离群众的危险、消极腐败的危险，党的执政能力建设和先进性建设从来没有像今天这样急迫。经验告诉我们，越是在复杂多变的形势下，越是在党建任务繁重紧迫的关头，越是要坚定理想信念。在新的历史条件下弘扬沂蒙精神，就要在坚定信念的引领下，继续开拓创新、艰苦奋斗、无私奉献，始终保持昂扬向上的精神状态和百折不挠的旺盛斗志，保持推动发展的无穷干劲和奉献精神，保持与人民群众的鱼水深情，不断提高党的执政能力、领导改革开放的能力、驾驭市场经济的能力、应对国内外一切考验的能力，团结带领人民在富民强省道路上大步迈进。

沂蒙精神的重大时代价值在于激励我们做中国特色社会主义共同理想的坚定信仰者和忠诚实践者。推动事业发展，要依靠那些能够认识到人民的利益，并甘于为之奋斗牺牲的有坚定信念的人。自改革开放以来，山东面貌发生了翻天覆地的变化，这是沂蒙精神在改革开放新阶段结出的新硕果，更是坚定不移走中国特色社会主义道路的历史必然。

启示之二：增强“四个意识”，坚守政治立场

“事在四方，要在中央”。党面临的形势越复杂，肩负的任务越艰巨，就越要维护党的团结和集中统一。党的十八届六中全会以来，党中央要求全党进一步增强“四个意识”，正是要确保全党统一意志、统一行动，充满生机、充满朝气，确保我们党始终成为中国特色社会主义事业的坚强领导力量。我们党是用马克思主义理论武装起来的先进政党，必须坚定正确的政治方向，坚守崇高的理想信念。统筹推进“五位一体”总体布局，建设中国特色社会主义伟大事业，面对“四大考验”和“四种危险”的严峻挑战，面对协调推进“四个全面”战略布局的艰巨使命，只有不忘初心、继续前进，不断增强政治意识、大局意识、核心意识、看齐意识，才能筑牢全面从严治党的思想基础，我们党才能担负起团结带领全国各族人民实现中华民族伟大复兴的历史使命。

讲大局、顾大局是中国共产党的优良传统和政治优势。中国共产党从创立之初就强调大局意识，党的“二大”通过的第一个党章明确规定：“区或地方执行委员会及各组均须执行及宣传中央执行委员会所定政策，不得自定政策。”在一些紧要的历史节点上，一批共产党人自觉服从大局、服务大局，留下了许多故事。毛泽东对山东抗日根据地的工作曾这样评价：山东是执行中央十大政策的模范。1943 年，为了实现山东根据地的一元化领导，建立统一的军事领导核心，朱瑞、黎玉、罗荣桓与陈光等人都为了顾全大局而放弃了分歧与私利。正是有这么一大批不计私利、服从大局、维护中央权威和团结统一的共产党人，才有了山东根据地的快速发展，才促进了共产党自身的团结和统一，为抗战胜利和解放战争奠定了群众基础与组织基础。

在党与军队的政治主张方面，黎玉、徐向前、罗荣桓等人也耐心地通过各种形式有计划地宣传。例如，黎玉认为：“我们的责任，就在于……加强革命的宣传，提高群众对自己的命运与中国共产党、八路军的一致。”[3] 1945 年 8 月 8 日，苏联对日宣战后进入东北，迅速摧毁了日本关东军和伪满军队，这为中国军队进入东北创造了条件。中共中央要求山东根据地的八路军迅速挺进东北，当时山东军区司令员兼政委罗荣桓要求山东干部：“我们山东要不惜一切代价，中央要什么，我们给什么。”根据中央的部署，罗荣桓等人带领山东主力部队 6 万人和大批干部挺进东北，随后会同其他解放区的部队和干部，按照中央的统一部署，先于国民党军队到达东北，争得了控制热河和东北的先机和主动权，打破了国民党军企图完全占领东北，从而南北夹击关内解放区，消灭共产党和人民军队的如意打算，为实现中共中央“向北发展，向南防御”的战略方针，为全国人民赢得解放战争的胜利做出了突出的贡献。

“知者行之始，行者知之成。”任何能够传世的精神，都是传统文化的精髓和时代脉动完美结合的产物。抗日战争和解放战争时期，在硝烟弥漫的沂蒙大地上，共产党人根植于人民群众，与人民群众合力抗敌，用鲜血与生命共同铸就了伟大的沂蒙精神。当年的沂蒙军民面对生与死的抉择、血与火的考验，忠贞不渝、宁死不屈，对党中央指令坚决执行、不折不扣，不讲条件迎难而上，这些都体现了沂蒙军民对民族独立、人民解放的执着追求，体现了对党的绝对忠诚。无数次的革命胜利表明，增强“四个意识”维护党中央权威，是我们党与人民取得胜利的关键与重要政治保障。站在新的历史起点上，实现新时代中华民族伟大复兴的历史使命，继续弘扬沂蒙精神，对我们牢固树立政治意识、大局意识、核心意识、看齐意识，夺取全面建成小康社会决胜阶段的新胜利，具有十分重要的意义。

启示之三：密切联系群众，加强作风建设

民者，国之根也。3 月 20 日，习近平总书记在十三届全国人大一次会议上发表重要讲话，其中80余次提及“人民”一词。以人为本、执政为民是检验党一切执政活动的最高标准。大力弘扬沂蒙精神，自觉践行党的群众路线，要求我们在任何时候、任何条件下都要始终把人民群众的利益放在第一位，始终与人民群众心连心、同呼吸、共命运，始终紧紧依靠人民群众推动改革发展和历史前进。

一切为了人民是中国共产党的性质与宗旨，坚持立党为公、执政为民，保持党同人民群众的血肉联系，是我们党执政的基本经验之一，也是沂蒙精神历久弥新的精髓所在，那时的党政军干部都怀揣着赢得民心的公仆情怀。刘少奇总是把人民的利益放在第一位，宁可自己不睡觉，也不让房东改变在夜里两三点推磨的时间；朱瑞为老百姓拉犁耕种、以身作则带头参加劳动，开展轰轰烈烈的大生产运动；徐向前为老百姓贴对联；时任山东省政府主席的黎玉历来重视群众工作，他对群众怀有深厚的感情，始终把老百姓视为自己的亲人。1942年3月，他提出了要让人民与军队有饭吃、有衣穿，使军队能抗日，老百姓能过日子，两者缺一不可。1943年10月，中共中央发出《十大政策》的指示后，黎玉不顾负伤初愈，带头参加大生产劳动，在他的带动下，山东各行政区负责人也亲自动手，领导群众开荒，山东抗日根据地掀起了大生产运动的高潮。1945年夏季反“扫荡”期间，罗荣桓因疲劳过度，尿血症加重，医护人员用甲鱼汤为其滋补身体。一天，罗荣桓看到房东滕东余的母亲病了，身体很虚弱，立即让医护人员为老人看病，并把为他做的甲鱼汤盛了一碗，亲自端给老人喝，老人十分感动，说什么也不喝，最后还是在罗荣桓的再三劝说下，把甲鱼汤喝了。政治上爱民如子的优良作风，让八路军一一五师的干部们很快便得到了人民衷心的拥护和爱戴。

1940年7月，时任中共山东分局宣传部长、大众日报社管委会主任的李竹如作为代表，出席了山东各界人民联合大会，并具体负责大会的组织工作。他在会上作了《战斗中的山东人民》的报告。报告中，他的一番话意味深长：“严防群众领袖的自高自大或自满，严防其脱离群众、防止其新官僚主义的生长。要使得大大小小的群众领袖都能够正确地了解：在你能够代表群众、为着群众利益的时候，群众可以将你高高地举起；但是当你脱离群众、不能为着群众的利益的时候，群众也可以重重地将你放下。”

西方记者爱泼斯坦曾记下他在根据地看到的难忘的一幕。一位老农慈爱地拍打着出身贫苦的年轻县长的背，对他说：“你看这家伙背了多少筐粪到我们地里？有谁以前看见过这样的官？从前，当官的闻的是他们姨太太的香水味，怎能闻这鲜大粪呢？”爱泼斯坦感慨道：“在中国几千年的历史中，以前从来没有过这样的官员，也没有人见到过这样的情景。”

新时代加强干部教育，必须始终牢记沂蒙精神所蕴含的不忘初心的宗旨。在硝烟弥漫的战争年代，沂蒙人民积极参加和支援抗日战争。在参军运动中，适龄青年响应共产党及其领导下的抗日组织的号召，争先恐后，踊跃报名，有10万多名青年参加八路军。许多村庄出现“送子参军”“送郎参军”“兄弟争相参军”“村干部带头参军”以及青年戴花跨马入伍的感人场面。在艰难困苦的抗战岁月，沂蒙人民无怨无悔地爱党爱军，把最后一口粮当军粮、用最后一块布做军装、把最后一个儿子送战场。如，用乳汁救伤员的明德英；精心照料革命后代，自己的4个孙子却因营养不良而先后夭折的“沂蒙母亲”王换于……沂蒙人民在解放战争中组成浩浩荡荡的支前大军，车轮滚滚，担架如林，前送粮弹，后运伤员，放哨带路，看押俘虏……与人民军队共御外侮、众志成城，为抗日战争胜利谱写了惊天地、泣鬼神的英雄篇章。与此同时，每当战斗间隙，战斗在沂蒙抗日根据地的战士们便积极帮助群众进行生产劳动，为人民群众从鬼子手里抢回粮食，帮助群众挑水送粪；劳动休息时，指战员们教儿童识字、唱抗日歌曲，并帮助村庄建立儿童团、民兵连、识字班等群众组织；帮群众干活时，指战员们自带干粮，不要任何报酬，部队无论走到哪里，都受到群众热烈欢迎。

为什么我们党、军队、人民能水乳交融、生死与共？为什么沂蒙红嫂能摆脱封建思想束缚、用乳汁挽救革命干部的生命？为什么沂蒙母亲为了抚育革命后代不惜饿死自己的孩子？为什么沂蒙人民能够牺牲一切甚至生命支持革命事业？因为那是将心比心换来的，是走群众路线走出来的，党为人民谋幸福，人民就会坚定跟党走。沂蒙军民水乳交融、生死与共铸就的沂蒙精神，体现了我们党的初心，这个初心，就是全心全意为人民服务之心，这正是沂蒙精神的力量源泉所在、原点所在、根本所在。我们在沂蒙精神中汲取力量，就要牢固树立以人民为中心的发展思想，时刻把群众放在心中的最高位置，真正把群众利益装在心上，真心实意为群众解难题，全心全意为人民谋幸福，这是我们的执政之基、力量之源、胜利之本。

在防止贪腐方面，山东根据地的政策更是严明律己，1940 年通过的《关于招待费及菜金马干费的决定》及 1943 年通过的《严惩贪污公粮暂行条例》等被严格执行。当时山东省省长黎玉还撰文《起来，为广大人民办事》，言简意赅，要求党员干部为“决定国家命运的基本劳力”服务。可以说，用“夙夜在公”来形容老区的党员干部毫不夸张。而人民军队更是一支纪律严明的军队，所到之处严守“三大纪律八项注意”，不拿群众一针一线。遇有危险，人民军队首先挡在群众前面。也正因为党员干部如此生动地践行了群众路线，才换来了老区百姓的坚定拥护，这种忠诚是对无数共产党员为民、亲民、爱民的回馈，

实现党的十九大提出的奋斗目标，实现中华民族伟大复兴的中国梦，必须牢记群众路线，必须真正依靠群众。毛泽东曾指出：“我们是为老百姓谋利益的，决不能跟老百姓去争利益。”古语有云：民之所忧，我之所思；民之所思，我之所行。只有带着真心实实在在地深入基层，了解老百姓的疾苦，用实际行动化民愁解民怨，把老百姓的事当成自己的事来干，和老百姓打成一片，才能真正让百姓体会到党的温暖，才能从根本上密切党群干群关系。历史和现实告诉我们，来自人民、植根人民、服务人民，是我们党永远立于不败之地的根本。中国共产党最大的政治优势是密切联系群

众，党执政后的最大危险是脱离群众。党员干部要始终把人民利益放在第一位，把实现好、维护好、发展好最广大人民的根本利益作为一切工作的出发点和落脚点。做到权为民所用、情为民所系、利为民所谋，真正俯下身子，沉到基层，知民情，解民忧，暖民心，做到为官一任，造福一方。

启示之四：熟知动员策略，加强组织建设

古人云："水能载舟，亦能覆舟。"沂蒙精神形成的历程，是一部依靠群众、发动群众的生动历史，组织发动群众是其形成发展的关键。实现人民解放首要的是依靠群众，关键是组织发动群众。党的第一个纲领，就提出要把工人、农民和士兵组织起来。建党之初，王尽美、邓恩铭等早期共产党人在齐鲁大地传播马克思主义，积极宣传共产主义理想，1927 年，临沂建立了第一个党组织。革命战争中，山东根据地党政军领导干部审时度势，积极建立以广大群众为基础的民主统一战线，组织开展了轰轰烈烈的民主选举、减租减息、土地改革、冬学运动等群众工作，动员广大群众支持革命、投身革命。根据党中央的指示，自 1939 年开始，山东党组织在沂蒙根据地民主选举基层政权，广泛建立群众团体，让人民群众成为改造社会的主体，实现了政治上的当家做主。1940 年 8 月，山东省战时工作推进委员会在沂南县成立。1945 年 8 月，党的第一个省级人民政府——山东省政府在莒南县成立。随后进行的"减租减息"、土地改革和大生产运动，使广大群众经济上翻了身，生活有了保障。同时，积极开展冬学运动，大办"识字班""庄户学"，把文化教育与政治教育融为一体，引导广大群众从迷信保守的思想中解放出来，坚定了紧跟共产党、支持人民军队的信心和决心。大众日报社、新华社山东分社、新华书店等先后在临沂创办。正是政治、经济、文化、社会上获得了彻底解放的广大群众，才在党的领导下凝聚成了积极参军参战的巨大力量。

和谐的干群关系是沂蒙精神形成发展的根本。在长期的革命斗争中，广大群众深刻认识到中国共产党才是人民的大救星，才是群众利益的忠实代表，进而坚定了对共产党的信任，对共产主义的信念。面对强大的敌人，在生死关头，人民群众选择了共产党，坚定地站在党和人民军队的一边，投入革命斗争，毁家纾难、勠力支前。战争年代，沂蒙人民“把最后一口饭当军粮，用最后一块布做军装，把最后一个儿子送战场”，“沂蒙山区10万英烈血洒疆场，乡乡有红嫂，村村有烈士”[4]。当时沂蒙地区420万人，有21.4万人参军参战，120万人次拥军支前，有10.5万人献出了宝贵生命，涌现出了用乳汁救伤员的红嫂、“沂蒙母亲”王换于、“抗日楷模村”渊子崖、支前模范“沂蒙六姐妹”等英模人物和先进群体。

抗日战争时期，中国共产党在山东抗日根据地运用多种方法，深入开展了广泛的民众动员工作。在根据地广大民众的积极配合下，党的民众动员工作收到了很好的效果，成为抗战取得胜利的关键因素。党在山东抗日根据地开展民众动员工作是由一定的背景因素所决定的。抗战爆发以后，山东民众面临前所未有的民族危机，开展民众动员是全民抗战的内在要求；党丰富的民众动员经验和山东党组织的恢复和发展为党的民众动员工作打下了组织基础；同时，无论是思想先进的工人、学生集体，还是对政治冷漠的农民阶层，都亟须党去领导他们。为了最大程度上对民众进行动员，中国共产党不断创新动员方式和策略，开展了内容丰富、形式多样的动员工作。培养了大量的抗战人才，冲击了农村旧的封建统治秩序，提升了民众政治参与意识，增强了民众的凝聚力，为中华人民共和国的诞生奠定了基础。

社会主义建设时期，沂蒙人民响应党的号召，发扬战争年代那么一种拼命精神、那么一股革命干劲，战天斗地、整山治水、改造自然，涌现出了厉家寨、高家柳沟、王家坊前等受到毛主席亲笔批示的先进典型。20世纪50年代，“为顾全大局，根治淮河水患，沂蒙山区有527个村、27万间房屋被拆迁，28万亩良田、5万亩山林被淹没，40多万库区农民了家园，生活跌到了贫困线以下”。[5]60年代国民经济困难时期，临沂人民节衣缩食，交售公粮12多亿千克，接收安置鲁北移民6万多人，唱响了一曲曲感天动地的无私奉献之歌。

进入新时代，党中央提出了新时期的发展战略，其中重要的是实施乡村战略。在这种现实形式下，目前，个别机关党员及干部在对待工作上还存在一些不敢做、不会做的现象。为此，我们更需大力弘扬沂蒙精神，让沂蒙红色基因注入血脉，代代传承。发扬敢于突破、敢为人先的精神，积极开拓创新，通过弘扬沂蒙精神，强化宣传引导，让我党在新时期组织建设方面能够得到创新与突破，毫不动摇坚持党的领导，紧紧围绕党中央关心的大事难事急事来行动，找准工作的切入点、结合点、着力点，动员和引导群众，为打赢防范化解重大风险、精准脱贫、污染防治三大攻坚战和实施乡村振兴战略贡献力量

启示之五：领悟厚重历史，强化道德修养

德是为官之魂。习近平总书记经常强调，各级领导干部应该自觉把加强道德修养作为人生必修课，不断强化道德修养，提升道德境界，追求高尚情操，始终坚守共产党人的精神高地。

以史为鉴，可以知兴替。重视历史学习是中国共产党一直秉承的优良传统，作为一个用马克思主义理论武装起来的政党，中国共产党历来非常重视对领导干部进行历史教育。近年来，习近平同志就历史学习做过多次专门论述，在《领导干部要学点历史》的讲话中，习近平同志强调指出，领导干部不管处在哪个层次和岗位，都应该读点历史，通过学习历史，不断深化对人类社会发展规律、社会主义建设规律和共产党执政规律的认识，不断丰富自己的历史知识。革命传统资源是我们党的宝贵精神财富，蕴含着丰富的政治智慧和道德滋养，要以各级党员领导干部为重点，把党史教育纳入干部教育培训的必修课，把全面了解和正确认识党的历史作为一项基本要求，引导党员领导干部特别是年轻干部认真学习党的历史，努力提高思想政治素质和领导水平。

沂蒙精神传承了中国优秀传统文化。文化是民族的血脉、人民的精神

家园。中华民族五千多年的文明发展，创造出了源远流长、博大精深的中华文化，为民族发展提供了强大的精神力量，为人类文明做出了不可磨灭的贡献。当今世界，各种思想文化在交流、交融、交锋中相互竞争，文化已经成为一个国家的软实力，但并非所有的文化都能够成为软实力，只有那些真正反映社会前进方向和时代精神的先进文化，才能够引领社会进步，成为真正的文化软实力。文化是精神的源泉，如前所述，中国优秀传统文化，特别是儒家文化，为沂蒙精神的诞生提供了重要的思想源泉；文化的核心是价值观，是一个民族文化精神、文化传统的最集中体现，而精神是文化的精华。沂蒙精神体现了中国优秀传统文化的价值观，是中国传统文化的精华。沂蒙精神既是中国优秀传统文化的组成部分，是反映时代精神的先进文化。

沂蒙精神作为社会意识形态，同其他革命精神的区别在于其特殊性，这就是党一心为民，同人民群众之间的水乳交融、生死与共的党群关系，以及人民群众坚定跟党走、追求光明、艰苦创业、无私奉献的信念。沂蒙精神体现了沂蒙人民所具有的爱憎分明的正义感，大义善良的高尚品德，不畏强暴、勇于反抗的革命精神，敢于担当、勇于献身的爱国主义精神和吃苦耐劳、变革图强、执着理想的进取精神。特定的时间、地点，忠厚、朴实的百姓，先进的政党、军队，仁、义的传统文化，浩荡的历史潮流，诸多因素塑造了沂蒙精神的个性，同时也为沂蒙精神注入了生机和活力，使沂蒙精神具有历史的穿透力，成为一种活着的、有生命的文化血脉，凝结为一种推动社会历史前进的恒久力量。“富有之谓大业，日新之谓盛德”。沂蒙精神所蕴含的文脉绵长、底蕴深厚，不仅革命战争年代需要沂蒙精神，和平建设时期同样需要沂蒙精神，特别是在市场经济条件下，弘扬沂蒙精神有助于增强道德免疫力，为促进经济社会健康发展提供精神动力。

结语

历史的车轮已进入新时代，随着发展领域的不断拓宽与改革的不断深入，多元思潮相互激荡，挑战着主流的价值观念，物质诱惑冲击着干部的自律防线。党群关系面临的新挑战和新考验，对如何加强党同人民的血肉联系提出了更高更严的要求。当前尤其需要党的各级领导干部要时刻以沂蒙精神所蕴含的“为人民靠人民、忠诚看齐革命到底”的高度自觉，密切“水乳交融、生死与共”的和谐党群关系，做到“不忘初心、牢记使命”，使沂蒙精神的红色基因融入各级干部的血脉之中与灵魂深处，凝聚起推动跨越发展、决战脱贫攻坚、创造美好生活的强大精神力量。这既是历史的昭示、时代的呼唤，也是沂蒙精神的时代价值。

参考文献：

[1] 毛泽东．毛泽东选集：第2卷［M］．北京：人民出版社，1991：526.

[2] 邓小平．邓小平文选：第3卷［M］．北京：人民出版社，1993：380.

[3] 1944年4月黎玉同志在军区政工会议上的报告［M］//山东省档案馆，山东社会科学院历史研究所．山东革命历史档案资料选编（1943.10－1944.4）：第11辑．济南：山东人民出版社，1982.

[4] 徐东升，等．基于沂蒙精神育人的社会主义核心价值观教育研究［M］．济南：山东人民出版社，2015：133.

[5] 徐东升，等．基于沂蒙精神育人的社会主义核心价值观教育研究［M］．济南：山东人民出版社，2015：124.

（作者简介：朱洪涛，男，临沂大学马克思主义学院讲师）

红色基因的社会功能

红色文化融入日常生活的困境及优化策略

曾杰

红色文化是由中国共产党人、先进分子和人民群众在革命战争年代共同创造，并在社会主义建设时期得到发展的，极具中国特色的社会主义先进文化，蕴含着丰富的革命精神，凝聚着厚重的历史文化内涵。党的十八大以来，习近平总书记反复强调，“要把红色资源利用好、把红色传统发扬好、把红色基因传承好”。党的十九大报告提出：“继承革命文化，发展社会主义先进文化，不忘本来、吸收外来、面向未来，更好构筑中国精神、中国价值、中国力量，为人民提供精神指引。”[1]红色文化作为我国社会主义先进文化的重要组成部分，具有超越时空的生命力，传承红色文化，必须把红色文化和大众的日常生活相结合，才能奏响红色传承的新时代强音。

一、 红色文化融入日常生活的价值意蕴

“所谓日常生活，就是旨在维持个体生存和再生产的各种活动的总称，它指向私人领域，是个人生活的自在世界。”[2]日常生活是人一切活动的基础，是个人生活的基本领域，人的价值观念、思想观念、行为选择都来源于生活实践，个人在现实生活实践中建构起自身的精神家园，而日常生活中的常识、习俗、传统等作为集体无意识存在、沉淀在民族、国家共同体

之中，形成群体的共同精神风范，因而红色文化融入日常生活，对个人、民族和国家都具有重要意义。

（一）建构个人精神家园的重要路径

精神家园是一种包含理想、信念、意志、观念、目标和追求等要素在内的精神系统，是“人的主体精神（知、情、意）对日常生活世界的认知状态、情感表达和精神追求”。[3]。精神家园是人的精神支柱，是心灵的安顿之所，是情感的寄托。精神家园蕴含着对生命终极意义的思考、对生命价值的追寻、对生命意志的锤炼、对生活态度的修炼。个人只有找到了自己的精神家园，才能获得生命的意义，才能拥有生存的勇气，才能具有生活的智慧，才能实现生命内在超越和人的全面发展。中国的红色文化是中国共产党领导全国人民在革命和建设时期形成的社会主义先进文化，其蕴含的崇高的马克思主义信仰追求、为人民服务的价值追求、艰苦奋斗的顽强意志、无私奉献的道德追求都是中国先进分子高尚的精神境界、精神人格、精神风貌的生动写照。红色文化融入日常生活，将有利于个人通过继承和发扬红色文化的精髓，以红色文化构筑自己的精神家园，树立起正确的世界观、价值观、人生观。

（二）引领社会精神风尚的必然选择

良好的社会精神风尚是社会主义精神文明的重要内容，是我国改革开放和中国特色社会主义代化建设的重要保证。树立社会主义新风尚，必须弘扬社会主义核心价值观，而红色文化正是社会主义核心价值观的根脉源泉，是共产党人探索社会主义核心价值内核的生动实践。尽管红色文化在不同时期表现出不同的具体精神形态，如红船精神、井冈山精神、长征精神、延安精神、西柏坡精神等，但贯串其中的共产主义、爱国主义、集体主义、自强不息、艰苦奋斗的灵魂却从未改变。红色文化凝聚着中国共产党人信仰、理想、信念的强大精神力量，成为中华民族特定的红色基因密码，是中国民族的精神支柱和行动指南。在今天多元化的社会，红色文化依然具有超越时空的生命力，红色文化蕴含的崇高精神具有永恒的感染力和号召力，红色文化展现的英雄模范用自己的行动标注了时代的精神高度，红色文化是引领时代前进、传播正能量、弘扬主旋律的主流文化。因此，红色文化对当今消除不良社会风气、塑造良好社会精神风尚有着重要影响作用，红色文化融入日常生活是引领社会精神风尚的必然选择。

（三）推进民族复兴事业的精神动力

2012 年 11 月 29 日，习近平总书记在参观《复兴之路》展览时指出："实现中华民族伟大复兴，就是中华民族近代以来最伟大的梦想！""中国梦"的基本内涵是实现国家富强、民族振兴、人民幸福。党的十九大会议上，习近平总书记满怀深情地向全世界宣告："今天，我们比历史上任何时期都更接近、更有信心和能力实现中华民族伟大复兴的目标。"要实现中华民族伟大复兴的"中国梦"，离不开高举中国特色社会主义伟大旗帜，离不开全国各族人民的奋斗和拼搏，离不开全国各族人民的万众一心。红色文化印证着中国特色社会主义理论的正确性，彰显着信仰、旗帜的力量，具有催人奋进的精神力量。在革命年代，国破家亡时，红色文化鼓舞全国人民追求共产主义远大理想，为实现国家独立和人民解放不懈奋斗，谱写了中国历史上一段伟大的篇章，最终创造了中国发展历史上的传奇；在建设时期，红色文化作为中华民族最独特的精神标识，团结着中华民族继往开来、不断开创中国特色社会主义事业建设新局面。在新时代，实现中华民族伟大复兴的关键时期，更需要传承红色文化，调动全国人民的积极性、凝聚中国人民的力量，向着"中国梦"奋力前行。

二、红色文化融入日常生活的现实困境

红色文化具有丰富的内涵，是中华民族优秀文化的重要组成部分，在中华民族的历史上发挥着重要的精神鼓舞和思想引领作用。当今，红色文

化超越时空，依然具有不可替代的作用。实现红色文化的时代价值，必然要把红色文化融入大众的日常生活，成为大众自觉的价值追求和行为规范的指南。然而，当前红色文化融入大众日常生活却面临诸多困境，主要表现在：

（一）红色文化彰显的理论基础在对现实问题缺少深入透彻的关照中面临失语的危险。

红色文化伴随着马克思主义中国化的过程而产生、形成，是马克思主义基本理论、原理同中国具体实际情况相结合的精神结晶，中国革命的成功雄辩地证明了马克思主义理论的真理性。红色文化融入日常生活，首先就是对红色文化彰显的马克思主义信仰的认同。而随着改革开放的深入推进，各种利益分化、重组，市场经济的负面效应进一步凸显，社会发展中的各种问题层出不穷，加之西方各种反马克思主义思潮的渗透，导致部分人开始怀疑马克思主义的真理性，对马克思主义信仰产生动摇，对中国特色社会主义制度产生困惑。“马克思主义就是阶级斗争”“马克思早已经过时”“中国特色社会主义是表面上的社会主义、实质上的资本主义”“鼓励‘全盘西化’”“只有民主社会主义才能救中国”等错误言论不绝于耳。针对这些错误言论，马克思主义理论必须与中国社会现实生活、现实问题相结合，才能给出最有力的反驳和回答，马克思主义才能在新时代焕发出无限生机和活力。毛泽东指出：“我们说的马克思主义，是要在群众生活群众斗争里实际发生作用的活的马克思主义，不是口头上的马克思主义。”[4]而在和平发展时代，如果依然基于革命理想主义而过分强调意识形态的宏大叙事，忽视现实世界的差异性、多样性与实践性，忽视与“微观世界”“日常生活”的对接，马克思主义理论就呈现出“无用”的状态，马克思主义理论的吸引力会日渐式微，红色文化就会成为一种历史的文本，红色文化融入大众日常生活将失去根基，红色文化彰显的理论基础在对现实问题缺少深入透彻的关照中面临失语的危险。

（二）红色文化所标示的共产主义理想追求在对功利主义近乎痴迷的追逐中面临失位的危险。

坚定的共产主义理想追求，是红色文化的底蕴本色。中国共产党在国家遭受西方列强欺凌、人民处于水深火热之际，高举马克思主义的科学理论，以共产主义的理想追求为旗帜，团结各族人民取得了中国革命的胜利，共产主义理想的旗帜就在中国上空高高飘扬。当然，共产主义理想不仅是一种理想社会形态，也是不断革命的现实社会运动。马克思指出："共产主义对我们来说不是应当确立的状况，不是现实应当与之相适应的理想。我们所称为共产主义的是那种消灭现存状况的现实的运动。"[5]因而在追求共产主义理想的过程中，必须把实现共产主义的最高理想和不同历史时期的具体任务结合起来。在革命战争年代，凭着对共产主义理想的追求，无数先进的中国人抛头颅、洒热血，实现了国家独立和人民解放，革命先驱李大钊在敌人的绞刑架上高呼："我们深信，共产主义在世界、在中国必然要得到光荣的胜利！"在社会主义建设初期，秉承革命烈士的精神，在坚持追寻共产主义理想的过程中，形成了"雷锋精神""铁人精神""大庆精神"等。在当代中国，继承和弘扬红色文化，把红色文化融入日常生活，就必须引导人们把共产主义理想追求和推进中国特色社会主义事业建设、实现中华民族的伟大复兴结合起来，弘扬共产主义精神，努力推动社会的进步、发展。而在当今市场经济浪潮的冲击下，部分人沉迷于物质享受和低级趣味，金钱至上、"有奶就是娘"等价值观盛行，共产主义理想迷失，红色文化所标示的共产主义理想追求在对功利主义近乎痴迷的追逐中面临失位的危险。

（三）红色文化所蕴含的人民中心的价值立场在个人中心主义急剧膨胀的境遇中面临失足的危险。

以人民为中心，是红色文化所蕴含的价值立场。红色文化是马克思主义中国化的产物，红色文化和马克思主义的价值立场一脉相承。马克思主义的根本价值立场是为绝大多数人谋幸福，它以“现实的人”为逻辑起点，又以“每个人的自由而全面”“自由人的联合体”为最终落脚点，以人民为中心是马克思主义的价值立场所在。红色文化自然也蕴含以人民为中心的根本价值立场，产生红色文化土壤的中国革命就是一部依靠人民群众、全心全意为人民服务的历史。全心全意为人民服务，与人民生死与共、风雨同舟是贯串中国革命全过程的红线，红色文化就是代表人民群众立场、为人民群众服务的文化。新时代继承和发扬红色文化，融入大众日常生活，就必须尊重人民的主体地位，恪守以人民为中心的价值立场，党的十九大报告就指出：“坚持以人民为中心。人民是历史的创造者，是决定党和国家前途命运的根本力量。”[6]而伴随着我国改革开放与市场经济体制的确立，个人的权利意识和主体意识增强的同时，个人中心主义也开始急剧膨胀，“市场经济的背后是个人主义价值观在全球范围的传播，公民个体越来越关注个体经济利益”。[7]个人中心主义处处都把自己的利益摆在最优先的位置，一切从自己的利益出发，满足个人私欲而不惜损害社会和他人利益，和红色文化价值追求相背离，红色文化所蕴含的人民中心的价值立场在个人中心主义急剧膨胀的境遇中面临失足的危险。

三、红色文化融入日常生活的策略优化

充分发挥红色文化的时代价值，推动红色融入大众的日常生活，需要把红色文化和价值取向、道德风尚、社会观念、生活方式等多个方面结合起来，开掘红色文化融入的路径。具体而言，应努力实现三个“结合”。

（一）把红色文化和引领人们树立正确的价值观相结合。

价值观是人们关于基本价值的信念、信仰和理想系统，它是人们关于什么是好，以及向往什么、追求什么、拥护什么的观念、思想、态度的总和。价值观对人的行为具有重要的驱动、制约和导向作用。马克思指出：

“动物只是按照它所属的那个种的尺度和需要来建造，而人却懂得按照任何一个种的尺度来进行生产，并且懂得怎样处处都把内在的尺度运用到对象上去；因此，人也按照美的规律来建造。”[8]改革开放以来，我国的经济建设、社会发展取得举世瞩目的成就的同时，市场经济体制的建立、国内社会经济结构的多元化、国外各种思潮涌入、网络的迅猛发展等因素导致我国人们的价值观开始发生较大变化，大众的日常生活受到价值观变化带来的较大影响。目前，社会的价值观变化的特点主要体现在：理想主义向现实主义转化，群体本位向个体本位转化，单一价值向多元价值转化。这种价值观的变化，一方面表明社会个体的权利意识、平等意识、竞争意识在增强，另一方面也滋生出个人主义、享乐主义、拜金主义、实用主义、功利主义等一些负面价值观，影响着大众的行为选择。利用红色文化对大众进行教育，必须引导人们树立正确的价值观，让广大人民群众在重温历史中体会先辈的崇高精神追求和精神境界，自觉对人生意义、人生目的、人生追求进行主动思考，在探索思考中坚定人生正确的理想信念、找准人生坐标、端正人生价值取向、明确人生追求，自觉地创造真正有意义、有价值的生活。正如习近平总书记强调的：“中国革命历史是最好的营养剂。多重温我们党领导人民进行革命的伟大历史，心中就会增添很多正能量。”

（二）把红色文化与健全人们日常行为规范相结合。

日常行为规范是人们在社会生活领域应该遵守的行为准则和道德规范，它不仅是人的价值观在生活领域的具体体现，通过指引人们应该做什么、禁止做什么，影响和制约着人们的行为举止，而且对人的价值观的形成和巩固具有反作用。传承红色文化，不能仅仅是重温历史与怀旧，而是要把红色文化蕴含的精神价值和当代新的生活实际结合起来，把红色文化的核心价值观念和人的现代生活境遇结合起来，实现红色文化从抽象理论向可感知的具体行为规范的转化，从而避免红色文化传承的形式化与空壳化。将红色文化融入日常行为规范，让红色文化蕴含的价值观念成为人们日常工作生活的自觉追求，需要在社会公德、职业道德、家庭美德方面强化人们的日常行为规范。首先，将红色文化融入社会公德中，通过志愿服务、道德教育、榜样示范力量弘扬红色文化的爱国主义精神、奉献主义精神、团结合作精神，培养公民的社会责任感和使命感，建立起新型的人际关系。其次，将红色文化融入职业道德之中，弘扬红色文化的人生价值追求，要求人们树立起正确的职业观，选择正确的职业理想，并在职业工作中爱岗敬业，为群众所想，为群众办实事，尽职尽责、公平公正，最终实现奉献社会的目的。最后，将红色文化融入家庭美德中，弘扬红色家风，引导大众把爱国、爱党和爱家有机结合起来，继承红色文化没有特权的、平等、有爱的家庭成员关系，秉承红色文化严守纪律、廉洁奉公的清廉本色，继承发扬红色文化艰苦朴素、勤劳节俭的持家传统。

（三）把红色文化和健康生活方式相结合。

生活方式是人们把握自身和社会的基本方式，主要包括人们的物质资料消费方式、精神生活方式以及闲暇生活方式等多方面的内容，通常反映个人的情趣、爱好和价值取向，具有鲜明的民族性和时代性。马克思指出："在社会生产的每个时代，都有这些个人的一定的活动方式，表现他们生活的一定形式，他们的一定的生活方式。"[8]当代中国，在中国共产党的领导下，全国各族人民艰苦奋斗，奋发图强，不断探索适合中国国情的社会主义发展道路，取得了社会经济发展的辉煌成就，国家综合实力明显增强，社会生产力得到大幅提高，人民群众的生活水平和生活质量得到稳步提高，人们的生活方式也正在悄然发生改变。一方面当代人的生活方式越来越舒适、便利、多样化，如移动互联网、微信、支付宝、网络购物、茶吧、桑拿、境外游等，另一方面也出现了一些负面特征，如缺乏体育锻炼、宅生活、生活的快节奏、精神的压力和空虚、高消费和高浪费导致资源的短缺等。而红色文化是一种倡导科学、健康、文明、绿色生活方式的文化，发扬红色文化的价值意蕴，必须把红色文化和大众健康的生活方式相结合。

红色文化融入大众的生活方式，必须做好三重转化：一是必须把红色文化所蕴含的价值旨趣转化为广大社会成员的生活习惯，融入生活的点点滴滴、方方面面。只有和社会成员的生活实际结合起来，红色文化才能真正入脑、入心、入行。二是必须充分发掘红色文化资源，将红色文化资源转化为大众的休闲生活的重要组成部分。恩格斯指出，休闲时间的增多是文明进步的重要标志，随着我国经济社会的发展，各社会主体的休闲时间日益增多，休闲方式也日益多元化。如何使红色文化与普通大众的休闲生活有机结合起来，提高休闲生活的品位，丰富休闲生活的情趣，正在凸显为一项具有重要理论与实践价值的课题。三是要把红色文化转化为大众消费结构中的重要元素。随着经济的发展与人民生活水平的提升，消费结构日益摆脱单一性消费结构，复合型消费结构业已成为大众消费的新常态。因此，红色文化产业与红色文化事业都要适应这种消费结构的转型，主动适应和满足人民群众对美好生活的追求与期待，不断提高红色文化产品在大众消费结构中的比重。

参考文献：

[1] 习近平．决胜全面建成小康社会 夺取新时代中国特色社会主义伟大胜利 在中国共产党第十九次全国代表大会上的报告［N］．人民日报，2017-10-28.

[2] 孟迎辉，邓泉国．社会主义核心价值观与日常生活的内在逻辑［J］．社会主义研究，2015（1）：64-68.

[3] 王凌云．中华民族精神家园构建的文化哲学之维［J］．哲学论丛理论月刊，2012（8）：55-59.

[4] 毛泽东．毛泽东选集：第3卷［M］．北京：人民出版社，1991：858.

[5] 马克思，恩格斯．马克思恩格斯文集．第1卷［M］．北京：人民

出版社，2009. 539.

[6] 习近平．决胜全面建成小康社会 夺取新时代中国特色社会主义伟大胜利 在中国共产党第十九次全国代表大会上的报告［N］．人民日报，2017－10－28.

[7] 王卓君，何华玲．全球化时代的国家认同：危机与重构［J］．中国社会科学，2013（9）：16－27.

[8] 马克思，恩格斯．马克思恩格斯全集：第3卷［M］．北京：人民出版社，1972：24.

（作者简介：曾杰，女，遵义师范学院马克思主义学院教授）

弘扬红色文化，建设具有强大凝聚力和引领力的社会主义意识形态

黄建立

党的十九大报告指出："意识形态决定文化前进方向和发展道路。"文化承载着意识形态，体现着意识形态。事实上，每个国家都是通过传承一定的文化来进行和实现意识形态教化的，通过一定的文化内容、文化形式和文化环境将意识形态展示于人，教化于人。红色文化是我党在特定历史时期和历史环境下，以马克思主义为指导，在中国革命、建设和改革中创造的一种特殊文化，其本身带有深深的意识形态烙印。习近平总书记多次强调："要把红色资源利用好、把红色传统发扬好、把红色基因传承好。"这是党的事业薪火相传、血脉永续的根本，是我党不忘初心，牢记使命，接续奋斗，走好新时代的长征路的法宝。因此，弘扬红色文化对于建设具有强大凝聚力和引领力的社会主义意识形态具有重要的现实意义。

一、 红色文化的内涵和意识形态价值

（一）红色文化的内涵

红色文化是马克思主义中国化的文化成果。毛泽东把红色文化称之为

“中国人民学会了的马克思列宁主义的新文化”。是中国共产党成立以来，领导中国人民在革命、建设和改革进程中，以马克思列宁主义为指导，吸收中外优秀文化养分所创造出来的先进文化。红色文化是一种独特的文化类型，它表现为两个方面：物质状态的红色资源和精神状态的红色精神。红色资源是红色精神的物质载体，指的是革命遗址、革命文物以及在历史遗存基础上建立起来的烈士陵园、博物馆、展览馆、纪念馆等；红色精神则是指我党在面临一次又一次的困难与考验时，所依靠的信仰、价值体系、知识和规范，这是红色文化的精髓所在，它的具体表现是红船精神、井冈山精神、长征精神、延安精神、西柏坡精神、沂蒙精神、抗美援朝精神、大庆精神、雷锋精神、铁人精神、“两弹一星”精神、98抗洪精神、抗震救灾精神，等等。红色文化作为社会主义先进文化的组成部分，有一定的政治导向，属于一种政治文化。红色文化作为一种先进的文化形态和社会意识，为中国的革命、建设、改革和发展铸就了不屈的灵魂，确立了正确的导向，树立了鲜明的旗帜，为夺取革命、建设、改革中的一个又一个胜利注入了强大的精神动力，发挥了重要作用，对于当前我国构建社会主义核心价值体系、抵御社会不良思潮的侵蚀、提高国家文化软实力有着积极的推动作用。

（二）红色文化的意识形态价值

红色文化是以马克思主义为指导的科学文化，是反帝反封建、实现中华民族独立和解放的革命文化；是我党一贯倡导的先进文化；是新时代推进“四个伟大”的思想源泉和有力武器。红色文化是当前社会主义意识形态的主阵地，是先进的文化意识形态，具有先进性、群众性、广泛性，能够激发人们的爱国情怀，培养人们的坚强意志，铸就人们的创新观念，符合社会主义核心价值观的价值要求，符合社会主义主流意识形态的基本要求，弘扬红色文化能够对中国社会多元的思想文化起到引领作用，能够加强党对意识形态工作的领导权。当前我国社会正处在转型的关键时期，社会深层次的各种矛盾相继凸现，各种社会思潮相互激荡，人们的价值取向呈现出多元化趋势，加强红色文化的意识形态价值导向作用，丰富和发展主流文化的价值，对于巩固和加强党在意识形态领域的领导权，培育和践行社会主义核心价值观，防止外来意识形态的渗透，从根本上保证我国社会主义意识形态安全和正确的发展方向，促进社会健康和谐发展具有重要的现实意义和深远的历史意义。

二、 新时代弘扬红色文化对意识形态建设的重要性和必要性

从党的历史来看，在革命、建设和改革的各个时期，意识形态领域工作都是一项极端重要的工作，事关革命事业的成败，建设和改革事业的兴衰，事关全党全国各族人民的凝聚力和向心力，事关党和国家的前途命运。弘扬红色文化有益于新时代坚持马克思主义在意识形态工作中的指导地位，有益于巩固社会主义意识形态安全，有益于永葆党的先进性和纯洁性，形成推动意识形态工作的强大凝聚力和引领力。

（一）弘扬红色文化是推进马克思主义中国化，坚持马克思主义意识形态工作指导地位的客观要求。

一部中国共产党领导人民进行革命的历史，就是一部奋斗史，也是不断孕育革命精神，弘扬革命文化的红色历史。中国共产党自诞生起就以马克思主义为指导，将马克思主义基本原理同中国具体实践相结合，领导中国革命，不断向前推进，实现了马克思主义中国化的第一次飞跃，形成了毛泽东思想，引领中国最终取得了新民主主义革命、社会主义革命和建设的伟大胜利。进入社会主义改革开放时期，中国共产党坚定马克思主义信仰，解放思想，与时俱进，实现了马克思主义中国化的第二次飞跃，形成了中国特色社会主义理论体系，引领中国实现富裕，奔向小康社会。进入新时代，中国共产党坚持用马克思主义观察时代、解读时代、引领时代，

用鲜活、丰富的当代中国实践来推动马克思主义发展，不断开辟马克思主义新境界，实现了马克思主义中国化的第三次飞跃，形成了习近平新时代中国特色社会主义思想，引领中国踏上了建设社会主义现代化强国的伟大征程。红色文化就在此过程中应运而生，且不断发展、丰富，历久弥新，成为推动实现中华民族伟大复兴“中国梦”的强大精神力量。由此可见，红色文化的形成离不开马克思主义，它自诞生之时就已经深深地打上了马克思主义的烙印，它形成和发展的历史就是一部马克思主义在中国的发展史，就是一部坚持用马克思主义指导中国革命、建设和改革实践的奋斗史，两者有着高度的一致性。从红色文化的实质来看，红色文化是马克思主义中国化的文化成果，与我们的主流意识形态是共通共融、相伴相随的，它们的产生都离不开党的伟大实践和马克思主义的科学指导。因此，弘扬红色文化有利于我们认识马克思主义在中国发展的历史脉络，自觉树立马克思主义崇高信仰，自觉在实践中坚持和运用马克思主义，并用马克思主义中国化的理论成果指导包括意识形态领域在内的各个领域的工作。

（二）弘扬红色文化是抵制各种非马克思主义错误思潮，确保社会主义意识形态安全的必然要求。

近年来，随着经济全球化的不断深入，各种思想文化在全球范围内交流碰撞，这给我国社会主义意识形态工作带来了前所未有的挑战。一些国家面对中国的发展进步，恶意提出“普世价值”论、新自由主义、西方“宪政民主”、历史虚无主义等错误理论和思潮，频频向我国社会主义意识形态领域发起攻击。例如历史虚无主义思潮，它以“还原历史”“重新评价”为名，颠倒黑白，混淆是非，将其政治思潮的本质掩藏在学术研究的面具下，具有极强地迷惑性和欺骗性，给我国社会主义意识形态工作带来了极大挑战。习近平总书记指出：“历史虚无主义以所谓‘重新评价’为名，歪曲近现代中国革命历史、党的历史和中华人民共和国历史。历史虚无主义的要害，是从根本上否定马克思主义指导地位和中国走向社会主义的历史必然性，否定中国共产党的领导。”“灭人之国，必先去其史”。中共党史、中国革命史领域首当其冲成为历史虚无主义的重灾区，恶搞和嘲弄我们的革命英雄和领袖，这种带有欺骗性和蛊惑性的伎俩，不仅破坏了革命英雄和党的领袖在大众心目中的形象，更重要的是摧毁了英雄身上的革命精神和优良传统作风，导致红色基因的土崩瓦解、人民信仰的撕裂分崩。马克思指出，“如果从观念上来考察，那么一定的意识形式的解体足以使整个时代颠覆。”因此，揭穿、批驳、反击、抵制包括历史虚无主义在内的各种非马克思主义错误思潮已成为当前我国意识形态工作的重点和难点。历史和实践都表明，保护、传承和弘扬红色文化，有利于拨清历史迷雾、揭示历史真相、凝聚党心民心，让人民群众辨明是非、辨清方向、保持定力，从本质上认清各种错误思潮的真面目，看清西方意识形态渗透的真态势；有利于牢筑主流意识形态的防线，把握意识形态的主导权，培育和践行社会主义核心价值观，从根本上保证社会主义意识形态安全。

（三）弘扬红色文化是新时代深入推进党的建设新的伟大工程，推动形成意识形态强大凝聚力和引领力的内在要求。

党的十九大报告指出：“新时代党的建设总要求：坚持和加强党的全面领导，坚持党要管党、全面从严治党，以加强党的长期执政能力建设、先进性和纯洁性建设为主线，以党的政治建设为统领，以坚定理想信念宗旨为根基，以调动全党积极性、主动性、创造性为着力点，全面推进党的政治建设、思想建设、组织建设、作风建设、纪律建设，把制度建设贯串其中，深入推进反腐败斗争，不断提高党的建设质量，把党建设成为始终走在时代前列、人民衷心拥护、勇于自我革命、经得起各种风浪考验、朝气蓬勃的马克思主义执政党。”红色文化在社会主义建设过程中体现着中国共产党的先进性和纯洁性，红色文化是坚定马克思主义信仰，预防和根治党员领导干部思想上变质、精神上“缺钙”的良方，是党筑牢信仰之基、补足精神之钙、把稳思想之舵的重要保障。习近平总书记指出：“党的建设必须坚持继承和创新相结合，结合时代条件发扬党的光荣传统和优良作风。”传承和弘扬红色文化，说到底就是要继承和弘扬红色文化中的红色精神。邓小平指出：“在长期革命战争中，我们在正确的政治方向指导下，从分析实际情况出发，发扬革命和拼命精神，严守纪律和自我牺牲精神，大公无私和先人后己精神，压倒一切敌人、压倒一切困难的精神，坚持革命乐观主义、排除万难去争取胜利的精神，取得了伟大的胜利……我们还要大声疾呼和以身作则地把这些精神推广到全体人民、全体青少年中间去，使之成为中华人民共和国的精神文明的主要支柱。”在党领导中国革命、建设和改革的伟大实践中，孕育出以井冈山精神、长征精神、延安精神、西柏坡精神、沂蒙精神等为内核的红色文化，是我党生生不息、永续发展的根本血脉，攻坚克难、奋发进取的精神法宝，也是新时代推进党的建设新的伟大工程的思想支撑，更是推动建设具有强大凝聚力和引领力的社会主义意识形态的思想基础和动力源泉。

三、弘扬红色文化牢牢掌握意识形态工作的领导权和话语权，推动形成建设社会主义意识形态的强大凝聚力和引领力

（一）弘扬红色文化必须坚持马克思主义的指导地位，牢牢掌握意识形态工作的主导权和话语权。

马克思主义是汲取了人类所创造的一切优秀文化的精华，是无产阶级的意识形态，是指导中国革命、建设和改革取得成功的科学真理，是被实践检验和证明了的科学真理。而在红色文化产生、成长和发展的过程中，马克思主义为其提供了科学的世界观和方法论，贯串于红色文化发展的始终。从红色文化的产生和发展的历史渊源、时代特征及其产生的强大社会推动力来看，无不印证了马克思主义的真理性。马克思主义鲜明的理论性从根本上确保了红色文化的科学发展，鲜明的实践性又为红色文化发展注

入了强大的内在动力。中国共产党成立以来，先后形成的毛泽东思想、中国特色社会主义理论体系、习近平新时代中国特色社会主义思想，都在不同历史阶段指导和推动着红色文化的丰富和发展。而红色文化与时俱进、不断革新和发展，也对毛泽东思想、中国特色社会主义理论体系和习近平新时代中国特色社会主义思想的形成、丰富与发展起到了积极的促进作用，使理论内容随着社会的发展不断丰富和完善，实践的主体与客体、形式与内容不断扩大和充实。因此，弘扬和传承红色文化实际上就是传播马克思主义的思想观念，坚定马克思主义的指导地位。中国共产党在领导中国革命、建设和改革时期，不论是创造红色文化，还是传承创新红色文化，都是在马克思主义的指导下实现的。那么，在建设社会主义现代化强国，推动实现中华民族伟大复兴“中国梦”的新征程上，弘扬和传承红色文化，同样必须坚持以马克思主义为指导，马克思主义的意识形态功能不但不能削弱，而且必须做到始终坚持并且不断巩固和加强马克思主义在意识形态领域内的指导地位。如此，才能牢牢掌握党在意识形态领域的主导权和话语权，才能为建设具有强大凝聚力和引领力的社会主义意识形态奠定坚实的理论基础，提供强大的思想武器。

（二）弘扬红色文化必须以党委政府为主导、党员干部为先锋、人民群众为主体，形成社会主义意识形态建设的强大引领力和推动力。

红色文化是一种特殊的文化，具有政治、经济、军事、文化、教育等综合性的功能与价值；凸显的是共产党的先进性和为人民服务的宗旨；彰显的是近代以来中华民族传统文化向现代转型和创新的重大成果。不仅体现了红色革命精神的实质内涵，也彰显着时代的特色，对社会主义主流价值观的树立有着重要影响。这就决定了弘扬红色文化，传承红色精神，有其特殊的要求。因此，弘扬和传承红色文化，各级党委、政府要主动作为，自觉在引领全社会弘扬红色文化，增强文化自信方面发挥主导作用。要通过政策指引，措施引导，加强对红色文化资源的统筹规划与合理开发，保护好、利用好红色文化遗产，协调好资源开发与社会建设之间的矛盾冲突，发挥市场在资源配置中的决定性作用，大力发展红色文化产业，打造红色文化品牌，通过建设红色旅游胜地、打造红色特色景点、开展红色服务等，充分挖掘红色文化的历史文化价值和经济价值，提高红色文化知名度，扩大红色文化影响力。要大力加强对党员干部的红色教育培训，增强党员干部对红色文化的情感认同和行为认同，提升党员干部弘扬红色传统、传承红色基因的自觉性，使党员干部坚定理想信念、强化宗旨意识、提升党性修养，增强党员干部的政治敏锐性和是非辨别力，使党员干部在传承和弘扬红色文化中发挥先锋骨干、示范引导、模范带动作用。要坚持群众路线，以人为本，充分发挥人民的力量来弘扬红色文化。因为任何一种文化只有保持鲜明的人民性，才能有更广阔的发展空间和持久的生命力。红色文化来自于人民，服务于人民，代表了人民。因此，要充分发挥人民群众在弘扬和传承红色文化中的主体地位，调动广大人民群众参与弘扬和传承红色文化的主动性和积极性，引导鼓励人民群众按照习近平同志在文艺工作座谈会上的讲话精神，搞好文学创作、文艺演出，占领舆论阵地，让红色文化的思想引领、政治导向、行为规范的作用通过人民群众的力量和智慧在人民群众中得到实现和发挥，增强人民群众对红色文化的认知感、认同感和内化度，使人民群众成为红色文化自觉的传承者和弘扬者，形成社会主义意识形态建设的强大推动力。要通过新闻媒体、报刊、网络、电视等大力宣传红色文化，讲好红色故事，弘扬红色精神，牢牢占领宣传舆论阵地的制高点。要大力开辟红色文化传播的新道路，通过网络平台讲中国故事，弘扬中国精神，传播中国声音，推动红色文化走出去，让海外国人关注红色文化，了解和认同薪火相传的红色基因，将红色基因深深注入海外国人的内心，扩大共识的同心圆，牢固思想的防线，增强民族的自信心，巩固和发展好海外爱国主义统一战线。同时要加强对新闻媒体、报刊、网络、电视等传播媒介的管理和监督，防止红色文化在激烈的市场竞争中被世俗化、庸俗化，对于用错误观点、错误理论，甚至用一些胡编乱造的事实污蔑党、污蔑党的领袖、恶搞丑化革命英雄人物的文章和作品，要予以坚决打击，净化网络舆论生态，维护意识形态安全，确保意识形态领域的领导权和主导权牢牢掌握在马克思主义者的手里，掌握在党的手里。

（三）弘扬红色文化必须强化基层党组织弘扬红色文化的政治责任，夯实牢固社会主义意识形态主阵地的根基。

基层党组织是党全部工作和战斗力的基础，是党在社会基层组织中的战斗堡垒，是密切党群关系的桥梁、纽带，是保持党的先进性的基础，担负着上传下达、组织实施、树立形象、宣传和塑造社会主义先进文化，引领广大干部群众形成推动社会主义伟大事业的强大合力的神圣使命，是落实意识形态工作责任制的主体。因此，强化基层党组织弘扬红色文化的政治责任是基层组织的职责所在，使命使然。基层党组织要把深入开展红色教育、发扬红色传统、传承红色基因，作为“两学一做”和主题党日活动学习的重要内容，作为加强党员干部理想信念、党性教育以及作风建设的重要内容，使红色教育制度化、常态化。通过“三会一课”、民主生活会、红色文化主题教育活动等落实好红色教育的内容和任务，利用革命纪念日、党的生日、国家重大节庆日，开展学习红色经典著作、参观红色革命遗址、举办红色文化报告会等活动，教育和引导党员干部学习红色革命历史、弘扬红色精神、践行优良革命传统，让红色基因真正融入党员干部的精神血脉中。要大力推进红色教育创新发展，充分利用现代互联网传播技术，推动有效的传统教育方式与现代信息技术的高度融合，使互联网成为弘扬和传播红色文化的新平台。通过创建网络党建园地、网络党校、网络论坛，把研发出来的红色教育成果转化为贴近群众、贴近实际、贴近生活的新媒体内容产品，增强红色文化的传播力、感染力，更好地构筑中国精神、中国价值、中国力量，为人民提供精神指引。同时，组织部门要将弘扬红色文化、开展红色教育纳入基层党建学习教育和督查考核体系，开展红色文化进基层活动，建立红色教育督查和考核制度，加强对基层党组织的指导和监督，并将考核结果作为对基层党组织及其负责人考评的重要依据，使基层党组织真正成为弘扬和传承红色文化，凝聚党心民心，牢固社会主义意识形态主阵地的战斗堡垒。

（四）弘扬红色文化必须牢牢抓住学校这片教育主阵地，培养具有红色文化标识的社会主义合格建设者和接班人。

建设教育强国是中华民族伟大复兴的基础工程，教育的根本任务是立德树人，培养德智体美劳全面发展的社会主义建设者和接班人。十九大报告指出："青年兴则国家兴，青年强则国家强。青年一代有理想、有本领、有担当，国家就有前途，民族就有希望。"早在 1945 年，美国前中情局局长杜勒斯曾无耻地说，他们要从中国的青少年抓起，把赌注压在青年身上，要让中国的青年变质、腐烂、发霉。由此可见，青年乃至青少年早已是敌我争夺其思想主导权的主要目标，我们必须在校园里牢固青少年和青年学生的思想根基。因此，红色文化的传承和弘扬要从娃娃抓起，要从基础教育抓起，要从各级各类学校抓起，要把学校建设成传承和弘扬红色文化的主阵地，建成保证意识形态安全的主阵地。教育部门要主动作为，大力推进红色文化教育体系建设，改革教材内容设置，将红色文化内容融入文史政课程，讲好红色故事、弘扬红色精神、传播红色基因，让学生加深"红色"理论学习；将开展红色教育、弘扬红色文化、传承红色基因列入学校德育工作考核体系，加强红色精神教育，切实让红色文化发挥出立德塑魂、资政育人的伟大力量，推动全党全社会更好地培育和践行社会主义核心价值观。学校要大力开展各种形式的红色文化主题教育活动，利用课上与课下，校内与校外的学习形式，通过组织红色知识竞赛、红色歌曲演唱、红色教育基地参观等活动，建立红色文化主题教育网站，创设"两微一端"红色文化公众平台等，保持红色教育活动的多样性，激发学生参与学习的积极性，让学生充分认识和了解红色文化的基本内涵，不断强化学生的情感共鸣，使红色传统、红色精神、红色基因真正能够内化于心，外化于行，不断增强青少年一代对红色文化的情感认同和理性认知，使红色传统、红色精神、红色基因成为一代新人优良品质和健康人格的重要文化标识，使红色文化成为凝聚和引领社会主义意识形态主流价值的强大支柱。

（五）弘扬红色文化必须以增强国家文化软实力为根本目标，做到不断创新、与时俱进。

红色文化作为一种文化形态，总是与时代发展的进程相一致，必然具有一定的时代特征。不同的时期、不同的背景、不同的历史任务，红色文化的内容和形式也不同，对红色文化也有着不同的理解。习近平总书记指出，我们党是一个具有长期奋斗历史和优良革命传统的党，也是一个紧跟时代步伐、善于与时俱进的党，党的建设必须坚持继承和创新相结合，结合时代条件发扬党的光荣传统和优良作风。在当前，红色文化不仅要体现社会主义初级阶段的时代特色，引领先进文化的前进方向，而且要为社会、经济、政治、科技、教育的发展提供精神动力。红色文化要保持它旺盛的生命力、深刻的影响力、广泛的感召力和持久的吸引力，就必须做到与时俱进，在文化内容、文化形态、文化载体等方面开拓创新，在继承的基础上进行不断选择、整理、重组、融合，以实现新的超越，不断推进红色文化的时代化、大众化，增强国家的文化软实力，提高文化自觉和文化自信，为中国特色社会主义建设提供精神动力和支持保证。同时，要加强国际的文化交流，建立包容开放的文化体系，坚持“引进来”和“走出去”双向并行，既要保持红色文化自身的特色，又要使其积极融入世界文化，博采众长，兼收并蓄各国文化优秀成果，以丰富和充实红色文化的内涵，扩大红色文化的影响力，提高其在世界文化中的地位和吸引力，从而增强民族文化的自尊心、自信心和自豪感。

参考文献：

[1] 戴榕蔚．红色文化价值及其启示［J］．现代交际，2015（10）：

10－11.

［2］刘晓芳．浅析红色文化的内涵及现实价值［J］．读与写（教育教学刊），2011，08（8）：60－60，156.

［3］苏东霞，文玉忠．红色文化的社会价值思考［J］．理论学习，2011（7）：50－54

［4］田甜，时赟．红色文化的价值探析［J］．科教导刊，2018（3）：152－153.

［5］张全景．弘扬红色文化，掌握意识形态工作的主动权［N］．红旗文稿，2014（22）：11－12.

［6］郭爽．红色精神教育在高校意识形态安全建设中的价值研究［J］．商情，2017（25）：202.

［7］朱瑞枫．弘扬红色文化是化解意识形态淡化的有效途径［J］．理论界，2013（2）：54－57.

［8］周群．弘扬红色文化与历史虚无主义的破产［J］．理论与评论，2018（2）：63－71.

［9］周金堂．把红色资源红色传统红色基因利用好发扬好传承好［J］．党建研究，2017（5）：46－48.

［10］唐越．激活红色基因在意识形态安全建设中的生命力［J］．科教导刊（电子版），2016（9）：173－174.

［11］赵长芬．转型期党的社会凝聚力研究［M］．北京：中国社会科学出版社，2017：65

［12］史杰．中国共产党推动红色文化发展的历史进程及其启示［J］．中国石油大学学报：社会科学版，2016，32（4）：29－35.

（作者简介：黄建立，男，中共岚山区委党校副校长、高级讲师）

红色文化分层培育马克思主义信仰的理路

齐敬席 张志泉

中国当前正处于改革发展深水区和民族复兴的关键时刻，人们的利益诉求和价值取向多元化，加上历史虚无主义等西方思潮利用新媒体不断扩散，有些人的思想观念出现了混乱，外加西方敌对势力的影响，导致意识形态领域斗争尖锐。红色文化作为中国共产党领导人民群众创造的先进文化，能发挥坚定理想、凝聚人心、传承红色基因、促进马克思主义政治信仰培育的作用。正如习近平总书记在马克思诞辰 200 周年大会上所强调的，“发展社会主义先进文化，加强社会主义精神文明建设……不断提高人民思想觉悟、道德水平、文明素养，不断铸就中华文化新辉煌”。红色文化分层培育马克思主义信仰可体现在三个层面：政治层面提高思想觉悟，道德层面提升道德水平，生活层面提升文明素养。

一、 红色文化内涵及功能分层

（一）红色文化的内涵

文化包含红色文化在当前国家发展中具有重要作用。“文化是一个国家、一个民族的灵魂。文化兴国运兴，文化强民族强”。红色文化是中国共产党带领人民群众在历史和现实斗争中创造的先进文化，有广义和狭义之分。

本文中的红色文化采取广义的视角，具体是指中国共产党带领人民群众创造的具有共产主义理想、红色基因的文化，包含革命文化、社会主义先进文化。红色文化既有历史革命积淀，又包含当下社会主义先进文化。红色文化内涵丰富，是“中国共产党领导全国各族人民在长期的革命、建设、改革进程中创造的以中国化的马克思主义为核心的先进文化”。红色文化包括革命时期的红船精神、井冈山精神、苏区精神、长征精神、延安精神、沂蒙精神、西柏坡精神、全民族伟大抗战精神等；建设时期的大庆精神、“两弹一星”精神、红旗渠精神、雷锋精神、焦裕禄精神等；还包含改革开放及新时代中国特色社会主义建设时期的各种红色精神的延伸，如小岗精神、特区精神、抗洪精神、抗震救灾精神、载人航天精神等。红色文化与时俱进、不断延伸，内涵也应随着时代发展而不断演进，这样才能在社会发展和中华民族伟大复兴中发挥积极作用。

红色文化本身在传播体类上可以分为主体、客体、介体三方面。主体，是能够承载并传承红色文化的人、事、物、魂的总称。红色文化是红色人物、红色事件、能反映红色文化的物质、蕴含红色文化的制度与精神的统一体。客体，即传播对象，既包括共产党员，又包括广大人民群众，还包含为中华民族伟大复兴工作的一切劳动者、关心支持中国建设和发展的所有人（包含海外华人、华侨、在华工作的外国专家）等。因此，红色文化宣传引导需要与时俱进，增强吸引力。介体，是指传播媒介。在新时代，介体内涵丰富，形态多样，既包括红色旅游素材、红色教育机构、传统的报刊等，还包含网络、各种新媒体，如微信公众号、微博、论坛等。

（二）红色文化的功能分层

1. 红色文化培育政治信仰

作为马克思主义政治信仰教育的载体，红色文化深层次的灵魂是共产主义。共产主义是中国共产党自成立起便确立的最高纲领，是引领亿万劳苦大众在革命建设中团结奋进的共同理想，是红色文化形成历程中的信仰底色。红色文化是在以共产主义为指导的中国共产党领导下创建的，生成于为了实现共产主义而开展的革命和建设过程中。因此，共产主义是红色文化的精神引领，是最为根本的精神实质，是发展壮大的根基。红色文化发展史本质上是中国共产党带领人民为革命理想而战斗、为尊严生活而奋斗、为美好生活而努力的斗争史。

红色文化通过历史印证昭示了中国建立社会主义制度的必然性和艰辛性，是中国革命历史的精神的体现。红色文化中彰显坚定政治信仰的先烈人物、事迹、精神财富等为培育社会主义政治信仰提供了历史素材和思想储备。红色文化中革命前辈的政治信仰是鼓舞当代青年政治认同的精神力量。红色文化可成为传承并培育马克思主义政治信仰的有效资源。

2. 红色文化培育道德信仰

红色文化有利于塑造良好的道德信仰，提升人民的精神境界和道德素养。红色文化中的人物、物质、精神、制度等蕴含着道德情操，能够给人团结奋进的精神洗礼、健康高雅的审美情趣陶冶，从而提升文化的整体认知水平。例如，红船精神、延安精神等红色文化能提升群众的道德水平和思想觉悟，具有思想价值和道德价值。红色文化中蕴含着进取性、革命性、人民性、民族性等特质，这些特质传承了自强不息、以民为本、心系天下等优秀文化传统，是中华传统道德信仰的延续和发展。红色文化中的战场古迹、英烈墓碑、革命史册、高亢红歌等代表着子孙后代对先烈前辈的致敬和缅怀。缅怀显现对前辈的尊敬、感恩，有利于提升道德水准。

红色文化作为红色教育的重要资源，有利于开展爱国主义教育，例如，江西瑞金借助红色资源建立起了爱国主义教育基地。在中华民族的危难时期，红色文化中蕴含着无数共产党员和中华儿女在民族独立、国家崛起中挥洒满腔热血和奋斗汗水的故事，彰显了他们对伟大祖国的挚爱之情，回忆并牢记这些先辈故事至今也能促进我们的爱国情感。

红色文化中各民族同甘共苦、并肩战斗的精神有助于促进民族团结。

在革命战争年代，为了民族独立和人民解放，各民族团结协作，涌现了很多可歌可泣的故事，例如，回民英雄马本斋的回民抗日支队的故事等，这些至今都在发挥着民族团结的道德教化作用。

3. 红色文化培育生活信仰

红色文化中包含了对生活的热爱和为美好生活不断奋斗的精神。红色文化形成的不同阶段都体现了追求幸福生活的信仰。在革命战争年代，中国共产党领导劳苦大众为了过上美好生活而打土豪、分田地，英勇斗争，浴血奋战，这时期的红色文化彰显了人民为美好生活而不懈战斗的信仰。在社会主义建设和改革时期，党领导人民自力更生、艰苦创业、苦干实干，包产到户、发展经济，解决了温饱问题，奔向小康，这时期的红色文化彰显了人民为建设美好生活而努力工作的信仰。

红色文化中蕴含了中国共产党带领人民在革命和建设时期形成的先进文化信仰和价值观，例如，我们党领导群众在革命时期形成的革命理想高于天、敢于奋斗牺牲的红色文化精神，在社会主义建设和改革开放时期形成的无私奉献、开拓创新精神等。红色文化中革命前辈的事例彰显了马克思主义信仰的力量。人一旦具有了崇高的理想信念，往往能够开阔眼界，开拓胸襟，艰苦奋斗来追求美好生活，无形中提升了生活信仰和品味。

二、 红色文化分层促进马克思主义信仰的逻辑

（一）马克思主义信仰的内涵及精神动力结构分层

马克思主义信仰作为一种意识形态，具体可分为三个层面：自由全面发展的生活信仰，热爱集体、劳动为乐的道德信仰，追求人类社会解放的共产主义远大理想。“共产主义远大理想是马克思主义信仰中的核心内容。”[4]共产主义的内涵可分解为对应三个层面的信仰：消灭了私有制和阶级分化，消灭了剥削、压迫，彰显政治层面信仰；人民自觉自愿为他人、

社会劳动，将劳动看作生活的需要，彰显了道德层面信仰；每个人都得到自由而全面的发展、过上美好生活层面的信仰。

马克思主义信仰的理智动力层面，是对中国在马克思主义指导下取得重大成就的认知和认同，是在各种现实实践基础上逐渐形成的认知结果，是对客观世界的正确反映。马克思主义理智动力构成丰富，包括思想、理论、方法等，能够推动人的实践活动发展。

马克思主义信仰的情感动力层面，是指人们在近代马克思主义传入中国以来的历史社会实践与人际交往中形成的对马克思主义的丰富情感，是人们对马克思主义的某种情绪体验，能够成为改造客观世界与主观世界的精神推动力。

马克思主义信仰的意志动力层面，是人们在马克思主义的指导下通过实践发展和理性认识形成的坚强意志，能够在精神意志层面上推动人们在追求和实现目标过程中产生坚毅精神，提升主体精神和改造客观世界的能力。

（二）红色文化是马克思主义信仰培育的客观需要

1. 政治需要

红色文化认同教育是社会主义思想引导宣传的重要环节，是中国共产党增进党的先进性和纯洁性的需要。红色文化是共产党执政历程的历史资源和积淀下来的文化基因，彰显了中国共产党领导地位的历史合法性和现实权威性，是能证明中国共产党领导合理性的先进文化，有利于巩固党的执政基础和维护政权稳固。

红色文化认同教育有利于加强新时代党的建设。党的教育实践活动的素材大多来源于红色文化。红色文化中包含了全心全意为人民服务的宗旨，“情为民所系、权为民所用、利为民所谋”的情怀，这些素材都顺应了党建的时代需求：进一步发扬密切联系群众的优良作风，提升群众利益无小事的服务精神等。红色文化认同是贯彻新时代中国共产党执政理念的需要，有利于从文化方面稳固中国共产党的执政地位。红色文化中具有鲜明的阶级性和民族性，其所蕴含的精神实质是当今中国共产党执政理念的源头。

2. 道德需要

红色文化认同是培育和践行社会主义核心价值体系的需要，因为不同时代的红色文化都蕴含着中国共产党倡导的核心价值体系。红色文化中的革命遗迹、文物、精神等展现出党和人民群众高尚的道德情操和崇高的思想境界，这些构成了道德教育的现实载体，有利于发挥示范作用及开展道德教育。红色文化以悲怆的历史事实和彻底的牺牲精神为新时代道德教育提供了一种增强实效性和真实感的有效载体。红色文化中的艰苦奋斗、不怕牺牲等优良道德品质提供了道德修养的标杆；李大钊、雷锋、孔繁森等榜样人物提供了道德修养的典型示范。

红色文化可为青少年的世界观、人生观、价值观及人格教育提供榜样和素材。例如，方志敏等红色文化中的英雄人物的事迹可成为爱国主义教育的模范，方志敏的《可爱的中国》一直激励着千百万热血青年为国家富强、民族振兴而努力奋斗。红色文化中的榜样能吸引、感化广大青年铭记历史、见贤思齐，促进他们的道德教化觉悟的提升。红色文化有利于国家快速发展。物质条件优越的背景中成长起来的青少年不忘过去的苦难历史、奋斗的艰难历程，进而激发青少年珍爱当下生活、努力向前奋斗的奋斗精神，为中华民族的伟大复兴而不懈奋斗。

3. 心理需要

在当今变革巨大、日益浮躁的社会中，压力增大、竞争激烈、信息混杂、人际关系淡漠等导致人们心理压力倍增，心态易出问题，红色文化认同构建有助于培育珍惜生活、珍爱生命的心理状态。红色文化中包含中国共产党领导人民在革命、建设、改革等时期战胜各种艰难险阻、克服重重困难的故事，这些历史先例和精神养分有助于人们理性面对各种困难，保持积极乐观的心理状态。人们常说，“苦不苦，想想红军两万五”，这些红色精神有助于引导青年人保持知足常乐、平和乐观的心理状态。

红色文化认同有利于满足中华儿女对中华传统文化延续的心理期待。弘扬红色文化能够继承中化优秀传统文化，满足中华儿女传承文化血脉的心理需要。红色文化认同有利于在全球化时代增强文化自信，在国际竞争中保持不卑不亢的心理状态。红色文化涵盖了革命文化和社会主义先进文化，这两方面的文化加上中华优秀传统文化构成了当今的文化自信，因此可以说红色文化是文化自信的来源和基础。

（三）红色文化促进马克思主义信仰在程度上层层递进

可信：红色文化首先能解决“可信”层面的问题。红色文化中的人物、遗迹、史料、音视频资料等都能构成巩固马克思主义信仰的可信要素。这些红色资料体现了中国共产党在马克思主义理论指导下领导人民在革命、建设、改革中取得了卓越成就，创造了先进的革命文化和社会主义先进文化，涌现了值得铭记的事迹。这些鲜活材料构成了可信的事实要素，通过“入眼、入耳”等感官的输入，解决了马克思主义是否正确、能否赢得认同的感性认识层次问题。

确信：理性信服层次的“入脑”可解决红色文化认同的“确信”层面问题。红色文化是在马克思主义这一科学理论指导下创立的，是党领导群众通过革命建设等实践形成的。因此，红色文化是马克思理论指导下产生的先进文化，这说明了理论指导的正确性、真理性，能够彰显马克思主义理论在学理上值得认同；红色文化的产生离不开实践，是共产党领导人民流血牺牲，在战天斗地的实践中孕育和升华出来的，说明了红色文化在实践层面上检验了马克思主义的真理性、科学性。因此，从某种意义上讲，红色文化在理论上、实践上促进了人们对马克思主义信仰的确信。

坚信：理想信念层次“入心”可通过红色文化中的先辈例子来强化坚信。红色文化指导思想的创始人马克思被誉为“千年第一思想家”，他占据了人类知识和道义的制高点，自身贫困潦倒却为世界上大多数人的幸福而奋斗，通过思想改变了人类社会的历史。红色文化蕴含了大量坚定理想信念的英雄先辈的例子。例如，夏明翰烈士等怀着“砍头不要紧，只要主义真”的坚定信念，这些都为我们提供了行动指南。坚信红色文化的文化信仰对于坚持马克思主义信仰具有重要意义，因为红色文化是在马克思主义指导下产生的，是中国共产党推进马克思主义中国化的产物。坚定红色文化自信，有利于构建对马克思主义理论的高度认同和坚定信仰。

三、红色文化培育信仰的策略与路径

（一）红色文化培育信仰的形上策略

1. 转变红色文化认知，红色文化永不过时，为信仰提供支撑

转变红色文化认知，体现在强化红色文化永不过时的理念，树立发扬壮大红色文化的自觉。红色文化永不过时，融入当前构建中国特色社会主义先进文化的过程中。红色文化是在长期的革命和建设实践中产生并凝练而成的宝贵资源，在当前中华民族伟大复兴的进程中仍能起到提供前进动力和思想支撑的作用。红色文化中蕴含的为中华民族复兴而奋斗的理想信念、爱国情感、民族精神等激励中华儿女努力奋斗建设美好家园；艰苦奋斗、团结奉献的精神在当今现代化建设进展中仍需大力弘扬。红色文化中经过岁月洗礼的奋斗精神为我们新时代的社会发展提供源源不断的动力支持，激发人民群众的社会主义情感，在对西方的“享乐主义”“虚无主义”等的斗争中起到支撑斗志的作用。

2. 增进红色文化情感，培养爱党爱国的情怀，为信仰凝聚人心

增进红色文化情感在于培养爱党爱国的情怀。红色文化中所蕴含的党带领人民艰苦奋斗的精神能激发群众拥护中国共产党的情感；革命和建设时期经过艰苦奋斗取得伟大成就的历程展示能增进群众对于党执政能力的认可情感；红色文化中以方志敏为代表的革命先烈所展示的爱国情怀能感

染现代人热爱伟大祖国。红色文化记载了中国共产党发展壮大的历程，能丰富人民的政治情感，增进群众对党的政治认同感。红色文化体现了中国共产党经历流血牺牲来维护广大人民的根本利益，能够增进群众的情感认同，从情感上巩固中国共产党的执政合法性。红色文化有助于让更多的群众了解共产党领导下民族独立、国家进步的奋斗历程，激发出珍惜当前成就的情感，发挥凝聚人心的作用，更好地努力工作，实现中华民族的伟大复兴。

3. 激发红色文化诉求，立足现实要求，为信仰凝聚精神

红色文化的认同构建首先需要激发红色文化诉求，具体来说就是要充分激发红色文化应对当今社会各种挑战的定力和指引未来方向的诉求。应对挑战的定力来源于初心，正如习近平总书记所强调的，“走得再远，也不能忘记来时的路”，这就要求我们要永葆“初心”。红色文化彰显了中国共产党一心为民，领导群众为共产主义奋斗的初心，传承红色文化有助于铭记历史、牢记“初心”，保持定力。

激发红色文化诉求还应当立足现实，具体来讲就是与中国当前所处的阶段和国际环境相结合。我国经济发展已经取得了很大的成就，但是发展起来的现阶段的问题一点都不比之前少，当前我国仍然处于并长期处于社会主义初级阶段，仍是世界上最大的发展中国家，因此，红色文化的诉求便是指引我们既不妄自菲薄又要避免盲目自大，教育人民继续艰苦奋斗，努力建设富强、民主、文明、和谐、美丽的国家，为中华民族的伟大复兴而不懈奋斗。

（二）红色文化培育信仰的形而下路径

1. 明晰原则，遵循以情感人、典型示范、与时俱进的原则

以情感人：红色文化以情育人获得内心认同，通过感化熏陶，用“爱”和“感化”来触发情感体验，以党对人民的情感来激发群众对党的热爱和拥护之情。红色文化通过传播党领导人民浴血奋战、抵御外国侵略获得民

族独立、人民解放的历史知识来培养群众对党的热爱；通过战天斗地、自力更生建设中华人民共和国，获得美好生活的知识来培养群众对党的领导能力的认同之情。

典型示范：红色文化中蕴含了很多正面典型，榜样的力量是巨大的，发掘这些典型的教育引导价值具有重要意义。榜样示范的价值导向功能有利于提升红色文化的感召力，先辈榜样的爱国情感和崇高品德能起到正面导向作用。典型示范有利于直观、形象地彰显理想信念的作用，例如，黄继光、雷锋、王进喜等实际典范更具有说服力，更有利于调动群众积极参与到红色文化的认同构建中来。典型示范能增强理想信念的真实存在感，化虚为实；能增强亲近感，提高感染力。

与时俱进：新媒体时代，信息泛滥，历史虚无主义等对红色文化造成了很大的冲击，红色文化的认同构建需要与时俱进，永远保持先进性。红色文化的与时俱进体现在传播媒介的与时俱进，充分利用网络新媒体；传播内容的与时俱进，不断发掘新的资源，在原有资源的基础上不断发掘创新；传播形式的与时俱进，深化基地体验，注重情感体验等。

2. 丰富内容，协同传统文化、旅游开发实现文化惠民

协同传统文化：红色文化可通过发掘党史等历史资源来丰富内容，结合中华优秀传统文化为红色文化追根溯源，增强红色文化的丰富性和历史文化传承性。红色文化资源的开发利用可与中华优秀传统文化的传承发展结合起来，凝练红色文化和传统文化的精神内核，在传承优秀传统文化中传承红色文化基因，强化文化自信。

旅游开发实现文化惠民：红色资源可开发转化为红色旅游资源，增加红色地区人民收入，实现红色文化惠民。红色文化的认同引导可渗透在红色旅游中，借助当前旅游发展的趋势，进一步提升红色文化的实力和吸引力。红色文化的发展可融入红色旅游发展中，创新红色文化发展模式，实现红色旅游协同民俗文化游、生态旅游共同发展，实现互利共赢，取得良

好的社会效益和经济效益。

3. 拓宽渠道，增加情景感悟、基地体验、网络延展，多管齐下

情景感悟：在当今知识混杂的网络时代，红色文化的认同仅靠知识灌输并不能起到好的作用，需要构建情景，通过情景感悟来产生身临其境的感触，激发内心深处的认同。情景感悟着力实现红色文化资源的历史情景再现，通过情景感悟的形式来增强吸引力和感染力。情景感悟需充分利用高科技为情景创建服务，例如，像网上博物馆那样开展虚拟参观，这就需要综合运用各种艺术形式，如虚拟现实、实景演出、舞台剧等来营造浓郁的情景育人氛围。另外，情景感悟有利于利用各种资源鼓励更多的人参与到红色情景资源的演出及制作过程中，提升情景感悟的效果和覆盖面。

基地体验：红色文化中的基地体验旨在将红色文化的遗存建设成为红色体验基地。基地体验通过提供战争遗迹、先辈故居等物质载体来引导人们亲身接触实物，体验革命历史，触动内心深处情感，最终实现感性认识到理性认识的转变，形成坚定的理想信念。例如，井冈山红色基地的挑粮小道的体验活动，以及很多红色经典的各种体验项目等都能增进红色文化的宣传效果。

网络延展：根据网络时代的特点，网络延展旨在综合运用互联网技术，融合文字、图片、音频、视频、动画等多种红色资源，构建网络平台、延伸网络渠道，便于学生通过手机、平板电脑等移动客户端，利用碎片化时间随时随地地学习各种红色资源，提高红色文化的吸引力。例如，福建省建立了福建红色文化网上展示馆暨福建红色文化 VR/AR 实体体验馆。

网络延展有利于增进红色文化传播的开放性，通过点评、关注、转发等网络互动来增进红色文化的互动性，进一步增强对于青少年学生的亲和力。

参考文献：

［1］习近平．在纪念马克思诞辰200周年大会上的讲话［J］．党建，2018（05）：4－10.

［2］习近平．决胜全面建成小康社会　夺取新时代中国特色社会主义伟大胜利［N］．人民日报，2017－10－28（01）．

［3］黎昕．红色文化研究的新进展——红色文化高端论坛综述［J］．福建论坛：人文社会科学版，2017（07）：25－30.

［4］刘建军．马克思与信仰［N］．北京日报，2018－05－07（14）．

（作者简介：齐敬席，男，山东广播电视大学讲师、山东大学马克思主义学院博士生；张志泉，男，山东大学马克思主义学院博士生导师、教授）

与工农群众相结合，与生产劳动相结合是共产党人的红色基因

朱 磊

红色基因是共产党区别于其他一切阶级政党的鲜明标识和政治优势，是共产党人高举马克思主义伟大旗帜，在革命建设、改革中不断淬炼出来的精神品质。与工农群众相结合，与生产劳动相结合体现了党的性质和宗旨，是红色基因中的核心部分。

一、马克思主义的劳动观点和群众观点是一致的

从理论上说，马克思主义的劳动观点、群众观点是一致的。马克思恩格斯明确提出人类历史的第一个前提就是劳动，就是物质生活资料的生产，这是历史唯物主义的第一块奠基石。“整个所谓世界历史不外是人通过人的劳动而诞生的过程，是自然界对人来说的生成过程。”[1]马克思恩格斯创立的新世界观和历史观，把“现实的人”作为全部人类历史的前提和出发点，将历史看作是现实的人的活动历史，并进一步指出物质生产活动是人类第一个历史活动，是人类社会存在和发展的基础。这一基础归根到底决定着人与自然界的关系，决定着人与人的关系，决定着社会的整个政治、法律制度，以及社会的整个精神面貌和历史的发展。因此，不能把历史仅仅理

解为政治史和文化史，首先应该是人类物质生产的发展史。马克思恩格斯向人们揭示了一个简单的但不容否认的事实。社会发展史同时也是物质资料生产者本身的历史，是人民群众创造了历史。“自阶级社会产生以来，从来没有过一个时期的社会上可以没有劳动阶级而存在……无论不从事生产的社会上层发生什么变化，没有一个生产者阶级，社会就不能生存。因此，这个阶级在任何情况下都是必要的，虽然会有一天它将不再是一个阶级，而是包括整个社会。”[2]正像后来斯大林所阐释的：“社会发展史首先是生产的发展史，是各种生产方式在许多世纪过程中依次更迭的历史，是生产力和人们生产关系的发展史。”接着他还指出：“社会发展史同时也是物质资料生产者本身的历史，即作为生产过程的基本力量、生产社会生存所必需的物质资料的劳动群众的历史。”[3]

劳动是推动人的产生、发展和社会进步的根本力量，人民是推动社会变革的最终决定性力量。通过劳动认识和改造客观世界，创造丰裕的物质生活和丰富的精神生活，从而使人自身得到全面发展和提升，这是人类社会的最本质特征和最伟大之处。马克思主义的真正生命力就在于它是关于无产阶级和全人类的解放的学说，发现了以工人阶级为代表的劳动阶级这一强大的“物质力量”。劳动的发展推动了人在自然和社会中的不断解放。劳动解放、人的解放同时也伴随着巨大的精神进步和道德进步。

二、 马克思恩格斯提出了培养无产阶级新人的战略任务

造就体脑结合的全面发展的新人是马克思恩格斯提出的无产阶级的战略任务。早在1847年，恩格斯在《共产主义原理》中就提出未来社会需要一种全新的人，并能创造出这种新人来。1866年马克思提出，要使新的一代不仅用脑劳动还要用双手劳动，成为手脑并用的“生产工作者”。无产阶级是先进生产力的代表，是革命的领导阶级，无产阶级政党是工人阶级的

先锋队。农民是无产阶级的天然同盟者，工农联盟是无产阶级革命胜利的基本保证。无产阶级如果不与农民一起“合唱”，“它在一切农民国度中的独唱是不免要变成孤鸿哀鸣的”[4]。为了夺取政权，无产阶级政党“应当首先从城市跑到农村，应当成为农村中的力量”[5]。无产阶级革命和社会主义建设需要大量知识分子的参与。知识分子是随着社会生产力的发展而不断发展起来的，在前资本主义社会基本上属于统治阶级的范围。资本主义生产方式把大部分知识分子变成了雇佣劳动者，但从整个社会关系来看，他们又具有维护资本主义制度和意识形态的作用。正是基于这种二重性，马克思恩格斯不是简单地把知识分子划入革命队伍，而是提出了培养和造就无产阶级的“脑力劳动者”的任务。如果说马克思在世时致力于为工人阶级及其子女争取受教育的权利，着眼于无产阶级的长远发展，随着马克思主义传播的深入和无产阶级革命形势的变化，19 世纪末，恩格斯面对的则是工人阶级应该马上拥有自己的知识分子和干部的问题。1891 年，恩格斯在《致奥・倍倍尔》的一封信中指出：“为了占有和使用生产资料，我们需要有技术素养的人才，而且数量很大。”[6]1893 年，恩格斯在致国际社会主义者大学生代表大会的贺信中热情地期望从大学生中产生出“脑力劳动无产阶级”，包括医生、工程师、化学家、农艺师以及各种专门人才，这种脑力劳动无产阶级，能够同从事体力劳动的工人兄弟在一个队伍里，肩并肩地在革命中发挥巨大作用，不仅要掌握国家机器，还要掌管社会生产，不只是会喊响亮的口号，更要具备丰富的知识。恩格斯在《给 < 萨克森工人报 > 编辑部的答复》和《致康拉德・施米特》中，严厉地批判了德国社会民主党内以党的理论家和领导者自居的大学生和年轻的文学家组成的“青年派”。青年派在理论上夸夸其谈，自以为是，教条式地看待马克思主义，在实践上以“左派”的形象出现，不顾客观形势的变化，反对合法斗争，号召工人总罢工。恩格斯对青年派是极其厌恶和蔑视的，称呼他们为“年轻的饶舌家”“傲慢无礼的乳臭小儿”，把他们的活动称为“文学家和大学生骚动”。恩格斯在《给〈萨克森工人报〉编辑部的答复》中明确指出：“在我们党内，每个人都应该从普通一兵做起，要在党内担任负责的职务，仅仅有写作才能或理论知识，甚至二者全都具备，都是不够的，要担任领导职务还需要熟悉党的斗争条件，掌握这种斗争的方式，具备久经考验的耿耿忠心和坚强性格，最后还必须自愿地把自己列入战士的行列中——一句话，他们这些受过‘学院式教育’的人，总的说来，应该向工人学习的地方，比工人应该向他们学习的地方要多得多。”[7]无产阶级的知识分子和干部必须和从事体力劳动的工人、农民相结合，肩并肩地共同战斗，在实际斗争中不断学习锻炼自己，实现理论和实践的有机结合。恩格斯把理论与实践相结合的原则作为培养、选拔党的干部的一个重要原则，坚决反对空头的政治家和迷失方向的实际家。共产主义运动的历史已经证明，这是确保党的领导权掌握在真正的马克思主义者手中的一项重要措施，是无产阶级干部队伍建设的重要原则。

三、 列宁结合俄国实际丰富发展了培养无产阶级新人的理论

如果说在马克思恩格斯那里，新人的培养还没有成为一个特别突出的问题，在列宁那里则构成了一个大问题。马克思主义者可能犯的致命性的错误就是理论脱离实际，把空谈当作事实。马克思主义者在做任何工作时，应该坚持实事求是、理论联系实际的原则，从生动的生产生活、现实的斗争出发，而不是从抽象的原理出发。同样，马克思主义的教育也不仅限于共产主义小册子里的东西，这样只可能培养吹牛家或书呆子。“应当把俄国革命知识分子在几十年的教训中积累起来的社会主义知识和革命经验同先进工人所特有的对工人群众的了解以及在群众中进行鼓动和引导群众前进的本领结合起来。”[8]随着工人、农民、干部知识水平的提高和知识分子转移到社会主义战线上来，列宁首先要关心的是这种结合，而不是划分知识

分子和工人、农民的界限。社会主义事业是工人、农民、知识分子、干部、青年的共同事业。仅靠工农的革命热情，而没有继承人类已经创造的全部科学、技术、知识和艺术，不可能建成社会主义；没有具有各种知识、技术和实际工作经验的专家的参与，也不可能有什么共产主义。

苏维埃政权建立之后，建设社会主义新社会的关键在于“在改造资本主义旧社会的同时”，培养“共产主义社会的新一代人”[9]。首先，共产主义的新人要融会贯通马克思主义，把共产主义学说变成实际工作的指针，把理论和实践结合起来，而不是只会背诵一些教条的“吹牛家”。其次，共产主义新人是有知识、有文化的建设者。马克思主义是在继承人类优秀文明成果基础上形成的具有普遍意义的理论。列宁有一个著名的论断：“只有了解人类创造的一切财富以丰富自己的头脑，才能成为共产主义者。”[10]要系统掌握资本主义社会遗留下来的科学、技术、知识和艺术，懂得把现代科学技术尤其是电气化的技术应用到工农业生产上去。革命事业需要“完全精通本行业”的“手艺匠”，更需要“熟悉一切主要生产部门”的具有综合技术知识和视野的自觉建设者。再次，共产主义的新一代应该是具有共产主义道德的自觉的劳动者，核心是培养年轻一代的共产主义的劳动态度、自觉的劳动纪律和集体主义精神。社会主义不是从天上掉下来的，最终要靠劳动，要使广大青年“个个都是有文化的，同时又都善于劳动”[11]，在共同劳动中同工农群众打成一片，哪怕是最微小、最平常的劳动，把远大的理想和平凡的劳动结合起来。

同样，也需要选拔、培养经过反复实践考验的，忠于社会主义的，精通整个生产过程，掌握科学技术，具有真实本领的干部来领导社会主义建设。根据列宁提议和修改的俄共（布）党的第十次代表大会通过的《关于党的建设问题》的决议就指出，“必须开始逐步实现早在党的第八次代表大会已经通过的关于把长期担任苏维埃或党的工作的工作人员派到机床和耕犁旁去工作的决议”，同时“必须注意使在工厂和农业企业中工作的共产党员尽可能多地直接从事生产工作，在机床和耕犁旁从事体力劳动等，而不是仅仅从事行政管理方面的工作”[12]。列宁教育广大党员干部一定要牢记自己的“公仆”身份，牢记生机勃勃的社会主义是人民群众自己创造的，牢记自己和人民群众相比不过是“沧海一粟”。列宁不仅要求普通党员干部下基层，向人民群众学习，而且要求“身居要职”的党员干部也要下基层，向人民群众学习。他指出：“为什么现在不可以把全俄中央执行委员会某些委员，或者某些部务委员，或者其他身任要职的同志们，调到下面去工作，甚至是担任县、乡的工作呢？我们确实还没有‘官僚化’到这样的程度，还不至于因为下调‘就感到难堪’。而且我们这里可以找到几十个乐意担负这种工作的中央工作人员。我们这样做了，全共和国的经济建设事业就会得到非常大的好处，模范乡或模范县将起到不仅是巨大的、而且简直是有决定意义的历史作用。”[13]列宁要求广大党员干部要密切联系群众、理解群众，赢得群众的信任，不脱离整个劳动大军。列宁本人以身作则，是密切联系群众的典范。在克鲁普斯卡雅所著的《列宁回忆录》和福契耶娃所著的《列宁生活片段》中都清晰地描绘了列宁同人民群众密切联系的形象，同工人、农民、士兵的谈话，细心地考虑劳动群众的需要、希望和要求等。在《悼念雅·米·斯维尔德洛夫》一文中，列宁以斯维尔德洛夫的成长经历为例说明了优秀干部的成长之路，称赞其为密切联系群众、善于领导群众的典范，强调把千百万劳动者组织起来始终是无产阶级革命取得胜利的最深的源泉。

四、中国共产党的历史也是与工农群众相结合，与生产劳动相结合的历史

从某种意义上说，中国共产党的历史就是知识分子与工农群众相结合的历史，是教育与生产劳动相结合的历史。“五四运动”以来，中国青年、

知识分子的正确道路，就是一条与工农群众相结合、与社会实践相结合的道路。新民主主义革命与旧民主主义革命的一个重要区别就是是否唤起民众，联合工农。李大钊是中国共产党历史上第一个提出并论述知识青年与工农群众相结合的人。他坚信只要知识青年到农村去，走与工农相结合的道路，启发工农的觉悟，组织他们参加革命，那么中国革命的成功就不远了。中国是一个农业国，大多数的劳工阶级就是农民，农民的苦痛就是国民的苦痛，农民的愚暗就是国民的愚暗，没有农民的解放就没有全中国的解放。“只要知识阶级加入了劳工团体，那劳工团体就有了光明；只要青年多多地回了农村，那农村的生活就有了改进的希望。”[14] 正是在李大钊的号召下，一批先进的知识分子，喊着“到民间去”的口号，脱下长衫，脱下学生装，穿起粗布衣，到长辛店、唐山、开滦等地，深入矿山、工厂、农村，他们中的许多人后来成了共产主义者，在中国革命中发挥了先锋和桥梁的作用。

早期的马克思主义者是工读运动的热情倡导者，尤其是赴法勤工俭学的主要发起者、组织者和参与者。李大钊、毛泽东、吴玉章都是赴法勤工俭学的组织者。周恩来、邓小平、陈毅、徐特立、王若飞、蔡和森、聂荣臻、李富春、李维汉、邓颖超、蔡畅、何长工等都是赴法勤工俭学的学生。一大批早期马克思主义者的加入，使得勤工俭学运动的性质发生了根本性的变化。从最初的“人人做工，人人读书，各尽所能，各取所需”的工读理想逐步转向“改造中国与世界的高度”。他们在劳动、学习、斗争的过程中克服了工读主义、空想社会主义和教育救国的幻想，逐渐接受了马克思主义，走向了与工农群众相结合的革命道路。1985 年 8 月 31 日，邓小平在会见法国对外关系部长罗朗·迪马时说：“我曾在法国待过五年半，在工厂做工近四年。我同工人关系很好，但你们的资本家也教育了我，使我和我们这批人受到教育，走上了共产主义道路，信仰马列主义。”[15] 徐特立 43 岁赴法国勤工俭学，他认为，正是勤工俭学改变了他们对各行各业的劳动者的感情，在与工人的接触中加深了对工人阶级作用的认识，认识到“创造世界基本上是靠劳苦人的奋斗，其他阶级出身的分子，要靠和劳苦人一起奋斗才能改造自己”[16]。中国共产党的成立正是马克思主义与中国工人运动相结合的产物。

毛泽东不仅阐释了知识分子、青年、干部与工农群众相结合的哲学基础，更把与工农群众相结合上升为方法论、学风、党风的高度，把是否与工农群众相结合看作是知识分子、青年是否革命的分界，看作是否属于中国共产党的一个重要标志，看作是否是一个真正的马克思主义者的重要标志。毛泽东在《青年运动的方向》一文中称赞延安的青年运动是全国青年运动的模范，代表了正确的政治方向。延安和敌后根据地的青年与工农群众相结合，深入群众、发动群众、参加生产劳动的方法是正确的，是抗日救国的先锋。他说：“延安的青年们……在实行生产劳动，开发了千亩万亩的荒地。开荒种地这件事，连孔夫子也没有做过……中国古代在圣人那里读书的青年们，不但没有过革命的理论，而且不实行劳动。现在全国广大地方的学校，革命理论不多，生产劳动也不讲。”[17]延安的抗日军政大学、陕北公学、鲁迅艺术学院等干部学校的学生高呼“我们要做劳动的先锋，我们要做劳动的英雄”等口号走上生产战线。

毛泽东一直十分重视干部参加生产劳动尤其是体力劳动。革命战争时期，我们党的干部和指战员，在工作和战斗之余经常参加工农业生产，参加群众性的生产运动，这种做法对于密切干群关系，加强广大干部和知识分子的劳动观念，改进党的作风具有重要意义，是我们党的优良传统。1949年10月24日，毛泽东在同绥远负责人的谈话中就指出：“干部要参加生产指挥和劳动。劳动可以改造思想，改造人。”[18]1957年4月27日，毛泽东做出指示：“提倡县、区、乡三级党政主要干部，凡能劳动的，每年抽出一部分时间下田参加生产，从事一小部分体力劳动。县以上各级党政军主要干部（不是一般干部），凡能劳动的也要这样做。”[19]1958年5月25日，毛泽东在党的八大二次会议上提出："干部要以普通劳动者的姿态出现。"[20]干部以普通劳动者的姿态出现，是一种高尚的共产主义精神，是一种高级趣味。1961年1月，毛泽东亲自提议并修改的《党政干部三大纪律、八项注意》发布，"八项注意"中的第一条就是"同劳动同食堂"。1963年5月9日，毛泽东在审阅浙江省委报送的干部参加生产劳动的材料时写下了长篇按语，把干部参加生产劳动看作是一个"伟大革命意义"的"极端重大的问题"。1960年5月，英国元帅蒙哥马利在访问中国回到英国后撰文道："毛泽东的基本哲学非常简单，就是人民起决定作用，因此要求干部每年下基层一个月，保持和人民的联系，赢得人民的信任……毛泽东建设了一个统一的、人人献身的和有目的感的国家。"[21]我们党之所以能够战胜各种困难，取得今天的成绩，从根本上说就是我们的党员干部能够同人民群众同心同德、同甘共苦。在革命战争年代，党员干部同人民群众同生共死是共产主义风格，在和平年代，党员干部同人民群众同甘共苦也是共产主义风格。我们党最大的政治优势是密切联系群众，长期执政最大的危险是脱离群众。在中国共产党的历史上，干部"三同"（同吃、同住、同劳动）曾以不同的形式（干部参加劳动、包村、蹲点、第一书记）一直存在，且行之有效。干部以普通劳动者的姿态深入工厂、农村，深入田间地头、普通百姓家中，听民意、察民情、解民忧、聚民心、汇民智。这对于增进与群众的感情，改进作风具有革命性的意义。

中国共产党在90多年的革命和建设实践中，在看待知识分子的属性问题上曾走过一段弯路，经历了从非劳动者到劳动者，从小资产阶级知识分子到工人阶级知识分子的变迁。但有一点，无论是在革命战争年代还是社会主义建设时期，党都高度重视知识分子的作用，都强调知识分子与工农群众相结合。一方面，工农群众有了知识才更有力量，另一方面，知识分子只有同工农群众相结合，才能让知识释放出最大力量。毛泽东在新民主主义革命时期说过："没有知识分子的参加，革命的胜利是不可能的。"[22]

正是一批最有觉悟的知识分子接受了马克思主义，找到了认识中国、改造中国的强大思想武器，发现了工农群众这一中国革命最深厚的力量源泉，正是在他们的努力下实现了马克思主义与中国工人运动相结合，知识分子与工农群众相结合，建立了中国共产党。这是知识分子在革命战争时期做出的伟大贡献。同样也可以说，没有知识分子的参加，也就不可能有社会主义建设的成功。知识分子是掌握科学文化知识较多的一部分人，是先进生产力的开拓者，在社会主义现代化建设中承担着不可替代的重任。知识分子与工农群众一起构成了社会主义建设的基本力量。今天，教育、科技、经济之间的联系更加密不可分，这一真理显得更为重要。当代知识分子要完成自己的神圣使命，仍然需要发扬知识分子的光荣传统，深入实际、深入生产，了解国情，钻研业务，将自己的力量与工农群众的力量融合在一起。

共产党员如何对待群众，是一个世界观问题、立场问题、党性问题。毛泽东同志曾说："我们共产党人好比种子，人民好比土地。我们到了一个地方，就是要同那里的人民结合起来，在人民中间生根、开花。"[23]共产党员只有深深植根于群众，不断增进同人民群众的感情，才能带领群众不断前进，这是我们党获取强大的力量和取得胜利的保证。同革命战争时期相比，社会主义建设时期的历史条件变了，社会环境变了，但党的根本宗旨和优良作风没有变，党的初心没有变，与工农群众的血肉联系没有变，与工农群众相结合、同生产劳动和社会实践相结合的道路没有变。不同时期，党的领导人都重申同工农群众相结合是知识分子成长的必由之路，是青年健康成长的正确道路，是党员干部必须坚持的优良传统。

群众路线是党的生命线，是党立于不败之地的根本保证。党长期执政面临的最大危险就是脱离群众。十八大以来，以习近平同志为核心的党中央把作风建设放在突出位置，从抓党风、抓工作作风入手，开启了实现"中国梦"的新征程。反"四风"首要的是反对官僚主义。2013 年 6 月 18

日，习近平同志在党的群众路线教育实践活动工作会议上的讲话中，鞭辟入里地描述了官僚主义的主要表现：“主要是脱离实际、脱离群众、高高在上、漠视现实，唯我独尊、自我膨胀。”[24]具体表现为不愿深入艰苦困难地区，不愿深入基层和群众解决实际问题，甚至不愿同基层群众打交道。脱离群众首先是从脱离生产劳动开始的，现在的党员干部缺的不是文化，缺的更多的是对劳动人民的感情和理论联系实际的作风。干部参加生产劳动是一个老传统，也可以成为解决这一突出问题的新举措。党员干部补好劳动这一课，同普通群众保持最广泛的、经常的、密切的联系，对于克服官僚主义、形式主义等具有重要意义。

参考文献：

[1] 马克思恩格斯全集：第42卷［M］. 北京：人民出版社，1979：131.

[2] 马克思恩格斯全集：第2卷［M］. 北京：人民出版社，2006：315.

[3] 斯大林选集：下［M］. 北京：人民出版社，1979：443.

[4] 马克思恩格斯文集：第2卷［M］. 北京：人民出版社，2009：573.

[5] 马克思恩格斯全集：第22卷［M］. 北京：人民出版社，1965：566.

[6] 马克思恩格斯全集：第38卷［M］. 北京：人民出版社，1972：187.

[7] 马克思恩格斯文集：第4卷［M］. 北京：人民出版社，2009：397.

[8] 列宁全集：第4卷［M］. 北京：人民出版社，2009：327.

[9] 列宁全集：第39卷［M］. 北京：人民出版社，1986：293.

[10] 列宁全集：第39卷［M］. 北京：人民出版社，1986：209.

[11] 列宁全集：第39卷［M］. 北京：人民出版社，1986：310.

[12] 苏维埃共产党代表大会、代表决议和中央全会决议汇编：第2分册［M］. 北京：人民出版社，1964：56—58.

[13] 列宁全集：第41卷［M］. 北京：人民出版社，1986：224.

[14] 李大钊文集：上［M］. 北京：人民出版社，1984：652.

[15] 冷溶，汪作玲. 邓小平年谱：1975－1997［M］. 北京：中央文献出版社，2004：1072.

[16] 湖南省长沙师范学校编. 徐特立文集［M］. 长沙：湖南人民出版社，1980：336.

[17] 毛泽东选集：第2卷［M］. 北京：人民出版社，1991：568.

[18] 毛泽东文集：第6卷［M］. 北京：人民出版社，1999：10.

[19] 毛泽东文集：第7卷［M］. 北京：人民出版社，1999：294.

[20] 毛泽东文集：第7卷［M］. 北京：人民出版社，1999：378.

[21] 卫建林. 新中国六十年和文化问题［J］. 红旗文稿，2009（16）.

[22] 毛泽东选集：第2卷［M］. 北京：人民出版社，1991：618.

[23] 毛泽东选集：第4卷［M］. 北京：人民出版社，1991：1162

[24] 十八大以来重要文献选编：上［M］. 北京：中央文献出版社，2014：311.

（作者简介：朱磊，泰山学院马克思主义学院讲师）

融入红色基因 凝聚制胜力量

——以“沂蒙精神”提升边防部队基层思想政治工作水平

阴 旭

“沂蒙精神”是在中国共产党主力部队一一五师开辟沂蒙抗日根据地后形成的，是沂蒙人民在中国共产党的领导和培育下，在长期的革命和建设实践中，以马克思主义理论为指导不断升华优秀民族文化品质，逐步砥砺形成的一种具有鲜明时代特色的优秀群体意识和宝贵革命精神。以“爱党爱军、开拓奋进、艰苦创业、无私奉献”十六字为内涵的“沂蒙精神”是在战火纷飞的年代逐步形成并不断丰富发展起来的，是中华民族精神的重要组成部分。2013 年 11 月 25 日，习近平总书记在山东临沂调研时对沂蒙精神给予高度评价：“沂蒙精神与延安精神、井冈山精神、西柏坡精神一样，是党和国家的宝贵精神财富，要不断结合新的时代条件发扬光大。”这一论断的提出赋予沂蒙精神的研究价值从地方精神层面提升到了国家精神层面。因此，大力弘扬和探讨“沂蒙精神”，让沂蒙精神的旗帜高高飘扬在公安边防部队基层思想政治教育的天空之上，不仅是对红色文化的传承和追溯，更是为边防部队基层探索“政治建警、立德树人、知行合一”提供了方向和路径，具有十分重要的现实意义。

一、追根溯源，全面把握“沂蒙精神”所承载的丰富内涵

边防部队自成立以来始终保持人民军队的性质、宗旨和本色，经受住了血与火、生与死的考验，很重要的原因是靠坚强有力的思想政治工作把先进的思想和进步的精神贯串于部队建设和发展的始终。追根溯源，革命精神的传承离不开坚定的信念，离不开教育的保证，离不开科学的理解。弘扬和践行沂蒙精神，对于边防部队的思想政治建设尤为重要。

（一）“爱党爱军”是“沂蒙精神”的灵魂

追溯沂蒙精神的深刻内涵，首先就要学习沂蒙人民的爱党爱军，始终坚信党的领导，始终坚决贯彻执行党的路线、方针、政策，始终在政治上跟党保持高度一致。这种信仰的坚定性不仅表现在革命战争年代，沂蒙人民不畏强暴，奋起反抗，用无数的壮举倾诉对党的无限热爱和对党领导的革命事业的无限忠诚；还表现在和平年代，沂蒙山区几十万妇女飞针走线，赶制慰问品，送往老山前线，用一针一线表达着对人民军队的热爱，对人民军队的支持。无数事实证明，沂蒙人民对党和军队的爱，是发自内心的爱，这种爱不论岁月如何流逝，沧桑如何变化，也不会褪色，这既是沂蒙人民的传统美德，又是先进思想闪耀的光芒。

（二）“开拓奋进”是“沂蒙精神”的主题

开拓奋进高度概括了沂蒙人民追求进步、改革创新、敢为人先的先进思想意识和昂扬奋进、不甘落后、不断进取的良好精神状态。正是这种秉性，使得沂蒙儿女在翻身求解放中勇于接受新思想、新文化，敢于冒极大的风险支持革命、参与革命，在追求自由中不断探索。在艰苦的革命战争年代，沂蒙人民在党的领导下，面对日本侵略者的扫荡和国民党反动派的围攻，不屈不挠，顽强拼搏，用31 000多人的生命和鲜血，创立了沂蒙山根据地。回眸中华民族的悠久历史，中华文明之所以能够延绵不绝，光辉

不灭，其动力和根源就在于中华儿女的积极进取、弃旧图新的精神。作为中华儿女的一部分，沂蒙人民继承和发扬了中华民族的这种优良传统，在大环境和小环境的共同作用下，成就了沂蒙精神敢于斗争、敢于前进的品质。

（三）“艰苦创业”是“沂蒙精神”的基调

从古至今，任何一个国家，任何一个民族都需要一种艰苦创业的精神来鼓舞和激励人民，凝聚韧性，支撑人们的精神大厦，如果不提倡艰苦创业的精神，那么最终的结果只可能是走向衰落。我们党争取民族解放和独立的斗争史本身就是一部艰苦奋斗的创业史。世代生息于沂蒙山区的沂蒙人民，既继承了中华民族艰苦创业、勤俭节约的传统美德，也深受革命战争年代中国共产党和党领导下的人民军队的教育与熏陶，艰苦创业、坚忍不拔的品格表现得尤为突出。早在20世纪60年代，就涌现出了厉家寨、高家柳沟、王家坊前等一批先进集体，使临沂成为当时的农业先进地区。进入80年代，又涌现出了宁家沟、九间棚等一批顽强创业的先进集体。90年代，刘家团林村、郭圪墩村等一大批小康村脱颖而出，成为共同富裕路上的领头雁。这一切都表明，艰苦创业是沂蒙精神的基调，也是沂蒙精神与时俱进的基石，没有沂蒙人民的艰苦创业，就没有沂蒙精神的创新发展。

（四）“无私奉献”是“沂蒙精神”的核心

无私奉献所体现的是沂蒙人民在处理困难时的舍“小家”顾“大家”，自我牺牲、勇于奉献的价值取向。三年困难时期，沂蒙人民节衣缩食，吃糠咽菜，向国家交粮3.6亿千克，油820万千克，并接收了由政府统一组织来的6万余名灾民。沂蒙大地上的无数革命先烈和英雄人物，为了民族自由挺身而出是无私奉献，无数普通沂蒙人从工作和日常小事中做起，尽其绵薄之力也是无私奉献。无私奉献是力量之源，是一种不竭动力的来源，作为精神追求的理想目标，作为沂蒙精神的核心内容，它使人充满快乐，使人感受到了精神的朴实无华。

二、学史明理，准确聚焦“沂蒙精神”所蕴含的育人宗旨

高度重视思想政治工作，把一切工作的进步建立在思想进步的基础之上，历来是边防部队建警治警的一贯思想和重要原则。在沂蒙大地这片血染的土地上，在血与火的洗礼中，沂蒙人民与山东党政军共同锻造的“沂蒙精神”，它本身就是一种革命思想、先进思想，作用于边防部队思想政治教育的全过程中，将有利于更好地体现和发挥“铸魂”和“固本”的作用。

（一）“爱党爱军”契合了深化铸魂育人的时代课题

在沂蒙精神形成的过程中，随处可见以革命为己任，有着坚定理想信念的中国共产党人，他们用自己的一言一行，用鲜血和生命诠释着一名共产党人对马克思主义、对革命的信仰和忠诚。例如，长眠于沂蒙大地的刘晓浦、刘一梦叔侄俩出身于地主家庭，但在他们心中却拥有着一份崇高的马克思主义理想信念，为了这份理想信念，他们可以抛家舍业、放弃荣华富贵，甚至牺牲生命。一代代沂蒙人民为了实践这样的理想信念，在生死考验面前能够赴汤蹈火、视死如归，他们发出了“敌人只能砍下我们的头颅，决不能动摇我们的信仰”“试看将来的寰球，必是赤旗的世界”等豪言壮语。可以说，理想信念实际就是对真理的信仰和追求，将沂蒙精神内化于一种理想信念，既是社会意识和精神现象的反映，也是一定社会生产方式的产物，闪耀着历史过往和时代进步的真理光芒。坚持思想领先，用沂蒙精神启迪边防部队思想政治教育工作，有利于广大官兵从这些优秀的共产党人和人民群众身上汲取精神力量，树立坚定的理想信念，在任何情况下都自觉做到“绝对忠诚、绝对纯洁、绝对可靠”。

（二）“开拓奋进”扣住了践行强军目标的内在要求

“开拓奋进”是沂蒙精神的永恒主题，既体现了沂蒙人民在党的领导下，追求进步、改革创新、敢为人先的先进思想意识，也体现了沂蒙人民

不管在什么困难的条件下，都能自力更生、坚忍不拔、不懈奋斗的精神风貌。沂蒙儿女前赴后继，敢于砸碎旧世界，敢于艰苦拼搏，不断开创现代化建设的新局面。将沂蒙精神的学习和传承结合到边防部队基层的训练、备战、出警上，唯有不断开拓奋进地发展战斗力，才能彰显出边防铁军的战斗力。用沂蒙精神塑造边防部队，有利于培养“有灵魂、有本事、有血性、有品德”的新一代革命军人，有利于锻造具有“铁一般信仰、铁一般信念、铁一般纪律、铁一般担当”的过硬部队。

（三）“艰苦创业”倡导了永葆艰苦奋斗的政治本色

艰苦创业一直是中国共产党的优良传统和政治本色，毛泽东同志就曾用“酸菜里面出政治”的故事来说明艰苦创业的重要性。艰苦创业是沂蒙精神的重要内容，革命战争年代，各种物资极度匮乏，甚至还得用草根、树皮充饥，在这种情况下，山东党政军与人民群众发扬艰苦奋斗的优良作风，同甘共苦。和平年代，中国共产党与沂蒙人民又继续发扬艰苦奋斗的作风，战天斗地，改变贫穷落后的面貌。1957 年，毛泽东同志对厉家寨做出批示：“愚公移山，改造中国，厉家寨是一个好例。”中华人民共和国成立后，厉家寨人面对贫穷落后的面貌，以“一把镢头一张锨，敢教日月换新天”的豪情壮举，整山治水，在全国农业战线上树立了一面光辉旗帜。在新的历史条件下，边防部队大力弘扬沂蒙精神，进一步凸显了艰苦朴素的时代价值，“大兴艰苦创业之风”既是广大边防官兵面对新的物质、精神困苦的需要，也是边防部队继续奋发努力、斗志昂扬的需要。

（四）“无私奉献”回应了担当重任的使命召唤

无私奉献是沂蒙精神的核心内容，它蕴含了伟大的爱国主义精神。革命战争年代，沂蒙人民为了国家的独立和民族的解放，不怕牺牲，无私奉献，用小米供养革命，用小车把革命推过了长江。当时沂蒙山区约有 420 万人口，其中就有 120 万人参战支前，20 万人参军入伍，“10 万英烈血洒疆场。乡乡有红嫂，村村有烈士”。[1]“用最后一口粮做军粮，用最后一块布做军装，把最后一个儿子送战场”就是沂蒙人民无私奉献的最好写照。直至现在，红嫂乳汁救伤员、沂蒙母亲、沂蒙六姐妹的事迹还被人们广为传颂。“一个有希望的民族不能没有英雄，一个有前途的国家不能没有先锋。”习近平总书记强调，实现我们的目标，需要英雄，需要英雄精神。反映沂蒙精神的这些感人事迹全部都是爱国主义教育最生动的教材，尤其是边防部队基层思想政治工作最宝贵的精神财富。学习和践行沂蒙精神，有利于进一步增强和感召边防官兵了解历史，根植爱国主义情感和激发爱岗敬业的无私奉献精神。

三、多措并举，着力探索“沂蒙精神”所开辟的建警路径

边防部队建设、改革和发展的实践表明，思想政治教育直接关系着基层官兵投身于工作的积极性与创造性以及各项任务的顺利完成。探索各种形式，将沂蒙精神贯串于“政治育人、精神塑人”的整个过程之中，通过红色文化的洗礼，进一步深化广大官兵的政治自觉，进一步感召沂蒙精神的时代呼唤。

（一）搭建红色文化阵地，陶冶官兵情操，强化队伍思想教育

边防部队思想政治教育的主要任务是“三个确保、两个培育、一个真正做到”，将沂蒙精神植入部队思想工作教育体系，能够有机地将政治信念坚定和思想道德纯洁两者密切结合起来。近年来，日照边检站全新探索沂蒙精神专题教育形式，着重突出“学要带着问题学，做要针对问题改”的标准，真正把合格的标尺立起来，把做人做事的底线画出来，把党员的先锋形象树起来，用行动体现信仰信念的力量。一是整合资源，优化教育。组织学习“习近平总书记系列重要讲话精神”“三亮三比三评”和“警营文体月”等专题活动 14 个，进一步提升各级党组织的活力和广大官兵学习的积极性，努力做到学而信、学而用、学而行。严格落实“党委议教”“三会

一课”等党组织生活的基本形式，以“沂蒙精神”学习为基本内容，加强官兵真学、活学、深学活动的开展，引导官兵筑牢信仰之基、树立清风正气、勇于担当作为。二是创新思路，拓展载体。改变过去学习教育只停留在看报、读书、集中组织学习等陈旧观念，创新“沂蒙理论微课堂”、编排“沂蒙精神”题材的文艺作品等新形式，将“沂蒙精神”的深刻内涵融入其中，贯串到官兵日常学习、工作、生活的方方面面，进一步激发官兵攻坚克难的决心和干事创业的热情。三是围绕中心，盘活资源。日照边检站以“沂蒙精神”植入基层思想工作教育为契机，创造性地提出“互利共赢”理念，组织开展了“弘扬沂蒙精神、助推临沂模式”主题活动，涵盖了与边防部队实际工作相关联的“沂蒙精神”大讲坛，“沂蒙精神”大家谈，编写旨在“弘扬沂蒙精神、助推临沂模式”的主题系列丛书，制作具有边防特色的在线课程、微课、微电影、LOGO（商标）、海报设计等。通过全方位多层次的共建活动，引导官兵感悟“沂蒙精神”的革命情怀，进一步了解时代变化发展赋予“沂蒙精神”的新气象、新发展。

（二）汲取红色资源精华，优化队伍建设，营造清风正气氛围

以“爱党爱军、开拓奋进、艰苦创业、无私奉献”为主要内涵的“沂蒙精神”，对边防官兵坚定中国特色社会主义理想信念，树立集体主义道德价值观，激发遵纪守法意识和进取精神具有重要作用。在边防部队管理和队伍建设中，更要充分吸收“沂蒙精神”的精髓，用红色文化打造出传承优秀历史传统的边防队伍。一是传承“沂蒙精神”，把“讲诚信”作为最基本的道德操守。边防部队以忠诚为本、以赤诚为基、以规范为纲、以爱民为始终的职业宗旨与“沂蒙精神”的内涵有着异曲同工之妙。爱党爱军、无私奉献的“沂蒙精神”要求边防官兵要讲诚信，做到忠于党、忠于祖国、忠于人民、忠于社会主义、忠于法律，在思想上、政治上、行动上始终与以习近平总书记为核心的党中央保持高度一致，时刻听从党的召唤，党指向哪，队伍就打到哪，成为维护社会安全稳定、推进经济社会发展的“尖

刀”“拳头”部队。同样还要做到言行一致，言之有据，言出必行，言不过实，始终与组织一个方向、一个声音、一个步调，切实改进工作作风，确保人心不散、干劲不减、工作不断，成为人民满意的边防部队。二是继承“沂蒙精神”，把“守规矩”作为最起码的行为准则。开拓奋进的“沂蒙精神”要求边防官兵要做到严于律己、立身为旗。要敢于坚持原则，把政治纪律和政治规矩摆在前面，在重大问题上要旗帜鲜明、立场坚定。要坚持按政策规定办事，公道正派用权，坚持公权姓公，讲党性、讲原则、讲正气，公私分明，克己奉公，对上尊而不谀，对下一视同仁，对事公而不偏，公开公平公正地处理涉及官兵切身利益的敏感问题，以公道凝聚兵心士气。要坚持修身养德，加强党性修养，塑造高尚人格，坚守道德阵地，不断校正世界观、人生观、价值观，净化工作、生活、交往“三圈”，严格家风家训，做到立身不忘做人之本、为政不移公仆之心、用权不谋一己之私，始终保持高尚的道德情操和健康的生活情趣，展示边防官兵崇高的精神境界和良好的精神风貌。三是发扬“沂蒙精神”，把“敢担当”作为最重要的能力品格。艰苦创业是沂蒙人民的特殊品格，无论是条件艰苦的战争年代，还是改革开放后富裕的今天，自力更生、坚忍不拔、艰苦奋斗的品质依然是沂蒙人民的真实写照。作为一支“养兵千日、用兵千日”的边防部队，要时刻接受“沂蒙精神”的洗礼，牢记革命先辈给我们留下的宝贵精神财富，担当起履行边防职责的使命，带头干事创业，敢于攻坚克难，敢于啃硬骨头，做到谋划工作高起点、推进工作高标准、落实工作高质量，以精细精准的“绣花”功夫和精益求精的工匠精神，推动各项工作落实落细，坚决杜绝“半、慢、面”等问题。要拿出钉钉子的精神，想方法、动脑筋攻克基层基础建设，解决部队历史遗留问题，进一步深化边防模式革新，提升建设速度，切实担负起“守护一方平安，推动一方发展”的重大责任。

（三）发扬红色优良传统，践行忠诚奉献，誓夺重大战役胜利

作为新时期的边防官兵，作为地方党委政府倚重、人民群众信赖的专

业国门卫士，要继承和发扬“沂蒙精神”优良传统，认真践行边防部队“听党指挥、能打胜仗、作风优良”的总要求，在2018年上合峰会边防安保的关键时期，切实做到冲得上、守得住、打得赢，在检查执法中行得稳、站得直、作风正。一是确立“党委管战”的抓建导向。引导部队各级党组织把老一辈人民军队领导集体的担当品格传承好实践好，充分担起率领部队冲锋陷阵的职责重任。各级党组织要主动调整工作步调，把心思向安保实战聚焦，把力量向安保实战倾斜，对于涉及安保实战的议题要第一时间研究、千方百计解决，确保将各项重大安保工作摆到位、议到位、抓到位。党委层面要加强战时工作统筹，杜绝军政“两张皮”，既不让政治工作唱“独角戏”，也不让业务工作“单打一”。政治机关要牢固树立跟进服务、靠前保障的观念，做到安保工作推进到哪里，政治保障就跟进到哪里。军政主官要在顾全大局、贯彻落实、遵规守纪上带好头，坚持亲自跟训督战，以自身的良好作风和形象影响部队、带动官兵，要充分发挥“跟我上”的表率作用，争当战斗员、排头兵。二是强化“忠诚为民”的价值共识。引导官兵把革命前辈的崇高信仰传承好实践好，全面、彻底塑造军人特有的价值追求。要充分利用驻地资源条件，进一步抓好党对军队绝对领导基本理论、优良传统和根本制度的经常性学习教育，让红色资源、红色传统、红色基因在部队中回归，确保党指挥枪原则真正融入官兵的灵魂和血脉。着力浓郁战斗文化，大力开展争先创优活动，扎实开展形势战备、职能使命和革命军人的生死观教育，使甘于奉献、崇尚荣誉成为官兵的普遍共识和不懈追求，激励官兵在安保战场建功立业。大力培育当代革命军人的核心价值观，广泛宣传练兵备战表现突出的先进典型，引导官兵重拾令行禁止作风和艰苦奋斗传统，做到平时听招呼、战时听指挥，确保备战实战各环节均在警令政令的指导下规范运行。三是提升“能打会赢”的能力素质。引导各级党组织把老一代人民军队的善战属性传承好实践好，着力解决问题、补齐短板、提升能力。要充分借鉴历次重大安保工作经验，紧随实战研究制胜机理，紧盯问题研究防范举措，紧贴部队研究保障机制，从最坏处打算，向最好处努力，切实下好先手棋、打好主动仗。要严格贯彻战训一致原则，坚持实战需要什么就苦练什么，部队最缺什么就专攻什么，在近似实战的环境下摔打锻炼部队。要多搞无方案的压力测试，多搞不打招呼的突击检查，多搞检讨反思式总结，全面深入地找碴揭短，力争把一切可能的影响和问题隐患消除在决战之前。

参考文献：

[1] 徐东升. 基于沂蒙精神育人的社会主义核心价值观教育研究［M］. 济南：山东人民出版社，2015：133.

（作者简介：阴旭，男，中国人民武装警察部队山东省边防总队助理员）

沂蒙精神与民众动员机制研究

郭太永

在政治学中，民众动员，是指一定的政治主体如政党、政治集团等，在特定的动员环境中，为实现一定的政治目标而动员各种资源，利用各种动员行为获得动员客体的认同和支持的行为与过程。沂蒙精神是指沂蒙人民在长期的革命和建设实践中形成的先进群体意识，“爱党爱军、开拓奋进、艰苦创业、无私奉献”是对沂蒙精神的基本概括，它与延安精神、井冈山精神、西柏坡精神一样，是党和国家的宝贵精神财富。与沂蒙精神相伴相生的民众动员机制，无论是动员的深度、广度、方式、方法，还是动员的效果，都取得了巨大的成就，沂蒙地区也形成了完整的民众动员机制。

一、 沂蒙精神与党的民众动员工作紧密相连

沂蒙精神最突出的特质是它创造于人民群众之中，与党的群众路线极为密切，是党践行群众路线的典范。不管是爱党爱军、开拓奋进，还是艰苦创业、无私奉献，沂蒙精神的主体都是最广大最普通的人民群众，它基于一种群体自觉，但也离不开党在各个阶段的民众动员工作，可以说沂蒙精神是民众动员的巨大胜利。

（一）革命时期，动员民众积极参军支前取得巨大成就

“水乳交融、生死与共”的沂蒙精神孕育于新民主主义革命中后期，它的一个突出表现是民众积极参军支前，参军支前是沂蒙精神最大的闪光点。从1938年到1949年的12年间，沂蒙地区共发生大小战斗4 000余次，在当时根据地的420万人口中，就有120万人拥军支前，20多万人参军参战，10多万人血染疆场。入伍比例之高，支前热情之高，前所未有，“最后一碗米，送去做军粮；最后一块布，送去做军装；最后一个娃，送去上战场”，这是临沂人民支援革命战争的真实写照。比如，莒南县聚将台村人刘永良“一门三烈”的事迹，蒙阴县的宋炳锋立誓嫁给第一个报名参军人的事迹，沂南县马牧池乡常山庄村明德英用乳汁救伤员的事迹，沂南县圈里村“沂蒙母亲”王换于抚养50多个将帅子女和烈士遗孤、自己的孙子却饿死4个的事迹，“沂蒙六姐妹”组织乡亲们烙煎饼、送弹药、救伤员的事迹，沂南县李桂芳带领姐妹跳进冰凉的河水中扛门板架“人桥”的事迹等。粟裕将军在他的战争回忆录中描述沂蒙群众，“他们是那样地坚定勇敢，不怕困难，奋不顾身，竭尽全力地支援子弟兵”。陈毅元帅曾深情地回忆这片故土：“我就是躺在棺材里也忘不了沂蒙山人。他们用小米供养了革命，用小车把革命推过了长江!”

（二）社会主义建设和改革开放时期，动员人民艰苦创业，发展经济取得巨大成就

社会主义建设时期，沂蒙精神的一个突出表现是艰苦奋斗改变恶劣生存条件，比如，莒南县厉家寨党组织动员全体村民，自力更生，艰苦创业，整山治水，战天斗地，被毛泽东同志称赞为“愚公移山，改造中国”的好例子。社会主义改革开放时期，沂蒙精神的一个突出表现是开拓奋进，加快发展，比如，平邑县九间棚村党支书刘嘉坤带领乡亲5年投入10万多个义务工，平均每个劳力每年出义务工310个，实现了“路跟渠、渠带路，田水池满天布，灌溉田园绕果树，自来水送到户”的高山水利化。进入21

世纪，临沂人民在党的领导下，在既不靠海又无大城市可依托的条件下，苦干实干，“1995 年，在全国 18 个革命老区中率先实现了整体脱贫”，[1] 经济社会取得迅猛发展，赢得“南有义乌、北有临沂”的美誉。沂蒙精神昭示和证明了我们党的力量源泉在人民群众，人民群众是历史的创造者。

沂蒙精神最可贵之处在于党同人民保持水乳交融、生死与共的血肉联系，它的产生有其自身特殊的条件，比如，有独特的沂蒙地域文化、沂蒙地区当时的处境等，但沂蒙精神产生的最根本原因在于党的领导，在于党的群众路线在沂蒙地区的实践。我们党坚持马克思主义群众观，始终把人民作为力量之源，以保护人民、服务人民为基点，深入开展群众工作，有效地宣传群众，动员群众，组织群众，汇聚成了浩浩荡荡的革命洪流。可以说，沂蒙精神的形成与党和政府的民众动员机制密不可分，没有党的竭尽全力的民众动员工作，就没有辉煌的沂蒙精神。同样，沂蒙精神也给我们当下及未来的民众动员工作提供了很多启示。

二、 党在沂蒙地区的民众动员工作经验

我们党历来高度重视群众动员工作，群众路线是我们党的生命线。革命战争时期，党在沂蒙地区放手发动和组织人民群众，推动形成了全民皆兵、全民参战的人民战争，“战争的伟力之最深厚的根源，存在于民众之中”[2]。社会主义建设时期，沂蒙人民在党的动员下，以极大的热情，战天斗地。社会主义改革开放时期，沂蒙人民积极响应党的号召，解放思想，开拓创新，沂蒙经济社会得到迅猛发展。党在沂蒙地区的民众动员机制，有以下几个突出特点。

（一）以自身建设为前提，强力塑造政府公信力

政府公信力就是政府的信用，政府公信力是民众动员的“无形资产”。政府信用一旦建立，就会与民众形成良好的互动关系。相反，一个没有信

用的政府不可能赢得民众的信任和支持，动员民众，整合社会力量也可能落空。朱德同志曾经说过：“没有真正的民主政治和对人民经济生活的改善，就不可能有人民战争。”[3]政府信用的建立，制度因素是关键。从制度层面上讲，沂蒙地区政府在革命时期实行了真正民主的政治制度，在政权建设上赢得了民众的赞赏和信任。比如抗日战争时期，在省委的统一领导下，动员人民群众深入开展了民主改选活动，通过实施“三三制”选举，提高了各级政权的民主化。沂蒙人民在参政实践中亲身体会到中国共产党领导的政府是真心为人民谋利益的政府，从而树立了政府的政治权威。

建设廉洁政府，在民众中树立起只见公仆不见官和全心全意为人民服务的光辉形象。黎玉在回忆山东根据地的民主政权建设时认为：“我党建立的这种抗日民主政权，一扫旧政权腐败堕落的恶劣习气，县长和通讯员穿一样的衣服，吃一样的饭食，与人民群众同甘苦、共患难，密切联系群众，真正和人民打成了一片，在人民群众中享有崇高的威信。”[4]为切实减轻根据地人民的负担，山东抗日根据地党政机关和部队进行了精兵简政，从1942年春到1943年春，共精简机关人员3万多人，其中精简党的机关人员和政府机关人员分别达到52%和46%。群众的眼睛始终是雪亮的，群众的心里更是万分明白，不仅看你怎么说，更看你怎么做。只有从看得见摸得着的细节入手，才能一点点地融入群众之中。

（二）以改善民生为基础，大力调整经济利益关系

马克思指出：“人们奋斗所争取的一切，都同他们的利益有关。”[5]动员民众必须给民众以看得见的物质利益。离开群众的直接利益，民众不可能被充分动员起来，即使动员起来也很难持久。沂蒙地区通过调整利益分配关系，建立新的经济秩序，调动起各阶级、阶层抗战的积极性。

1. 开展减租减息和改善雇工待遇运动

1942年春，刘少奇到山东根据地开展工作，在深入群众进行调查研究的基础上，分析了抗战以来山东分局的工作，刘少奇同志认为只有让群众

得到实惠，才能唤起广大民众。1942 年 5 月 4 日，山东分局做出减租减息、给雇工加薪的决定。一些具体办法诸如“二五减租”和“分半减息”等政策取得了巨大的成效。以高粱为例，“双减”后根据地平均每亩交 11 斤，国统区每亩交 84 斤，敌占区每亩交 100 斤以上。于是，人心向背的问题就出来了，这就为抗日战争乃至解放战争的胜利奠定了坚实的基础。党的政策和最广大群众的利益真正结合起来，在民众中扎下了根。

2. 大力推进土地改革运动

深入开展的土地改革是保障民众动员工作顺利展开的物质基础。1947 年《中国土地法大纲》规定乡村中一切地主的土地及公地，按乡村全部人口，不分男女老幼，统一平均分配，这些法规、法令保障了农民的利益、经济权益。在土地改革中，党还充分考虑到农村妇女的经济及其他方面的权益，努力做到人人平等。如华东局规定应根据全乡或全村人口、地亩、土地质量、收获量，计算出一个乡或村的平均亩数、收成，依照这个标准平分土地，必须做到多少、远近、整碎、肥瘦、高低、男女老幼各方面都平衡。土地改革作为物质型动员的一个主要组成部分，使得贫雇农从地主、富农那里分得了土地，得到了实实在在的经济利益。通过土改来进行民众动员的效果是好的，通过这种方式的动员，大大激发了民众支援前线的革命意识。土地改革，则使人民和党生死与共的关系更加牢固。

3. 抚恤制度与物质补偿相结合

解放战争时期，广大支援前线的群众为解放战争做出了牺牲，政府应该给他们一定的物质补偿，使他们从精神和物质上得到安慰。党制定了民兵伤亡抚恤制度，在动员民众的同时也维护了他们的基本权益。作为军队保障制度的一项重要组成部分，自人民军队建立以来，党就不断探索完善军人抚恤优待政策的内容和形式以及方法，努力保障革命军人及其家庭在服役及退役后的生活安排，创造出了别具特色的军人抚恤优待和退役安置模式。

（三）以思想动员为核心，创新思想政治工作方式方法

1. 牢固树立民众动员就是思想动员的观念

民众动员关键在于思想动员，在解放战争时期，党把通过政治教育和思想动员，使群众自觉、自愿地参军入伍列为我军兵员动员工作的基本政策和基本方针。比如，淮海战役兵员补充任务下达后，地委反复强调动员参军工作要严格执行群众自觉、自愿原则，反对任何形式的强迫命令，禁止发生不择手段的逼兵现象。为圆满完成动员参军任务，提出“必须在所有干部、党员及所有群众中，进行广泛深入反复的动员教育，进而达到群众的政治自觉”。强调“如果一地区发生强迫命令，脱离群众，则宁可停止，重新布置”。把思想动员摆在工作的前头，严格落实民众动员就是思想动员的方针政策。

2. 完善思想动员组织机制

沂蒙地区的政治教育和思想动员坚持由干部、党员到普通群众的自上而下方式。首先对所有干部、党员进行深入动员，然后在群众中进行广泛宣传，提高群众的政治觉悟；对于党员，一般先是召开党内活动分子会议，进而实现全党动员，再由党内扩展到党外。同时非常注意发挥各级党政组织、群众团体包括农、青、妇组织的重要作用。发现典型、典型带动，是组织群众、发动群众的有效手段。发动群众，首先要团结乡村开明绅士，团结觉醒早的农民。通过他们的影响，再影响更大的群体。

3. 创新思想政治工作方法，大力进行形势教育

形势教育包括国际形势教育和国内形势教育两个方面，是我们党的思想政治工作的优良传统。形势教育的目的是帮助群众树立必胜信念，提高参与热情。在革命战争时期，沂蒙解放区战事频繁，参军和支前任务极其繁重。淮海战役开始后，老区的部分干部群众产生了厌战情绪。我们党通过召开支部会议、各群众团体会议、村民大会进行形势教育。通过学习教育说明形势：“战争双方力量对比已经发生了根本变化，（我军）不但在质

量上早已超过敌人，而且在数量上也已超过敌人，再有一年左右时间就可将国民党从根本上打倒了。"[6]这就明确了战争的前途，增强了必胜的信心。

4. 阶级教育为动员民众参军支前发挥了重要作用

阶级教育的目的是使民众了解阶级和阶级斗争、阶级剥削与压迫。通过阐明战争性质，激发阶级仇恨，提高群众参军支前的自觉性。在政治教育和思想动员中，地委要求各级干部必须向群众阐明战争的性质是人民战争，"战争是为了全体人民的利益，巩固翻身果实，不是为了别人，正是为了自己"，"为了永久解放，把日子过得更好，就要打倒蒋介石集团"，努力造成"胜利人人有份，参军人人有责"的舆论氛围[7]。为提高群众的阶级觉悟，普遍采取了回忆、诉苦、算账、对比等各种各样的方式，对群众进行由远及近、由浅及深的教育，收到了显著效果。特别是通过忆苦、诉苦教育，激起了群众的阶级仇恨，形成了自觉参军的热潮。

5. 开创社会教育新形式，将思想动员工作融入社会教育中

创造性地开办庄户学，1943 年 10 月，张建华同志在山东省莒南县创办的边干活边学习、把农民学员的教室搬到田间地头的教学模式，被农民群众称为庄户学。丰富多彩的教学内容、灵活多样的组织形式让庄户学迅速在沂蒙大地上生根发芽，儿童班、青壮年班、老年班等不断涌现，也不断提高着人们学习文化的积极性。庄户学很好地将文化学习同政治教育结合了起来，为了配合战争宣传，结合不同的形势任务，人们将所学习的内容编成短文、顺口溜、歌谣等形式，通俗易懂。

创造性地开办识字班，"识字班"是革命战争年代老区妇女积极学习文化知识，追求上进的代名词。在沂蒙革命老区，因参加识字班的多为年轻妇女，后来"识字班"演化为对年轻妇女，尤其是未婚少女的称呼。"识字班"不仅是一种学习形式，而且是一种组织形式。它团结和争取了广大青年妇女，成为党组织、妇救会的得力助手，在拥军优属、参军、支前、生产、备战各方面发挥了巨大作用，有力支援了根据地各项工作的开展。

开展冬学运动。改造性地利用过去已经存在于农村中的学习方式，强调教育的政治功能与文化功能相结合，将政治教育和政治动员放在突出位置。同时结合沂蒙地区实际，运用群众喜闻乐见的方式，在冬学教学及民众动员中凸显地域特色。

6. 加大媒体宣传及文艺宣传

中共山东省委机关报《大众日报》等在沂蒙地区诞生和扩大，山东的新闻报刊出版在沂蒙地区实现了从无到有，进入 1939 年以后，山东抗日根据地的报刊发行、图书出版陆续发展起来，推动了政治宣传工作的开展。新闻出版事业的发展，不仅向民众及时宣传了党的政策方针，唤醒武装了沂蒙军民，而且对于巩固和扩大沂蒙根据地，推动根据地事业的发展发挥了重要作用。

开展灵活多样的文艺活动方式。文艺舞台是文化宣传阵地的重要一角。在党和政府的领导推动下，沂蒙地区十分重视文艺工作的开展，从文艺队伍的组建到宣传内容的指导等，都做了大量细致有效的工作。当时在根据地各区，几乎都有剧团（社）的存在，这些剧团（社）或大或小，或正规或带有地方性色彩，围绕抗战形势和人民群众生活创作了大量文艺作品，在动员和宣传民众、歌颂党的领导、为抗战服务等方面做出了很大贡献。与此同时，在党的领导下，根据地广大农村也相继建立了一批文艺宣传队和农村剧团等文艺组织。以莒南县为例，到 1945 年，就有剧团 208 个，演员数千名。85% 以上的村庄都成立了歌咏队、秧歌队。由于农村剧团演出形式灵活、内容丰富活泼、贴近人民实际生活，因此深受人民群众的欢迎。广大农村剧团的开展，不仅配合了各时期党的中心任务和工作，也推动了农村的文化普及，为推动沂蒙地区各项事业的发展做出了巨大贡献。

（四）以激励机制为保障，全力调动民众积极性

1. 物质激励与精神激励并重

激励机制是民众动员机制的保障，通过有效的物质激励和精神激励，

可以调动人们干事创业最大的积极性、主动性。重物质奖励更重精神奖励，比如在革命时期，对英勇支前的民工，成绩突出的不仅授予锦旗、奖章，还授予他们“陈毅担架队”“黎玉运输队”等荣誉称号。

2. 树立模范榜样

榜样作为一种精神而存在，它蕴含的力量是无穷的。党自成立以来，就非常注重在各行各业树立模范榜样，通过对模范的宣传动员，更多的人民参与到中国革命和建设的伟大事业中来。不论是革命年代的明德英、祖秀莲等沂蒙红嫂，还是社会主义建设时期的厉月坤，还是改革开放时期九间棚的刘加坤、沈泉庄的王廷江等，这些令人耸然动容的精神事例和典型，激励、引导广大民众在党的领导下，积极投身到党的伟大事业中来。

三、新时代条件下，沂蒙精神对做好民众动员工作的启示

（一）坚持以人民为中心的执政思想是民众动员的基础

沂蒙人民坚定地跟党走，无私奉献，最根本的原因就是党始终把人民利益放在第一位，为人民谋幸福。中国共产党从进驻沂蒙山区开始，恪守全心全意为人民服务的根本宗旨，一切为了人民，一切依靠人民，一切服务于人民，才与人民群众共同熔铸了惊天动地的沂蒙精神。新时代条件下，做好民众动员工作更要始终把人民利益放在首位，坚持以人民为中心。在十九大报告中，“人民”二字共出现203次，以新的高度强调了坚持以人民为中心思想，这既是习近平新时代中国特色社会主义思想的重要内容，也是新时代坚持和发展中国特色社会主义的基本方略。马克思主义历史唯物观的基本观点就是群众观，人民群众是历史的创造者，是决定党和国家前途命运的根本力量。只有坚持以人民为中心的思想，践行群众路线，才能凝聚起革命、建设、改革各个阶段的民心民力，坚持以人民为中心的执政思想是民众动员的基础。“只有从实际出发改善民生，使农民获得生存和发

展的条件，才能得到农民的有力支持，才能进一步调动起农民抗战和生产的积极性，才能获得充足的兵源和战争所需的经济物资供给。”[8]坚持以人民为中心的执政思想就要不断实现好、维护好、发展好最广大人民的根本利益，习近平同志在十九大报告中明确指出，“保障和改善民生要抓住人民最关心最直接最现实的利益问题”[9]。党能够最大限度地团结和组织广大人民群众的力量根源在于坚持以人民为中心的执政理念，主要表现就是不断竭尽所能实现人民群众对美好生活的向往，给予群众实实在在的实惠，充分保障人民群众的物质和精神利益。

（二）切实抓好党的建设是开展民众动员的前提

中国特色社会主义事业的建立与发展很大程度上取决于党的民众动员能力的高低，但打铁必须自身硬，党作为领导核心，首先要通过加强党的建设，做好表率，来引导、组织民众动员。《论语》中有句话：“其身正，不令而行；其身不正，虽令不从。”《史记·李将军列传》中有个成语：“桃李不言，下自成蹊。”这些都强调了表率示范作用的重要性。在解放战争中，每一场攻坚战，国民党军长官都要许诺给每个士兵发3块大洋，以激励士气，后面还有督战队督战，高喊“给我上”，我军指挥员则身先士卒叫响“跟我上”，结果就是“给我上”惨败给了“跟我上”，身先士卒是最有力的动员。正是因为我党我军有着优良的工作作风、坚定的理想信念、艰苦奋斗的精神和健康的党内生活，才能顺利地动员亿万人民群众与党的事业生死与共。新时代条件下，做好民众动员工作，更需要加强党的建设，党员领导干部带头，由党内向党外层层扩展，就能最大程度地动员人民群众的力量。加强党的建设一个重要方面就是加强党的群众工作能力，习近平总书记在党的十九大报告中指出：“加强作风建设，必须紧紧围绕保持党同人民群众的血肉联系，增强群众观念和群众感情，不断厚植党执政的群众基础。凡是群众反映强烈的问题都要严肃对待，凡是损害群众利益的行为都坚决纠正。”[10]

（三）善于运用动员策略是民众动员的保证

在建设中国特色社会主义现代化事业的今天，社会多元化特点明显，我们党的动员工作面临很多新的挑战，如何有效地宣传党的方针和政策，如何更大范围地动员民众，成为一个重要的问题。要想取得理想的动员效果，方法策略是保证。善于灵活运用多种动员策略是我们党一个明显的政治优势，在革命年代，沂蒙地区的实践积累了很多行之有效的民众动员方式和方法。比如在思想宣传过程中，通过采取多种易于被民众接受的方式进行民众动员，取得了理想的效果。习近平总书记在党的十九大报告中指出："增强群众工作本领，创新群众工作体制机制和方式方法，组织动员广大人民群众坚定不移跟党走。"[11] 创新工作方法是新时代条件下做好群众动员工作必需的。

四、总结

不论是革命时期动员民众积极参军支前，还是社会主义建设和改革开放时期动员人民艰苦创业、发展经济，沂蒙精神与党的民众动员工作都紧密相连。党在沂蒙地区的民众动员工作，以自身建设为前提，以改善民生为基础，以思想动员为核心，以激励机制为保障，无论是深度、广度、方式、方法，还是动员的效果，都取得了巨大的成就。新时代条件下，沂蒙精神启示我们要做好民众动员工作必须牢记坚持以人民为中心的执政思想，切实抓好党的建设，善于运用动员策略，只有这样，党的民众动员能力才能长盛不衰。

参考文献：

[1] 徐东升，等. 基于沂蒙精神育人的社会主义核心价值观教育研究［M］. 济南：山东人民出版社，2015：125.

［2］毛泽东选集：第1卷［M］．北京：人民出版社，1991：136.

［3］朱德选集［M］．北京：人民出版社，1981：152.

［4］山东抗日根据地［M］．北京：中共党史资料出版社，1989：229.

［5］马克思恩格斯全集：第1卷［M］．北京：人民出版社，1956：82.

［6］临沂市档案馆：《沂蒙地区支前史料选编》，1990年版。

［7］临沂市档案馆：《沂蒙地区支前史料选编》，1990年版。

［8］刘大可．山东抗日根据地的经济［M］．北京：中共党史出版社，2005：15.

［9］习近平．决胜全面建成小康社会　夺取新时代中国特色社会主义伟大胜利——在中国共产党第十九次全国代表大会上的报告［M］．北京：人民出版社，2017：36.

［10］习近平．决胜全面建成小康社会　夺取新时代中国特色社会主义伟大胜利——在中国共产党第十九次全国代表大会上的报告［M］．北京：人民出版社，2017：53.

［11］习近平．决胜全面建成小康社会　夺取新时代中国特色社会主义伟大胜利——在中国共产党第十九次全国代表大会上的报告［M］．北京：人民出版社，2017：55.

（作者简介：郭太永，男，中共山东省委省直机关党校助理讲师，中级经济师）

临沂市红色文化资源的经济效应研究
——基于红色旅游视角

张英杰　卢中华

一、引言

“十三五”时期，中国脱贫攻坚进入关键阶段，“老少边穷”特殊类型贫困地区①成为未来脱贫攻坚的主战场。2018 年 3 月 5 日，李克强总理在十三届全国人大一次会议上所做的《政府工作报告》中指出：“塑造区域发展新格局。加大对革命老区、民族地区、边境地区、贫困地区改革发展的支持。”而沂蒙革命老区是中国四大著名革命老区②之一，其覆盖的主体是临沂市。由于历史和现实的诸多原因，2015 年底，临沂市共有省定贫困村 1 145个，贫困户 41 万户，贫困群众 51.7 万人，占山东省贫困人口的 1/6，临沂脱贫攻坚的战略任务面临着较大的挑战。

众所周知，文化产业在现代经济结构中的作用越来越重要，已成为新的国民经济增长点。而红色文化资源作为中国共产党在领导中国人民进行

①特殊类型贫困地区包括革命老区（简称老区）、少数民族地区、边境县地区和穷困地区。

②中国著名的四大革命老区指的是：井冈山、延安、西柏坡、沂蒙。

革命、建设和改革开放过程中形成的以中国化的马克思主义为核心的红色遗存和红色精神，是文化产业的重要组成部分，并且红色文化和红色旅游相互融合、相互渗透，以红色文化促红色旅游发展，以红色旅游促红色文化传播成为新的发展趋势。

作为山东省的“红色圣地”，临沂市红色文化资源丰富、底蕴深厚。就功能意义而言，红色文化资源具有政治功能、社会效应和经济效应等，而红色文化资源的经济效应并不是指其自身内在的价值形态，而是指在市场经济条件下衍生的价值形态，主要体现在红色旅游产业所创造的经济效益上。因此，临沂市在传承红色文化、凸显政治功能和社会效应的同时，可以红色旅游为抓手，加快其振兴发展和脱贫攻坚。2017 年 11 月 6 日，临沂市委、市政府下发《关于加快红色旅游发展的意见》。该《意见》提出，到 2020 年临沂市将建设成为以沂蒙精神为文化内涵、以亲情沂蒙为地域特色、以红色旅游为产品支撑的红色文化圣地，叫响“亲情沂蒙、红色临沂”形象品牌，打造全国红色旅游高地和具有一定国际影响力的红色旅游目的地。①

近年来，关于红色文化资源的研究，国内学者基于不同的学科背景和

①临沂市委、市政府下发的《关于加快红色旅游发展的意见》指出，我市将按照坚持统筹规划，推进融合发展；突出社会效益，强化教育功能；坚持朴素实用，实现绿色发展；坚持改革创新，增强发展活力的基本原则，不断创新红色旅游发展模式，丰富产品体系，提高服务质量，使红色旅游成为开展党性教育、爱国主义和革命传统教育的重要载体，成为全域旅游发展的重要支撑，成为沂蒙革命老区振兴和脱贫富民的重要途径，推动全市旅游实现从区域性客源市场向全国性客源市场跨越。在优化发展格局方面，我市将构建“一个中心四条主线十大片区”的空间布局，不断完善红色旅游产品体系。一个中心：依托华东革命烈士陵园、沂蒙革命纪念馆、临沂商城展览馆等红色旅游资源，发挥中心城区区位、交通、接待等优势，打造临沂红色旅游资源展示和游客集散的中心区。四条主线：挖掘沂蒙红色旅游资源文化脉络，梳理沂蒙精神主旨内涵，打造四条红色旅游文化主线产品带，即战争线、支前线、政权线、建设线。十大片区：依托全国红色旅游经典景区和重点红色旅游景区，打造十大红色旅游片区。此外，在打造旅游产品方面，我市将打造红色旅游与党性教育融合发展示范景区，增加观光休闲型旅游景区的红色教育功能，推进亲情沂蒙特色乡村旅游建设，推出一批红色文艺创作项目。在完善服务体系方面，我市将建立红色旅游集散服务体系，构建红色旅游立体大交通格局，营造红色旅游氛围，完善红色旅游餐饮住宿设施，开发红色旅游商品，不断提升红色旅游信息化水平。在加强营销推广方面，我市将叫响“亲情沂蒙、红色临沂”品牌，开展红色教育进企业、进校园、进社区，策划红色旅游节庆活动，切实加强红色旅游区域合作。

视角形成了大量的文献。向国华和何其鑫（2018）阐述了红色文化与“四个自信”（即中国特色社会主义道路自信、理论自信、制度自信、文化自信）的关系，应传承红色文化，不断挖掘积累起来的精神和物质财富[1]。沈成飞和连文妹（2018）阐述了红色文化的内涵、外延和基本特征，认为在当今中国，红色文化对于抵御历史虚无主义、增强文化自信、标识中国特色、提升国家认同等方面具有不可取代的价值地位[2]。胡秀俊（2017）论述了沂蒙红色文化对高校立德树人工作的意义和实践路径[3]。张侃（2017）从政治哲学的维度考察红色文化、国家记忆与现代国家建构三者的关系，认为塑造具有共识的历史记忆并固化为国家记忆是国家建构的重要环节[4]。彭贤则等（2017）以洪湖湿地红色文化为例，论述了红色文化融入高校思想政治教育的应用价值及其实现路径[5]。惠晓峰和郝琦（2017）分析了延安大学利用延安红色文化资源植入思想政治教育的有效探索，并提出了存在的不足及改进措施[6]。高璐佳和魏晴晴（2016）阐述了红色文化对党性教育的重要意义，分析了甘肃省利用红色文化资源开展党性教育的有益探索[7]。邓鹏（2016）论述了红色文化的内在属性对马克思主义信仰教育的重要意义[8]。黄立新（2016）以富有地域特色的烟台红色文化为例，分析了挖掘红色文化资源促进烟台文化产业发展的当代意义和做法[9]。杨建义（2016）认为红色文化所体现的客观事实和历史样态是涵育社会主义核心价值观的红色基因、历史语境和逻辑中介，应把红色文化利用和传承好，推动社会主义核心价值观的培育践行[10]。马静（2016）分析了红色文化在推动社会治理方面的功能，通过红色文化的发展，实现红色文化传承与社会治理水平提升的双向互动[11]。任平（2016）基于全球文明秩序重建与中国文化自信的视域阐述了延安红色文化的当代意义[12]。徐永健和李盼（2016）论述了大学生思想政治教育创新发展需要吸纳红色文化资源，为大学生成长成才提供丰富而强大的精神支持[13]。曾长秋（2016）论述了红色文化资源的价值提升与功能拓展路径[14]。易金华（2015）探讨了红色文化资源在推动马克思主义理论内容大众化和理论受众大众化两方面的重要价值，以及其实施的路径[15]。孙平等（2015）在对红色文化内涵和外延重新界定和阐述的基础上，提出新时期红色文化的传播机制[16]。王善和程川（2015）分析了海南黎族红色文化对构建社会主义核心价值体系的多元意义和路径[17]。黄蓉生和田歧瑞（2015）分析了在社会主义核心价值观背景下的红色文化的特性，即思想政治性、民族性和大众性等，红色文化的特性助推社会主义核心价值观的培育和践行[18]。丁凤云（2014）探究了临沂大学依托沂蒙老区红色文化资源，助推社会主义核心价值观教育的理论探索和实践经验[19]。黄永林（2014）基于黄冈红色文化资源的特质和当前开发中存在的问题，提出了利用黄冈红色文化资源发展文化产业的若干思考[20]。李霞（2014）阐述了红色文化与社会主义核心价值体系的内在逻辑关系，前者是后者的逻辑起点，后者是前者的逻辑演进，二者互为逻辑中介，具有共同的逻辑中心以及同一的逻辑终点[21]。王治涛（2014）基于洛阳红色文化遗产的分类和保护中存在的问题，提出了通过创业策划提升其保护价值[22]。张绍荣（2013）探讨了红色文化教育传承体系的构建，旨在推动红色文化的创新发展[23]。刘绍静（2012）以临沂大学为例，基于临沂市红色文化资源得天独厚的优势，探索了弘扬沂蒙精神的路径，旨在构建具有沂蒙特色的校园文化[24]。天浩然（2012）基于文化可持续发展的视角，阐述了四川藏区红色文化的合理保护和创新发展的关系[25]。何晓坚（2012）以大别山红色文化为例，探究了其对构建社会主义核心价值体系的促进作用和实现路径[26]。李爱娟（2012）针对沂蒙红色文化在发展中出现的问题，提出了基于网络创新环境下的沂蒙红色文化传播机制[27]。卢旗英（2012）在厘清赣南原中央苏区红色文化资源的内涵和底蕴的基础上，提出了振兴发展视野中赣南红色文化建设的对策与路径[28]。陈莉莉（2012）认为推广红色文化是推进马克思主义大众化的重要隐性教育方式，并探析了其基本路径[29]。叶桉（2011）论证了以八一精神为代表的红色文化在区域文化乃至国家文化实力体系中的价值和地位[30]。韩延明和魏本权（2010）基于文化生态学的原理和方法，探究了沂蒙红色文化的特殊文化特征及文化模式的来源[31]。江峰和汪颖子（2010）以大别山红色文化为案例，阐述了中国红色文化有其生成的特定内在成因和系统要素[32]。夏燕和况成泉（2010）结合重庆红色文化保护的现状和地域特色，论述了其综合开发问题[33]。王中强（2010）认为红色文化是中国先进文化的重要组成部分，是社会主义核心价值体系的孕育母体，在传承好红色文化的同时，要创造性地开发利用红色文化资源[34]。杨建辉（2010）基于红色文化在社会主义核心价值体系中的重要意义，提出要大力挖掘和培育红色文化资源，全面推进社会主义核心价值体系建设[35]。刘建平和李双清（2008）论述了乡村红色文化遗产的现状及其原因，旨在对乡村红色文化实施合法有效的保护提供借鉴[36]。

综观前期对红色文化资源进行研究的相关文献，从研究主题来看，较多的是关于红色文化与社会主义核心价值观培育等的文献，其次是关于红色文化与高校大学生思想政治教育方面的文献，此外，以地域性的红色文化为研究对象的较多，如延安、大别山、沂蒙、洛阳、四川藏区、赣南原中央苏区、重庆等地的红色文化。从研究内容来看，大多数是突出红色文化的政治功能和社会效应，较少涉及经济效应，并且鲜有从计量经济学角度，通过构建计量经济模型，实证分析红色文化资源对区域经济增长的影响效应。因此，在做好红色文化合理测度的基础上，可基于计量经济学的视角，定量分析红色文化资源的经济效应，表明红色文化在区域经济增长中的重要作用，凸显红色文化的政治功能、社会效应和经济效应的三者统一。

因此，本文以1994—2016年临沂市红色文化资源的发展（以其红色旅游的国内收入和国际收入为代理变量）和地区经济增长（以地区生产总值来测度）为内生变量，构建向量自回归模型（VAR），实证分析临沂市红色文化资源发展对区域经济增长的影响效应，这对于新时代背景下临沂市的社会经济发展与脱贫攻坚具有重要的理论意义和现实意义。

二、模型构建、变量选取和数据说明

（一）模型构建

本文研究的是红色文化资源发展（以红色旅游为代理变量）与地区经济增长的复杂系统，可选用 VAR 模型刻画红色旅游收入对地区经济增长的动态冲击效应。

VAR 模型是基于数据的统计性质建立模型，该模型把系统中每一个内生变量作为系统中所有内生变量的滞后值的函数来构造模型，从而将单变量自回归模型推广到多元时间序列组成的向量自回归模型，它是处理多个相关经济指标的分析与预测时最常用的模型之一。1980 年 Sims 将 VAR 模型引入经济学中，推动了其在经济系统动态性分析中的广泛应用。VAR 模型常用于预测相互联系的时间序列系统及分析随机扰动对变量系统的动态冲击，从而解释各种经济冲击对经济变量形成的影响。该模型的数学表达式为（1）

$$y_t = A_1 y_{t-1} + A_2 y_{t-2} + \cdots + A_P y_{t-p} + BX_t + \varepsilon_t,\ t = 1,\ 2,\ \cdots,\ T \quad (1)$$

其中，y_t表示 k 维内生变量；X_t表示 d 维外生变量向量；p 表示滞后阶数；T 表示样本个数；$k \times k$ 维矩阵 A_1，A_2，$\cdots$，A_p和 $k \times d$ 维矩阵 B 表示要被估计的系数矩阵，ε_t表示 k 维扰动向量，它们相互之间可以同期相关，但不与自己的滞后期以及等式右边的变量相关。

（二）变量选取

1. 红色文化资源

红色文化资源作为以中国化的马克思主义为核心的红色遗存和红色精神，是很难定量测度的变量，但由于其具有资政育人的重要作用，推动了红色文化资源所在地的红色旅游的发展，尤其是近年来，出现了红色旅游的热潮。因此，本文以临沂市红色旅游收入为该地区红色文化资源发展的代理变量加以测度。因红色旅游的游客区分为国内游客和海外游客，进而将临沂市红色旅游收入区分为临沂市红色旅游国内收入（用 dtour 表示）和临沂市红色旅游国际收入（用 itour 表示），二者均为临沂市 1994—2016 年的年度数据，而红色旅游国际收入按照当年的年汇率换算成人民币。

2. 区域经济增长

临沂市区域经济增长用地区生产总值（gdp）来度量，即临沂市 1994—2016 年的地区生产总值的年度数据。

3. 变量的描述性分析

为减弱或消除异方差，各变量均取自然对数。各个变量的描述性统计见表 1。

表 1　回归模型中变量的描述性统计

变量	均值	标准差	最小值	最大值	样本容量
ln（dtour）	1. 6309	1. 0993	-1. 7959	2. 7786	23
ln（itour）	-0. 3910	1. 1288	-3. 1331	0. 8639	23
ln（gdp）	3. 0620	0. 3847	2. 3699	3. 6028	23

（三）数据说明

1. 1994—2013 年临沂市的红色旅游收入（dtour 和 itour）数据来自临沂市旅游政务网；2014—2016 年的临沂市红色旅游收入（dtour 和 itour）数据来自历年《临沂市统计年鉴》；1994—2016 年临沂市 gdp 数据来自 Wind 数据库。

2. 历年的临沂市红色旅游收入和地区生产总值，其名义值均以 1994 年为基期的消费价格指数加以消胀处理而转化为实际值。

三、临沂市红色文化资源对区域经济影响的动态检验

（一）变量的平稳性检验

经济领域中大多数经济变量的时间序列是非平稳的，用非平稳的序列进行传统的回归分析容易导致“伪回归”。为避免伪回归，VAR 模型在回归分析之前要进行单位根检验和协整检验。

运用 ADF 检验方法对 lndtour、lnitour 和 lngdp 变量进行单位根检验，以检验其平稳性，检验结果如表 2 所示。

从表 2 中可以看出，变量的自然对数序列均不平稳，但经过一阶差分后在 5% 的显著性水平上均为平稳序列，说明各变量序列为 I（1），即一阶单整序列，满足协整检验的条件。

表 2　回归模型变量的单位根检验结果

变量名称	模型形式（C，T，P）	ADF 统计量	5% 临界值	P 值	检验结论
ln（dtour）	（C，T，4）	2.6940	-1.9602	0.9967	不平稳
ln（itour）	（C，0，2）	-1.4486	-3.0207	0.5380	不平稳
ln（gdp）	（C，T，1）	-1.3168	-3.6450	0.8550	不平稳
△ln（dtour）	（C，0，1）	-22.4316	-3.0207	0.0000	平稳
△ln（itour）	（0，0，4）	-7.1938	-1.9581	0.0000	平稳
△ln（gdp）	（0，0，4）	-2.6595	-1.9581	0.0105	平稳

注：ln（）表示对括号内的变量取自然对数，△ln（）表示对括号内的变量进行自然对数一阶差分。

对于模型形式（C，T，P），其中C、T、P分别表示截距项、趋势项、回归中差分项的滞后阶数：若C或T的值为0时，表示该模型没有截距项或趋势项。

（二）变量的协整检验

协整检验用于确定各变量间是否存在长期均衡关系。本文基于VAR模型回归系数的Johansen协整检验方法对该模型进行协整检验，检验结果如表3所示。

表3 Johansen协整检验结果

原假设	特征值	迹检验统计量	5%水平临界值	迹检验P值
0个协整关系*	0.9779	90.7006	29.7971	0.0000
最多1个协整关系	0.3863	10.6108	15.4947	0.2366
最多2个协整关系	0.0169	0.3586	3.8415	0.5493

从表协整检验结果可以看出，在1%的显著性水平上拒绝“0个协整关系”的原假设，接受“最多1个协整关系”的备择假设，因此，各变量间存在协整关系，即临沂市红色旅游国内收入、红色旅游国际收入与地区经济增长之间长期稳定的均衡关系。

（三）VAR模型平稳性检验

为了检验VAR模型是否平稳，可用AR根检验，见图1所示。结果表明，该VAR模型的所有特征值都小于1，均落在单位圆之内，也就是说，该VAR模型是稳定的。

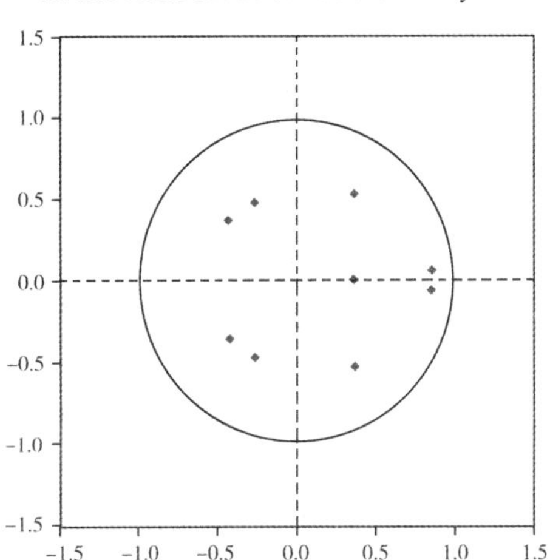

图 1 VAR 模型平稳性检验的 AR 根图

（四）Granger 因果关系检验

Granger 因果关系检验是用来判断一个变量是否会受到其他变量的滞后影响。本文基于 Granger 因果关系检验方法分析临沂市红色旅游国内收入（lndtour）和红色旅游国际收入（lnitour）与地区经济增长（gdp）的因果关系，检验结果如表 4 所示。

表 4 Granger 因果关系检验结果

显著性水平	原假设	F 统计量	P 值	结论
5%	LNDTOUR does not Granger Cause LNGDP	6.83027	0.0171	拒绝
	LNITOUR does not Granger Cause LNGDP	1.20726	0.2856	拒绝

从表 4 可知，在 5% 的显著性水平上，临沂市红色旅游国内收入（lndtour）是地区经济增长的 Granger 原因，而红色旅游国际收入（lnitour）却不是地区经济增长的 Granger 原因。因此，临沂市地区经济增长与其红色旅游国内收入存在明显的依存或依赖关系，红色旅游国内收入的增加促进了地区经济增长。

（五）VAR模型滞后阶数选择

VAR模型除满足序列的平稳性要求外，还需要正确确定滞后阶数。根据AIC、SC等6个最优滞后阶数判断准则（见表5），可知该VAR模型整体最优滞后阶数为3阶。

表5 VAR模型最优滞后阶数选择

滞后数	对数似然值	连续修正LR检验统计量	最终预测误差	赤池信息准则	舒瓦茨信息准则	汉南奎恩信息准则	整体最优滞后阶数
Lag	LagL	LR（5%）	FPE	AIC	SC	HQ	3
0	3.2090	NA	0.0002	-0.0220	0.1271	0.0032	
1	61.5189	92.0683	1.11E-06	-5.2125	-4.6160*	-5.1116	
2	64.4489	3.7010	2.31E-06	-4.5736	-3.5297	-4.3969	
3	82.9467	17.5243*	1.08e-06*	-5.5733*	-4.0821	-5.3210*	
4	90.6699	4.8778	2.18E-06	-5.4389	-3.5004	-5.1109	

（六）脉冲响应函数

脉冲响应函数刻画的是在VAR模型的扰动项加一个一次性的冲击对内生变量当前值和未来值所带来的影响，其优点在于不需要考虑变量的外生性和内生性，每一个模型含有相同的滞后结构。在VAR模型中，对第i个变量的冲击不仅直接影响第i个变量，而且还通过VAR模型的动态（滞后）结构传导给所有的其他内生变量。

脉冲响应函数要求扰动项之间是正交的，为了满足这一条件，本文将通过 Cholesky 分解来计算脉冲响应函数。而根据前面信息准则的统计量，推断出该模型的最优滞后阶数为 3 阶。因此，分别给红色旅游国内收入（lndtour）和国际收入（lnitour）一个正的冲击，得到地区经济增长（lng-dp）的响应函数。图 2 和图 3 分别表示临沂市地区经济增长（lngdp）对红色旅游国内收入（lndtour）和国际收入（lnitour）冲击的响应函数，其中横轴表示作用的滞后期间数，纵轴表示响应的大小，虚线表示两倍标准差曲线。

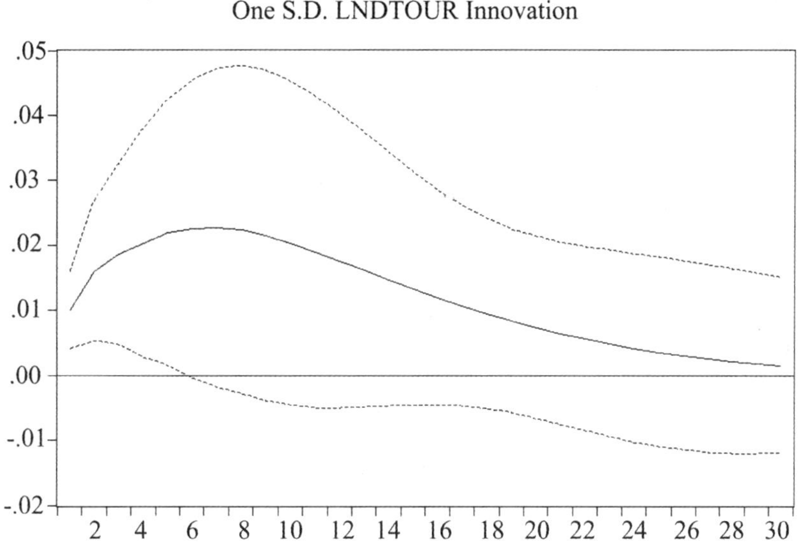

图 2　临沂市地区经济增长（lngdp）对红色旅游国内收入（lndtour）冲击的响应函数曲线

从图 2 可以看出，当期给红色旅游国内收入（lndtour）一个正的冲击后，地区经济增长（lngdp）有一个快速上升趋势的响应，在第 7 期达到最高，之后逐渐下降，并趋向于 0。但从总体来说，其表现为持续的、正的影响，并且持续时间较长。这表明临沂市红色旅游国内收入对地区经济增长有明显的促进作用。

图 3 给出了临沂市红色旅游国际收入（lnitour）对地区经济增长（lngdp）冲击的响应。与红色旅游国内收入的冲击效应相反，当期给红色旅游国际收入（lnitour）一个正的冲击，地区生产总值（lngdp）呈现波动性的、持续的、负的影响，在第 7 期达到最大值，随后不断降低，并逐渐趋向于 0，但始终保持负的响应。临沂市红色旅游国际收入对地区经济的拉动作用相对于红色旅游国内收入而言明显削弱，其真正的拉动作用还没有充分发挥出来，有待进一步挖掘和提升。

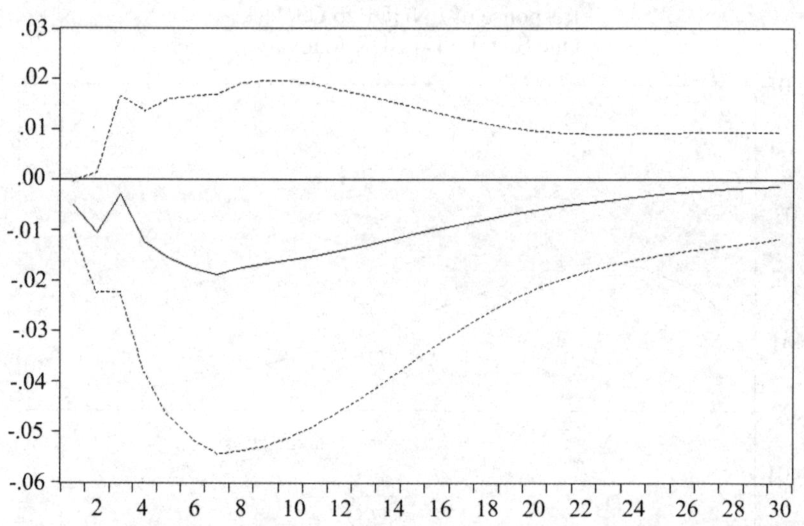

图 3　临沂市地区经济增长（lngdp）对红色旅游国际收入（lnitour）冲击的响应函数曲线

（七）方差分解

方差分解是分析 VAR 模型的每一个结构冲击对内生变量变化的贡献程度，进而评价不同的结构冲击的重要性。因此，方差分解给出对 VAR 模型中的变量产生影响的每个随机扰动的相对重要性的信息。本文选定 10 期作为方差分解的滞后期，基于构建的 VAR 模型，对地区经济增长（lngdp）进行方差分解，结果如图 4 所示。

从方差分解的结果来看，在不考虑地区经济增长（lngdp）自身贡献率的情况下，红色旅游国内收入（lndtour）对地区经济增长（lngdp）影响反应灵敏，在第 1—3 期有个快速的增长过程，在第 3 期达到最高值 45. 57% 的贡献度，之后下降，并在 40% 左右的贡献度上徘徊。而红色旅游国际收入（lnitour）对地区经济增长（lngdp）的影响稍弱，在第 1—3 期波动较大，在第 3 期后，逐渐上升，在本跨期的第 10 期达到最高值 21. 06% 的贡献度。总体来看，临沂市地区经济增长（lngdp）的标准差从 37. 82%—45. 52% 的部分被自身承载，从 40. 91%—45. 57% 的部分被红色旅游国内收入（lndtour）承载，从 9. 56%—21. 06% 的部分被红色旅游国际收入（lnitour）承载。

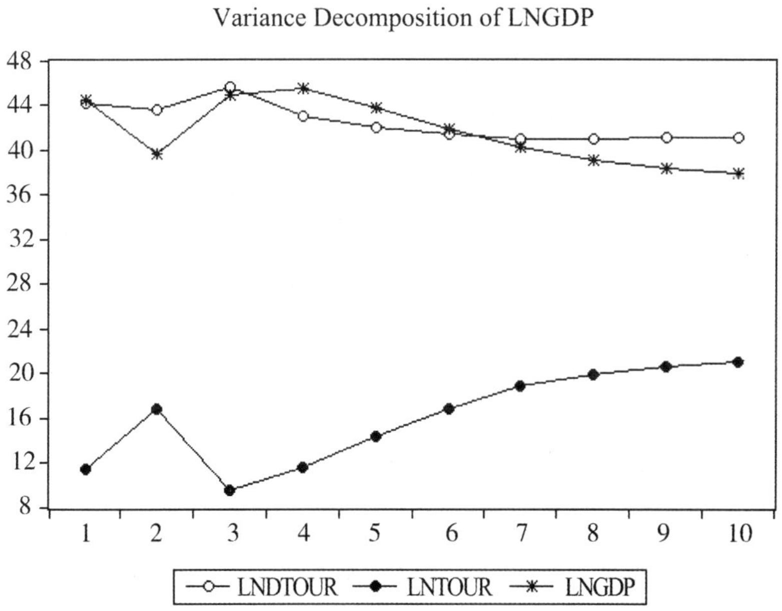

Variance Decomposition of LNGDP

LNDTOUR LNTOUR LNGDP

图 4　VAR 模型地区经济增长（lngdp）的方差分解函数曲线

四、 结论与政策建议

（一）结论

本文构建 VAR 模型，通过协整检验、Granger 因果关系检验、脉冲响应函数和方差分解的方法，以红色旅游收入（国内收入和国际收入）作为红色文化资源发展的代理变量，基于1994—2016年临沂市的年度数据，研究了临沂市红色文化资源发展对区域经济增长的动态关系。主要结论如下：

1. 就长期情况而言，临沂市红色旅游国内收入、红色旅游国际收入与地区经济增长之间存在长期稳定的均衡关系。

2. Granger因果关系检验结论表明，在长期的变化中，临沂市红色旅游国内收入是地区经济增长的Granger原因，而红色旅游国际收入却不是地区经济增长的Granger原因。因此，临沂市地区经济增长与其红色旅游国内收入存在明显的依存或依赖关系，红色旅游国内收入的增加促进了地区经济增长。

3. VAR模型的脉冲响应函数分析结果表明，临沂市红色旅游国内收入对区域经济增长是正向影响，并且后期作用力逐渐减小。方差分解结果显示，临沂市红色旅游国内收入对地区经济增长的解释力和贡献度较高，而红色旅游国际收入对区域经济发展的解释力和贡献度较低，尚有较大的提升空间。

（二）政策建议

基于以上实证分析结果，本文提出如下的政策建议：

1. 鉴于临沂红色旅游与区域经济发展存在长期的协整关系，应进一步统筹二者的协同发展，使得红色文化资源得以传承和保护的同时，通过红色旅游的纽带，实现“文化搭台、经济唱戏”的效应，进而促进地区经济的发展。

2. 临沂市红色旅游国内收入对区域经济发展拉动作用显著，应继续优化产业结构，推进与红色旅游相关的餐饮住宿、文化娱乐、特产购物、交通运输等行业的发展，推动临沂全域旅游的快速发展，加快沂蒙革命老区振兴。

参考文献:

[1] 向国华，何其鑫．论红色文化与“四个自信”之关系辩证［J］．学校党建与思想教育，2018（04）：18－20.

[2] 沈成飞，连文妹．论红色文化的内涵、特征及其当代价值［J］．教学与研究，2018（01）：97－104.

[3] 胡秀俊．沂蒙红色文化融入立德树人实践的路径探析［J］．黑龙江高教研究，2017（09）：134－136.

[4] 张侃．红色文化、国家记忆与现代国家建构的宏观思考——一个政治哲学的维度［J］．福建论坛：人文社会科学版，2017（07）：31－37.

[5] 彭贤则，冯旺舟，蔡莉．红色文化融入高校思想政治教育的价值和路径——以洪湖湿地红色文化为例［J］．广西社会科学，2017（11）：212－214.

[6] 惠晓峰，郝琦．延安红色资源对创新高校思想政治理论课现场教学方法的借鉴价值［J］．学校党建与思想教育，2017（04）：32－34.

[7] 高璐佳，魏晴晴．甘肃红色文化在党性教育中的实现路径［J］．甘肃理论学刊，2016（03）：66－69.

[8] 邓鹏．论红色文化对大学生马克思主义信仰教育的价值及其应用［J］．思想理论教育导刊，2016（05）：124－127.

[9] 黄立新．以挖掘红色文化资源促进烟台文化产业的发展［J］．理论学刊，2016（02）：165－169.

[10] 杨建义．以红色文化涵育社会主义核心价值观的中国特质［J］．思想教育研究，2016（08）：43－46.

[11] 马静．论红色文化社会治理功能及其实现机理［J］．广西社会科学，2016（08）：182－186.

[12] 任平．全球文明秩序重建与中国文化自信：延安红色文化的当代意义［J］．江苏行政学院学报，2016（03）：5－16.

[13] 徐永健，李盼．试论红色文化资源与大学生思想政治教育的内在关联［J］．思想教育研究，2016（12）：84－88.

[14] 曾长秋．论红色文化资源的价值提升与功能拓展［J］．湖湘论坛，2016，29（06）：56－61.

[15] 易金华．以红色资源推动马克思主义大众化［J］．湖南社会科学，2015（06）：31－34.

[16] 孙平，熊平秀，于昊．新时期红色文化的意义表达与传播机制探析［J］．现代传播：中国传媒大学学报，2015，37（05）：19－23.

[17] 王善，程川．海南黎族红色文化与社会主义核心价值体系［J］．贵州民族研究，2015，36（02）：5－8.

[18] 黄蓉生，田歧瑞．社会主义核心价值观的红色文化特性探析［J］．思想教育研究，2015（10）：54－58.

[19] 丁凤云．依托沂蒙红色文化 推进社会主义核心价值观教育［J］．中国高等教育，2014（Z1）：59－61＋79.

[20] 黄永林．黄冈红色文化资源特质与文化产业发展［J］．湖北大学学报：哲学社会科学版，2014，41（02）：48－52＋148.

[21] 李霞．论红色文化与社会主义核心价值体系的内在逻辑关系［J］．求实，2014（03）：93－96.

[22] 王治涛．洛阳红色文化遗产的分类和保护［J］．地域研究与开发，2014，33（01）：68－71.

[23] 张绍荣．论红色文化教育传承体系的构建［J］．思想理论教育导刊，2013（05）：116－118.

[24] 刘绍静．利用红色文化构筑特色校园文化的探索——以临沂大学为例［J］．临沂大学学报，2012，34（03）：6－9.

[25] 天浩然．四川藏区红色文化资源的社会价值及保护利用［J］．毛泽东思想研究，2012，29（05）：28－31.

[26] 何晓坚. 红色文化对构建社会主义核心价值体系的促进作用——以大别山红色文化研究为例 [J]. 学术探索, 2012 (10): 37 -39.

[27] 李爱娟. 基于网络创新环境的沂蒙红色文化传播及路径选择 [J]. 山东社会科学, 2012 (06): 154 -156.

[28] 卢旗英. 原中央苏区振兴视野中赣南红色文化建设路径探究 [J]. 江西社会科学, 2012, 32 (08): 207 -210.

[29] 陈莉莉. 以红色文化推进马克思主义大众化的基本路径探析 [J]. 河南社会科学, 2012, 20 (09): 41 -42 +108.

[30] 叶桉. 试论八一精神与红色文化的渊源及流变——兼谈八一文化品牌的塑造 [J]. 江西社会科学, 2011, 31 (12): 198 -203.

[31] 韩延明, 魏本权. 沂蒙红色文化的文化生态学考究与辨析 [J]. 山东社会科学, 2010 (07): 57 -62.

[32] 江峰, 汪颖子. 中国红色文化生成的系统要素透析——以大别山红色文化为例 [J]. 北京师范大学学报: 社会科学版, 2010 (06): 89 -97.

[33] 夏燕, 况成泉. 重庆"红色"文化的保护与开发 [J]. 西南大学学报: 社会科学版, 2011, 37 (S1): 157 -159.

[34] 王中强. 社会主义核心价值体系建设视域中的红色文化传承与创新 [J]. 山东社会科学, 2010 (10): 134 -137.

[35] 杨建辉. 试论红色文化在建设社会主义核心价值体系中的价值及其实现途径 [J]. 思想理论教育导刊, 2010 (11): 101 -103.

[36] 刘建平, 李双清. 乡村红色文化遗产的基本内涵、现状及其原因分析 [J]. 开发研究, 2008 (04): 121 -124.

(作者简介: 张英杰, 男, 临沂大学商学院讲师; 卢中华, 男, 临沂大学社会科学处副处长、商学院教授)

论遵义会议的地域价值及其城市影响力

唐占应

遵义因遵义会议而成为一座红色的历史文化名城，人们习惯称它为“转折之城”或“转折之都”。从地域范围来看，遵义会议的影响力远远超过了遵义这座城市，它影响到整个“大遵义”地区，即包括整个遵义及周边地区，甚至整个贵州地区。但是，遵义作为中国首批历史文化名城，和其他历史文化名城相比，遵义会议的“名牌”效应并没有很好地体现出来。新形势下，机会与挑战并存，需进一步加强对遵义会议地域价值的探索，促进遵义地区的经济、社会及文化的发展，更好更快地打造中国一流的历史文化名城。

一、 遵义会议的地域价值与城市影响力

1935 年 1 月，中国红军长征途中在遵义召开了著名的中央政治局扩大会议，会议坚持真理，发扬民主团结精神，求真务实地实现了红军长征中的重大转折，找到了革命的正确方向，关键时刻挽救了革命，挽救了红军，挽救了党。从此，遵义扬名天下，被称为“转折之城”和“决策之城”，使一座地级城市的影响力大大超过了本省省会城市。在贵州大学、贵州师范大学、贵州财经大学、贵州民族大学、遵义医学院、遵义师范学院等贵州

10 所省、地方院校的 200 名外省籍贵州大学生的样本调查中，62.5% 的大学生认为，最想去贵州的第一个城市是遵义，其次是黔东南（凯里），占 20.3%，而省会贵阳仅占 16.3%；67.2% 的大学生首先知道的贵州的城市是遵义，其次是贵阳、六盘水、黔东南（凯里）、铜仁；而调查中，被问道“你是怎样认识遵义的”时，83.6% 的大学生认为是因为遵义会议，13.7% 的人认为是因为茅台酒，2.7% 的人认为是其他原因①。从调查中，我们可以看出，遵义之所以有这么高的知名度，主要是因为遵义会议的影响力。遵义会议及其精神是中国精神财富的重要组成部分，当然也是世界精神文化的一部分，但首先它是遵义这个地区的核心精神财富之一，具有重要的地域价值和城市影响力。

遵义会议的地域价值，狭义上讲是指遵义会议对其产生地遵义地区所带来的价值与价值影响力。它主要包括三个相互影响、相互促进的层次。第一个层次是遵义会议的经济地域价值，第二个层次是遵义会议的文化地域价值，第三个层次是最高的、也最有特点而最容易被人们所忽视的价值，就是遵义会议的生态环境价值。

（一）遵义会议精神照耀遵义，遵义放光芒

遵义会议是历史给遵义人民留下来的宝贵的精神财富和无形资产，在社会主义市场经济条件下，它还是促进遵义经济社会发展的一块金字招牌。从近年遵义会议纪念馆接待的人数来看，根据贵州省假日办的数据，2013 年开始人数超过 360 万人次，2016 年国庆小长假前 4 天，遵义会议会址接待游客 7 万余人次，日均游客量 2 万多人次，预计国庆小长假将接待 12 万人次，带动消费 3 000 多万元。因此，从当前遵义市区的经济圈来看，老城区可以以遵义会议纪念馆为中心，建立遵义特色产品展销中心。

从当前遵义的旅游资源的开发来看，已经形成了以遵义会议会址为核

①根据本课题组于 2017 年 6 月所做实地调查统计分析得出。

心，加上四渡赤水，突破乌江、娄山关等著名战役在内的长征文化旅游资源。从近几年遵义红色旅游人数快速增长的情况来看，毋庸置疑，遵义会议早已成为遵义旅游业快速发展的核心和支点，当前缺乏的是如何有效地把红色文化和黔北结合起来，打出具有遵义特色的文化牌，从而助推遵义经济社会的跨越式发展。

因此，利用好这块招牌的全国乃至全世界的知名度，把红色文化和黔北文化结合起来，把遵义打造成为中国一流的历史文化名城，这将会给遵义的经济社会发展插上一双腾飞的翅膀，实现遵义的跨越发展，使遵义会议精神照耀遵义，遵义大放光芒。

（二）革命圣地，精神高地

遵义会议书写的不仅是中国革命生死时刻的英明选择与胜利转折，更写下了世界战争和人类生存史上浓墨重彩的英雄史诗；它留给后人的也不仅仅是一座城市的红色传奇，更是一个国家和民族的精神财富，是灵魂与意志的哲学启示。遵义给我的精神印记就是令人仰望的一座革命圣城。

如今，遵义会议纪念馆是中华人民共和国成立后最早建立的 21 个革命纪念馆之一，是全国第一批重点文物保护单位，也是“全国优秀社会教育基地”“全国青少年教育基地”“全国百个中小学爱国主义教育示范基地”“全国 100 个爱国主义教育示范基地”“国家一级博物馆”。

我国历届党和国家领导人几乎都要到遵义会议会址来参观考察，以缅怀革命先烈、体悟遵义会议精神。自 20 世纪 50 年代会址重新修葺开馆以来，60 年代的毛泽东、邓小平，90 年代的江泽民、胡锦涛等国家领导人都到过遵义会议进行参观，甚至签名题词，从而彰显了遵义会议的政治意义和现实价值。2015 年 6 月 18 日，现任国家领导人、中共中央总书记习近平同志来黔访问的第一站就是遵义，并参观了遵义红军烈士陵园和遵义会议纪念馆。

“城非益古，有史则名”。遵义有了遵义会议，有了遵义精神，它就是中国的革命圣地，是中国共产党人的精神高地，更是遵义人的精神高地。遵义精神所体现出来的“坚定信念、实事求是、独立自主、敢闯新路、民主团结”是我们战胜“穷山恶水”的自然条件、夺取现代化胜利的巨大精神财富。

（三）转折之城，文化旅游经典城市

遵义这座牂牁古郡，地处西南腹地，是黔北重镇、入川咽喉要道，它有着不一样的历史文化积淀。这里有着“汉儒释经之始”的舍人、使“文教始开”的盛览、“贵州最早见诸文字”的大儒家尹珍。这里有着贵州特色的“黔北沙滩”，孕育了郑珍、莫友芝、黎庶昌等一批历史文化名人，成就了遵义的“沙滩文化”，世人曰：“贵州文化在黔北，黔北文化在沙滩。”这里有着杨粲治播州的土司政治文化、中国中世纪军事城堡——海龙囤，使贵州进一步融入了中原文明圈；正是这些历史文化积淀，丰富了中华传统文化宝库，成就了遵义、贵州人民最为宝贵的文化遗产和人文精神高峰。

当然这里还有着得天独厚的自然资源，成就了“国酒茅台香天下，湄潭翠芽胜龙井”的美名；有雄壮而又不失秀丽的自然山水风光，令人称奇叫绝的民间工艺，独木漂、龙舟、杂技等民间表演活动；还有那令人回味不绝的豆花面、羊肉粉、米皮等各种各样的特色小吃。

更不一样的是，红军在生死攸关的时期，在这里召开了遵义会议，挽救了革命，挽救了红军，挽救了党，使中国共产党的历史从此发生了巨大转折，中国共产党开始走向了成熟，形成了新的领导核心，为中国革命的发展指明了方向，从而使这座城市有了更高的影响力，获得了“会议之都”“红色之都”“转折之城”“历史文化名城”等美名，成就了现代名城遵义。

遵义有了这些历史文化积淀，就有了底蕴，有了和其他城市不一样的灵魂，使它成为人们红色旅游的经典城市、首选城市，成为中国共产党和中华民族精神文化的一块神圣的精神高地。因此，要增强遵义会议对遵义的城市影响力，要让人们“第一次来，把目光留在遵义；第二次来，把情义留在遵义；第三次来，则要把心灵留在遵义”。

二、利用遵义会议地域价值优势，增强遵义城市影响力

1982 年 2 月 8 日，遵义因其重大历史意义和纪念价值被列为首批国家历史文化名城。遵义虽然是中国首批历史文化名城，但并不是一流的历史文化名城，它和同批的其他历史文化名城相比还具有较大的差距，这与遵义地区的经济、社会及文化的发展有很大的关系。

面对新的形势，机会与挑战并存。在西部大开发、国发 2 号的国策支持下，遵义市如何用好遵义会议与“历史文化名城”这张名片，把红色圣地与现代化城市建设结合起来，不再让人去遵义除了看“遵义会议会址”就是观“娄山关”，如何让遵义会议“光芒万丈”，是值得我们深思的问题。

（一）以遵义会议精神引领遵义城市和谐发展

1. 科学发展，加强保护，注重历史文明与现代文明的和谐统一

在遵义市的现代化建设过程中，要科学发展，加强对遵义原生态文化的保护。在充分发挥遵义会议这张红色名片的作用时，既要考虑现实，贴近群众、贴近人们的实际生活，同时，也要避免为了片面地追求经济效益，而忽视了对历史事实的尊重，忽视了红色文化资源的真实性和庄严性。

遵义会议纪念馆于 2013 年 7 月份开始动工扩建，到 2015 年 10 月完工开馆。扩建以后，就建筑面积来看，由原来的 6 400 平方米增加到 19 054 平方米；就参观的路线而言，由原来的 500 米增加到 1 200 多米；在展厅面积方面，由原来的 2 000 平方米增加到 7 000 平方米。总体上，展示的规模更大了，内容更加丰富了，接待的人数也大规模地增加了。但同样也带来了一个问题，就是历史载体的真实性问题，人们很难通过参观遵义会址而直观地感受到当时革命条件的艰苦，甚至会产生相反的感受，发出“那时的条件也不错”等感慨。对此，课题组对遵义会议纪念馆扩建后参观者的感

受情况进行了问卷调查，其中一项主要是针对扩建前后参观的对比所做的调查，在 287 份有效问卷中，70.3% 的参观者认为“内容更加丰富了”，62.1% 的参观者认为“扩建后更能直观地反映出遵义会议时的周边的战争状况”以及“召开遵义会议的紧迫性和重要性”，但 47.8% 的人认为除战争展览馆外，会议召开的原址、原会议室由于过于地翻新和现代化装饰，已经没有原来的那种感觉了，觉得“不真实”。所以，遵义会议会址的扩建一定要注意还原历史的真实性和庄严性，而不宜过于强调其现代性装饰。

在开发过程中，除了大力挖掘、提炼遵义会议会址等历史遗址所蕴含的丰厚的精神财富，还要挖掘遵义的地域文化资源（如黔北文化、土司文化）、民族文化资源（如仡佬族文化）、自然生态资源（如赤水风景名胜区等），并与现代先进的文化思想和科学技术相融合，创新发展路径，提高经济和社会发展水平，在城市现代化的同时向世界展示遵义这座历史名城独一无二的特色——遵义会议精神，从而全面增强历史名城遵义的综合竞争力，实现“看得见山，望得到水，看得见乡愁”的理想。

2. 在遵义历史文化名城的开发建设中，要避免城市文化建设的趋同性

在改革开放的大潮中，在市场经济的冲击下，许多城市不顾各自不同的特色与文化个性，盲目追求千篇一律的“现代化”道路，使得几百年、几千年来形成的人文历史积淀和城市的特色被单一、固化的高楼大厦所吞噬，其文化个性和城市精神不复存在，给历史文化名城的发展带来巨大危机。这种危机主要表现在“城市记忆的消失”“城市面貌的趋同”“城市建设的失调”“城市形象的低俗”“城市环境恶化”“城市管理的错位”，最后导致“城市文化的沉沦”和“城市精神的衰退”。

一些城市在城市化过程中因过度追求物质利益而贬低精神追求，造成了自身城市文化个性的缺失；一些城市因过度重视外来文化，只顾“拿来”，不注重自身文化的创新发展和应用，以及资本的“短视性”所导致功利主义的盛行，其必然导致城市的精神衰退和文化沉论。

遵义在城市现代化建设的进程中，不应一味地追求现代化的城市规模而忽视这座城市的内在历史文化价值，城市开发中必须区别对待，避免趋同化建设。比如以遵义会址为中心的老城区就不宜过度现代化，而应逐步有条件地保护和恢复历史原貌。在这方面，遵义市政府还是做得不错的，但还不够。所以，遵义的现代化发展必须重视对历史文化的挖掘与保护，抓住以遵义会议为核心的红色旅游脉络，结合遵义的历史文化、社会人文和自然景观资源，打造遵义自身的特色名片，避免城市建设的趋同性。

（二）加大宣传，整合资源，全力提升遵义的城市吸引力

1. 加强城市文化宣传，把品牌观念引入历史名城的文化建设与竞争中，提升历史名城的品位和核心竞争力，为城市的持续快速发展注入强大的动力。

贵州有很多具有生态、民族、历史、文化特色的城市，但因为缺乏文化宣传、品牌观念，其内在的优势没有真正体现出来，被人们所接受。遵义虽然因遵义会议而名闻天下，但从各年的旅游量来看，和其他红色文化城市还有着很大的差距。因此，城市宣传、城市品牌打造极其必要。

2. 提升遵义的城市吸引力，不能单靠遵义会议的知名度，不能靠“等”、靠“要”，而要主动出击，打好“政治”优势和“资源”优势两张“王牌”，让外界人士认识到遵义不仅具有“政治”优势，更具有“资源”优势。

从资源优势上看，遵义地处中国西南腹地，气候宜人，风景优美，面积 30 762 平方千米，年平均气温 15.1℃，全市森林覆盖率 49%，是人类宜居城市之一。遵义辖 2 区 2 市 10 县和新蒲新区，人口 752 万，中心城区建成面积达 60 平方千米。

遵义蕴藏着巨大的发展潜力。一是资源优势明显，现已探明的矿产有 60 多种，水能资源、煤炭储量、旅游资源都比较丰富。二是农业基础较好，粮食、油菜、烤烟、茶叶、畜禽等主要农产品产量占全省的 1/4 至 1/3，是

贵州省着力打造的“名烟名酒名茶”基地。三是工业初具规模，初步形成能源、原材料、化工、机电、制药、食品加工六大工业基地框架。遵义是中国著名的酒乡，出产包括茅台酒在内的很多名酒。四是文化底蕴深厚，拥有丰富的黔北历史文化和文明中外的以遵义会议为核心的长征历史文化资源。

从遵义城市经济商圈发展来看，可依托遵义会议纪念馆的吸引力和大量游客，以遵义会议纪念馆为中心，建立遵义酒类展销馆、茶叶展销馆、特色小吃展销馆等会展经济商圈，既能保护老城区不被过度现代化，又能建设成为一个具有遵义特色的经济中心。

从政治优势上看，遵义的城市建设有国策、省策的大力支持。在西部大开发、国发 2 号国策的支持下，在贵州省委“加快发展、加快转型、推动跨越”的冲锋号鼓舞下，在遵义市委市政府“三大战略”的集结号凝聚下，遵义作为贵州发展“金三角”重要一极、成渝经济区产业扩散转移重要辐射区，正沿着有自己特色的全面小康之路，努力构建宜居、宜业、宜游的“三宜”城市。

从当下城市发展的规划来看，遵义的总体思路是加快建设黔北综合经济区、着力构建“和谐遵义”；以创建“全国文明城市”和“国家环境模范城市”为推手，大力推动“中部崛起、西部突破、东部开发、北部攻坚”，着力提升“转折之城”、倾力打造“会议之都”。

总之，遵义作为中国首批历史文化名城，不仅要深刻认识其国际、国内历史价值，也要充分认识其地域价值，发挥遵义会议的“名牌”效应，利用遵义的历史文化优势，加强资源整合，促进现代文明和历史文明的统一，突出遵义的城市特色和核心竞争力，全面提升遵义的经济和社会发展水平，把遵义打造为现代化的中国一流历史文化名城，让遵义市在“遵义会议”光芒的照耀下，真正地万丈光芒，炫彩夺目。

参考文献:

[1] 安明刚. 比较视野下的遵义会议精神 [M]. 北京: 社会科学文献出版社, 2016.

[2] 熊宗仁. 遵义会议精神与贵州地域文化 [M]. 北京: 社会科学文献出版社, 2016.

[3] 胡绳. 遵义会议的重大历史意义 [J]. 中共党史研究, 1996 (01).

[4] 姬艳. 延安历史文化名城景观保护与规划研究 [D]. 西安: 西北农林科技大学, 2012.

[5] 郎遥远. 让世界重新打量遵义 [N]. 贵州日报, 2012 - 06 - 07 (013).

[6] 吴启林. 黔北旅游赤水领跑 3 天接待游客达 57 万人 [N]. 贵州都市报, 2016 - 10 - 05.

[7] 遵义简介 [DB/OL]. 中国遵市政府网站: 政务, http: //www. zunyi. gov. cn.

(作者简介: 唐占应, 男, 遵义师范学院马克思主义学院副教授)

红色基因的育人价值

传承红色基因　勇挑红色教育重担

——以中共岚山区委党校勇挑红色教育重担为例

侯世暖

一、解读“红色基因”

“红”是共产党员的本色，红色基因是一种精神基因，纵观中国共产党的发展历程，可以将这种精神基因归结为红军精神、革命精神和共产主义精神，而这三种精神有共同的红色内涵：

（一）“红”的内涵，首先是舍己为人，这是第一位的

“红”是鲜血的颜色，意味着牺牲，牺牲自己的生命以保全他人的生命，牺牲自己的健康以维护他人的健康，牺牲自己的幸福以成全他人的幸福。对于党员领导干部来讲，为了国家的事业，为了人民的幸福，应当有舍弃自己利益、“后天下之乐而乐”的道德情操，这不仅是一种责任，更是一种使命。习近平总书记曾在全国组织工作会议上指出：“无私才能无畏，无私才敢担当。担当就是责任，好干部必须有责任重于泰山的意识，坚持党的原则第一、党的事业第一、人民利益第一，敢于旗帜鲜明，敢于较真碰硬，对工作任劳任怨、尽心竭力、善始善终、善作善成。”孙培杰，岚山

区委组织部组织科原科长，由于长期积劳成疾，身患癌症，于2008年2月25日因病医治无效去世，终年37岁。省委、市委、岚山区委先后追授孙培杰同志“优秀共产党员”荣誉称号。孙培杰同志甘当党的事业的铺路石，不顾身体安危，舍小家顾大家，一心为党为人民，是传承红色基因的时代楷模。

（二）“红”的内涵，其次是忠诚可靠，这是最关键的

“红”是心脏的颜色，意味着热爱，意味着忠诚可靠。中国自古就是一个强调忠诚的国家，“对党忠诚老实”“永不叛党”，也是《中国共产党章程》中明确规定的党员义务，是一种政治要求，也是每一个共产党员入党誓词中的庄严承诺，更是党员必须遵循的党性原则。曾子说：“为人谋而不忠乎?”共产党员应该时时像曾子一样询问自己是否对党有不忠之处，在党言党、在党忧党、在党为党，无论遇到什么大风大浪，都要始终坚持中国共产党的领导。习近平总书记曾指出：“全党同志要强化党的意识，牢记自己的第一身份是共产党员，第一职责是为党工作，做到忠诚于组织，任何时候都与党同心同意。”共产党员必须时刻牢记自己是党的人，把对党绝对忠诚作为基本政治素养，始终保持忠于党、忠于国家、忠于人民的政治品格。对党忠诚，才能够跟千千万万的共产党员团结起来，当这些忠诚凝聚在一起后，就能够带来巨大的力量，推进我们党的事业。2018年6月10日至16日，岚山区委党校组织中青班的40余名学员赴遵义、赤水、重庆等地进行红色教育，当学员们参观了重庆的渣滓洞和白公馆两个教学点的时候，他们深深被共产党人对党忠诚的革命意志所震撼。有学员在感悟中这样写道：在那个血雨腥风的年代，有千千万万个像江姐那样的钢铁战士捍卫了党的尊严、锻造了党的脊梁、染红了党的旗帜，带领劳苦大众在抵御统治、抵御侵略的时候众志成城、所向披靡。

（三）“红”的内涵，再次是信仰坚定，这是最基本的

“红”是太阳的颜色，地球围绕太阳公转，意味着方向，意味着旗帜，

意味着信仰。正是在信仰的旗帜下，曾经被讥笑为“山沟里的马克思主义”的政党——中国共产党，创造了“地球上最大的政治奇迹”，它感染、鼓舞、召唤一代又一代人舍命相随，将信念的力量嵌入了每个中国人的生命，推动这个曾经山河破碎的国度走向了独立、富强。习近平总书记曾指出：“坚定理想信念，坚守共产党人精神追求，始终是共产党人安身立命的根本。对马克思主义的信仰，对社会主义和共产主义的信念，是共产党人的政治灵魂，是共产党人经受住任何考验的精神支柱。形象地说，理想信念就是共产党人精神上的‘钙’，没有理想信念，理想信念不坚定，精神上就会‘缺钙’，就会得‘软骨病’。”对党校来讲，在设置主体班次教学内容的时候，信仰课是必修课。习近平总书记在多个场合也多次讲到陈望道翻译《共产党宣言》的故事，讲信仰的味道、信仰的感召、信仰的力量。因此，我们在编排课程的时候，《共产党宣言》这堂课是必不可少的。其实，对于这堂课的设置，我们也曾进行过激烈讨论，毕竟对于基层领导干部来讲，知识结构、知识储备还存在一定的不完整性和不丰富性，对于《共产党宣言》这种理论性极强的课程可能会存在听不懂、吸收起来难度大的问题，所以我们最初是存在很大顾虑的。但是，经过激烈讨论，我们一致认为：《共产党宣言》存在很强的时代价值，它是共产党人理想启航的原点，是共产党人的初心。党校不同于培训机构，它是宣扬党的理论和党的精神的主阵地，不能因为理论的艰涩难懂就绕过去不讲，越是难的理论越是要让广大党员领导干部学懂、弄通，这是党校的每一位教员都应当牢记的使命。实践证明，我们的做法是对的，学员们在听了《共产党宣言》这堂课后，都觉得学到了很多以前不知道的东西。最可贵的一件事是，2018 年中青班有一名学员，他说听完这堂课之后感触很深，回家还讲给了自己的亲人听。伟大的理论之所以能够历久弥新，正是因为它所传递的价值观、所倡导的信仰是科学、是真理、是人间正道，以至于散发出如此大的思想和精神魅力！

二、岚山区委党校勇挑红色教育重担现状研究

（一）红色教育的重要意义

1921 年 7 月，从嘉兴南湖的红船开始，中国共产党人经过了 98 年的艰难历程，呈现出今天的繁荣景象，从一穷二白到让全世界瞩目。今天的幸福生活来之不易，是一代代的共产党人用一颗颗的赤子之心、无私的付出、坚定的信仰换来的。新时代的共产党人要紧握这个接力棒，用更加磅礴的生命力谱写党领导全国各族人民进行社会主义现代化强国建设的新篇章。在瞬息万变的当今世界，中国共产党人仍然面临着多重考验，多重风险，多重阻力，任何时候都不可以松懈，都要始终保持先进性。党员领导干部肩负着一个地方发展的重任，建设好一支听党指挥、能打胜仗、作风优良的干部队伍是造福一方百姓的需要。红色教育一是能够一步步打磨党员领导干部的党性，始终牢记务实为民的宗旨，情为民所系，权为民所用，利为民所谋；二是能够一步步引导党员领导干部坚定共产主义信仰，始终坚守党员的本色，在利益和诱惑面前绝不低头、绝不拜倒、绝不变质、绝不叛党；三是能够一步步增强党员领导干部的意志，用不怕困难、吃苦耐劳、鞠躬尽瘁死而后已的精神克服工作中的一切困难，敢担当、不退缩、敢亮剑、不畏惧，用钢铁般的斗志走好新时代的长征路。

（二）红色教育开展情况概述

1. 扎实做好主体班次常规培训，让红色教育深入人心

从新任职的科级干部培训到中青年干部培训，岚山区委党校始终把红色教育作为教学内容的重要环节。

（1）参观红色教育点。近年来，我们组织学员们集中参观学习了以下教学点：本土红色资源，如岚山区黄墩镇甲子山战役纪念馆、岚山区虎山镇烈士陵园、岚山区碑廓镇马家湖村史馆等；省内红色资源，如临沂市蒙

阴县孟良崮战役纪念馆、临沂市沂南县沂蒙红嫂纪念馆等；省外红色资源，如江西省井冈山革命根据地、贵州省遵义会议会址、四渡赤水纪念馆、重庆市渣滓洞、白公馆等。每一个教学点都是一部活教材，都是一座没有围墙的革命历史博物馆，是学员们接受红色教育的生动课堂，它们让心灵受到彻底的震撼与净化。曾经有一位科级干部在培训感悟中这样写道："井冈山之行让我终生难忘，这样的红色培训以后我要争着参加！"一个"争"字道出了一名党员领导干部对优质红色教学内容的孜孜以求。

（2）红色教育授课。除了参观教学点，我们还安排了校内外专家进行红色教育授课，比如《井冈山斗争与井冈山精神》《长征精神》《沂蒙精神的当代价值》《四渡赤水精神》《信仰》等。这些课堂堂精彩，学员们受益匪浅，感触颇深。

（3）视频教学。我们组织学员们集中收看了原山东省作家协会副主席李延国主讲的《人民是党永远的根据地》以及红色教育影片《大火种》等。

2. 创新教育模式，用"打包式"培训拓宽红色教育覆盖面

"打包式"培训是岚山区委党校主动创新办学思路，从 2013 年开始推出的干部教育培训新模式。它旨在充分发挥党校所拥有的专业干部教育培训队伍、培训场地和丰富师资库等优势，以创造社会价值为原则，追求社会效益，主动对接服务镇办部门单位的新型培训，实现了全区干部教育培训资源的共享。我们的口号是："告诉我们您的培训目的和要求，剩下的事情全部由我们来办。"其实，我们推出这种模式的初衷是这样的，由于受基层培训资金、培训资源、工作繁重等多方面的制约，由组织部组织的主体班次培训，每年举办的期数并不多，且每期的人数也只有 40 人左右，而我们岚山区科级以上领导干部就有 600 余人，那么如何用一种方式让更多的党员领导干部接受更加正规的培训呢？于是在我校领导高度责任心的驱使下，经过多次调研考证，"打包式"培训应运而生。新模式推出以来，共承办各类班次 100 余期，培训人员达 20 000 人次。其中，红色教育班次 40 余期，

培训2 000余人。情况介绍如下：一是委托单位多，到目前为止，委托党校进行红色教育培训的部门多达20个，包括区委办、区纪委等区直部门以及乡镇（街道）党委；二是红色足迹多，岚山区委党校根据主办单位提出的培训需求，设置合适的红色路线，近年来，我们曾组织主办单位的党员同志赴井冈山、西柏坡、延安、河南兰考焦裕禄纪念馆、南泥湾、浙江嘉兴南湖博物馆、蒙阴孟良崮战役纪念馆、沂南马牧池红嫂影视基地、胶东党性教育基地等地方进行红色教育；三是灵活方式多，鉴于基层工作繁多，为避免空岗现象，我们多采用几个单位合班轮训的方式，由党校统一组织管理，既不耽误工作，又能促进单位间工作人员的沟通交流，效果颇佳，受到社会的一致好评。

（三）以党校为视角，剖析当前红色教育存在的问题

1. 红色资源开发程度不均衡

通过我们举办的这么多期红色教育培训，我们发现，有些地方的红色资源开发得很好，教学内容比较丰富，而有些地方开发得不够，内容还比较欠缺。于是呈现出这样的现象：开发得好的，去培训的人就多，以至于地方承载不了，住宿紧张，交通也容易瘫痪，给人的感觉就是“堵”；相反，开发得不够成熟的地方就非常冷清。

2. 红色教育方式普遍比较单一

大多数的红色教育基地，还是以纪念馆为主，方式就是讲解、看展板、看小视频，这很容易让学员们走马观花，听过即忘，走过即忘，印象不是很深刻，很难达到最佳的教育效果。

三、今后红色教育的正确路径选择

红色教育不仅要继续搞下去，而且要更加优质地搞下去，笔者认为，举措有：

（一）对党校而言，要做足红色教育的功课

经过组织这么多期的红色教育，我们发现，如果事先对党员领导干部们不进行系统性的历史事件的预备授课，学员们到了基地之后，在听完讲解员的解说之后，很容易出现一头雾水的现象。虽然这些历史事件，大家耳熟能详，但是对它的历史脉络普遍是不知悉的。再加上讲解员的语速非常快，并且由于时间关系，他们往往会挑那些比较有代表性的事件去讲，所以学员们很难掌握完整的历史事件，也就无法很好地还原历史，进而不能接受最彻底的红色教育。

（二）对红色教育基地而言，要不断创新教育方式

根据我们收集的学员们的反馈，我们发现，学员们对红色教育是存在很大渴望的，他们渴望被深度教育，渴望被淬炼。而在教育方式方面，让他们印象最深刻的是互动式、参与式、体验式的学习方式，他们不喜欢讲解式、灌输式的学习方式。因此，这就给红色教育基地提出了新的挑战。如何将红色资源与学员们的内心需求更好地结合在一起，如何渗透到他们的脑子里，如何触动他们的灵魂，如何内化于心，这是今后应该探索的方向。

当年南湖上的一叶红船，如今已成为承载着亿万人民希望的巍巍巨轮，行程万里，不忘初心。这个心是“红”心。红色基因如同精神的乳汁，喂养了一代代共产党人的党性。新时代的党员领导干部应该继承革命遗志，带头将红军精神、革命精神、共产主义精神代代传承和发扬下去，担起历史使命，勇挑建设富强、民主、文明、和谐、美丽的现代化强国的时代重担，为中国的明天而努力奋斗！

参考文献：

[1] 张笑恒．坚守党员本色［M］．北京：红旗出版社，2015：133－137.

[2] 于明黎，刘建，等．回望·传承［M］．上海：上海大学出版社，2011：25－29.

[3] 姜成娟．本色［M］．济南：山东人民出版社，2014.

（作者简介：侯世暖，女，中共日照市岚山区委党校教学科研处副主任）

弘扬红色文化　培育社会主义核心价值观

赵耕耘

文化是民族之根，国家之魂。红色文化作为社会主义先进文化的重要组成部分和表现形式，是孕育社会主义核心价值观的根脉源泉，也是推进中华民族伟大复兴的精神动力。习近平总书记在纪念建党 95 周年大会上指出，革命文化汇同中华优秀传统文化和社会主义先进文化一起，“积淀着中华民族最深层的精神追求，代表着中华民族独特的精神标识”。红色文化的实质是中国共产党领导全国各族人民在长期革命、建设、改革进程中创造的以中国化马克思主义为核心的先进文化，集中体现了中华民族在实现伟大复兴“中国梦”道路上的价值追求和精神风貌。社会主义核心价值观是党在领导人民推进中国特色社会主义伟大实践中，从国家、社会和个人三个层面培育和践行的与国家历史文化相契合的价值观念，是凝魂聚气、强基固本，实现人的全面发展、社会全面进步和民族伟大复兴的精神力量。国家的强盛、社会的发展以及个人的进步都离不开精神文化的支撑与推动。内蕴革命文化的红色文化成为文化自信的主体之一，成为涵养社会主义核心价值观的重要文化来源。

一、 红色文化的内涵与价值

红色文化是一个约定俗成的概念，时至今日并无权威机构、权威文本的定义。归纳各种资料对红色文化定义的界定，有如下六个方面。

1. 红色文化是广大人民群众在中国共产党的领导下，在实现中华民族的解放与自由的历史进程中和中华人民共和国社会主义三大改造时期，整合、重组、吸收、优化古今中外的先进文化成果基础上，以马克思列宁主义的科学理论为指导而生成的革命文化。

2. 红色文化应有广义和狭义的理解，广义的红色文化是指世界社会主义运动历史进程中人们的物质和精神力量所达到的程度、方式和成果，狭义的红色文化是指中国共产党在领导中国人民实现民族解放与自由以及建设社会主义现代中国的历史实践过程中凝结而成的观念意识形态。

3. 红色文化作为一种重要资源，包括物质资源和非物质资源两个方面。其中，物质资源表现为遗物、遗址等革命历史遗存与纪念场所；非物质资源表现为包括井冈山精神、长征精神、延安精神等在内的红色革命精神。

4. 红色文化是以红色革命道路、红色革命文化和红色革命精神为主线的集物态、事件、人物和精神为一体的内容体系。

5. 将“红色文化”概括为革命年代中的“人、物、事、魂”。其中的“人”是在革命时期对革命有着一定影响的革命志士和为革命事业而牺牲的革命烈士；“物”是革命志士或烈士所用之物，也包括他们生活或战斗过的革命旧址和遗址；“事”是有着重大影响的革命活动或历史事件；“魂”则体现为革命精神即红色精神。

6. 综合各种理解，笔者倾向于从广义和狭义两个角度认识红色文化的内涵。从文化的边界范围来看，广义的红色文化是指世界社会主义和共产主义运动整个历史进程中形成发展的人类进步文明的总和。狭义的红色文化是指中国共产党领导人民进行的革命和建设进程中形成发展的，以社会主义和共产主义为指向的，把马克思列宁主义与中国实际相结合，兼收并蓄古今中外的优秀文化成果而形成的文明总和。从文化的形态和形式来看，中国红色文化又可分为广义和狭义两种，广义的中国红色文化包括物质文明、精神文明、政治文明、社会文明、生态文明等各种文明形态。狭义的中国红色文化则是特指以文化形态表现出来的，体现社会主义、共产主义方向和目标的文明形态。

习近平总书记强调："文明特别是思想文化是一个国家、一个民族的灵魂。无论哪一个国家、哪一个民族，如果不珍惜自己的思想文化，丢掉了思想文化这个灵魂，这个国家、这个民族是立不起来的。"红色文化蕴含着中国文化自信的优质基因：

一是对党忠诚的优秀品质。

在革命战争年代，共产党人时刻都面临着抛头颅、洒热血的生死考验，他们视死如归、富贵不淫、威武不屈的品质体现了对党的无限忠诚。李大钊三次上绞刑架，始终坚持革命信念，用生命诠释了共产党人的风范；邓中夏高喊"烧成灰还是共产党员"；赵一曼在惨无人道的酷刑折磨下留下了"我的主义、我的信念，绝不更改"的生命绝唱。他们时刻将党和人民的利益放在首位，忠诚于自己的信仰，时刻准备着为了崇高的革命目标牺牲自己的生命，不忘初心，至死不渝。经过一代又一代共产党人的努力，我党带领人民取得了革命与建设的一个又一个波澜壮阔的胜利。在新的历史条件下，我们党面临着"四大考验"和"四大风险"。习近平总书记在"七一"讲话中再次强调要全面从严治党，就是要通过"严"的精神、"治"的手段，来保持党的先进性和纯洁性。只有一大批优秀党员干部站出来，只有党员干部自觉地做到对党忠诚，不忘初心，党的创造力、凝聚力、战斗力才能不断增强，党的执政能力才能不断提高，党的执政地位才能不断巩固。

二是信念坚定的精神追求。

毛泽东在《纪念白求恩》一文中写道："共产主义是一种生活方式，而不仅仅是一种空谈或信仰。"中国共产党人坚守着理想信念的灯塔，守护着精神的家园，筑牢心中的魂。1924 年，大别山的著名革命者吴焕先，怀着无限的革命热情，回到家中的第一件事情就是说服自己的父亲，腾出拜祖的地方，将马克思的画像安置于正屋香案的墙壁上，并说自己拜了一位好导师，因为马克思知道中国的事，按照他说的办就能创造出新社会。在长征途中，红四方面军许多战士被冻死在冰雪里，其中有一只胳膊伸出雪堆，拳头紧紧地握着。当掰开这只紧握的拳头时，呈现在人们眼前的是一个党证和一块银圆。党证上面写着：刘志海，中共正式党员，1933 年入党。在困难和考验面前，共产党人以坚定的理想信念毅然前行，矢志不渝地奔向光辉的明天。

三是勇于担当的鲜明品格。

“三座大山”压迫下的旧中国，内忧外患纷至沓来。中国共产党人积极组织发动工人运动、农民运动，自觉地承担起民族独立的重任。在死亡面前，共产党人始终没有忘记自己的使命。毛泽东指出：“这是中国共产党的责任，这是工人阶级先进分子的责任”，“愈是危急的时候，愈是危险的时候，愈是困难的时候，共产党员应当愈加表现他一个共产党员应有的坚定、勇敢、艰苦的工作精神”，不仅自己要成为“一个最勇敢坚决的战斗员，而且以自己的热忱毅力和信心来推动、影响他周围的群众”。共产党人用自己的鲜血完成了民族独立和自由的使命。

四是为民服务的宗旨意识。

中国共产党人时刻将人民的利益放在心头，一切为了群众，一切依靠群众。朱德总司令曾回忆说：“在井冈山的时候，被敌人一直追了一二千里路，敌人一个也未消灭我们，反被我们消灭了许多，原因就是纪律好。过年时老百姓都跑了，部队几天没吃饭，吃了老百姓的东西，第二次回来，都算了账，还了钱。老百姓说：‘这个队伍真了不得！’红军的招牌一下就响了。长征时我们就是靠纪律吃饭的。”正是这种不拿群众一针一线的为民意识让我们党汇聚了无穷的力量。

五是清正廉洁的工作作风。

廉洁奉公是革命年代共产党人的一贯作风，一部革命史也是各级党员干部廉洁奉公的奋斗史。在物质贫瘠的大环境下，广大党员干部以身作则，严格自律，保持良好的作风，将廉洁的党的形象牢固树立在群众心里。毛泽东指出："利用抗战发国难财，官吏即商人，贪污成风，廉耻扫地，这是国民党区域的特色之一。艰苦奋斗，以身作则，工作之外，还要生产，奖励廉洁，这是中国解放区的特色之一。"这种清正廉洁的作风是赢得民众信任和支持的基础所在。

二、红色文化与社会主义核心价值观的关系

习近平同志强调："牢固的核心价值观，都有其固有的根本。抛弃传统、丢掉根本，就等于割断了自己的精神命脉。"对于社会主义核心价值观来说，我们党的红色基因就是不能抛弃的传统、不能丢掉的根本。我们党在带领人民进行革命和建设的进程中，形成了许多伟大的革命精神，留下了许多宝贵的物质载体，它们既是对中华优秀传统文化和中华民族精神的丰富和发展，也是孕育形成社会主义核心价值观的根脉源泉。

（一）红色文化是中国革命和建设光荣历史的见证

红色文化渗透着对中国特色社会主义共同理想的向往、对民族精神的传承、对时代精神的创造和对社会主义荣辱观的践行，是社会主义核心价值体系的内在组成部分。红色文化资源内容生动、感染力强，在价值观教育方面有极好的说服力。红色文化资源分布广泛，易于开发，具有广泛的适应性和针对性，是社会主义核心价值体系建设的文化基础、文化资源和文化素材。挖掘红色文化的内在价值，大力传承与弘扬红色文化，对培育社会主义核心价值观具有重要的意义。

（二）红色文化丰富了社会主义核心价值观的内容

红色文化是中国革命精神的重要组成部分，是中国革命的源头之一，

红色文化也是中华民族精神的现代传承。中华民族吃苦耐劳、崇尚公平正义、敢于抗争的民族特性在红色文化中都能找到历史的烙印。红色文化的价值导向与社会主义核心价值观的要求是一致的，核心要素与社会主义价值观的内涵完全契合，两者之间有内在的逻辑联系。

（三）红色文化是社会主义核心价值观的重要思想来源和精神资源

红色文化与社会主义核心价值观不仅在时空上具有延续性，而且在价值取向和精神追求方面也高度统一，红色文化为社会主义核心价值观提供了重要的思想资源和精神滋养。

1. 国家层面上，追求民族独立、国家富强是红色文化的首要目标

中国共产党领导中国革命的第一个目标是实现中华民族的独立，民族独立是国家富强、民主、文明、和谐的前提。如果说红船精神、井冈山精神、苏区精神、长征精神、延安精神、抗战精神、西柏坡精神等深刻体现了我们党领导人民群众追求民族独立的价值追求，那么，“铁人”精神、雷锋精神、“两弹一星”精神、抗洪救灾精神等则是红色文化中追求富强、民主、文明、和谐的体现。这些精神虽然是红色文化在不同历史阶段的突出体现，但具有内在的逻辑一致性，它们共同体现了红色文化在国家层面的追求。这些价值追求与社会主义核心价值观国家层面的价值目标具有历史坐标和理论逻辑上的延续性，为富强、民主、文明、和谐的凝练和提出奠定了思想理论基础。

2. 社会层面上，自由平等始终是红色文化初心不改的社会蓝图，代表着人民的心声

人民群众永远跟着中国共产党走，是因为人民期待过上更美好的生活，社会环境更加自由、平等，社会治理更加公正、法治。社会主义核心价值观社会层面的价值取向自由、平等、公正、法治，正是红色文化为之奋斗的目标和蓝图，换言之，红色文化在近现代的形成与发展也为社会主义核心价值观社会层面的价值取向提供了重要思想资源。

3. 公民个人层面上，拥有什么样的道德观是红色文化关于人的内在体现

红色文化是以马克思主义为指导的先进文化，它有着崇高的理想和道德追求，它的基因中包含着高尚的分子。红色文化源于救国救民的朴素情感。在情感的感召下，先进分子从五湖四海汇聚到一起共同艰苦奋斗，红色文化中始终孕育着爱国、敬业、诚信、友善的价值追求，为社会主义核心价值观在公民个人层面的价值准则提供了丰厚的思想资源和精神滋养。

三、大力弘扬红色文化，积极培育社会主义核心价值观

培育社会主义核心价值观与弘扬红色文化，二者统一于构建社会主义核心价值体系、积极培育社会主义核心价值观的文化实践活动中，培育社会主义核心价值观的过程就是弘扬红色文化的过程，二者具有过程上的同一性。培育社会主义核心价值观是在新的时代背景下弘扬红色文化的突破口，一方面很好地融入了红色文化的核心价值因素，使红色文化得以传承；另一方面又充分彰显了时代特征，以契合时代特色的核心价值理念来提升人民群众的思想道德境界。

（一）凝练和解读红色文化的内涵意蕴，实现红色文化和社会主义核心价值观的理论对接，提高社会主义核心价值观的认知度

红色文化从其诞生之日起，就坚持以马克思主义为指导思想，坚定共产主义理想信念，继承和弘扬以爱国主义为核心的民族精神，并以社会主义荣辱观指导社会实践，与社会主义核心价值观的主旨思想呈现内在耦合。

如果说社会主义核心价值观是价值观的理论表达，那么红色文化则以浅显易懂、真实可感的实体表征着社会主义核心价值观的基本理念。抽象的理论表达需要转化为简练的符号陈述，红色文化以物质形态、制度形态和精神形态等形象生动地诉说着中国共产党在革命、建设和改革过程中的

奋斗历程，以具有中国风格和中国气派的话语体系对社会主义核心价值观进行深入解读，赢得人民群众的广泛关注，精准凝练和深刻解读红色文化的内涵意蕴，实现其与社会主义核心价值观的理论对接，是提高社会主义核心价值观认知度的理论前提。

（二）充分挖掘和开发红色资源，打造红色文化精品

首先，加大收集、整理、保护红色文化资源的力度，强化红色文化资源挖掘和开发的效度。一是通过实地考察、查阅文献、文物征集等形式向红色历史进程的亲历者和见证者广泛征集史料实物，收集革命历史文献资料和回忆录，做好红色文化典籍的整理工作。二是培养研发、创意和营销推广人才，加强文化资源与创意的设计。三是制定相应的法律法规保护非物质红色文化遗产和红色文物。四是构建国家级的红色文化资源网络数据库，使其成为国家记忆工程的重要平台。五是成立国家红色场馆联盟和国家红色场馆研究中心，实现红色资源共享共通，提升资源理论研究的整体性和系统性，不断将红色资源转化为教育资源。

（三）大力开展创新活动，展现红色文化魅力

弘扬红色文化，很关键的一个环节就是必须创新。红色文化和其他文化一样，也面临创新和发展的问题。要唱老歌，还要唱新歌，有新的创作和演绎；同样是博物馆，过去是平面展示，现在有半景、全景式展示，有声、光、电的全新演绎，这样人们才乐于接受。所以说，红色文化要传播继承好，就必须与时俱进，在形式、手段、内容等方面搞好创新。

1. 形式创新。倡导互动式、参与式，寓教于乐，寓教于群众喜闻乐见的各种生动活泼的形式中，春风化雨，润物无声，增强红色文化的吸引力和凝聚力。积极开展丰富多彩、形式多样的红色文化活动，如红色歌谣演唱比赛、播放红色经典影片、红色文化征文、红色诗歌朗诵比赛、红色故事演讲比赛、红色收藏展陈等，以营造浓郁的红色文化氛围，让人们在潜移默化中受到教育。

在形式创新上贵在敢于突破，善于兼容并蓄，注重把继承与创新结合起来，把时尚与经典结合起来，在演绎红色文化的同时，把准时代的脉搏，注入时尚的元素，做到人无我有，人有我优，人优我特。

2. 手段创新。随着科技的迅猛发展，传承弘扬红色文化也要注重手段创新。要充分运用现代科技成果，让红色文化搭上时代的快车。注意运用音像制品、广播电视、互联网络等现代科技手段开发利用红色文化资源，运用声光电、动漫、场景模拟、电脑写真、视频演示等方式，做到图、文、声、形、景并茂，增强红色文化的吸引力、感染力和冲击力。要创建传播红色文化的专门网站，对红色文化资源进行全面的协调整合，使各地在资源互补共享的基础上提升红色文化传播的效率。

3. 内容创新。传承弘扬红色文化必须根据新形势，拓宽新途径，适应新需求。革命战争年代，由于战事的紧迫、环境的恶劣、条件的艰苦，致使有些作品相对较粗糙。现在条件完全不同了，对这些作品不能只是简单地原封不动地照抄照搬、现趸现卖。

（四）把红色文化教育融入国民教育全过程，为培育社会主义核心价值观营造良好的教育氛围

1. 发挥政府的主导作用。一是制定和完善法律法规，保护红色文化资源。二是加大财政投入，为研究、开发、运用好红色资源，推进社会主义核心价值观的培育提供条件保障。三是积极引导人们在红色文化教育的过程中了解国情、经受锻炼、锤炼意志、提高素质。

2. 学校是运用红色资源进行社会主义核心价值观培育的主阵地，是提高学生科学文化素质，帮助学生形成正确的世界观、人生观和价值观的重要场所。从教育过程来看，要把红色文化教育贯串各级各类学校，贯串幼儿园到大学教育的全过程，既要突出其在各级学校的层次性，又要注重不同阶段的整体性衔接（未成年教育和大学生教育）。

3. 家庭是人们社会化的初始地，是补充社会教育和学校教育不足的重

要方面，对青少年思想道德教育起着特殊的重要作用。家长应善于借助红色文化所提供的丰富素材引导子女培养优秀的道德品质，遵守基本的伦理规范，树立正确的世界观、人生观和价值观。家长要多用疏导、参与、讨论的方法，以观看红色电影、参加红色旅游、分享红色故事等形式，让孩子身临其境、感同身受，使其逐渐养成感受美、鉴赏美、享受美、表达美、创造美的能力，从而增强红色文化的吸引力和感召力。

4. 社会是人们生活和工作的主要场所，与人们的实际联系紧密，是培育核心价值观的大舞台。一方面，广泛开展红色文化进社区、进乡村普及工程，开展形式丰富、内容多样的红色活动，传播红色文化，将红色文化日常化、大众化、具体化，为培育社会主义核心价值观营造良好的教育环境。另一方面，坚持党对宣传、理论、新闻、文艺、出版等舆论阵地的领导权，用好新媒体，发挥全媒体传播功能。

（五）党员干部要积极带头，做传播继承红色文化的表率

常言道：搞好搞不好，关键在领导。红色文化是中国共产党的思想、理论、精神的重要组成部分，在一定程度上也可以说是精华、精髓。故此，红色文化传承者、倡导者的主体毋庸置疑是中国共产党及其党员，尤其党员干部是第一主体。倘若，我们的党员，我们的干部对党的宝贵财富——红色文化，不去传承弘扬，而让平民百姓去传承弘扬，这就叫作本末倒置。按老百姓的话讲即是：开国际玩笑！

从教育的层面来说，党员领导干部要首先接受教育，只有把自己教育好了，才能当好教育者、倡导者，这种教育和倡导才能产生效果。我们在传承红色文化的时候，传承的是它的精神，是它的核心价值体系，而不是照搬原有的模式。“苏区干部好作风，自带干粮去办公……”我们现在不需要自带干粮，也不需要穿草鞋、打灯笼，但是那种勤俭朴素、深入联系群众的工作作风是值得我们永远弘扬的。

党员干部在红色文化方面怎样才能更好地首先接受教育呢？让广大党

员干部“学得来”，就是要深入挖掘红色文化中有益于解决当前党员干部党性修养方面存在问题的内容，并通过创新教育方法和学习形式，增强红色文化的吸引力和感染力，使广大党员干部自觉学习、传承、践行红色文化，使红色文化在增强党员党性修养方面的作用得到更好发挥。让红色文化“融得进”，就是要积极探索红色文化与地域文化、行业文化、单位文化相结合的途径，营造弘扬红色文化的良好环境，使红色文化在不同地区、不同行业、不同单位落地生根、不断成长。使红色文化“留得住”，就是要通过制度建设，将红色文化融入实际工作和日常生活中，使广大党员干部在学习、传承、践行红色文化中提升精神境界、培养良好作风，永葆先进性。另外，在传承弘扬红色文化过程中，对党的各级领导干部至关重要的一条就是要力戒摆花架子、搞形式主义。

参考文献：

[1] 丁恒星．红色文化与社会主义核心价值观关系研究［J］．思想教育研究，2017（7）．

[2] 张华波，邓淑华．红色文化与社会主义核心价值观培育［J］．重庆邮电大学学报：社会科学版，2017，29（6）．

[3] 张雅楠．弘扬红色文化 培育社会主义核心价值观［J］．兰州石化职业技术学院学报，2016，16（1）．

[4] 张全景．大力弘扬红色文化［EB/OL］．2016－11－1．http：//ly. wenming. cn/hswh/jujiao/201611/t20161101_ 2909162．html.

[5] 王二路．漫谈红色文化［EB/OL］．2012－1－11．http：//www. crt. com. cn/news2007/News/tgjx/1211119143GEDG28D2IH4H7F2DFA5．html.

（作者简介：赵耕耘，女，中共日照岚山区委党校副高级讲师）

红色家书融入高校理想信念教育“四位一体”模式探析

齐　晶

2014年习近平总书记在视察南京军区机关时指出，要把红色资源利用好，把红色传统发扬好，把红色基因传承好。红色家书作为“会说话”的红色资源，它主要是指参与了中国革命、建设、改革时期的老一辈共产党人亲朋好友的书信，这些家书再现了不同历史时期共产党员的崇高理想信念，它们本质上是无产阶级意识形态的反映，是高校进行理想信念教育的重要资源。

然而就目前而言，学界对红色家书与高校理想信念教育的研究存在不平衡的问题。对红色家书的研究主要集中在红色家书的编纂与收录上，学术对红色家书的育人功能挖掘深度不够，没有从理论高度系统地研究红色家书在高校的理想信念教育功能。而高校理想信念教育作为高校思政工作的核心内容，目前存在形式化、口号化等问题，学界对其研究集中化趋势明显，多数研究集中在意义、问题与对策方面，重复研究率较高，研究角度单一，创新性和整体性不足，可探索空间大，且目前学术界将红色家书与高校理想信念教育结合的研究极为鲜见。所以，将红色家书融入高校理想信念教育的研究可以在某种程度上解决这一问题。红色家书可以为高校理想信念教育研究提供新的载体，而高校理想信念教育则是红色家书研究的新视点。

一、 高校理想信念教育的有效性调查

“理想信念是人们对自身及国家、社会未来的设想和所持有的坚定不移的态度，集中反映了人们的世界观、人生观、价值观。”近年来，习近平总书记着眼于理想信念问题提出了一系列原则与要求，为高校理想信念教育指明了方向。2013 年习近平总书记同各界优秀青年代表座谈时强调：“中国特色社会主义是我们党带领人民经历千辛万苦找到的实现‘中国梦’的正确道路，也是广大青年应该牢固树立的人生信念。”因此，一般而言，我们所说的理想信念，在大多数场合并不是一种泛指，而是一种特指，即社会主义——共产主义理想信念。为了深入了解高校理想信念教育现状，为红色家书融入大学生理想信念教育的研究提供第一手资料，在开放式访谈基础上，自编了“高校理想信念教育有效性”的调查问卷，对某省 5 所高校发放问卷 500 份，有效回收 489 份，回收率为 97.8%。在有效问卷中，男生占 56%，女生占 44%；信仰宗教 15 人，占 3%；本科一年级学生占 27%，本科二、三年级学生占 64%，本科毕业班学生占 9%；党员占 15%，团员占 82%，其他占 3%。问卷从高校理想信念教育的存在问题、方法途径及红色教育对大学生理想信念的影响三个方面进行了调查，以了解当代大学生对理想教育的看法和教育需求。

（一）高校理想信念教育内容和育人载体亟待拓展

调查显示（见表 1），影响大学生理想信念教育成效的因素中，教育内容占比最重。教育内容脱离实际、枯燥乏味是影响高校理想信念教育成效的最主要因素，权重占比超过了 71.23%，可见理想信念教育者在施教过程中没有注意内容的更新和对理论知识的通俗阐释，在解答理想信念问题时多停留在常识和口号上，不能让学生心服口服，达不到坚定大学生理想信念的效果。因此，高校理想信念教育的内容和载体亟待拓展。

表1 影响大学生理想信念教育成效的相关因素

相关因素	作为第一项选择人次	作为第二项选择人次	权重得分
教育内容脱离实际	187	63	437
教育方法落后	94	82	270
教学设计不科学	30	96	156
教育内容枯燥乏味	222	174	618

（二）内容与载体的创新有利于提升思政公共课的生动性和感染力

高校理想信念教育的形式多种多样，根据不同教育形式对大学生理想信念的影响程度的不同进行排序可以看出（见表2），排在第一位的是“唱读传讲”等校园艺术活动，其次是校内外主题实践活动，可见走出课堂的体验方式可以更为有效地让学生接受理想信念教育；随着互联网在大学生群体中的普遍运用，新媒体对大学生理想信念教育的影响明显增强；课堂教学中经典作品、人物的积极影响排序第四，占比34.36%，然而矛盾的是仅有9.4%的学生认为高校加强理想信念教育的有效方式是思想政治理论课，由此可见，高校应通过经典作品、人物故事等丰富载体提升思政公共课程的生动性和感染力，充分发挥其在理想信念教育中的应有作用。

表2 大学生对高校理想信念教育有效形式的排序

序号	教育形式	人数	百分比
1	“唱读传讲”等校园艺术活动	341	69.73
2	校内外主题实践活动	367	54.60
3	网络新媒体的宣传影响	195	39.86
4	课堂教学中经典作品、人物的积极影响	168	34.36
5	广泛的课外阅读	165	33.74
6	校园文化的熏陶感染	58	11.86
7	思想政治理论课	46	9.40
8	学校老师的表率及启发教育	31	6.34
9	英雄模范事迹报告会	27	5.52
10	其他	21	4.29

(三) 红色资源是高校理想信念教育中有待开发的重要载体

红色资源是高校理想信教育中的重要载体。红色教育对大学生理想信念的影响调查显示(见表3),目前高校开展红色教育更多的是通过组织红色纪念日活动、组织观看红色影视作品以及阅读红色读物等校内活动和自主行为来实现的,整体来说,学生所选的形式较为分散,没有哪一种方式能给大学生留下深刻印象,而且有6.13%的同学没有参加过红色教育活动。因此,红色教育作为高校信念教育的重要组成部分和有效形式目前在高校是相对较为薄弱的环节,亟待加强。

表3 红色教育对大学生理想信念的影响

教育形式	人数	百分比
阅读红色读物	98	20.04
观看红色影视作品	107	21.88
参观红色纪念馆	86	17.59
参加红色纪念日活动	119	24.34
参加英雄人物报告及座谈	49	10.02
未参加红色教育活动	30	6.13

二、 红色家书的时代内涵

(一) 红色家书的内涵

红色家书是革命先辈的家信,是那个特殊年代革命先辈与亲朋好友之间沟通信息和传达情感的重要媒介,它一方面记录家长里短,用真情流露的方式让我们触摸到了几代革命家和爱国志士的崇高理想境界;另一方面也折射出时代与历史,反映了时代的特征,向我们传达了在不同的历史时期,我们优秀的无产阶级革命家有着怎样的精神风貌和理想信念;革命先辈在为民族解放而进行的斗争、为社会主义现代化而做出的贡献形成了红色家书的底色。时代不断变迁,但红色家书所蕴含的红色精神不会褪色,是高校理想信念教育中应视若珍宝的重要载体。

（二）红色家书的时代特征

红色家书传达了不同的历史时期几代革命家和爱国志士的理想信念、道德情操和崇高境界，具有真实性、教育性、意识形态性的特征。这些特征与高校理想信念教育有很高的契合度。

1. 情感真实性

家书是作者写给亲朋好友的书信，多半以个人琐事为主要内容，具有私密性，属于“私房话语”。信息传递只针对收信人，受众范围十分狭窄。作者在写作时并不知道会被人留存，因此红色家书是个人真实的情感表达，言谈间表达出的理想信念和精神状态是出自个人最真实可靠的情感意识，反映了一个共产党员最真实的内心世界。有的家书创作于战乱年代或者临终时刻，言简质朴却又深入人心。因为这种真实性，红色家书作为教育内容更具感染力和可信度。

2. 主流教育性

红色家书是一种可以“开口说话”的文物，它以亲历者的角度展示了中国革命、建设和改革的曲折路程，无须经过读者分析、论证即可明白其中含义，因此红色家书某种意义上具有史书的功能，它比历史教科书的客观陈述更有说服力和亲和力，对于学习中国共产党人的革命历程和红色精神来说，红色家书是具有教育性的读物。同时，红色家书是所有优秀共产党人的奋斗史和血泪结晶，内容积极向上，蕴含主流价值，是进行思想政治教育的生动教材，新时代思政工作应该用心把握红色家书的时代内涵，深入挖掘红色家书在高校理想信念教育中的功能。

3. 意识形态性

红色家书的作者多为中共党员和革命人士，具有特殊身份，其家书中反映的是共产党员和革命志士为争取民族独立而努力奋斗的历史；表现的是革命先辈“拼死力与国际帝国主义者相反抗”的政治觉悟和远大抱负；传达的是振兴国家的远大理想信念并愿意为此奉献一生的决心，是忠诚社会主义制度、认同共产主义以及拥护中国共产党的理想信念，这些无不蕴含着马克思主义以及社会主义核心价值观。无论在何种历史阶段，家书反映出作者将个人使命与党的宗旨保持高度的一致性，具有鲜明的意识形态性，学习红色家书可以进一步加深对中国共产党的奋斗历史、对中国共产党人的光辉形象以及对革命、建设事业的认识。

（三）红色家书与高校理想信念教育的关系

理想信念教育一直以来都是高校思政教育工作的核心内容，调查显示，教育内容脱离实际、枯燥乏味是影响大学生理想信念教育成效的最主要因素，在这种现状之下，红色家书丰富了高校理想信念教育的内容，扩宽了教育形式。通过对红色家书作者政治信仰、精神境界的提炼总结，以教材形式应用于大学生理想信念教育第一课堂；通过对红色家书的现代阐释与演绎，以文化活动形式融入高校校园文化建设；通过走访红色家书作者及其后代、参观红色家书展馆，以“内化于行”的方式作用于理想信念实践教育，进而引导大学生认同社会共同的理想信念，坚定共产主义信仰，树立崇高的人生目标，积极投身人生实践。所以说，红色家书为思想政治教育者与受教育者进行有效沟通与对话提供了重要渠道，为第一课堂与第二课堂的有效链接与融通提供了重要平台。思想政治教育工作者能以红色家书为载体影响受教育者，使其形成思想政治教育主体所期望的理想信念和价值观念并以此规范其行为。

三、 红色家书在高校理想信念教育中的功能

1. 引导大学生坚定共产主义信仰

对共产主义的信仰教育、对中国共产党的信任教育是高校理想信念教育的重中之重。红色家书中的内容体现了作者坚定不移的共产主义信仰、为人民服务的崇高信念以及对后代的共产主义信仰教育，通过学习红色家

书，可以提升大学生对中国共产党的情感认同，增强青年人对中国共产党的信任，培育他们坚定的共产主义信仰和拥护中国特色社会主义事业的信念。

2. 促进大学生树立民族复兴自信心

促进大学生树立民族复兴自信心是高校理想信念教育功能的重要表现。红色家书展现了中国共产党自成立以来，中国共产党人为挽救民族危亡、获得民族解放、消除绝对贫困而进行的苦难而又辉煌的伟大实践，为实现民族复兴提供了强大的精神力量。学习红色家书可以感受到一代代中国共产党人将个人的理想融入国家复兴的伟业中，勇敢担当历史使命，带领中国人民从站起来、富起来到强起来，让受教育者深受家书作者的鼓舞，自觉地将个人理想融入中华民族伟大复兴的实践中。

3. 引领大学生践行社会主义核心价值观

社会主义核心价值体系的基本内容和中国共产党领导中国人民英勇抗争、挽救民族危亡、努力建设社会主义的历史紧密相连，而红色家书正是这一历史的真实记录，其内容与社会主义核心价值观高度契合，从国家层面来说，红色家书彰显了中国共产党带领中国人民建设富强、民主、文明、和谐国家的政治理想信念；从社会层面来说，红色家书中记录着作者追求自由、平等、公正、法治的价值理念；从个人层面来说，红色家书中也蕴含着作者追求爱岗、敬业、诚实、友善的价值观念。红色家书通过将社会主义核心价值观内化于心、外化于行的方式，推动社会主义理想信念在大学生身上落细、落小、落实。

四、红色家书融入高校理想信念教育“四位一体”模式

2017年12月，教育部发布的《高校思政工作质量提升工程实施纲要》（以下简称《纲要》）提出了十大育人体系。本文参考育人体系中的课程育

人、实践育人、文化育人、网络育人四大方面，构建了红色家书融入高校理想信念教育“四位一体”模式（见图1）。这个模式打破了传统的表面化、形式化的教育方式，创设课堂教学、社会实践、校园文化、网络媒体多管齐下、立体交互的理想信念教育新模式，构建了一个完整的育人系统，系统中四种模式的地位、功能、作用都不尽相同但又彼此相互作用、相互影响。

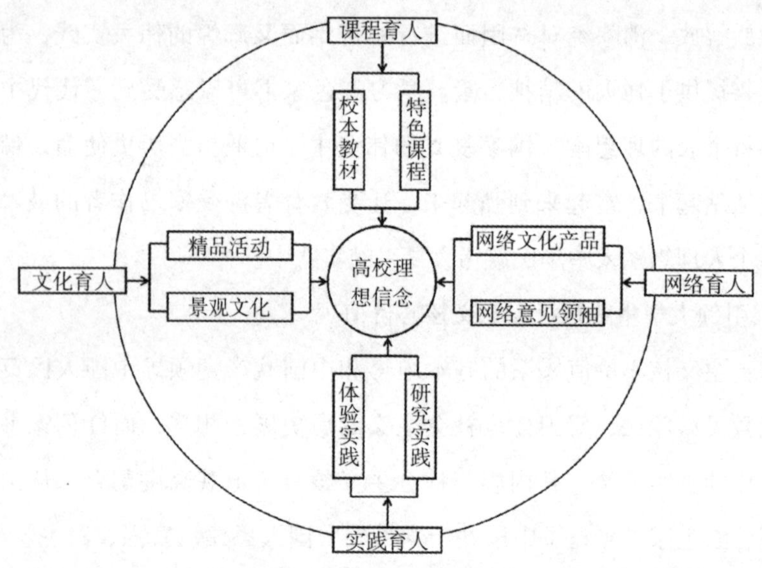

图1 红色家书融入高校理想信念教育“四位一体”模式结构图

1. 统筹推进课程育人

（1）开发校本教材

第一，成立红色家书教学研究中心，积极加强对红色家书的提炼升华，不断挖掘红色家书的教育内容，组织编写红色家书专题讲义、相关读物，形成具有一定规模的红色家书育人成果，并将其纳入思政理论课校本教材体系，将最新的红色家书研究成果用于理想信念教育实践，尽早确立红色家书在高校理想信念教育体系中的地位，形成从红色家书原文到教材读本再到研究理论不断深入的挖掘路径。第二，充分利用红色家书所特有的人物与地域亲和性优势，弥补理论性教材因其理论性、概括性而带来的柔性不足的劣势，针对不同授课对象和具体问题，把教材和课程联系起来，实施“基础课程校本化”和“拓展性课程特色化”的课程开发和实施策略，使红色家书教材内容真正“活以致用”。

（2）开设特色课程

第一，将红色家书引入马克思理论、思想品德课两课教学，并且明确列入教学计划，通过课堂讲授、纪录片播放、座谈会、读后感等一系列形式提高思政教育实效性。第二，红色家书的作者文风、笔风各异，极具文学性、艺术性和思想性，因此红色家书中的红色精神也可以纳入其他课程教学。如在文学课中可以挖掘家书作为现代文学的艺术价值。第三，开设红色家书融入理想信念教育的专门课程，加大对红色家书校本课程的开发，制订相应的教学计划，安排教学课时，使红色家书的教学活动从思想政治理论课的教学体系中分离出来，形成独立的教学体系，形成专业化的教学活动。

2. 扎实推动实践育人

（1）实地体验实践

体验实践是指结合红色家书资源，开发设计多样化的以体验为目的的实践活动。把“红色家书体验行”作为引导大学生学以致用的重要实践平台，组织学生深入革命老区，走访各地红色博物馆，参观红色家书原件；拜访家书作者本人或者其后人，听他们的故事；重走家书作者的足迹，缅怀他们的豪情壮志等。这些体验实践的方式可以避免课堂理论教学的简单说教和死板空洞，更容易激发学生的情感体验，促进他们增强对理论的认同感，在与不同的共产党人的对话中潜移默化地受到熏陶和感染，使红色理念在体验中深化，引导学生树立崇高的理想信念。

（2）项目研究实践

项目实践主要是指以课题研究或者项目服务为目的而进行的社会实践活动。实践是理论联系实际的最有效平台，可以带领学生进行以红色家书为主题的项目调查研究以及红色家书资料的保存、整理、编纂工作；也可以以红色家书调研为依托，组织学生赴革命老区开展社会调查、扶贫助困、文化共建等服务项目；还可以组织具有相关课题的教师带领学生考察红色家书发现地，参与红色文化课题研究，编撰“红色家书系列”思想政治理论课教学的参考资料及相关论文成果，使青年学生将对理论的学习研究和对实践的体验感受有机结合起来，有效提高了理想信念教育的实效性。再者，具有相关红色资源的地方高校还可以搭建红色家书育人实践基地，为红色家书融入理想信念教育的实践建立长效平台。

3. 深入推进文化育人

（1）打造精品活动

第一，根据学校的地域特点、校史校情，结合高校大学生的思想特点以及红色家书的内涵，积极探索红色家书与校园文化活动的结合点。第二，以重大节日和纪念日为契机，在全校范围内打造一批高层次、高品位、有影响力的校园文化系列精品活动，实现红色家书教育普遍化、校园文化专业化。第三，利用各学院不同专业或学科的优势，将红色家书的育人功能与专业特色相结合，开展有深度、多特色、广受益的品牌活动，真正打造又红又专的院系精品。第四，以班级、党团、社团以及志愿服务队的文化建设为依托，定期开展红色家书诵读、抄写、演绎等日常活动，融合红色家书与学生社团活动中的相关元素，为大学生搭建红色家书育人的自我教育平台，实现红色家书育人常态化、机制化、系统化。

（2）营造景观文化

第一，扩大校园红色家书相关人文景观和自然景观的覆盖面，在校园公共区域放置相关的红色雕像，在宿舍及教学区域悬挂相关的红色家书、红色家书作者画像及介绍等，加大红色家书的渗透力度，开辟红色文化宣传栏，定期张贴红色家书并进行理想信念方面的现代阐释。第二，利用校报定期刊登红色家书，营造红色文化氛围；在校广播电台开设红色家书专栏，打造红色家书引领的理想信念家园，营造红色文化的育人环境，“于无声处”影响大学生理想信念的树立。

4. 创新推动网络育人

《纲要》指出，要“加强校园网络文化建设与管理，拓展网络平台，丰富网络内容，建强网络队伍，净化网络空间，优化成果评价，推动思想政治工作传统优势同信息技术高度融合，引导师生强化网络意识，树立网络思维，提升网络文明素养，创作网络文化产品，传播主旋律、弘扬正能量，守护好网络精神家园”。

（1）开发网络文化产品

第一，充分利用校园的各种网络媒体平台，把对红色家书的相关宣传融入每位学生的日常学习生活之中，开辟官方网站、微信公众号、微博等多种平台下的红色家书栏目，搭建形式多样、内容丰富的红色网络文化平台，借助校园官方微博、校园 BBS、QQ 空间等平台定期推送精品红色家书及家书背后的相关故事，让新媒体方式成为红色家书有效传播的重要助力。第二，开发红色家书相关微课程，制作贴近学生话语体系和接受范围的微视频等网络文化产品，让学生随时随地可点击浏览红色家书相关信息。以灵活多样的形式传播红色家书的新理论和新内容，增强红色家书在理想信念教育方面的广泛性和及时性。同时，整合网络媒体与线下资源，打造“线上线下”一体化的红色家书育人平台。

（2）培育网络意见领袖

第一，抓住青年学生朋辈认同这一心理特征，积极培养高校官方网络媒体平台中的网宣团队以及学生会、社团、班团等组织的学生骨干，用心引导网络上活跃并肯定主流意识形态的同学，帮助其提高综合网络素质，扩大其在网络上的影响力，将其培养成为学生中的“意见领袖”“微博达人”，以他们对红色家书的感受以及对理想信念的观点为视角积极传播教育内容，增强大学生的认同感。第二，拓宽培养路径，组织网络“意见领袖”经常性参加红色家书参观及调研活动，为他们了解红色家书、红色历史提供广泛渠道。第三，对网络“意见领袖”的网络发言进行即时跟踪，并制订相关的监督机制与奖惩措施。

参考文献：

[1] 王树荫，张耀灿．中国共产党思想政治教育史［M］．北京：中国人民大学出版社，2016.

[2] 冯刚，郑永廷．思想政治教育学科 30 年发展研究报告［M］．北京：光明日报出版社，2014.

[3] 中国人民大学家书文化研究中心．红色家书背后的故事［M］．北京：人民出版社，2011.

[4] 抢救民间家书项目组委会．红色家书［M］．北京：中国画报出版社，2006.

[5] 彭绪琴．当代大学生理想信念教育研究［M］．北京：中共中央党校出版社，2008：3－4.

[6] 胡建，冯开甫．红色资源：大学生社会主义核心价值观教育的重要载体［J］．思想理论教育导刊，2016（1）．

[7] 谭吉华，唐顺利，谭文翰．论红色资源与大学生政治信仰教育的融合［J］．思想教育研究，2013（3）．

[8] 韦凤．红色家书的思想政治教育功能研究［D］．南宁：广西民族大学，2017.

[9] 赵长芬．转型期党的社会凝聚力研究［M］．北京：中国社会科学出版社，2017：90－130.

[10] 舒棚．浅析红色家书的革命精神——以《中共元勋家书品读》为例［D］．南昌：江西农业大学，2015.

[11] 王莲华．创新大学生党员理想信念教育的途径和方法——基于对全国 18 所高校的调查分析［J］．国家教育行政学院学报，2013（9）．

[12] W. – W. Globalization，city development and citizenship education in China’s Shanghai，International Journal of Education Development，no. 27

（2007）.

［13］唐洲雁，李扬．中共元勋家书品读［M］．北京：中国人民大学出版社，2013：48.

（作者简介：齐晶，女，潍坊学院文学与新闻传播学院讲师）

区域特色文化资源的思想政治教育价值及其运用

——以海南特色文化资源融入高校思想政治工作为例

李纪岩　宁　波

习近平总书记在全国高校思想政治工作会议上强调："要更加注重以文化人以文育人，广泛开展文明校园创建，开展形式多样、健康向上、格调高雅的校园文化活动，广泛开展各类社会实践。"[1]那么，究竟应当以什么样的文化引领和培育当代大学生，实现高校"立德树人"的思想政治工作目标呢？宏观上，当然是以马克思主义理论武装当代大学生、以社会主义先进文化引领当代大学生、以社会主义核心价值观培育当代大学生、以中华优秀传统文化滋养当代大学生。近年来，这些宽泛意义上的思想政治教育内容，在中央深入实施马克思主义理论研究和建设工程的背景下，在高校课程设置、教材编写、课堂教学中得到了较好的落实，收到了良好的效果。为更好地落实习近平总书记"以文化人以文育人"的要求，各地有必要结合自身独特的历史、文化和省情，依托区域特色文化资源深化高校思想政治工作。在此，以习近平总书记关于高校思想政治教育的重要论述为指导，以海南特色文化资源融入高校思想政治工作为例，探索区域特色文化资源融入高校思想政治工作的内容、方法与机制。

一、 海南区域特色文化资源的思想政治教育价值

在我国的政治、经济、文化和国家安全版图上，海南省是一个独特的存在。海南现代意义上的省级建制设置较晚，但历史文化底蕴深厚；海南陆地面积最小，但守护着中国最辽阔的海域；海南是发展最慢的一个经济特区，但为中国保留了生态环境最为优美的国际旅游岛；海南人口不到1 000万，但多民族文化丰富多彩；海南还是著名的侨乡，在海外的海南华侨300多万人。海南自身独特的历史、文化和省情，为深化高校思想政治工作提供了鲜活的特色文化资源。

（一）海南历史文化资源及其思想政治教育价值

海南历史文化源远流长，在华夏文明中独树一帜，在省内外有着深远的影响，具有重要的思想政治教育价值。以享誉中华的海南历史人物为例，南北朝时期的冼夫人辖治海南期间，平定叛兵匪贼，促进民族团结，移民开发海南，发展经济文化，成为海南人的民族英雄和精神领袖。海南特有的“军坡节”就是专门纪念冼夫人的民间奉祀活动，已有1 300多年的历史。周恩来总理称冼夫人是“我国历史上第一位巾帼英雄”，江泽民同志号召大家学习冼夫人的爱国主义和民族团结精神，冼夫人事迹的思想政治教育价值不言而喻。宋末元初黄道婆流落崖州（今海南岛）期间，融合黎汉两族人民纺织技术的长处，成为一名杰出的棉纺织家，回到故乡松江府后，极大地促进了江南地区纺织业的发展。黄道婆既是一位纺织技术的改进、传播者，又是一位民族融合的促进者，还是一位逆境奋起的励志者，虽隔久远的历史时空，但对当代大学生仍然具有多方面的教育意义。明代政治家海瑞公元1514年生于海南琼山，他一生刚直不阿、清正廉洁、为国爱民，被人称为“南包公”“海青天”，是对青年学生进行廉政、爱国、为民教育的典型。在海南历史上，诸如此类的历史人物还有很多，留下了冼夫人庙、

五公祠、东坡书院等一大批历史文化遗迹，成为开展大学生思想政治教育的重要文化载体。

（二）海南红色文化资源及其思想政治教育价值

在我国，红色文化特指中国共产党领导革命和建设过程中形成的各种反映党政军民崇高精神风貌的先进文化。红色文化的精神内核是中国共产党革命精神，其文化形态主要呈现为红色革命遗迹、红色纪念场馆、革命历史人物、红色文艺作品等。海南的红色文化资源非常丰富。琼崖革命纵队从1927年椰子寨战斗掀起全琼武装总暴动序幕，到1950年接应、配合解放军渡海解放海南岛，历经土地革命战争、抗日战争和解放战争三个时期，“坚持二十三年游击战争红旗不倒”，创造了伟大的琼崖革命精神。中国工农红军第二独立师女子军特务连作战勇敢、威震琼岛，其事迹在中华人民共和国成立初期被改编成芭蕾舞剧《红色娘子军》，被誉为红色文艺经典，成为海南红色文化的名片。1950年渡海战役时解放军“木船打军舰”，成功登陆临高角，创造了我军战争史上的奇迹。1962年，“八一”电影制片厂据此史实改编拍摄的电影《碧海丹心》，生动展现了我军在人民群众的帮助下不畏艰难、刻苦练兵、顽强斗敌的革命精神。此外，以海南岛革命历史为基础创作的歌曲《我爱五指山，我爱万泉河》《万泉河水》，早已成为广为传唱的红歌经典。这些具有海南特色的红色文化资源，是对当代大学生进行爱国主义教育的宝贵财富。

（三）海南海洋文化资源及其思想政治教育价值

海洋文化是人类缘于海洋而生成的文化。海洋文化建立在人类对海洋的认识和利用基础之上，使人类生活的各个层面呈现出明显的海洋关联性。海洋文化融入人类的经济发展、社会制度、科学技术、思想艺术等领域，催生了璀璨的海洋文明。在世界历史上，海洋文化孕育了伟大的古希腊文明，推动了近现代以来西方大国的崛起；在中华民族前进的道路上，海洋文化助推了当代中国的腾飞，使古老的中国走向世界。习近平总书记曾经强调，要进一步关心海洋、认识海洋、经略海洋，推动海洋强国建设不断取得新成就。海南是典型的海岛型省份，海洋文化源远流长、海域面积广、战略地位重要，是传承海洋文化的主课堂、国家海洋安全的桥头堡、海洋强国战略的主阵地。把海南先民经略南海的《更路簿》文化、海南渔民世居生活的“疍家文化”、融合了海洋民俗和海权思想的祭海文化、西沙海战维护国家海权的军旅文化、远洋和深海科学考察的海洋科技文化、历史与现实中的“海上丝路”文化等融入高校思想政治工作，有助于增强当代大学生的海洋文化意识、海洋文明观念、国家海权思想和海洋强国理念。

（四）海南生态文明资源及其思想政治教育价值

2013 年 4 月，习近平总书记在海南视察时提出：“保护生态环境就是保护生产力，改善生态环境就是发展生产力。良好生态环境是最公平的公共产品，是最普惠的民生福祉。青山绿水、碧海蓝天是建设国际旅游岛的最大本钱，必须倍加珍爱、精心呵护。”[2] 他希望海南处理好发展和保护的关系，着力在“增绿”“护蓝”上下功夫，争创中国特色社会主义实践范例，为全国生态文明建设当个表率。“生态文明”是海南最能体现“中国特色社会主义实践范例”的领域。在 2014 年出版的《中国省域生态文明建设评价报告》中，海南省以 93.27 分的生态文明指数排名全国首位；海南全省森林覆盖率达到 62%，高出全国平均水平 40.34 个百分点。长期以来，海南的空气质量绝大多数时候都是“优”，天更蓝、水更清、山更绿。碧海银沙、蓝天白云、绿水青山、独具特色的热带风光成为海南最大的软实力，不仅吸引着国内外游客蜂拥而至，使海南的旅游业长盛不衰；还汇集了来自四面八方的人才、资金、技术等发展要素，为海南区域经济社会发展注入强劲的动力。近年来，海南省每年都发布《海南省生态文明建设工作要点》，对生态文明建设进行总体部署。依托海南独具特色的生态文明资源，将生态文明理念、环境保护政策纳入大学生思想政治教育，理应成为海南高校思想政治工作的自觉。

（五）海南民族文化资源及其思想政治教育价值

多民族融合是海南文化的特色。在海南民族文化谱系中，黎族文化古老、悠久而独特。早在两三千年前，黎族就在海南岛繁衍生息，创造了许多富有特色的民族文化，有一度领先并流传至今成为非物质文化遗产的黎锦文化，有崇尚善良和爱情的“鹿回头”文化，也有渗透在语言、艺术、传说、遗址、建筑、服饰、婚庆、节庆中的各种民俗文化。“三月三”节是海南黎族人民最盛大的民间传统节日，是黎族文化最具体、最典型的表现，也是黎族青年男女追求爱情和幸福的传统佳节。海南“三月三”民俗节庆是黎族千百年来流传下来的文化资源，已于2006年被列入《国家级非物质文化遗产名录》。每年“三月三”盛会前夕，黎族人民都会赶到五指山市黎祖大殿举行隆重的祭祖仪式“袍隆扣”，以感恩先祖，祈求国泰民安，福泽千万代。除了黎族，世居海南的苗族、回族等民族，也有着丰富的民族文化。改革开放以来，大量内陆移民的到来，既加快了海南民族地区的发展，也在一定程度上稀释了民族文化。在海南扩大改革开放的时代，如何在民族地区传承民族文化、弘扬先进文化，充分发挥民族文化资源的时代价值，促进区域经济社会发展，既是地方党委政府的重大责任，也是区域高校思想政治工作的重要课题。

（六）海南华侨文化资源及其思想政治教育价值

海南是我国第三大侨乡，拥有丰富而深厚的华侨文化资源。与海南现有常住人口不足1 000万形成鲜明对比的是，“海外琼属华侨华人和港澳台同胞有300多万人，主要分布国家和地区从东南亚向美欧澳扩展；归侨侨眷有130多万人”。[3]尤其是海南文昌，海外华侨达到100万人以上，超过了祖籍地人口。华侨与海南发展有着深厚的渊源，华侨文化广泛体现在海南社会生活的方方面面。在建筑层面，海口、文昌等地的骑楼街是华侨文化最典型的载体。在餐饮层面，“老爸咖啡”“老爸茶”是海南特有的华侨文化现象，反映出海南人闲适、随意、慢生活的生存状态与平和淡定的心态。

在文物层面，位于文昌的宋氏祖居（宋庆龄生平陈列馆）生动体现了以宋耀如一家为代表的华侨对孙中山推翻封建帝制、建立共和伟业的鼎力支持、对祖国革命事业的一片丹心。在文艺层面，电影《海外赤子》主题曲《我爱你，中国》唱出了归侨们对祖国的赤子之心，琼剧《下南洋》展现了文昌先民下南洋的历史，电影《周总理在万隆》就是在万宁市兴隆华侨农场塔景拍摄完成的。海南华侨群体蕴藏着巨大的资源优势，华侨文化资源是开展高校思想政治工作的生动载体，对培育当代大学生的爱国主义精神具有重要的教育价值。

二、 海南区域特色文化资源融入高校思想政治工作的路径

海南区域特色文化资源融入高校思想政治工作是一项系统工程，要坚持统筹兼顾的理念，加强校地结合，实现海南区域特色文化资源共建共享、大学生思想政治教育协同推进。要依托海南区域特色文化资源，改革人才培养体系，创新教育教学模式，把思想政治工作融入人才培养全过程。在实践中，高校要统筹课堂教学、校园文化活动与社会实践三个环节，以课堂教学为核心，注重校园文化活动、社会实践对课堂教学的支持，实现思想政治工作的全面渗透，使海南区域特色文化资源进校园、进课堂、进大学生头脑的工作落到实处、取得实效。

（一）创新课堂教学，海南区域特色文化融入理论教学

课堂教学是高校人才培养中最基本、最核心的活动，是高校思想政治工作的主阵地。高校要以海南区域特色文化资源为载体，不断创新教育教学模式，加强创新课程建设，形成在课堂教学中全面推进思想政治工作的格局。

思想政治理论课是大学生思想政治教育的主课堂。为促进海南区域特色文化资源融入思想政治理论课，有关部门应做好三个方面的工作。首先，

研编教材，创新教学内容。在把海南区域特色文化资源融入既有的思想政治理论必修课的基础上，主管部门应组织专家研编教材《海南文化与海南精神》，开设海南省高校思想政治理论课必修课程“海南文化与海南精神”，开展系统的海南文化教育。其次，坚持实践锻炼与情感体验相结合。教师在课堂教学中要设置实践情境，引导大学生对海南区域特色文化产生积极的情感体验，建立起当代大学生与海南区域特色文化之间的情感联系。再次，着眼于学生知识、素质与能力的转化，推进理论体系、课程体系与素质体系之间的转化。要把海南区域特色文化资源研究成果渗透到课程体系中，通过课堂教学落实课程体系，运用各种教学要素引领学生把海南区域特色文化承载的价值观转化为自身素质，再通过社会实践环节提升学生的践行能力。

通识课程是对学生进行思想政治教育的重要课程。高校可以从三个方面着手，在通识课程中渗透海南区域特色文化资源教育。首先，将与海南区域特色文化资源相关的通识课程纳入专业培养方案，落实到教学计划和课程设置中，以教学文件的形式固定下来，为通识课程的组织与实施提供依据。其次，在培养方案中，合理安排相关的通识课程的教学时间，确保通识课程教学的渠道畅通。再次，开设从专业课中延伸出来的相关通识选修课程，在润物无声中渗透海南区域特色文化教育。例如，可以从艺术类课程群中引申出“海南红色艺术欣赏”课程，从历史类课程群中引申出“海南历史文化概论”“海南民族文化概论”课程，从文学类课程群中引申出“海南文学专题研究”课程，突出海南区域特色文化的育人功能，引领当代大学生品味、体验海南区域特色文化，培养爱国主义情感。

高校各门专业课都承担着大学生思想政治教育的重任。为在专业课中推进大学生思想政治教育，实现德育与智育的充分融合，高校应做好三个方面的工作。首先，教师要有意识地把专业课中的区域特色文化资源在备课时挖出来、讲课时融进去。比如，在体育类课程教学中，创设“黎族竹竿舞”等运动项目，引领学生在民族传统体育学中体味海南区域特色文化。在艺术类课程教学中，把民族艺术元素融入专业教学，创作、排练、演出富有海南区域特色文化的音乐、舞蹈和话剧，引领学生在专业演出中演绎海南区域特色文化，陶冶高尚的情操。其次，结合专业特点推进大学生思想政治教育。比如，海洋类专业课教师可以通过讲授海洋学科的发展史，引导学生学习海洋学专家的治学精神，培养热爱海洋的情感、探索海洋的精神、海洋强国的理念和维护国家海洋安全的意识。再次，结合专业实习、教学实践推进大学生思想政治教育。要立足海南区域特色文化资源，高度重视实践教学体系建设，把赴海南区域特色文化实践基地实践作为专业实践教学体系建设的重要内容，引导学生在教学实践中深化对海南区域特色文化的认识。

（二）拓展“第二课堂”，海南区域特色文化融入校园文化活动

校园文化活动是高校思想政治工作的“第二课堂”，是实施海南区域特色文化教育的有效途径。为了构建海南区域特色文化育人的良好校园环境，引导当代大学生在校园活动中深化对海南区域特色文化的认识，必须要做好以下四个方面的工作。

首先，要规划设计能够体现海南区域文化特色的校园精神、文化标识系统。比如，2015 年 9 月改名转型的海南热带海洋学院，校标应当全面、准确地体现“海南”“热带”“海洋”特色。校风应体现海南人民的朴实民风、海南特区的锐意进取、海洋文化的开放包容和海洋科学的探索精神。校训应突出弘扬海南文化和海南精神的历史使命、传承海洋文明和专注海洋科学的时代责任，体现对海南优秀传统文化的传承和对人类海洋文明的转化。校内道路、楼宇尤其是标志性建筑的命名，也应与校标、校风、校训相结合，使海南区域文化特色无处不在。

其次，建设特色鲜明的场馆设施和多媒体平台，全面推进海南区域特色文化“进校园”。比如，有关高校可以建设海南红色（民族、华侨、生

态、历史、海洋）文化展馆，展示相应的文化资源，为开展大学生实践教学提供便利；建设海南红色（民族、华侨、生态、历史、海洋）文献收藏与研究中心，为开展相关学术研究奠定基础。有关高校可以针对红色（民族、华侨、生态、历史、海洋）文化的某一个或几个领域，建设专业性的影院、剧院、音乐厅，编排、演出、放映有关影视剧，以艺术精品陶冶大学生情操，开展大学生思想政治教育。有关高校可以在学报开辟红色（民族、华侨、生态、历史、海洋）文化研究专栏，打造专业性学术研究平台；在校报开辟红色（民族、华侨、生态、历史、海洋）文化宣传专栏，营造海南区域特色文化育人的氛围；建设红色（民族、华侨、生态、历史、海洋）文化专题网站，打造网上基地，以鲜活的海南区域特色文化丰富校园网络教育内容。

再次，发挥海南区域特色文化强大的震撼力、感染力与穿透力，在进教材、进课堂的基础上，全面推进海南区域特色文化“进大学生头脑”。一是通过校园广播电台和电视台播放《我爱你，中国》《我爱五指山，我爱万泉河》《请到天涯海角来》《万泉河水》等富有海南特色的流行歌曲，让学生接受海南区域特色文化的熏陶。二是成立以社会人士、老师、学生为成员的海南区域特色文化宣讲团，以丰富多彩、生动感人的海南故事感染人。三是充分利用《红色娘子军》《碧海丹心》《海外赤子》等海南题材的影视资源，开展影视赏析活动。四是引导学生组建海南区域特色文化社团，凝聚并影响广大学生。五是拍摄海南区域特色文化电视专题片，编辑海南区域特色文化丛书，用海南区域特色文化武装、引导、塑造、鼓舞大学生。六是艺术类师生要把《红色娘子军》《下南洋》等艺术经典搬上校园舞台，在亲身参与中产生共鸣，在切身体验中提升素质，在情理交融中实现德育与美育的融合。

最后，做实海南区域特色文化系列活动，构建大学生学习、交流、提升的平台。一是每年开展一次“海南经典歌曲大家唱”歌咏比赛，弘扬主旋律，增强大学生的集体荣誉感。二是把德育与体育结合起来，在每年的运动会中融入民族特色体育项目，引导学生在民族特色体育竞技中体会海南区域特色文化。三是每年组织一场“爱我海南”演讲比赛，让学生在理论学习、文化熏陶、内心认同的基础上传播海南区域特色文化。四是每年举办一次海南文化高端论坛，邀请国内外文化名家深入研讨海南区域特色文化。五是每年评选表彰一次文化育人工作先进集体、先进个人和文化建设精品项目，充分发挥先锋模范的带动作用。

（三）延伸课堂链条，海南区域特色文化融入社会实践活动

教育部、中宣部等七部门联合下发的《关于进一步加强高校实践育人工作的若干意见》（教思政〔2012〕1号）明确提出：“进一步加强高校实践育人工作，是全面落实党的教育方针，把社会主义核心价值体系贯串于国民教育全过程，深入实施素质教育，大力提高高等教育质量的必然要求。”[4]社会实践活动是高校课堂的延伸，是高校思想政治理论课实践教学的重要组成部分，是大学生成长成才的正确道路。高校思想政治工作要善于把社会实践活动与文化育人工作结合起来，让学生在社会实践中锤炼意志品质、培养创新精神、增强实践能力。

首先，要明确目的，引领学生在社会实践中深化对海南区域特色文化的认识，形成正确的价值观和爱祖国、爱家乡、爱海洋的深厚感情。赴海南历史文化资源基地实践，是为了传承和弘扬优秀传统文化；赴海南红色文化资源基地实践，是为了培养爱党、爱国、爱人民的情感；赴海南海洋文化资源基地实践，是为了培养海洋意识，增强海洋强国理念；赴海南生态文化资源基地实践，是为了身体力行生态文明价值观；赴海南民族文化资源基地实践，是为了维护民族团结、促进民族和谐；赴海南华侨文化资源基地实践，为了感受、学习和弘扬华人华侨的爱国热情。大学生赴海南区域特色文化社会实践基地实践的过程，也是对海南文化的学习、体验、实践，由知识向情感、态度、价值观逐步转化的过程。

其次，要完善培养方案，使学生在校期间全程参加社会实践活动。要结合学生的专业需求和课时安排，统筹安排赴相关的海南区域特色文化社会实践基地的参观考察时间，力争大学四年走遍海南历史文化资源基地、红色文化资源基地、海洋文化资源基地、生态文化资源基地、民族文化资源基地和华侨文化资源基地，对海南特色文化资源形成系统的、整体的认识。学校人才培养方案中应明确规定每位学生在校期间从事社会实践活动的总课时和总学分。每次活动，校社会实践活动领导小组都要制订具体的实施方案，督促各学院做好落实。

最后，要加强组织领导，全员参与大学生赴海南区域特色文化社会实践基地的社会实践活动。高校要充分认识实践育人、文化育人的重要意义，坚持全员育人，在学校层面成立社会实践活动领导小组，具体负责活动的组织、协调等工作。学校分管思想政治工作的党委副书记担任领导小组组长，分管教学工作的副校长与分管学生工作的副校长担任副组长，宣传部、学工部、教务处、团委等职能部门的负责人与各学院党委书记或院长担任成员。各二级学院应同时建立领导小组，书记、院长为组长，学生工作副书记、教学副院长等为成员，具体组织学生深入海南区域特色文化社会实践基地开展社会实践活动。

三、 海南区域特色文化资源融入高校思想政治工作的保障机制

高校思想政治工作从来都不是哪个部门、哪个院系的孤立的事情。做好海南区域特色文化资源融入高校思想政治工作这项庞大的系统工程，高校还必须建立完善的组织保障机制、制度保障机制、物质保障机制和队伍保障机制。

（一）海南区域特色文化资源融入高校思想政治工作的组织保障机制

高校应进一步强化“育人为本，德育为先”的理念，坚持把海南区域

特色文化融入学校工作的各个方面，贯串于教育教学的每个环节，努力形成全员育人、全程育人、全方位育人的组织机制。学校党委从总体上把握文化育人的根本方向，学校“思想政治工作领导小组”统筹教育、管理与服务等环节，推动思想政治工作一体化：一是调研、规划全校德育工作，规范、协调各部门职责；二是负责全体教师与管理、服务人员的经常性德育培训工作，不断强化其德育意识、德育素养、德育责任；三是对全体教师与管理、服务人员的日常德育实施情况进行监督与考核。学生工作系统与共青团系统侧重在日常生活中实施海南区域特色文化育人工作；各院系专业课教师把海南区域特色文化融入专业教学的各个环节，渗透到课堂、科研的各个方面；学校管理部门、服务部门尤其是校党委宣传部门通过校园环境、舆论阵地弘扬海南区域特色文化。总之，要以高校各要素的相互促进、彼此衔接、有效运行，为海南区域特色文化融入高校思想政治工作提供组织上的保障。

（二）海南区域特色文化资源融入高校思想政治工作的制度保障机制

高校应紧紧抓住制度建设这个关键，完善各项规章制度，为海南区域特色文化资源融入高校思想政治工作提供强有力的制度保障。在学校党委会、校长办公会和院系党政联席会制度中，要明确议事规则和有关领导、有关部门在思想政治工作中的基本职责，使海南区域特色文化资源融入高校思想政治工作的程序制度化、规范化。制定和完善各项常规性规章制度，使海南区域特色文化育人过程有章可循；建立和完善目标管理制度和评价考核办法，调动全体人员文化育人的积极性、主动性和创造性，形成教学、管理、服务等岗位各司其职的全员育人局面。要制定《海南区域特色文化育人实施意见》《大学生赴海南区域特色文化实践基地社会实践活动实施方案》《海南区域特色文化育人工作考核办法》以及《海南区域特色文化育人工作项目考核与过程考核表》，有效调控高校思想政治工作系统各要素之间的关系，为海南区域特色文化育人工作提供制度保障。

（三）海南区域特色文化资源融入高校思想政治工作的物质保障机制

“巧妇难为无米之炊”。推进海南区域特色文化资源融入高校思想政治工作，必须加大物质投入，改善工作条件。为此，应做好三个方面的工作。首先，配备必要的场所、设备和设施。在校内文化设施建设方面，要建设呈现海南区域特色文化的展览馆、博物馆、文献收藏中心，建设与海南区域特色文艺产品相匹配的音乐厅、大剧院、电影院，开通传播海南区域特色文化的电视频道和数字广播，在学报、校报开辟海南区域特色文化专栏，创作、建设取材于海南区域特色文化的雕塑、长廊等校园文化景点。其次，积极提供政策扶持和工作经费。要把海南区域特色文化育人所需经费列入年度预算，合理核定投入，保障必要的经费支持。同时，设立专项基金，奖励海南区域特色文化育人中涌现出的先进集体、先进个人、先进事迹；提供专项经费，保证大型宣传教育活动和社会实践活动的开展；为教师参加相关的各种研讨会、交流会和专题培训会提供支持，推进海南区域特色文化育人的理论研究与实践调研。最后，协同地方党委、政府和企事业单位，共建、共享一批体现海南区域特色文化的社会实践基地。这些基地不仅可以用于高校师生的社会实践，还可以作为党员领导干部的党性教育基地。

（四）海南区域特色文化资源融入高校思想政治工作的队伍保障机制

加强和改进高校思想政治工作，人是最重要的因素。要按照政治强、业务精、纪律严、作风正的要求，坚持专兼职结合的原则，建立由思想政治理论课和哲学社会科学课教师、辅导员和班主任、党政领导干部和团干部、全体教职员工和校外兼职辅导员等构成的高校思想政治工作队伍。其中，思想政治理论课和哲学社会科学课教师是基础力量，主要通过课堂教学传授海南区域特色文化。辅导员、班主任队伍活跃在高校思想政治工作第一线，是在日常生活中以海南区域特色文化培育大学生的主体。学校党政工团干部是队伍主体之一，以体系完整的党团组织作后盾，为海南区域特色文化育人工作提供组织保证。高校全体教职员工都肩负着思想政治工作职责，主要在专业课教学与日常生活中以海南区域特色文化教育、引导大学生。校外兼职辅导员队伍处于社会实践的第一线，是高校思想政治工作的重要补充，对于增强海南区域特色文化育人的实践效果具有重要的促进作用。这几支队伍目标一致，相互交融，相互促进，是统一的整体。要使海南区域特色文化资源融入高校思想政治工作有人做、做得好，就必须加强这几支队伍的建设。

参考文献：

[1] 习近平在全国高校思想政治工作会议上强调：把思想政治工作贯穿教育教学全过程，开创我国高等教育事业发展新局面 [N]．人民日报，2016-12-09.

[2] 马白山，等．巍峨五指山琼南顶天柱——缅怀战争年代的冯白驹同志 [N]．人民日报，1979-12-1.

[3] 致公党海南省委建议加强海南省华侨文化建设 [EB/OL]．中国新闻网，2014-02-10.

[4] 教育部等部门关于进一步加强高校实践育人工作的若干意见 [EB/OL]．教育部网站，http://old.moe.gov.cn//publicfiles/business/htmlfiles/moe/s6870/201209/142870.html.

（作者简介：李纪岩，男，海南热带海洋学院马克思主义学院副院长；宁波，女，海南热带海洋学院马克思主义学院院长、教授）

红色文化与高校思想政治教育时代融合的四重路径

曾 杰

中国共产党领导中国人民在新民主主义革命时期创造的红色文化是马克思主义先进理论同中国实践相结合的产物，其所蕴含的爱国主义、集体主义、崇高的理想信念、艰苦奋斗等精神，已经沉淀为当今中华民族精神文化的重要特质，是激励当代中国人沿着先辈足迹努力拼搏、奋勇前进的力量源泉。红色文化具有超越历史时空的生命力，具有重要的时代价值，是新时期高校思想政治教育的重要资源，高校思想政治教育要深入挖掘红色文化的价值，不断开拓利用红色文化开展高校思想政治教育的新路径，努力实现红色文化与高校思想政治教育的时代融合。

一、充分发挥红色文化理论引导作用，推进大学生“四个自信”教育

习近平总书记在庆祝中国共产党成立 95 周年大会上强调要“坚持不忘初心、继续前进，就要坚持中国特色社会主义道路自信、理论自信、制度自信、文化自信，坚持党的基本路线不动摇，不断把中国特色社会主义伟

大事业推向前进”。树立和坚持“四个自信”，希望在青年，力量在青年，根基在青年。高校不仅要培养有创新精神、有竞争力、有专业素养的青年，更要培养德智体美全面发展的社会主义现代化建设者和接班人，将“四个自信”全面融入高校思想政治教育，增强当代大学生对中国特色社会主义的道路自信、理论自信、制度自信和文化自信，引导和教育青年大学生与时代同步、与祖国同行，为实现中华民族伟大复兴的“中国梦”凝聚起磅礴的青春力量，这是当前高校思想政治教育工作的必然使命和职责。推进当代大学生的“四个自信”教育，必须充分挖掘红色文化的独特资源和特色价值，发挥红色文化的理论引导作用。

红色文化是坚定社会主义道路自信的基本历史根基。加强大学生道路自信教育，首先就要阐明中国社会主义道路是历史和人民的选择，红色文化的形成恰恰见证的是中国共产党领导人民群众实现民族独立和人民解放的艰难历程，红色文化昭示着中国走社会主义道路的历史必然性，是对“只有社会主义才能救中国”的最好诠释。中国自 1840 年鸦片战争以来，逐步沦为半殖民地半封建社会，无论是农民阶级领导的太平天国运动，地主阶级领导的洋务运动，还是资产阶级改良派领导的戊戌维新变法，资产阶级领导的辛亥革命，均以失败而告终，都没有能够改变半殖民地半封建的社会性质，都无法实现国家的独立和人民的解放。只有 1921 年中国共产党成立后，中国的革命面貌才焕然一新，以毛泽东同志为代表的中国共产党人经过几十年艰苦卓绝的革命斗争，终于在 1949 年取得了新民主主义革命的伟大胜利，建立了中华人民共和国，才实现了国家的独立和人民的解放，社会主义救中国成为现实，中国社会主义制度成为历史和人民的选择。

红色文化是彰显马克思主义理论自信的坚实历史土壤。加强大学生的理论自信，就是要坚定大学生对马克思主义基本理论、中国特色社会主义理论体系的正确性和真理性的自信。中国共产党之所以能够领导中国人民获得革命的成功，其根本原因是中国共产党以马克思主义理论为指导思想，并把马克思主义基本原理和中国国情相结合，在实践中不断丰富和发展马克思主义，实现了马克思主义中国化。红色文化记录的正是在马克思主义理论指导下，在马克思主义中国化进程中，形成的独具中国特色、民族特色的马克思主义世界观、方法论，并以新民主主义革命的成功证明了其正确性和真理性。

红色文化是证明社会主义制度自信的独特历史养料。加强大学生的制度自信，就是对中国特色社会主义的制度自信。中国特色社会主义制度不是从天而降的，它是在改革开放新时期创立的，以毛泽东思想、毛泽东等老一辈共产党人创造的红色传统为基础，中国特色社会主义不是对红色传统的告别和否定，而是对红色传统的继承与发扬。红色文化不仅为中国特色社会主义提供了宝贵的红色资源，而且是中国特色社会主义的最深厚的历史底蕴和最好的历史养料，是坚定中国特色社会主义制度的重要支撑。

红色文化是生成社会主义文化自信的内在构成要素。加强大学生的文化自信，就是对社会主义先进文化的自信。习近平总书记在“七一”讲话中指出，“文化自信，是更基础、更广泛、更深厚的自信”，“在5 000多年文明发展中孕育的中华优秀传统文化，在党和人民伟大斗争中孕育的革命文化和社会主义先进文化，沉淀着中华民族最深层的精神追求，代表着中华民族独特的精神标识”。在中国特色社会主义文化自信的生成进程中，“红色文化不但赋予了中华传统文化时代的生命与活力，而且为马克思主义中国化提供着源源不断的思想文化历史养料，提供着文化支撑”。因而红色文化上承中华优秀传统文化之基因，下传社会主义先进文化之精髓，成为我国文化自信的独特景观，是我国文化自信的内在构成因素。

二、积极发挥红色文化的情感激励作用，增强思想政治教育的情感共鸣

情感是人的主观态度体验，是激发人心理活动和行为活动的动机，也

是人们追求真理性认识的持久、坚固的内在动力。列宁说：“没有人的情感，就从来没有，也不可能有人对真理的追求。”高校思想政治教育的对象是富有情感的、现实的、完整的人，情感教育既是高校思想政治教育的重要内容，又是高校思想政治教育的重要方法。红色文化蕴含着丰富的情感价值，在高校思想政治教育过程中积极发挥红色文化的情感激励作用，有助于激发当代大学生的情感共鸣，增强高校思想政治教育的实效性。

红色文化彰显着对人类前途与命运的深切关注，蕴含着对人类深情的爱。培养大学生的马克思主义信仰，是高校思想政治教育的永恒主题，而马克思主义信仰中核心的情感之一就是对人类前途与命运的深切关注，没有对人类的热爱，没有对广大劳动人民的深切同情，没有对人类幸福自由的向往与追求，就不可能把自身的人生价值和人类的命运联系起来，也不可能树立马克思主义信仰。红色文化的主线就是国家的独立与人民的解放，展现着无数革命者为了人类幸福、人类解放而英勇奋斗的进程，无论是写下革命者大爱情怀的《与妻书》的林觉民，还是因烧地契与家庭决裂的澎湃、坚定与工农群众站在一起的贺龙等革命者，无不满怀着对人类最深切的热爱和对人类前途与命运的深切关注。

红色文化彰显着对国家与民族境遇的着力改变，蕴含着强烈的社会责任感和使命感。强烈的社会责任感和使命感是激发大学生情感共鸣的重要情感动力。红色文化记录着波澜壮阔的中国革命历史进程，展现了血与火的年代，在半殖民地半封建社会，一代又一代的中国人为了国家的独立和人民的解放寻求出路、不懈奋斗，革命者感天动地的丰功伟绩彰显着其强烈的社会责任感和使命感，鲜明的爱国主义精神超越历史的时空，散发着永恒的魅力。当代的高校思想政治教育，应利用红色文化激发大学生的社会责任感和使命感，激励大学生把自己的命运和国家民族的前途、命运紧密联系在一起，为实现中华民族伟大复兴的“中国梦”贡献自己的力量。

红色文化彰显着对人类幸福、自由的向往与追求，蕴含着强烈的公平感和正义感。公平正义是马克思主义重要的价值追求，强烈的公平感和正义感是大学生选择马克思主义信仰的重要情感共鸣。红色文化正是追求人类公平、正义在中国的具体生动实践，红色文化依托的中国红色革命就是要打破旧社会，建立一个自由、平等、公平、正义的新社会，红色文化的产生、发展史，就是一部对公平和正义的不懈追寻史。当代大学生只有具备强烈的公平感和正义感，才能去纠正和改变社会的不公正，自觉选择马克思主义信仰，为建立公正的社会制度而努力，从而把实现人类的共产主义社会当作自己的信仰和追求。

红色文化彰显着对人的生命主体性的自觉，蕴含着自信、乐观奋斗的情感。马克思主义认为，不存在神意的安排，也不存在超自然的力量，个人应该在实践中不断发展自己、完善自己，以奋斗不息的人生方式与命运抗争，在对社会发展方向和规律的准确把握上为无产阶级和人类解放事业奋斗终生。红色文化正是彰显着人的生命主体性的自觉，红色文化处处都洋溢着自信、乐观奋斗的气息。凭着自信、乐观奋斗的情感，中国早期马克思主义信仰者才有“自信人生二百年，会当击水三千里”的自信，才有“红军不怕远征难，万水千山只等闲”的乐观，凭着这种自信和乐观才能在革命的道路上不畏艰难，艰苦探索，直到革命成功。在新时期，高校思想政治教育要利用红色文化激发大学生自信、乐观奋斗的情感共鸣，找到和马克思主义信仰的情感共通点，提升高校思想政治教育的实效。

三、 充分挖掘红色文化在大学生人格教育中的价值，完善大学生健全人格教育

习近平总书记在全国高校思想政治工作会议上强调：“思想政治工作从根本上说是做人的工作，必须围绕学生、关照学生、服务学生，不断提高学生思想水平、政治觉悟、道德品质、文化素养，让学生成为德才兼备、

全面发展的人才。”思想政治教育的根本目的是培养全面发展的人，思想政治教育的过程也是健全人格培养的过程，人格教育是高校思想政治教育的题中之意。大学时代是大学生人格逐步定型、走向成熟的关键时期，当代大学生在逐步形成自立、竞争、平等、创新等人格特征的同时，部分大学生也表现出信仰迷失、自私、消极、道德水准不高、意志薄弱等负面人格特征。红色文化在大学生人格教育中有重要价值，对健全大学生的信仰人格、道德人格、意志人格、心理人格有独特优势。新时期高校思想政治教育，要注重加强大学生的人格教育，充分挖掘红色文化在大学生人格教育中的价值，帮助学生塑造、形成健康人格。

红色文化内涵坚定而清晰的共产主义信仰，是塑造大学生信仰人格的“清醒剂”。信仰是人类特有的精神追求，是人在社会化进程中的特有精神现象，一个圆融美满的生命必然是有信仰追求的生命，罗曼·罗兰说：“整个人生是一幕信仰之剧。没有信仰，生命顿时就毁灭了。”红色文化是中国人民结合中国国情追求马克思主义信仰的实践范本，体现了中国人民对信仰的追寻，谱写了一部为信仰而歌的伟大历史篇章。正如邓小平指出：“为什么我们过去能在非常困难的情况下奋斗出来，战胜千难万险使革命胜利呢？就是因为我们有理想，有马克思主义信念，有共产主义信念。”当代大学生在市场经济浪潮、多元文化的冲击下，在告别理想、躲避崇高的喧嚣中，精神家园荒芜、信仰失落问题突出，高校思想政治教育要利用红色文化引导青年传承红色文化传统，积极与自身信仰对话，通过高尚的信仰追求实现对生命的内在超越。

红色文化标示着崇高而先进的社会主义道德律令，是引领大学生道德人格的“红路标”。健全的人格包含高尚的道德品质，高尚的道德品质展示着人格的魅力与价值。红色文化展现出来的高尚道德品质是红色文化保持活力的重要源泉，这种高尚的道德品质包括不断进取、拼搏奋斗；关爱他人、助人为乐；热爱集体、团结协作；以社会贡献为己任；全心全意为人民服务。红色文化是引领大学生树立高尚道德人格的优质资源，新时期的高校思想政治教育要通过红色文化的榜样力量感染人、红色文化的历史史实影响人，将红色文化标示的道德精髓融入大学生的日常生活，引导大学生形成正确的道德理念，树立正确的道德价值追求。

红色文化具有执着而顽强的行动意志坚守，是锻造大学生意志人格的“定心丸”。意志力是人格的重要组成部分，坚强的意志品质是健全人格的重要标记。红色文化展现着中华民族不屈的民族脊梁，是中国人顽强意志的集中体现。在那段激情燃烧的岁月，无数的革命先辈为了实现最广大人民群众的利益，不惧困难，抛头颅、洒热血，披荆斩棘，前赴后继，凭借着顽强的意志，冲破险阻，实现了星星之火的燎原，创造了一个又一个革命的奇迹，最终使中华人民共和国的蓝图成为现实。蒙哥马利就称长征“是20世纪最伟大的军事史诗，是一次体现出坚忍不拔精神的惊人业绩”。新时期的高校思想政治教育，必须教育青年大学生传承革命先辈的顽强意志，遇到困难和挫折时不丧气、不放弃，不断提升自我的抗挫折能力，锻炼顽强的意志人格。

红色文化滋润着健康而阳光的文化心理空间，是清除大学生心理雾霾的“净化剂”。拥有健全人格的人，能够对自我进行正确评价，人际关系和谐，情绪稳定、心理愉快，具有良好的环境适应能力。中国共产党领导全国各族人民创造的红色文化展现着健全的个体心理品质，红色文化就是一部中国人民不怕流血牺牲、热爱生活、自信、不断拼搏奋斗的历史；红色文化就是一部新型和谐人际关系的动人历史篇章；红色文化就是一座克服各种险恶的自然环境和社会环境，取得革命胜利的伟大历史丰碑。新时期的高校思想政治教育，应结合新时代背景赋予红色文化新的时代内涵，充分挖掘红色文化中的健康、阳光的文化心理空间，清除大学生的心理雾霾，培育大学生的健康心理，促进大学生的健康成长。

四、积极打造红色文化实践平台，强化大学生的行动机制

红色文化从存在形态来看，是一种历史存在，也是一种精神存在。当代大学生既没有经历过半殖民地半封建社会的“国破家亡”“内忧外患”，也没有经历过社会主义初创时期的“步履维艰”，因此对带着特定历史时期印记的红色文化是一种历史记忆。红色文化要在新时代焕发出新活力，传递跨越时空的正能量，闪耀时代的天空，就必须能够照亮当代人前行的道路，具有指导现实的力量。因而，新时期的高校思想政治教育，在充分挖掘红色文化的时代内涵和当代价值的基础上，必须打造红色文化的实践平台，强化大学生的行动机制，帮助大学生在认知红色文化、认同红色文化的基础上，传承红色文化革命精神，发扬红色文化优秀传统，以红色文化为向导指导自己的行为、改造自己的生活实践。

确立公共生活的红色文化践行准则，规范大学生公共生活的空间行为。作为自然物种，人是一种自然生命体，但是与其他物种不同，人不仅是自然存在，更是社会存在，人以群体的方式生存，人与人之间的依存关系使得人必须从自然人过渡、成熟到社会人。马克思指出：“特殊的人格的本质不是人的胡子、血液、抽象的肉体的本性，而是人的社会特质。”在社会公共生活领域，一个人作为社会人应具有社会责任感、奉献主义精神、合作精神，遵循社会公共道德规范。而当今大学生尽管在公共生活价值观的判断和认知上呈现积极的特征，但在公共生活行为实践领域却表现出较多的个人主义倾向，导致知行的分离。新时期的高校思想政治教育，要把红色文化和校园社团建设、校园志愿者活动、社会实践活动相结合，打造红色社团、红色志愿活动、红色社会实践活动，切实把红色文化外化为行为准则。

确立职业生活的红色文化行为导向，引导大学生职业生活的舞台活动。

职业生活是人类生活领域的重要组成部分，开展职业教育是高校适应社会发展的必然要求，也是高校教育的重要内容。打造大学生红色文化的实践平台，必须以红色文化引导大学生的职业生活。当代大学生在职业的选择上，既希望有施展才能的机会，得到社会的承认，又对社会上的不良风气无所适从，感到前途渺茫；既渴望实现自我价值，又缺乏艰苦创业的思想准备；职业评价的主要指标是经济收入、社会地位、个人权利、职业稳定度等很现实的条件，“一切向钱看”等口号也被许多大学生所崇尚。新时期的高校思想政治教育应引导大学生在传承红色文化的过程中选择正确的职业理想，提升职业素养，规范职业行为；拥有红色文化资源地理优势的学校应把红色文化和专业特点相结合，培养红色艺术人才、红色教育人才、红色产业应用人才等方面的红色传承人才。

倡导家庭生活的红色文化行为规范，引导大学生继承和弘扬红色家风。家庭是组成社会的基本细胞，家风是社会风气的重要组成部分，家庭生活领域是人类生活领域除公共生活领域、职业生活领域之外的第三大活动领域。在红色文化中，老一辈无产阶级革命领导人和许多革命前辈，在为国家和人民利益奋斗的革命、建设实践中，率先垂范，从“齐家”做起，开创了红色家风。红色家风，“从主要特征看，它具有目标引领的科学性、没有特权的平等性、不谋私利的廉洁性、艰苦奋斗的进取性、继承与超越于一体的创新性、家风与党风一致的相融性以及知行合一的示范性等显著表现”。毛泽东著名的家风“三原则”、周恩来亲自制订的“十条家规”、陈云极为严格的“约法三章”就是红色家风的具体表现。习近平总书记说：“在培育良好家风方面，老一辈革命家为我们作出了榜样。”新时期高校思想政治教育，应培养大学生爱国爱党、忠于理想的家国情怀，引导大学生把爱党、爱国和爱家有机结合起来，秉承严守纪律、廉洁奉公的清廉本色，继承发扬艰苦朴素、勤劳节俭的持家传统。

参考文献：

[1] 习近平．在庆祝中国共产党成立95周年大会上的讲话［N］．人民日报，2016－07－02（01）．

[2] 李捷．红色文化与文化自信［J］．红旗文稿，2017（14）：40.

[3] 列宁全集：第25卷［M］．北京：人民出版社，1988：117.

[4] 邓小平文选：第3卷［M］．北京：人民出版社，2001：110.

[5] 马克思恩格斯全集：第2卷［M］．北京：人民出版社，1956：118－119.

[6] 魏继昆．继承和弘扬红色家风［N］．光明日报，2017－04－26（11）．

[7] 习近平．在第十八届中央纪律检查委员会第六次全体会议上的讲话［N］．人民日报，2016－05－03（02）．

（作者简介：曾杰，女，遵义师范学院马克思主义学院教授）

红色文化融入高校思政课教学路径探析
——以“中国近现代史纲要”为例

李天星

狭义上而言，红色文化是在马克思主义的指导下，党在领导中国各族人民革命、建设和发展中国特色社会主义事业的过程中所形成的具有显著民族特质的精神财富，是马克思主义与中华民族优秀文化的有机结合体。虽然具体呈现形式各异，但作为中华民族得以延续、永恒凝聚的精神基因，内涵丰富的红色文化是巩固党的领导地位的思想支撑，是推动中国特色社会主义事业不断前进的强大动力。“红色文化资源形成历程赋予了她固有的教育功能，结合当前我国实现民族复兴的伟大实践，深入发掘并弘扬其精神价值，在加强高校思想政治教育中的作用更加重要。”[1]尤其在中国特色社会主义进入新时代的今天，面对复杂的国内外形势和多元的文化潮流，我们更应该加强红色文化教育，让红色基因代代相传。

高校思想政治理论课是对广大青年进行意识形态教育的“主阵地”，是加强和巩固高校马克思主义指导地位的“主渠道”。如何在思想政治课堂中有效开展红色文化教育，培养当代大学生的道路认同与文化自信，坚定马克思主义信仰，也是新时代加强高校思想政治教育所要思考和解决的重要课题。本文结合“中国近现代史纲要”（以下简称“纲要”）课的教学实践，在学术界相关研究成果的基础上，进一步探析红色文化融入高校思政课教学的路径。

一、 翻转课堂——让学生 “动起来”

传统的思政课堂教学，多以教师“照本宣科”式的授课为主。教师成为单纯的讲授者，学生成为被动的接受者。后者学习的主动性和求知的积极性被淡化，无形中使得思政课变得“枯燥”“乏味”，教学效果也往往不尽如人意。加之成长于信息化、数据化时代的新一代大学生，获取各类资讯的渠道更加多元，他们已经不满足于以教材讲授为主的教学形式。新时代的高校思政课教学如何才能做到“因事而化、因时而进、因势而新”？翻转课堂教学理念的出现，无疑对传统教学模式提出了挑战，但同时也为推进思政课教学改革提供了思路。

所谓翻转课堂，即指“教师创建教学视频，学生在家中或课外观看视频中教师的讲解，再回到课堂上师生面对面交流和完成作业的一种教学形态”[2]。翻转课堂不仅可以大幅提升学生的课堂参与度，并且可以根据实际需要灵活划分课内外的学习时间。同时，“互联网 +”“微时代”的到来，为翻转课堂的推行提供了更加便捷的学习渠道。

翻转课堂在思政教学中的运用，使得思政课堂不再是“一人讲，全班听”的单调形式，而是鼓励和引导大学生在完成课外学习的基础上，通过师生间、同学间的交流互动、研讨辩论，以唱红歌、演红剧等多种形式真正参与到思政教学中来，充分调动大学生学习的积极性，让他们在思想与行动上都能够切实“动起来”，形神俱在，全心投入。不过，从目前四门思政必修课的教材内容来看，其中并没有专门为红色文化设置的章节。所以，在将红色文化融入思政课教学的过程中，运用专题教学这一模式则显得尤为重要。

所谓专题教学，就是以马工程教材为依托，以教学目标为导向，以一定的逻辑与规则，科学合理地设定若干彼此相互独立但内部又具有某些关联的专题进行教学。这种教学模式在一定程度上打破了以教材为主要讲授内容的局限，并且可以适时结合现实需要与热点问题加以扩展和调整，赋予思政课更多的灵活性与时效性。“纲要”课专题教学大致有两种呈现方式：一种是围绕某一核心主题展开，如以“中国梦”为主线，以近代农民阶级、地主阶级、资产阶级和无产阶级实现近代以来中华民族的伟大复兴进行的探索为专题，在相互比较中加深大学生对“四个选择”的历史必然性的理解；一种是以教材内容为主线设置不同专题，如“如何看待西方列强对近代中国的侵略”“如何评价李鸿章的功过是非”“孙中山与近代中国”“中国共产党的前世今生”等，其中便可以根据教学进度适当安排1~2个与红色文化相关的专题，如“假如我是一名红军战士”“抗战时期的延安”等。让大学生通过对课外文献的搜集与阅读了解相关知识，进行初步思考，提出问题，然后以课堂讨论、情景模拟等形式参与到课程教学中来。

需要指出的是，无论采取何种方式，专题教学都要突显一个问题意识。“在解读马克思早期著作时，人们会惊讶地发现，‘以问题为中心’几乎成为马克思颠覆传统的哲学、政治经济学概念及其体系，实现人类思想史的伟大革命的重要路径”。[3] 着眼于时代问题，研究和解决现实问题是马克思主义形成的内在逻辑和理论品质。不断探索时代发展提出的新课题、回应人类社会面临的新挑战，是马克思主义能够永葆其美妙之青春的关键所在。专题教学要在整合教学资源、优化教学内容的基础上，以关键问题为中心，以提出问题为主线，引发学生的必要思考，通过课堂讨论互动，在解决问题的过程中形成新的认识，实现科学思维模式的建构与正确价值观的树立。这不仅是一种启发式、探索式的教学，而且是一种研究性、创新性的学习。

课堂作为思政教学的主阵地，教师在组织翻转课堂的教学时，既不能僵化不变、因循守旧，更不能盲目跟风、顾此失彼，要“遵循思想政治工作规律，遵循教书育人规律，遵循学生成长规律”[4]。从现阶段的实际情况而言，虽然通过翻转课堂激发了学生的学习兴趣，课堂参与度得到一定的提高，但这并不意味着可以淡化思政教师的思想引领与观念塑造的作用。相反，教师在课堂讨论的过程中，应该积极地通过互动更为直接地了解学生的心理状态与价值观念，从而有针对性地加以指导，达到思政课教学的目标。尤其近些年来，历史虚无主义沉渣泛起，以“重新评价”“档案解密”为名，歪曲党的历史和中华人民共和国历史，丑化中国共产党领袖，抹黑革命英雄人物，否定中国革命，否定中国特色社会主义道路，并且借助网络等媒介制造乌烟瘴气、哗众取宠，给大学生的思想政治教育工作带来了消极影响。思政课教师可以利用翻转课堂，在讨论中纠正错误认识，在互动中树立正确观念，引导学生“把理想信念建立在对科学理论的理性认同上，建立在对历史规律的正确认识上，建立在对基本国情的准确把握上”[5]。

二、实践教学——让历史“活起来”

“少年强则中国强”。青年学生作为中国特色社会主义事业的建设者和接班人，为了肩负起建设祖国的责任，必须了解中国的国情，不仅要了解中国的今天，还应当了解中国的昨天和前天。“纲要”是一门历史性与政治性有机统一的思想政治理论必修课。通过对这门课程的学习，大学生能够清晰地认识到近现代中国社会发展和革命、建设、改革的历史进程及其内在的规律性，了解党史、国情，切实领会“四个选择”的必然性。如今，中国特色社会主义已经进入新时代，“今天的中国，前所未有地靠近世界舞台中心”[6]。中国在世界上的影响力与号召力与日俱增，而这些都离不开中国共产党的领导。中国共产党在领导中国各族人民从站起来到富起来再到强起来的伟大飞跃的过程中，形成了具有永恒价值和时代意义的红色文化。

红色文化不仅是一种精神层面的思想引领，而且蕴藏于各类红色文化遗迹当中，是一种可以“看得见、摸得着”的事实存在。

高校思政课分为理论教学与实践教学两部分。二者既在教学目标、教学对象上具有内在的统一性，又在教学方式、教学内容上存在一定的差异性。加强二者的优势互补和资源整合，是高校思政课适应时代需要进行教学改革的有效途径。“纸上得来终觉浅，绝知此事要躬行”。在红色文化融入高校思政课教学的过程中，既要注重提升理论教学效果，也要充分、合理利用地方红色文化遗迹，如展览馆、陈列馆、纪念馆、名人故居等场所，来丰富实践教学内容。通过实地参观考察去感受历史、触摸历史，让历史“活起来”，让学生发现历史就在身边，并在实践中深化和巩固理论理解。正如习近平总书记所指出的那样，“搞历史博物展览，为的是见证历史、以史鉴今、启迪后人。要在展览的同时高度重视修史修志，让文物说话、把历史智慧告诉人们，激发我们的民族自豪感和自信心，坚定全体人民振兴中华、实现‘中国梦’的信心和决心”。[7]地方红色文化遗迹既是传播红色文化的重要渠道，也是本土高校加强思想政治教育的宝贵资源。

被誉为“近代远东第一大都市”和“现代中国工业中心城市”的上海，不仅是中国近代工业的主要发源地、中国工人阶级的摇篮和工人运动的发祥地，而且是中国共产党的诞生地，是中国共产党人的初心所在，是马克思主义理论在中国传播的大本营。在中国革命、建设、改革的各个时期，上海留下了包括中共一大会址、中共二大会址、五卅运动纪念碑、龙华烈士陵园、渔阳里团中央机关旧址、毛泽东旧居、周公馆、陈云纪念馆等遍布全市的历史文化遗址、革命纪念遗址、名人故居。这些红色历史文化资源不应该仅仅是参观的“景点”，更应该成为制度保障下开展红色教育和价值观教育的重要场所。因为其不仅呈现出中国共产党人不同阶段的时代使命，而且其所承载的丰富精神内涵与厚重主流价值观，对于实现中华民族伟大复兴的“中国梦”，对于学习革命传统、陶冶道德情操，都有着特殊的、不可替代的作用。

上海所具有的丰富的红色文化资源，为上海本土高校开展红色文化教育提供了便利，也使思政课开展实践教学成为可能。如在讲到“开天辟地大事变”时，可以到全国爱国主义教育示范基地——中共一大会址开展实践教学，亲身感受当时的共产党人是如何在艰难环境下开创中国革命新局面的；在讲到抗日战争时，可以到首批国家级抗战纪念设施（遗址）——上海淞沪抗战纪念馆开展实践教学，在专题陈列《血沃淞沪——淞沪会战主题展》的参观过程中了解中国军民奋勇抗战的历史；在讲到解放战争时，可以到上海市爱国主义教育基地——上海解放纪念馆，在参观过程中加深对解放战争时期国共博弈与民心所向的认识。诸如此类，不胜枚举。

利用地方红色文化资源开展实践教学，使得高校思政课的教学内容更加真实、震撼。用史实说话，让学生在感受历史的同时，加深对“纲要”课教学内容的理解，一定程度上提高了思政课的教学效果。当然，实践教学模式对思政课教师也提出了更高的要求。不仅要对教材内容有更为系统、整体的把握，而且要广泛了解地方红色文化资源的概况，在教学过程中能够巧妙地将发生在身边的红色事迹或红色人物与教学内容相结合，对一些基本史实既能做详尽的分析，也能对蕴含其中的红色文化进行解读。只有这样，才能真正将红色文化融入思政课堂，丰富思政教学内容。

在选择地方红色文化资源开展思政课实践教学时还应当遵循一定的原则。首先是典型原则。恩格斯认为：“一切真实的、详尽无遗的认识都只在于：我们在思想中把个别东西从个别性提高到特殊性，然后再从特殊性提高到普遍性。”[8]这就要求我们应该注重结合教学内容的需要，来选择最能突显红色文化的代表性遗迹或场馆开展实践教学，而非盲目地任意选择。其次是就近原则。有些地区的红色文化资源虽然十分丰富，但分布也较为广泛，为了便于教学的开展与出行的便利，在选择红色文化资源时也要遵循就近原则。再次是适度原则。思政课的教学时间和任课教师的教学能力都是有限的，所以只能有所取舍地选择适宜的主题和场馆开展实践教学，避免因过多的实践教学而导致学生产生一种“游玩”心理，从而忽视了对理论的重视与学习。

三、校史挖掘——让文化“真起来”

“任何一种文化都是特定历史时代的成果，具有独特的时代历史烙印。红色文化是指导中国革命取得胜利的重要法宝，中国红色文化史在一定意义上也就是一部中国革命史。”[9]就在这部中国革命史中，不仅在正面战线涌现出大批为了民族未来抛头颅、洒热血的共产党人，而且在隐蔽战线中亦有诸多默默奉献、英勇奋斗的革命志士。其中很多人或在大学读书深造，或在大学任职任教，他们的革命事迹与爱国气节成为大学校史中宝贵的精神财富。

每一所大学都有其独特的发展历史和校园文化。“高校校园精神文化是高校师生、员工共同的道德情感、思维方式、心理倾向、人生态度和政治观念，是一所高校的文化传统、价值体系、教育观念和精神氛围等方面的整合和结晶。”[10]作为校园文化的重要组成部分，大学校史文化中所彰显出的思想理念、道德意识、价值观念等，对于师生的意识观念的塑造都具有一定的启迪和导向作用，是开展大学生思想政治教育的宝贵资源和生动教材。充分挖掘利用那些曾深深打上时代烙印的校史文化资源尤其是红色校史，对于推动高校思政教育路径创新具有重要的理论意义和实践价值。这不仅可以深化大学生对中国近现代史的认识，补充相关背景知识，而且有助于他们更为直接地感受到红色文化的存在，形成一种更为“真实”的红色文化印象，在激发学生爱校情怀的基础上，增强爱党、爱国、爱人民的意识。

目前国内很多高校都在推进红色校史的思政育人工作，在充分挖掘学校红色文化资源的基础上，将红色校史转化为鲜活的思政课教学资源。以上海立信会计金融学院为例，1928 年，怀揣“教育救国”“实业救国”理想的潘序伦博士开启了立信教育事业的辉煌征程。在 90 年的办学历程中积淀了丰富的校史文化资源，与中国近现代史、社会主义核心价值观相融合，承载着中国人不屈不挠、生生不息的奋斗精神，塑造着中华民族爱国主义的伟大传统。90 年间，立信既有如潘序伦、马寅初、章乃器、顾准等才华横溢、治学勤奋，为寻求科学真理锲而不舍的学者；亦有李建模等追求进步、坚贞不屈，为取得革命胜利英勇献身的革命烈士。无论是在全民奋战的抗日时期，还是在艰苦卓绝的解放年代，立信学子或组织爱国抗日游行，或秘密支持中共抗战事业，或创办发行进步报刊，或勇斗反动势力，激起了一阵又一阵的革命浪花，展现了立信人的家国情怀和奋斗精神。这些都为本校“纲要”课教学提供了独具特色的史料源泉。

宏大叙事背景下个性化的案例往往更容易打动学生的心灵。立信校史中有丰富的个案可以与“纲要”课程相契合。如，1931 年“九一八事变”后创办的立信会计同学会，一开始就具有明显的爱国进步倾向，经常举办时事讲座，激励同学的爱国热忱，发动广大同学进行征募，尽自己的微薄力量支援东北抗日，组织同学参加上海的抗日示威游行，成立“立信歌咏队”去各条战线开展抗日救亡歌咏运动等。此外，立信还与党的秘密战线有些不可分割的关系，为了对抗军统特务头子戴笠威胁重庆纸商不准卖纸给《新华日报》，在党的领导和影响下，潘序伦利用自己的地位和立信的影响，以“立信”的名义与地下党合办造纸厂，保障了《新华日报》和进步刊物的正常出版，这些都可以成为“纲要”课中华民族的抗日战争部分教学的素材。故而，在讲授“纲要”课程时，穿插讲授大学校史，介绍本校的革命传统及爱国主义精神，既能丰富“纲要”课教学内容，又能宣传学校历史，使大学生在了解国史、国情的同时，增强爱校、荣校的意识，并在此基础上加深对红色文化的了解和认识，培养爱国主义精神，践行社会主义核心价值观。

校史文化是落实“立德树人”根本任务的重要载体。其所具有的导向作用、凝聚作用、感化作用和规范作用[11]，都有助于大学生思想政治教育的推进。不过，红色校史资源转化为思政课教学资源，并非简单地生搬硬套，而是要坚持科学性与针对性的统一。首先，要在学校层面做出顶层设计，进行整体规划和经费支持，组织专业团队开展系统研究，编写校志、校史读本。其次，要创建校史文化展示平台，在不断完善校史馆建设的同时，运用新媒体加强网络宣传，在可能的条件下打造校园校史文化景观，更为直观地再现校史中的红色文化精神。再次，要融入时代元素与当代价值，符合高校思想政治教育发展的实际与需要，采用学生喜闻乐见的形式进行再加工、再创造，同唱校歌、共颂校训，让大学生感受“真实”的红色文化，以激发爱国情感，提升人文素养。

四、结语

“理想指引人生方向，信念决定事业成败。没有理想信念，就会导致精神上‘缺钙’。‘中国梦’是全国各族人民的共同理想，也是青年一代应该牢固树立的远大理想。中国特色社会主义是我们党带领人民历经千辛万苦找到的实现‘中国梦’的正确道路，也是广大青年应该牢固确立的人生信念。”[12]广大青年远大理想与人生信念的树立，离不开高校思政课的理论灌输与实践指导。面对纷繁复杂的多元文化的冲击以及历史虚无主义的沉渣泛起，我们更应当结合时代需要，将作为中国文化软实力最鲜亮底色的红色文化，科学、合理地融入高校思政课堂教学中。

若要有效地将红色文化融入高校思政课堂，除了思政课教师创新形式、推进改革，不断提高自身业务能力，以适应新时代的思政课教学实际，还要注意几个结合：第一，与校园文化建设结合。加强校园文化建设对于推进高等教育的改革发展，改进大学生的思想政治教育，全面提高大学生的综合素质，具有十分重要的意义。在建设校园文化的过程中，应当将其与红色文化有机地结合起来，以培育良好的校风、学风。而红色文化也可以通过校园文化的建设渠道，构建宣传常态化与学习系统化模式，逐步成为校园文化中不可或缺的一部分，建构全方位的红色文化育人体系。“信息化社会的到来，要求我们思想工作的宣传要积极搭载新兴媒体，积极主动进行网上舆论引导，形成网上正面舆论强势”。[13]第二，与学生社团活动结合。“作为隐性课堂的学生社团在社会主义核心价值观教育中具有不可替代的独特优势”。[14]学生社团是目前高校除学生会外的学生主要活动组织群体，将红色元素多层次地融入丰富多样的如编排红色短剧、演唱红色歌曲、朗诵红色诗词等社团活动中，不仅可以增强学生对红色文化的了解，营造潜移默化、润物无声的社会主义核心价值观教育氛围，而且有助于提升社团活动的精神内涵。第三，与党团组织活动结合。高校各级党组织和团组织在开展日常活动的过程中，可以更多地与红色文化结合，适当向红色遗址倾斜。尤其在建党节、国庆节、抗战胜利纪念日等重要节日，开展更具多样性、时效性的组织活动，将红色文化内化成为师生党员和共青团员的重要精神动力。当然，红色文化融入高校思政课堂也离不开高校各部门的支持与配合，尤其是在经费使用与教学安排上，给予任课教师充分的自由支配权。

只有上下一心、齐抓共建，才能真正把红色文化这一宝贵的教学资源和永恒的精神财富发掘好、利用好。在中国特色社会主义进入新时代的今天，不忘习近平总书记关于“把红色资源利用好、把红色传统发扬好、把红色基因传承好”[15]的深切叮嘱，落实“立德树人”的根本任务，为中国特色社会主义事业培养合格建设者和可靠接班人。

参考文献：

[1] 赵雪飞. 红色文化资源与新时期高校思想政治教育 [J]. 红色文化资源研究，2018 (1).

[2] 方其桂. 翻转课堂与微课制作技术 [M]. 北京：清华大学出版社，2017.

[3] 谭希培，刘小容. 基于问题视角的马克思主义整体性研究 [J]. 中南大学学报：哲学社会科学版，2009 (2).

[4] 习近平总书记在全国高校思想政治工作会议上的重要讲话 [N]. 人民日报，2016-12-9.

[5] 习近平. 习近平同各界优秀青年代表座谈时的讲话 [N]. 人民日报，2013-5-5.

[6] 习近平. 在庆祝中国共产党成立95周年大会上的讲话 [N]. 人民日报，2016-7-2.

[7] 习近平. 在北京市考察工作时的讲话，2014年2月25日。

[8] 马克思恩格斯选集·自然辩证法：第4卷 [M]. 北京：人民出版社，1995：341.

[9] 渠长根. 红色文化概论 [M]. 北京：红旗出版社，2017：32.

[10] 郭广银，等. 新时代高校校园文化建设的理论与实践 [M]. 南京：南京大学出版社，2007：342.

[11] 何建中. 运用校史资源开展大学生价值观教育 [J]. 当代青年研究，2008 (6).

[12] 习近平. 习近平同各界优秀青年代表座谈时的讲话 [N]. 人民日报，2013-5-5.

[13] 赵长芬. 转型期党的社会凝聚力研究 [M]. 北京：中国社会科学出版社，2017：89.

[14] 徐瑞. 论学生社团在社会主义核心价值观教育中的作用——基于

隐性课堂的视角［J］．中国教育学刊，2014（6）．

［15］贯彻全军政治工作狐疑精神 扎实推进依法治军从严治军［N］．解放军报，2014－12－16.

（作者简介：李天星，男，上海立信会计金融学院马克思主义学院讲师）

新时代弘扬井冈山精神对高校思想政治工作的启示

王德财

习近平总书记在十九大报告中明确指出："中国特色社会主义文化，源自中华民族五千多年文明历史所孕育的中华优秀传统文化，熔铸于党领导人民在革命、建设、改革中创造的革命文化和社会主义先进文化。"井冈山精神作为中国特色社会主义文化的重要载体，对高校大学生弘扬和传播红色文化，培育和践行社会主义核心价值观具有重要的实践价值。在新时代背景下，经济全球化、政治多极化、文化多元化、信息网络化等多种因素变化，使各高校大学生的思想政治教育都面临着这一系列的危机，如集体主义观念淡薄，个人享乐主义、拜金主义逐渐盛行，艰苦奋斗的作风不被提倡等各种非主流思想。因此，高校作为开展大学生思想政治教育的主要中心，必须进行及时引导和教育，将井冈山精神引入大学生思想政治教育的活动和各个环节中，既可以培养高校大学生的综合素质，对高校开展思想政治教育也是一种创新。

一、 井冈山精神的内涵

井冈山精神是在井冈山斗争时期形成的一种革命精神，是马克思主义理论与中国的具体革命实践相结合的智慧结晶。“坚定信念、艰苦奋斗，实事求是、敢闯新路，依靠群众、勇于胜利”是井冈山精神的主要内容，也是中国革命走向胜利的思想支持和精神力量。井冈山精神是马克思主义中国化历史进程中极为重要的一步。战乱年代，革命先烈们为改变劳苦大众的命运，争取最大的生存权，不怕牺牲，投身到革命中去，他们依靠的正是坚定的共产主义理想信念和无私奉献的革命精神，这就是至今仍然令我们所有人震撼的井冈山精神。在巩固和发展井冈山革命根据地的斗争实践中，红军创造了人民军队建设的一系列重要经验，形成了以“胸怀理想、坚定信念，实事求是、敢闯新路，艰苦奋斗、敢于胜利，依靠群众、无私奉献”为主要内容的井冈山精神，对中国革命的进程产生了广泛而深刻的影响。

2001 年，江泽民同志在江西考察时精辟地、科学地把井冈山精神概括为“坚定信念、艰苦奋斗，实事求是、敢闯新路，依靠群众、勇于胜利”，其中坚定信念是井冈山精神的精髓，它所反映的信念价值不断指引共产党人和广大人民群众为共产主义事业奋斗终生；艰苦奋斗是井冈山精神的重要内容，它所包含的道德价值对坚持和发扬党的优良传统和作风具有鲜明的借鉴作用；实事求是、敢闯新路是井冈山精神的重要灵魂和核心内容，它所体现的创新价值对历史和人民选择中国特色社会主义道路具有启示意义；依靠群众是根本，群众的力量是无限的，得民心者得天下，它凝结的方法论价值成为中国革命和国家建设取得成功的重要法宝之一；勇于胜利是目标，它所体现的追求成功的动力鼓舞着一代又一代人不断前行，是取得成功的精神法宝。简要概括来说就是：坚定不移的革命信念；坚持党的绝对领导；密切联系人民群众的思想作风；一切从实际出发的思想路线；艰苦奋斗的作风。同时，井冈山精神所蕴含的爱国主义情操，既是对中华民族传统精神的继承，又是对中华民族传统精神的升华，井冈山精神永远是共产党领导广大人民群众实现中华民族伟大复兴，建设中国特色社会主义，实现共产主义伟大理想的力量源泉。

2006 年 3 月，习近平率浙江省党政代表团来到中国革命摇篮井冈山，实地学习和感受井冈山精神。习近平说，“坚定信念、艰苦奋斗，实事求是、敢闯新路，依靠群众、勇于胜利”的井冈山精神是我们党优良传统的集中体现和宝贵的精神财富。我们要继承和发扬党的优良传统，用井冈山精神激励全省广大干部群众，进一步推动“干在实处、走在前列”的各项工作。井冈山革命斗争岁月已经成为过去，被载入了史册，而井冈山精神却保持不朽的姿态，传承在祖国大江南北，永远绽放光彩。

我国进入新时代以来，中央高度重视培育和践行社会主义核心价值观。习近平总书记多次做出重要论述、提出明确要求。中央政治局围绕培育和弘扬社会主义核心价值观、弘扬中华传统美德进行集体学习。践行社会主义核心价值观也需要像井冈山时期一样有坚定的信念，无论何时都要密切联系群众，相信群众，依靠群众，坚持一切从实际出发，实事求是，从而让党的主张能够深入人心。在井冈山革命斗争时期，军人能够在敌人的严刑拷打下依然守口如瓶，绝不透漏半点有损国家利益的信息，永远以国家利益为重，依靠的就是坚不可摧的信仰，军民之间血流在一起、泪流在一起，时间带走了英雄，镌刻了历史，那样的信仰、胸怀会永恒涤荡，这也是我们无论何时都无法丢掉的财富。

二、 井冈山精神在高校大学生思想政治教育中具有重要意义

井冈山精神集中反映了我们党的优良传统和作风。我们要在新时代背景下，结合党的历史任务和社会主要矛盾的变化，结合全面深化改革的新实践，让井冈山精神大力发扬起来，使之在新时代条件下放射出新的光芒，展现新的特色。“让井冈山精神大力发扬起来”“在新的时代放射光芒”，也就是说无论是过去的战争年代，还是现在的和平发展时期，井冈山精神永

不过时，依然可以使我们坚定理想信念，加快中国特色社会主义建设，实现伟大的“中国梦”。大学生承载着祖国未来发展的希望，但是当代大学生在思想政治方面依然存在信仰缺失，价值观模糊，团队合作意识不强，社会责任感淡漠，心理脆弱，承受挫折能力差，接受新事物能力强，但辨别是非能力较弱。井冈山精神正好契合了大学生思想政治教育方面的不足，因此，井冈山精神在加强高校大学生思想政治教育上具有重要意义。

首先，有利于更加坚定大学生的理想信念。邓小平同志曾指出：“我们过去几十年的奋斗，就是坚定的信念把人民团结起来，为人民自己的利益而奋斗。没有这样的信念，就没有凝聚力。没有这样的信念，就没有一切。”理想信念是一个民族的精神支柱，如果一个民族丢失了自己的理想信念，那么也就失去了前途和希望；同样，如果大学生缺乏理想信念，那么他们的人生也是没有前途和希望的。当前高校大学生正处在人生观、价值观、理想信念形成的关键时期，井冈山精神有利于大学生坚定个人成长成才的理想信念，有利于树立共产主义的远大理想和社会主义必胜的决心，有利于高校大学生坚持走中国特色社会主义道路的自觉性和坚定性以及实现伟大的“中国梦”的信仰。

其次，有利于激发大学生艰苦奋斗、开拓创新的创业精神。江泽民同志曾指出：“创新是一个民族的灵魂，是一个国家兴旺发达的不竭动力，也是一个政党永葆生机的源泉。”如今世界正处于科学技术突飞猛进的信息化时代，建设创新型国家需要加强创新型人才的培养，这也是高校思想政治教育面临的挑战。井冈山精神可以激励人们开拓创新的勇气和品质及勇于创新的热情，同时缅怀先烈在井冈山的艰苦卓绝的奋斗历程，也能够进一步激发大学生勇于面对困难、战胜困难的意志和能力。

最后，有利于树立大学生为人民服务的群众意识。为人民服务是我们党的根本宗旨，群众路线是我们党一切工作的根本路线。当前，部分大学生受社会不良风气的影响，片面追求物质利益，讲究经济效益和自我价值实现，而漠视集体利益、群众利益和自身的社会责任。据此，对他们进行井冈山精神教育，有利于他们树立立足基层、扎根群众的观念，从群众中来、到群众中去的观念，为民服务、奉献社会的观念。正如习近平总书记在考察时指出的，要结合新的时代条件，坚持坚定执着追理想、实事求是闯新路、艰苦奋斗攻难关、依靠群众求胜利，让井冈山精神放射出新的时代光芒。这些要求，蕴含着我们党一以贯之的价值追求，指引我们传承红色基因、激发奋进力量，在决胜全面小康、实现“中国梦”的新征程上砥砺前行。

三、 井冈山精神对高校开展大学生思想政治教育工作的启示

井冈山精神在高校大学生思想政治教育过程中具有重要的意义，学习井冈山精神是高校大学生思想政治教育中的重要任务，弘扬井冈山精神是促进大学生成长成才的重要途径，但是如何将学习井冈山精神与高校开展大学生思想政治教育工作相结合，是目前高校思想政治教育工作面临的问题。因此笔者认为高校在井冈山精神作用下开展大学生思想政治教育工作可以从思想政治教育的“四要素”，即“思想政治教育主体（即教育者）、思想政治教育客体（即受教育者）、思想政治教育的内容和方法（即介体）、社会环境及所提供的条件支持（即环体）”四个方面入手，并结合具体实际，做到高校在进行思想政治教育时既要发挥教育者的主体地位，也要发挥受教育者的客体地位；既要注重课堂教学，也要注重社会实践；既要搞好校园文化，又要向社会延伸；既要继承传统精神，也要不断创新，赋予时代意义。具体来说：

第一，教育者充分发挥主体地位与受教育者发挥客体地位相结合。思想政治理论教学是大学生思想政治教育的主渠道，是以教师为主体的教学模式，因此，我们要充分发挥教师的主体地位，让教师将井冈山精神教学

带进教材、带进课堂、带进学生头脑，思想政治理论课教师要在深刻理解井冈山精神的基础上，结合对学生特点的了解，运用自身丰富的知识，寻找思想政治教育内容与井冈山精神的结合点，力求在思想政治理论教学中将井冈山精神引入课堂，传递给学生。学生作为受教育客体，要积极发挥他们应有的作用。学生在积极配合教师的教学的同时，也应该寻找井冈山时期和井冈山斗争的典型案例和历史渊源，进行自我教育，甚至可以为老师的教学提供意见和帮助，形成教师和学生、主体和客体教学相长。

第二，课堂教学与社会实践相结合。《中共中央国务院关于进一步加强和改进大学生思想政治教育的意见》明确指出：加强和改进大学生思想政治教育是一项重大而紧迫的战略任务，应努力拓展新形势下大学生思想政治教育的有效途径，坚持以人为本，贴近生活，努力提高思想政治教育的针对性、实效性和吸引力、感染力。还指出：社会实践是大学生思想政治教育的重要环节，对促进大学生了解社会，了解国情，增长才干，奉献社会，锻炼毅力，培养品格，增强社会责任感具有不可替代的作用。因此，高校在开展思想政治教育中，不应仅限于课堂上纯理论的教学，还应该组织和开展社会实践活动，让大学生通过社会实践这种体验式的教学接受教育，如组织大学生到井冈山爱国主义教育基地现场参观、凭吊、宣誓、瞻仰等；组织大学生到井冈山革命根据地及周边地区进行调查等。让大学生在这些切身体会的过程中加深理解，对井冈山革命精神等革命传统终身不忘。

第三，校园文化与社会环境相结合。思想政治教育中，环境作为介体，对思想政治教育效果起到非常重要的作用，因为环境塑造和影响人。因此，高等院校在进行校园文化建设时，要将井冈山精神等革命传统纳入其中，统一规划布局、统一设计建设、统一管理运用。例如，在教室墙壁上悬挂井冈山斗争时期的烈士遗像，在宣传栏介绍井冈山斗争的革命事迹，在校园网上开辟井冈山精神论坛等；可以组织开展以井冈山精神为主题的征文比赛、书画比赛、演讲比赛等；还可以在新生入学教育和国庆节、建军节等节日的纪念活动中，集中进行井冈山精神等革命传统教育。同时，政府给予支持，免费开放部分景点，修订有关书籍，让大家明确当时的历史；媒体加大宣传力度，制作宣传片，增加报道等。这样，在大学生周围到处充斥着这一红色精神，就可以收到持之以恒，润物无声的效果。

第四，继承传统精神与赋予时代意义相结合。大学生思想政治教育的内容是思想政治教育者向教育对象实施教育的具体要素，它决定着整个思想政治教育的性质和方向，是整个思想政治教育的着力点，直接关系着思想政治教育目标的实现。大学生思想政治教育内容十分丰富，根据《中共中央国务院关于进一步加强和改进大学生思想政治教育的意见》，大学生思想政治教育应涵盖四方面的内容：以理想信念教育为核心的世界观、人生观、价值观教育；以爱国主义教育为重点的民族精神教育；以思想道德建设为基础的公民道德教育；以大学生全面发展为目标的素质教育、大学生心理健康教育及艰苦奋斗教育等。

不忘初心，牢记使命，“坚定信念、艰苦奋斗，实事求是、敢闯新路，依靠群众、勇于胜利”的井冈山精神正好契合了大学生思想政治教育的内容，所以，井冈山精神是高校开展大学生思想政治教育必须要继承的精神和传统。同时，大学生思想政治教育的内容日渐丰富，已涉及网络道德教育、就业教育、情商教育、幸福观教育、创新思维教育、人格修养教育等，这些都是与井冈山精神一脉相承并且结合时代所形成的教育内容，因此，高校在开展大学生思想政治教育时，既要大学生学习井冈山精神这一传统内容，又要将赋予时代意义的井冈山精神的延续作为大学生思想政治教育的主要内容。

参考文献：

[1] 习近平. 决胜全面建成小康社会 夺取新时代中国特色社会主义伟

大胜利——在中国共产党第十九次全国代表大会上的报告［M］．北京：人民出版社，2017：19－20＋41.

［2］井冈山革命根据地（上）［M］．北京：中共党史资料出版社，1987.

［3］江泽民．论“三个代表”［M］．北京：中央文献出版社，2001：46.

［4］刘家新．弘扬井冈山精神，敢于担当作为［J］．兵团工运，2017（05）.

［5］孙宝华．新时代沂蒙精神与社会主义核心价值观［J］．党政论坛，2018（03）.

［6］以实际行动弘扬井冈山精神［N］．人民日报，2001（06）.

［7］胡锦涛在江西考察工作时强调：继承发扬党的优良革命传统，加快全面建设小康社会步伐［N］．人民日报，2003（9）.

［8］王婷．论井冈山精神与党的群众路线的内在统一性［J］．重庆三峡学院学报，2015（01）.

［9］孙宝华．论井冈山精神与社会主义核心价值观［J］．理论建设，2017（03）.

（作者简介：王德财，男，中央民族大学硕士研究生）

泰安红色文化与高校思想政治教育融合研究

冯 哲

我国历史悠久，有着灿烂的文化，在全国各地留下了独具地方特色的、丰富的文化资源。思想政治教育工作是高校工作的重要组成部分，关乎民族国家认同、社会道德培育和青年大学生的价值引领。充分挖掘地方优秀的红色文化资源，将其引入高校思想政治教育教学过程中，对于提升思想政治教育效果，增强教学的吸引力、说服力具有重要作用。

一、 泰安红色文化的现状与特点

泰安位于山东中部，泰山南麓，西濒黄河。春秋战国时期，泰安为齐国南部重邑。秦时归齐郡。西汉初，置泰山郡，以境内泰山为名。汉武帝封泰山，设奉高县，作为祭泰山的行宫。北齐时改泰山郡为东平郡。唐高宗封泰山，置乾封县，后移乾封县治和封禅中心至岱岳镇（今泰安市区）。金置泰安军，为泰安得名之始，取泰山安四海之意，后改泰安军为泰安州。

在漫长的历史长河中，泰安形成了以大汶口文化以及泰山封禅文化为主体的文化资源，也拥有丰富的近现代革命过程中的红色历史文化资源。其一，泰安文化资源历史悠久。作为国家级历史文化名城，泰安悠久的文化资源见证了中华民族的繁荣发展，是华夏文明的发源地。五千多年以前的大汶口文化，是中华民族悠久历史的见证。其二，泰安还有着优秀的近代革命红色文化资源。近现代的代表性革命文物有徂徕山起义遗址、冯玉祥纪念馆以及冯玉祥墓等。2016 年，泰安市徂徕山抗日武装起义纪念地等 8 处革命纪念场馆被省委党史研究室命名为“山东省党史教育基地”。

二、 泰安红色文化融入高校思想政治教育的意义

（一）泰安红色文化融入高校思想政治教育，是丰富思想政治教育教学内容的有效形式

高校思想政治教育推进过程中，由于教育教学内容的要求，部分教学内容离学生现实生活比较远。学生普遍反映思想政治教育教学中说教成分比较多，学生学习的兴趣不大，有的学生竟因此产生逆反心理。传统教育方式缺乏生动性和可读性，不符合当代大学生朝气蓬勃、活泼上进、求新好奇的特点。这些十分不利于对大学生进行思想政治教育。适时将泰安地方红色文化资源引入大学课堂，纳入高校教育教学内容中，可以弥补现有高校思想政治理论课的缺陷与不足。地方红色文化资源进课堂，不仅具有极强的时代感和地域感，而且直观、形象、生动，可以使大学生身心受到熏陶，这是现有的高校思想政治理论课所无法做到的。利用课余时间或节假日参观当地的红色文化遗址、展馆等，能够满足大学生的求知心理，使他们更好地发挥才能、充实精神生活、锻炼人际交往能力，从而全面提高大学生的整体素质。既可丰富课程内容，提高学生的学习兴趣和主动性，又可更有效地提高学生的实践与探究能力。

（二）泰安红色文化融入高校思想政治教育，有利于培养大学生对泰安地方文化的认同感，尽快融入泰安，建设美丽泰安

泰安是一个历史文化名城，但泰安又是一个小城市。建设泰安需要社会各层次人才，不但需要泰安本地人，也需要其他地区人才的共同努力。

而大学生正好来自全国各地，这正是我们需要培育的人才目标。大学生精力充沛、求知欲望强烈，除了看书学习，他们还要开展课余文化活动。在给他们传授专业知识的过程中，要引导他们读泰安的历史文化，了解泰安近代革命历史文化。将理论教育与社会现实相结合，可以更好地帮助学生认识现实问题，增强他们的社会责任感与使命感，增强他们对泰安的热爱，从而留住人才，为建设美丽泰安而努力。

（三）泰安红色文化融入高校思想政治教育，有利于泰安红色文化的传承与弘扬

文化传承对于一个国家、一个民族的行为意识和社会制度路径选择具有巨大影响，而文明进步对于人类社会发展具有决定性意义。一个国家、一个地区，其历史文化是要传承和弘扬的。如果不对青年学生进行历史文化的教育，地方历史文化不能传承下去，地方文化就有弱化甚至消失的可能，这对地方文化的传承与发展是十分不利的，红色文化资源更是如此。当代大学生有责任有义务传承并弘扬红色文化、传承与弘扬革命精神。高校作为思想文化传播的集散地，将泰安优秀的红色文化资源融入高校思想政治教育，对于青年学生继承和弘扬泰安红色文化，主动肩负起建设泰安的历史重任，具有重要的现实意义。

三、泰安红色文化融入高校思想政治教育存在的问题

（一）泰安红色文化课程内容单一、建设滞后

其一，地方红色文化是思想政治教育的活材料，形象生动、易于接受，但由于多方面因素的制约，长期以来，高校在建设发展过程中相对封闭，自成体系，割裂了和地方社会的联系。例如，山东农业大学是一所以农业与生命科学为特点的农业类高校，在学校开设的课程中，中国传统文化方面只有选修课程，更不可能设置专门讲授泰安红色文化的课程。

其二，相关配套不够。一是地方政府重经济发展轻文化发展，导致对地方红色文化发展缺乏引导，二是高校自身重视不足，相关配套跟不上。尽管泰安有着优秀的文化底蕴，但缺乏对丰富的红色文化资源的整理汇编，文化材料零散存在，可以深入探讨泰安红色文化与思想政治课联系的材料更是缺乏。

（二）思想政治教育教学人员缺乏对泰安红色文化的了解

其一，随着高校不断地发展壮大，像山东农业大学，越来越多的优秀人才加入教师队伍中，这使得教师队伍来自全国各地。通过对思政课教师及学工处教师的访谈发现，一方面，学工处等做学生思想政治教育工作的教师，许多并不是马克思主义理论专业的；另一方面，思政课教师中也有一部分并不是马克思主义理论专业出身，更不用谈搞红色文化研究的人员。再加上许多教师本来就是外地的，对泰安本地不熟悉、不了解，对泰安的红色文化不甚清楚，导致他们欠缺将泰安红色文化资源运用到教育教学中的意识。尤其是一些年轻的思想政治教育工作者更多的是以教材、教辅资料中的相关案例进行讲解。

其二，一部分高校对思想政治教育教学重视力度不足，组织学生学习考察的相关配套资金有限。一些革命博物馆、展览馆，别说组织学生参观，连任课教师都没有去过。这些现实情况造成一些思想政治教育教学工作者，并不能将泰安红色文化相关资源与教育教学很好地结合，应用到教育教学过程中。

（三）红色文化资源分散，一些历史遗址距学校较远，组织学生参观学习有困难

其一，组织学生到实地参观学习，是提升学习效果的一种很有效的方式。但由于高校与地方政府及展览馆合作不足，高校思想政治教育教学实践课堂难以建立；文化研究人员也难以进入学校、进入课堂。由于没有将多方资源进行整合，高校与政府、相关组织之间没有形成良好的沟通机制。

其二，泰安是个小地方，泰城原来就很小，由于客观原因，泰安的一些红色文化资源离市区较远，例如，泰安徂徕山抗日武装起义博物馆、陆房突围胜利纪念馆等都没有在市区，尽管有着非常优秀的红色文化资源，但由于距离和交通的原因，不论是组织学生集体到实地参观还是让学生自己到实地参观学习，都不现实。这在一定程度上降低了这些红色文化资源的利用率。

四、泰安红色文化融入高校思想政治教育的路径选择

（一）创新教育教学新理念

要提高教育教学质量，要实现将泰安的红色文化与高校思想政治教育相融合，必须创新教育教学理念，改变传统的思政课教学模式，引入现代化教学思维。一方面，改变传统的完全由教师说教式的纯知识点讲授，将泰安红色文化，如徂徕山抗日武装起义纪念地、中共东平县工委纪念馆等融入思想政治教育教学中。另一方面，随着科学技术的不断发展变化，教学手段也要随之改变，教育教学过程中应积极运用多媒体、互联网等新媒体技术。

根据不同层次学生不同的内在需要、思想观念、心理状况以及不同的兴趣爱好，针对性地做教学调整，以达到特定的教学目标。例如，根据文理科学生的不同特点，适时调整教学内容的深度与宽度，以达到因材施教的目的。

（二）推进泰安红色文化进课堂

1. 推进泰安红色文化在思想政治理论课教学中的融合

目前，高校思政课教材是全国统编，全国所有高校学生都使用统一的教材。毋庸置疑，这些教材都是教育部严格把关、层层审核的，极具权威性和系统性，但无法顾及地域差异以及不同层次学生的需求。这样就有必

要在高校思想政治理论课教学过程中，因地制宜，推进泰安红色文化融入课堂教学过程中，改善这一不足局面。比如，在“中国近现代史纲要”课程有关辛亥革命的章节中，笔者就组织过学生进行“课堂我来讲”活动，并在活动中关联泰安红色文化的资源。活动前一周安排学生课余参观泰山冯玉祥墓及冯玉祥纪念馆、辛亥滦州起义纪念碑。然后以冯玉祥先生领导的辛亥滦州起义与辛亥起义的关系为题，进行自主讲课活动。参与讲课的学生怀着极浓厚的兴趣到上述实地参观，拍摄图片，并上网收集辛亥革命的历史资料，制作精良的多媒体课件。此次活动，无论是讲课或者听课的学生都表示，不仅了解到以前知之甚少的辛亥滦州起义，而且对辛亥革命的前因后果及过程意义有了更深刻的认识。

2. 创新党课、团课教学内容与方式

党课、团课一直是给大学生进行思想政治教育的重要模式与载体。而传统的授课方式本身已经不能满足当代大学生的需求。在党课教育过程中将泰安优秀的党史文化融入课堂，能在很大程度上改善党课枯燥、乏味的印象，提升党课的教育效果。我们要加强高校党政干部、共青团干部、辅导员班主任和心理咨询教师等高校思想政治工作的队伍建设，给他们加强泰安红色文化的培训，让他们在党课、团课讲授过程中，适时地将泰安革命文化，例如早期党的组织领导革命斗争、徂徕山抗日武装起义、泰西抗日武装起义、泰安解放史等红色文化资源融入其中。在提升党课、团课教学效果的同时，也能提升广大学生对泰安红色文化的了解。

（三）创建泰安红色文化教育教学网络平台

1. 创建以思想政治教育为导向的红色文化网站

可以考虑以一个学校为单位，甚至驻泰高校联合，由一个高校牵头建立泰安地方红色文化教育网站。现实中，目前泰安有些红色文化遗址已经建立了相关的网站，例如，泰安徂徕山抗日武装起义博物馆、冯玉祥纪念馆等，但没有系统地从学生思想政治教育的角度出发进行资源的整合。可以尝试创建泰安统一的思想政治教育教学网站，由一个高校或由泰安市委宣传部门牵头进行维护和建设，主要面向驻泰高校，同时也可以面向泰安中小学进行泰安地方红色文化的宣传与发扬。

2. 充分利用与建设微信公众号等移动互联网平台

移动互联网已经成为当今社会发展的潮流，适时利用移动互联网技术，加强泰安红色文化与高校思想政治教育的融合，也是我们下一步努力的方向。新媒体尤其是移动互联网技术，使得传统的思想政治理论课、个别谈话、典型宣传等突破了开展思想政治教育时间和地点的限制。随着移动通信技术的成熟、移动终端的普及，思想政治教育工作者可以通过微信、QQ的实时交流特点与学生联系。一是建立大学生使用频率很高的微信公众号，定期发送有关泰安红色文化的相关内容。二是有条件的高校可以尝试制作思想政治教育课件，更好地发挥移动互联网技术带来的便利。

（四）进行校园文化建设，提升校园红色文化氛围

将泰安红色文化融入校园文化建设中，创建具有泰安地方红色文化氛围的校园环境，结合思想政治教育要点，把地方红色文化内涵融入高校校园文化中，可以最大限度地发挥地方红色文化的感染力和激励作用。第一，学校要营造良好的红色文化硬件环境，在教学楼、学生宿舍、图书馆等地张贴泰安名人、泰安优秀红色文化的宣传画或版画。第二，学校要建设以地方红色文化为主题的校园软环境，从而提升校园红色文化氛围。

（五）依托泰安红色文化遗址建立实践教育基地

1. 加强驻泰高校间的合作

高校在对大学生进行思想政治教育教学过程中，有着共同的目标，所以要相互利用自身优势资源，加强校校合作。例如，泰山学院就有一个万里图书馆，内有专门展厅，搜集、整理了大量关于中国农村改革与发展的极其珍贵的资料与图片，展览反映了中国改革开放的伟大进程，反映了以万里为代表的改革家的超人气魄和卓越胆识，反映了以万里为代表的改革

家一步步把农村改革由安徽推进到全国进而在宪法中确立了家庭联产承包责任制的合法地位的艰辛历程。将此馆作为一个社会实践教育基地，对于提升大学生认识以家庭联产承包责任制为开端的中国的改革开放历程具有重要的意义。

2. 加强驻泰高校与泰安社会文化事业单位的合作

红色文化资源遗址或场馆一般都是由当地文化事业单位进行建设与管理，因此，建立高校实践教学基地需要得到当地文化事业单位的支持，高校必须积极与地方的文化事业单位协商与合作。一方面，要不断加强高校师资队伍建设，培养高素质的思想政治教育师资，促使教师在对外交流与合作中，积极学习先进的教学理念，设置实践教学目标，有效提高教师的实践教学能力；另一方面，积极推进泰安红色文化进校园、进课堂，促进两边积极合作，探讨落实泰安红色文化在高校学生思想政治教育中的进程和实效。

3. 利用红色文化遗址建立社会实践教育基地

泰安有着众多的红色文化遗址，文化遗址本身就蕴含着丰富的红色文化资源。在泰安，多数学生都到过天外村广场，在广场的东面就有大众桥和冯玉祥墓，我们可以依托大众桥、冯玉祥墓、冯玉祥纪念馆等遗址，建立思想政治教育实践教育基地，因地制宜开展地方红色文化的大学生思想政治教育，将在很大程度上实现泰安红色文化传承与思想政治教育互动双赢的效果。在建立实践教育基地的同时广泛开展与地方红色文化保护、传承相关的大学生社会实践活动，让大学生们在实践过程中感受到泰安红色文化的魅力，并进而影响周围的同学，从而进一步推动泰安红色文化资源的育人功能。

总之，泰安红色文化蕴含着丰富的德育资源，灵活运用这些特色素材，将泰安红色文化与高校思想政治教育进行融合有着重要的现实意义，也有我们值得努力的方向。这是一项重大的系统工程，需要驻泰高校、社会组织、社会文化工作者多方的协作与配合。这一融合定能让泰安学子感受到贴近生活与实际的红色文化的魅力，凸显驻泰高校思想政治教育教学的特色。

参考文献：

[1] 廖群峰．地方文化资源融入大学生思政教育实现路径研究［J］．学理论，2017（1）：239－240.

[2] 鄢二星，平燕．地方文化资源开发与优化整合在思政课实践教学中的作用研究［J］．北京印刷学院学报，2017（3）：172－174.

[3] 陈显捷．泰山文化融入驻泰高校德育工作中的意义、现状及实践途径［J］．佳木斯职业学院学报，2015（2）：84－85.

[4] 王智勇，潘桂芳．地域文化资源在思想政治教育过程中存在的问题及对策探析——以屯堡文化为例［J］．考试周刊，2015（63）：141－142.

（作者简介：冯哲，男，山东农业大学马克思主义学院讲师）

以红色石油歌曲融入开展激情教学的研究与实践

陈立勇　王永桦

党的十八大以来，以习近平同志为核心的党中央高度重视革命精神的传承与弘扬。习近平总书记多次强调指出，“走得再远、走到再辉煌的未来，也不能忘记走过的过去，不能忘记为什么出发”，“要把红色资源利用好、把红色传统发扬好、把红色基因传承好”。以“爱国、创业、求实、奉献”为基本内涵的大庆精神、铁人精神，是中华民族精神和中国共产党伟大精神的重要组成部分，是社会主义核心价值观的经典实践，已成为推动中国特色社会主义、实现中华民族伟大复兴“中国梦”的强大精神动力，是新时代高校开展思想政治教育的丰厚资源和鲜活教材。

大庆师范学院自1965年建校以来，坚持大庆精神、铁人精神办学育人，注重发挥大庆精神、铁人精神在人才培养、科学研究、社会服务和文化传承创新方面的重要作用，大力推动红色文化资源的创造性转化，积极将大庆精神、铁人精神融入立德树人全过程，培养了一批以“最美女教师”张丽莉为代表的“铁人式”社会主义合格建设者和可靠接班人。激情教学“我为祖国献石油，代代高歌唱主旋”就是学校通过将红色文化资源融入教育教学和研修培训，利用红色资源、发扬红色传统、传承红色基因，坚持走大庆精神、铁人精神办学育人特色发展之路的生动实践。

一、以红色石油歌曲融入开展激情教学的总体设想

高校思想政治工作目标的实现、效果的好坏离不开方法的创新与正确运用，现代高校思想政治工作面临着与以往完全不同的时代背景和条件，面对人们已然深刻改变了的思想活动特点和思想道德实际，必须要进行创新才能始终保持生机与活力，发挥出思想政治工作应有的功能，充分实现其价值。红色文化资源形式多样丰富、载体丰富，能够有效适应大学生的认知特征、情感特点和心理规律，将红色文化资源融入高校思想政治工作，能够有效创新高校思想政治教学方式，取得良好效果。

红色石油歌曲是大庆油田在不同阶段艰苦创业、铸造辉煌的见证，是大庆精神、铁人精神的特殊载体，具有重要的历史文献价值。大庆石油歌曲从艺术的角度完整地再现和反映了大庆油田近60年的开发、创业、发展历程，为新世纪油田的发展注入了强大的精神力量，对弘扬大庆精神、铁人精神起着举足轻重的作用。由于各个时期的红色石油歌曲很好地表现和彰显了大庆精神、铁人精神的内涵特质，2013年，我校教师在进行“思想道德修养与法律基础”课程教学时，将有代表性的石油歌曲融入课程教学中，通过讲解石油歌曲的时代背景、歌词内涵、艺术风格等，对学生进行大庆精神、铁人精神教育，通过现场激情演唱石油歌曲、学生课下学唱石油歌曲的形式增强该课程的吸引力、感召力，反响强烈，受到了学生们的欢迎。

2015年11月，大庆师范学院获批为黑龙江省高校思想政治理论课教师社会实践研修基地。2018年6月，教育部办公厅下发通知，大庆师范学院获批为“全国高校思想政治理论课教师研修基地”。该研修基地主要承担全国高校思政课教师实践研修培训任务，提高教师理论联系实际的能力，引导教师研究传承弘扬大庆精神、铁人精神和石油会战优良传统，深入了解

坚持和发展中国特色社会主义的生动实践，帮助思政课教师深化对当前世情国情党情的认识，深化对党的创新理论的理解，丰富思政课教学案例。该研修基地在大庆精神、铁人精神教育的教学设计中，实行“培训计划套餐化，研修路线特色化，教学形式多样化，课程研发品牌化”。在教学形式方面，既安排了讲授式的现场教学，也采取了学唱红色石油歌曲、感受大庆精神的激情教学，强调二者的互补和相得益彰。现场教学主要通过主讲教师将大庆精神、铁人精神以文字的形式表述出来，按照历史的或者逻辑的顺序进行取舍和编排，提炼知识点，排列章节目，汇集成教材或者讲义，然后由主讲教师在纪念场馆、工业遗址以及油田生产单位等现场进行语言讲授。而激情教学除了对石油歌曲的时代背景、歌词内涵、艺术风格等进行讲解，还通过师生合唱团的示范演唱、授课教师教唱、学生（学员）学唱等方式进行，具有强烈的听觉冲击力和心灵震撼力，特别有助于教学内容入耳入脑入心。“红色资源在大学生思想政治教育中的应用，主要是指思想政治观念、道德法律意识、爱国主义精神、革命传统等在内的主流意识形态的传递与接受。”正是在这样的思想工作理念指导下，在进行课程开发、设计时，我们将红色石油歌曲融入教育教学和研修培训中，采用激情教学的方式，并正式将其命名为“我为祖国献石油，代代高歌唱主旋”，与现场教学、访谈教学等其他教学方式一起对学生（学员）进行大庆精神、铁人精神和大庆石油会战优秀传统的教育与培训。

二、 以红色石油歌曲融入开展激情教学的实施

激情教学“我为祖国献石油，代代高歌唱主旋”紧紧围绕大庆精神、铁人精神和大庆石油会战优良传统，选取大庆油田开发近 60 年来有代表性的红色石油歌曲开展教学活动。该教学活动的实施主要分为三个步骤：首先，由教师对大庆石油歌曲历史分期和发展脉络进行讲解，从中感受石油

歌曲产生的时代背景；其次，在此基础上，由师生组成的“白桦树”合唱团现场示范演唱具有代表性的石油歌曲，感受其歌词内涵和艺术风格，给学生（学员）以心灵震撼；再次，通过互动方式，教师教唱、学生（学员）学唱石油歌曲代表作，台上台下形成互动，增强研修教学的实效性。

（一）大庆石油歌曲历史分期和发展脉络简述

德国作曲家瓦格纳曾说过：“艺术永远是社会制度的一面镜子。一部音乐史既是音乐发展的历史，也是社会发展的历史。”大庆石油歌曲发展的历程反映的是大庆油田的发展历程，是用音乐语言记录着的一部油田创业发展历程。

通过对大庆油田会战史和大庆油田发展史的研究，我们可以将大庆石油歌曲的发展大体上划分为四个历史阶段：石油大会战时期（1959 年—1963 年）、工业学大庆时期（1964 年—1981 年）、建设美丽矿区时期（1981 年—2003 年）、再铸时代铁脊梁时期（2003 年—现在）①。石油歌曲伴随着大庆油田的各个发展时期，也在不断的发展过程中得到了发展、壮大和完善。在对这部分进行教学时，要注意讲清楚每一时期的时代背景，并在此基础上介绍各个时期的代表性石油歌曲。例如，在介绍石油大会战时期的时候，要重点讲清楚会战条件虽然艰苦，但以苦为乐、以苦为荣、战天斗地、无畏豪迈，这一时期产生的歌曲是艰苦创业生活的真实写照。早在 1960 年 4 月 27 日《战报》首次刊发文艺作品时，即发表了威力作词、振东作曲的大庆第一首歌曲《向铁人王进喜看齐》。这时期既有《石油工人硬骨头》《石油工人多豪迈》的豪迈，也有《干打垒之歌》的乐观。

（二）激情教学所选石油歌曲的思想内涵

在主讲教师对大庆石油歌曲历史分期和发展脉络进行讲解的基础上，

①关于红色石油歌曲的历史分期，可以参见：金鑫．旋律中流淌，传唱中传承——石油歌曲中的大庆精神［J］．学术论坛，2014，12：76.

我们在激情教学过程中选取了一些有代表性的石油歌曲对其歌词内涵、艺术风格等进行重点讲解，通过由师生组成的“白桦树”合唱团对所选的10首左右的经典歌曲进行示范演唱。合唱团师生用饱满的激情、娴熟的表演技巧唱出了对中国共产党的热爱、对社会主义中国的热爱，用歌声演绎出内心对石油工人和大庆的真挚情感。

1.《干打垒之歌》（王积福词，茅地曲）：“嘿嘿哟嗬，嘿嘿哟嗬，飞起你的夯哟嗬，抡起你的锤哟，架上那木板打好桩啊，我把那泥土垒呀。嘿！嘿！干打垒呀，干打垒，干打垒呀，干打垒，一座座土房是大庆的里程碑，呀咳哟……”这是《干打垒之歌》的内容，描述的就是当年石油会战时期为解决职工住房问题而建“干打垒”的情形。随着油田生产建设的发展，大庆油田逐渐建起了楼房，“干打垒”逐渐退出了历史舞台，但“干打垒精神”已成为大庆艰苦创业的“六个传家宝”之一，所体现的创业精神、艰苦奋斗精神仍在鼓舞着大庆人。

2.《石油工人硬骨头》（徐志良词，赵玉林曲，1961年）：“石油工人硬骨头，哪里有困难往哪里走，踏遍祖国好山河，翻天覆地显身手……”这首歌的歌词创作始于1961年，1963年元月在《战报》上发表，并经中国音乐家协会向全国推荐，唱响全国，是最早歌颂大庆石油工人的歌曲。歌曲表现了大庆石油工人“哪里有困难就往哪里走”“披荆斩棘创大业”的宽广胸怀和“战天斗地显身手”的大无畏英雄气概，进而发出“为社会主义多加油”的心愿，深受会战职工喜爱，当时红遍油田，极大地鼓舞了斗志。

3.《我为祖国献石油》（薛柱国词，秦咏诚曲，1964年）：“天不怕地不怕，风雪雷电任随它，我为祖国献石油，哪里有石油，哪里就是我的家……”该歌曲作为献给石油工人的新年礼物，在中央人民广播电台1965年元旦的新闻节目中播出，在全国产生了巨大影响，从此便成为石油歌曲的里程碑，也成为大庆精神、铁人精神的代名词，石油人的音乐符号，进军号角。许多有志青年就是唱着这首歌投身石油事业的。大庆石油歌曲伴随着石油大会战形成的大庆精神、铁人精神开始在全国唱响。

4.《满怀深情望北京》（张天民词，秦咏诚曲，1974 年）：“晴天一顶星星亮，荒原一片篝火红，石油工人心向党，满怀深情望北京……”这是为创业时期英雄豪迈的石油工人谱写的一曲颂歌。歌曲的旋律动人，歌词简练，主题思想鲜明，是一首让人难忘的优秀电影音乐。歌曲讴歌了一个火红的年代，把遥远的萨尔图荒原演绎得充满了诗情画意，唱出了中国工人阶级的豪迈。这是一首不畏艰难险阻、战天斗地的音乐作品，是一曲石油工人创社会主义大业的志气战歌，所以脍炙人口，久唱不衰。

任何艺术形式都是时代生活和社会环境的镜子，任何艺术作品都是群众精神风貌和理想追求的影子。以上石油歌曲只是我们在进行激情教学时从百首石油歌曲中所选的几首代表作品，我们力求通过师生合唱团的演唱，形成台上演唱、台下跟唱的互动效果，使现场学生（学员）从中感受到大庆精神、铁人精神的思想魅力，感受石油大会战的激情岁月，激发学生（学员）的爱党爱国情怀，将石油歌曲的旋律和所蕴含的精神气质烙印在观众的心灵深处，激发自己是大庆精神传承人的豪迈情怀和继往开来的坚定理想信念。

（三）学唱石油歌曲《踏着铁人脚步走》

《踏着铁人脚步走》这首歌曲产生于全国“工业学大庆”时期，由薛柱国作词、刘巩祥作曲，歌词内容为：“高举红旗去战斗，踏着铁人脚步走，雄赳赳，气昂昂，泰山压顶不低头。为革命，献石油，胸怀祖国望全球，专为革命挑重担，我们是无产阶级硬骨头。”

当年，在大庆石油会战中，以铁人王进喜为代表的大庆石油职工，为了高速度、高水平拿下大油田，为国分忧、为民争气，以“有条件要上，没有条件创造条件也要上”的英雄气概，自力更生，艰苦奋斗，战胜了生产和生活上的重重困难，走出了一条党领导下的自力更生之路、艰苦奋斗之路、科技开发之路，取得石油大会战的胜利，为我国石油的基本自给做出了卓越的贡献，受到了党和人民的高度评价。近 60 年来，一代又一代大庆油田创业者以铁人王进喜为榜样，怀着为国争光、为民族争气的远大胸怀，克服重重困难，创造了极不平凡的业绩，生产了大量国家经济发展所需要的宝贵石油产品，培育了“爱国、创业、求实、奉献”的大庆精神，锤炼了一支敢打硬仗、勇创一流的英雄队伍。

大庆精神和铁人精神的一个重要内涵，就是艰苦创业。大庆石油会战以及后来的油田开发建设中需要艰苦奋斗，今天，条件好了，仍然需要艰苦奋斗，仍然需要大庆精神、铁人精神鼓舞斗志。2009 年 6 月，时任总书记的胡锦涛同志考察大庆油田，来到铁人王进喜工作过的 1205 钻井队作业现场，健步登上钻塔操作台，仔细察看正在运转的钻机，走进值班宿舍了解职工野外作业时的生活情况，还在高高的井架下，同石油工人们激情满怀地唱起了这首《踏着铁人脚步走》，鼓励他们继承和发扬铁人精神，为祖国建设加油。2009 年 9 月，经大庆市八届人大常委会二十七次会议审议通过，《踏着铁人脚步走》被确定为大庆市市歌。

《踏着铁人脚步走》这首歌曲具有浓郁的时代特征和大庆石油会战的风情风貌，同时又具有深厚的群众基础和超越时空的艺术感染力。在学唱前，主讲教师讲解了歌曲《踏着铁人脚步走》产生的历史背景和时代价值，介绍了这首歌的艺术特点和演唱技巧，并教授了一些简单的人体发声技巧。歌词通俗简单易懂，旋律坚定有力，通过三遍左右的逐句教唱，学生（学员）们就基本可以掌握这首歌曲的演唱，在主讲教师的指挥下学生（学员）与师生组成的“春之声”合唱团一起同场演唱甚至同台竞技。现场激情四射，气氛庄严热烈。学生（学员）们都纷纷表示，《踏着铁人脚步走》这首歌曲具有艺术性、欣赏性和思想性，坚定有力、催人奋进的旋律久久回响在耳畔，犹如情景再现的会战画面一直浮现在脑海中，并从自己的演唱中感受到了生发自心底的无穷力量，净化灵魂、激发联想、产生共鸣，让人热血沸腾。

三、 以红色石油歌曲融入开展激情教学的实施效果

激情教学“我为祖国献石油，代代高歌唱主旋”是大庆师范学院在创新思想政治理论课教学方式、改革人才培养模式的过程中组织实施，并在开展黑龙江省和全国高校思想政治理论课教师实践研修过程中不断完善的一项重要成果。采取以在校大学生和授课教师为主体进行教学演唱的方式讲述大庆石油会战史和大庆精神、铁人精神，不仅是教学方法、培训方式的改革和创新，也是人才培养模式和高校思想政治教育工作的改革与创新。该激情教学将学校以大庆精神、铁人精神办学育人的理念与现代大学人才培养、科学研究、社会服务、文化传承创新的四大功能紧密结合起来，探索了红色文化资源转化为教育教学资源的有效途径，彰显了自身的办学理念和办学特色。在进行教育教学和研修培训过程中，激情教学以其独特的教学设计提升了学校的知名度和影响力，促进了教师和学生（学员）的共同成长。

自 2015 年 11 月黑龙江省高校思想政治理论课教师研修基地落户大庆师范学院以来，已经累计培训省内外各类学员 2 332 人次，其中包括黑龙江省高校哲学社会科学教学科研骨干研修班、黑龙江省高校“中国近现代史纲要”骨干教师培训班、上海市哲学社会科学教学科研骨干研修班等，黑龙江八一农垦大学、佳木斯大学等兄弟院校也纷纷安排研修，受到了黑龙江省教育厅以及接受培训单位领导和广大教师们的热烈欢迎。哈尔滨市委党校汤老师感慨万千，写下了“红色传承魅力永存”的留言，鸡西市委党校王学兴老师即兴赋诗一首：“创业高唱力量劲歌，笃技谱写希望华章，践行大庆铁人精神，革命到底永驻辉煌。”大家纷纷表示激情教学“我为祖国献石油，代代高歌唱主旋”教学方式新颖，教学气氛活跃，感染力强，教学

效果好，是大庆精神、铁人精神和大庆石油会战优良传统与作风教育的成功实践。

十八大以来，以习近平总书记为核心的党中央十分关心大庆和大庆油田。2016 年，习近平总书记在参加十二届全国人大四次会议黑龙江代表团审议以及在黑龙江省考察工作时的重要讲话中都强调指出："大庆就是全国的标杆和旗帜，大庆精神激励着工业战线广大干部群众奋发有为。"在中国共产党成立 95 周年前夕，习近平总书记又做出大力弘扬以"苦干实干""三老四严"为核心的"石油精神"的重要批示。习近平总书记的重要讲话和批示，既饱含着对百万石油人的鼓励关怀，又寄托着对重振石油工业雄风的鞭策期许，是大庆争当全国资源型城市转型发展排头兵，促进石油行业振兴发展的强大精神动力。我们有理由相信，在总书记的鼓励和鞭策下，在习近平新时代中国特色社会主义思想的指导下，文化艺术领域必将产生更多体现大庆精神、铁人精神的思想元素，反映新时代中国特色社会主义生动实践的红色石油歌曲。在激情教学实践中，研修基地将及时吸收新的红色石油歌曲，讲好中国故事，凝聚中国力量，弘扬中国精神，继续把以"爱国、创业、求实、奉献"为基本内涵的大庆精神、铁人精神作为凝神聚力、团结奋进、战胜困难，实现中华民族伟大复兴"中国梦"的强大精神动力，激发人们饱满的革命斗志和昂扬的拼搏精神。大庆师范学院将以获批的教育部"全国高校思想政治理论课教师研修基地"为契机，高举旗帜，自觉担负起传承弘扬大庆精神、铁人精神的时代使命，进一步丰富思政课教师研修内容和形式，满足新时代思政课教师队伍建设的需求，促进思政课教师的成长发展，努力建设一支政治素质过硬、业务能力精湛、育人水平高超的高素质专业化思政课教师队伍，不断增强思政课教学的亲和力和针对性，全面推动习近平新时代中国特色社会主义思想和大庆精神、铁人精神进教材进课堂进学生头脑，培养德智体美劳全面发展的"铁人式"社会主义建设者和接班人，造就一代又一代"担负民族复兴大任的时代新人"。

参考文献：

[1] 习近平在视察南京军区机关时强调，贯彻全军政治工作会议精神，扎实推进依法治军从严治军［N］. 新华日报，2014-12-16.

[2] 王炳林，张泰城. 高校红色文化资源育人发展报告（2017）［M］. 北京：人民出版社，2018：23.

[3] 李霞. 红色资源与思想政治教育［M］. 北京：人民出版社，2015：123.

[4] 金鑫. 旋律中流淌，传唱中传承——石油歌曲中的大庆精神［J］. 学术论坛，2014（12）：76-77.

（作者简介：陈立勇，男，大庆师范学院大庆精神研究基地副主任、副教授；王永桦，男，大庆师范学院大庆精神研究基地兼职教授）

沂蒙精神与大学生思想政治教育

苑朋欣

大学生是国家宝贵的人才资源，他们的健康成长与国家的前途和命运紧密相连。以“爱党爱军、开拓奋进、艰苦创业、无私奉献”为基本内涵的沂蒙精神，作为十分重要的思想政治教育的有效资源，对于全面引导当代大学生坚定理想信念，崇尚荣誉责任，健全人格品德，增强爱国意识、集体意识、创业意识、奉献意识，提高思想道德素养，健康成长为社会主义事业的合格建设者和可靠接班人具有重要的指导意义。

一、 沂蒙精神的本质内涵

“爱党爱军、开拓奋进、艰苦创业、无私奉献”的沂蒙精神，是沂蒙人民在中国共产党的领导下，在长期的革命和建设实践中，以马克思主义理论为指导，升华优秀民族文化品质，逐步砥砺形成的一种具有鲜明时代特色的优秀群体意识和伟大革命精神，是我们党和国家的宝贵精神财富，有着深刻而丰富的本质内涵。

沂蒙精神体现了沂蒙人民立场坚定、执着追求的政治信仰。沂蒙山区是山东建党较早的地区之一。中国共产党成立后，沂蒙地区一批优秀知识分子、先进青年就在王尽美等人的影响下加入了中国共产党。[1] 沂蒙地区早期党组织的建立及其马克思主义的传播，使沂蒙人民明白了革命的道理，认识到中国共产党是为广大劳苦大众求解放、谋利益的党。抗日战争时期，中国共产党及其领导的人民军队在沂蒙山区开辟了全国著名的抗日根据地。饱受日寇残酷“扫荡”的根据地人民，目睹了中国共产党及其领导的人民军队在中华民族生死存亡的危急关头，挺身而出，冲锋在前，为了民族利益、国家独立和人民解放，不怕牺牲，浴血奋战。沂蒙人民从中看到了出路和希望，内心深处产生了对中国共产党和人民军队的爱，他们怀着对日本侵略者的刻骨仇恨，积极参军参战，与中国共产党领导的人民军队一道奋力抵抗日寇的侵略。解放战争时期，沂蒙人民踊跃参军，拥军支前，与中国共产党及其领导的人民军队一起，为打败国民党的疯狂进攻，为建立人民当家做主的中华人民共和国，并肩作战。当时，沂蒙根据地 420 万人口中，就有 20 万人参军，120 万人支前。中国共产党及其领导的人民军队把民族利益、人民利益放在首位，并为此前仆后继，英勇战斗，不怕牺牲，才使沂蒙人民真正认识到共产党及其领导的队伍“完全是为着解放人民的，是彻底地为人民的利益工作的”[2]，因此，从内心深处更加感激和拥护中国共产党，从而进一步坚定了跟中国共产党走的信心和决心。和平建设的年代，沂蒙人民继续发扬爱党爱军传统，积极响应党的号召，时刻听从党的召唤，自觉与党中央保持高度一致，坚定不移地按照党所指引的方向奋勇前进；他们对共产主义的信念无比坚定，不论国际风云如何变幻，党和国家遇到什么困难，他们始终坚信只有社会主义才能救中国。沂蒙人民对社会主义和共产主义的坚定信念，是沂蒙人民不畏艰难，英勇奋斗，战胜内外强敌，取得抗日战争和解放战争伟大胜利的强大精神动力；艰苦创业、知难而进，励精图治、无私奉献，是沂蒙人民取得社会主义现代化建设伟大成就的根本保证。

沂蒙精神体现了沂蒙人民开拓进取、敢为人先的思想意识。沂蒙地区特殊的地理、人文环境，造就了沂蒙人民不甘落后、开拓奋进的思想品质和追求自由平等、敢于斗争的光荣革命传统。艰苦的革命战争年代，沂蒙人民在翻身求解放、求自由中不断求索，勇于接受新思想、新文化，敢于冒极大的风险支持革命、参加革命。沂蒙人民在中国共产党的领导下，面对日本侵略者的“扫荡”和国民党反动派的围攻，不屈不挠，顽强拼搏，用30 000多人的生命和鲜血，创立了沂蒙革命根据地，写下了光辉的革命业绩。中华人民共和国成立后，具有光荣革命传统和开拓进取精神的沂蒙人民，怀着对社会主义新生活的美好向往，继续发扬战争年代的革命热情、开拓精神，积极探索发展经济、建设社会主义的新路子，谱写了社会主义建设史上开拓奋进、勇于创新、敢为人先的壮丽篇章。在实行农业合作化的过程中，沂蒙人民创造了许多新经验，比如，莒南县王家坊前新建农业合作社创造的发动社员投资、解决合作社资金困难的经验，经毛主席亲笔批示后在全国推广。再如，莒南县高家柳沟青年团支部，组织青年团员创办了记工学习班，这不仅解决了合作社缺少记账员的困难，而且提高了农民群众的文化素质，被毛主席称赞为“做了一个创造性的工作”[3]。毛主席对此做了重要批示后，各地纷纷派人来高家柳沟村参观学习，在全国迅速兴起了学文化、扫除青壮年“文盲”运动。改革开放的新时期，沂蒙人民紧紧抓住社会主义市场经济发展带来的机遇，解放思想，锐意改革，求实创新，大踏步地进行改革开放的实践。1995年率先在全国革命老区中实现整体脱贫后，2004年临沂市再一次率先在全国革命老区中实现经济总量过千亿、人均过万元的新跨越。临沂商城在第四届中国市场品牌战略论坛高峰会上被评为“中国专业批发市场最具影响力品牌”；2010年，中国交通运输协会正式授予临沂市“中国物流之都”的称号；近年来，临沂市又连续5次登上福布斯中国大陆最佳商业城市榜。沂蒙精神能够在社会发展的各个阶段永葆活力和生机，就在于沂蒙人民能够始终站在时代前列，不断地开拓创新，不安于现状，不墨守成规，敢于走前人没走过的路。

沂蒙精神体现了沂蒙人民艰苦奋斗、自强不息的精神风貌。恶劣的地理、自然条件和长期的文化积淀，造就了沂蒙人民吃苦耐劳、不屈不挠的精神品格。中华人民共和国成立后，面对恶劣的自然条件和生存环境，面对长期战争后经济的孱弱和“一穷二白”的社会现实，勤劳顽强的沂蒙人民继续发扬战争年代那么一股劲、那么一种拼命精神，自力更生、艰苦创业，在认识自然中改造自然，展开了一幅又一幅壮丽的画卷，创造了一个又一个惊人的奇迹，极大地改变了沂蒙老区贫穷落后的面貌。“愚公移山，改造中国，厉家寨是一个好例。”这是毛主席于1957年10月9日在《山东省莒南县厉家寨大山农业社千方百计争取丰收再丰收》的报告上写下的重要批示。[4]厉家寨位于三山五岭两河之间，自然条件恶劣，人民群众生活困难。为战胜穷山恶水，厉家寨人发扬愚公移山精神，艰苦奋斗，克服重重困难，把上千块横七竖八的小块地削高填洼，深翻整平118块大地，控制了水土流失，农业生产连年丰收。厉家寨也成了沂蒙地区农业战线上最早涌现出的一个艰苦创业的先进典型。在厉家寨人民艰苦创业精神的鼓舞和激励下，沂蒙大地上开展了大规模的整山治水运动。每年都有上百万人上阵，冬战严寒，夏战酷暑，以愚公移山的精神，以“敢教日月换新天”的豪情壮志，向穷山恶水开战。到1964年，临沂地区初步实现了“平原水利化，洼地稻田化，岭地梯田化，荒山荒滩四旁绿化”的设想，使自然面貌和生产、生活条件得到了极大改善。改革开放以来，沂蒙人民将艰苦创业寓于改革开放之中，继续发扬艰苦奋斗的政治本色，埋头苦干，顽强拼搏，一心一意谋发展，艰苦奋斗创伟业，谱写了艰苦创业、加快发展、后来居上的光辉篇章。20世纪80年代，涌现出了宁家沟、九间棚等一批艰苦奋斗的先进典型；90年代，沈泉庄、刘家团林村、郭圪墩村等一大批小康村脱颖而出，成为共同富裕路上的领头雁。艰苦奋斗、自强不息是沂蒙精神的基调，也是沂蒙精神与时俱进的基石。没有沂蒙人民的艰苦创业，就没有沂蒙精神的创新发展。

沂蒙精神体现了沂蒙人民顾全大局、敢于奉献的价值取向。革命战争年代，沂蒙人民为了革命的胜利，无私地奉献出自己的一切乃至生命。抗日战争时期，沂蒙人民冒着生命危险，舍生忘死地支持自己的队伍，踊跃参军参战，用鲜血和生命保卫了抗日根据地和抗日民主政权。解放战争中，沂蒙人民倾其所有，破家支前。为了夺取孟良崮战役的胜利，世代“以食为天”的蒙阴人民，毅然割下刚扬花的小麦，扒掉刚落成的新房上的屋草，为华野部队喂马。整个淮海战役期间，沂蒙根据地供应了人民军队 1.4 亿千克粮食、35 万千克食油、36 万千克食盐、43 万千克猪肉和 100 多万双军鞋等物资。沂蒙人民将最后一个儿子送战场，把最后一口粮当军粮，用最后一块布做军装。完全可以说：“抗日战争和解放战争的每一个胜利，都是人民群众无私奉献、牺牲奋斗的结果。”[5] 中华人民共和国诞生时，国家面临着许多问题和困难。而要建设好自己的家园，单靠国家的力量是不够的。沂蒙人民体谅国家的艰难，以主人翁的姿态，继续发扬大公无私、舍己为国的精神，克服种种艰难险阻，再次奏响了新时期的无私奉献之歌。三年困难时期，沂蒙人民节衣缩食，吃糠咽菜，向国家交粮 12 亿千克、油 820 万千克，并接收了由政府统一安排来的 6 万余名灾民；为顾全大局，根治淮河，沂蒙山区有 527 个村、27 万间房屋被拆迁，28 万亩良田、5 万亩山林被淹没，40 多万库区农民舍弃家园，生活跌到了贫困线以下，但沂蒙人民毫无怨言。“改革开放以来，沂蒙人民秉承艰苦奋斗、无私奉献、敢为人先的革命本色，继续解放思想、敢为人先、与时俱进，坚定信念搞创业，开拓进取谋发展，一举改变了沂蒙山区‘老少边穷’的面貌，一跃成为经济实力雄厚的商贸名城”。[6] 2003 年，在抗击“非典”斗争中，临沂全市人民慷慨解囊，捐款捐物 2 788 万元，占山东省捐款总额的一半，献血量占山东全省的三分之一，2008 年，临沂市为抗震救灾捐款捐物达 1.26 亿多元。这些都以无可辩驳的事实诠释着沂蒙人民顾全大局、为国分忧、无私奉献的崇高的思想道德境界。

二、弘扬沂蒙精神对于大学生思想政治教育的意义

沂蒙精神是一种宝贵的精神食粮，潜藏着巨大的精神动力，弘扬沂蒙精神可为提升大学生思想政治教育的效果提供丰富的养分。

第一，弘扬沂蒙精神可以进一步坚定大学生的理想信念。理想和信念是一个人、一个民族的精神支柱，决定着人们的前进方向和精神状态。有了崇高的理想和坚定的信念，才能战胜前进道路上的艰难险阻，才能始终不渝地把社会主义建设事业推向前进。这些年来，随着改革开放的不断深入和社会主义市场经济的逐步完善，人们的思想观念也随之发生了一些变化，这对尚未成熟的大学生的思维方式、社会道德等方面产生了深刻的影响。例如，一些大学生出现政治信仰缺失，理想信念模糊，对前途感到迷茫，个人理想信念出现认知偏差，甚至产生价值扭曲。因此，采取积极措施，针对性地开展理想信念和世界观教育，引导大学生健康成长就显得非常重要。以共产主义理想和信念作为政治灵魂的沂蒙精神，体现了沂蒙人民在长期的革命和建设实践中所展现出的崇高的政治信仰、火热的政治热情和坚定的政治立场。大学生正处于理想信念形成的关键时期，弘扬沂蒙精神，用沂蒙人民坚定的政治信仰、对共产主义崇高理想的执着追求来教育他们，有利于当代大学生自觉地抵挡西方各种社会思潮的侵蚀，拒斥西方和平演变的阴谋，正视中国特色社会主义建设道路上的复杂性和曲折性；有利于帮助当代大学生进一步坚定对马克思主义的信仰，坚定对共产主义远大理想和社会主义必胜的信心，增强高举中国特色社会主义伟大旗帜，走中国特色社会主义道路的自觉性和坚定性。

第二，弘扬沂蒙精神可以培养大学生坚定的爱国主义情怀。爱国主义是动员和鼓舞各族人民团结奋斗、开拓进取的一面旗帜，是各族人民风雨

同舟、自强不息的精神支柱，它在维护祖国统一和民族团结、抵御外来侵略、推动社会进步中发挥了重大作用。当前，加强和改进大学生思想政治教育工作的一项重要任务是以爱国主义教育为重点，深入进行弘扬和培养民族精神教育。沂蒙精神是在中国共产党的领导下，沂蒙军民共同创造出来的民族精神，是当代中国的民族精神。抗战时期，沂蒙军民以血肉之躯，创建了沂蒙抗日根据地，数百万优秀的沂蒙儿女，为挽救民族危亡，同侵略者进行了英勇悲壮的斗争。在残酷的斗争中，沂蒙人民用鲜血和生命支持战争，涌现出了数不清的“沂蒙红嫂”，创造了数不清的“抗日楷模村”。沂蒙精神是加强爱国主义教育，培养大学生民族精神的良好素材，对于深入开展以爱国主义为重点的民族精神教育，无疑具有重要的精神价值和现实意义。当代大学生要把国家利益放在至高无上的地位，以爱国为崇高之志，以报国为终生之责，要有“先天下之忧而忧，后天下之乐而乐”的忧患意识。弘扬沂蒙精神，可以使大学生了解沂蒙人民对党的无限忠诚，对祖国的无限热爱，并通过向革命先辈学习，向沂蒙人民学习，从而更加热爱党、热爱祖国、热爱社会主义，努力把自己塑造成社会主义合格的建设者和接班人。

第三，弘扬沂蒙精神可以进一步培养大学生的艰苦创业精神。当前，我们正在进行的改革开放和现代化建设是前无古人的伟大事业。进行伟大的事业，需要有伟大的创业精神，这种精神的重要内涵就是不畏艰难、艰苦奋斗、求实创新。今天的大学生大多是在衣食无忧、生活稳定的环境中长大的，很多大学生存在害怕吃苦、贪图享受的思想。此外，重视基础教育的高等教育体制在很长一段时间里也忽视了对大学生创新精神和创新能力的培养。因而，当今的大学生尤其需要沂蒙精神的激励和鞭策作用。沂蒙人民所具有的自力更生、坚韧不拔、开拓进取、艰苦奋斗的创业精神，正是当代大学生成长成才所最需要的品质。在大学生中弘扬沂蒙精神，有利于激发他们追求真理、与时俱进、不畏艰难、求实创新的热情。高校思想政治工作者应该大力弘扬沂蒙精神，加强大学生的艰苦奋斗、开拓创业教育，激励他们励精图治、勤奋学习、克服困难、勇往直前。当然，目前情况下的艰苦奋斗并不是忍饥挨饿、破衣蔽履，而是艰苦朴素、刻苦钻研、意志坚定、开拓进取。只有不断地经历意志上的磨炼，才能勇于面对前进道路上的各种困难。以艰苦奋斗、开拓创新的创业精神为主要内容和鲜明特征的沂蒙精神，在机遇与挑战并存、优势与困难同在的新形势、新条件下，对加强当代大学生艰苦奋斗、负重拼搏、迎难而上的优良传统教育，都具有重要的现实意义。

第四，弘扬沂蒙精神可以塑造大学生无私奉献的品质。无私奉献精神是共产主义思想道德体系的重要内容，是一种崇高的价值取向。当前，随着全球化、信息化等进程的不断深入，各种价值观念、文化思潮不断冲击着大学生的思想观念，如西方民主政治中的一些自由主义、享乐主义、个人主义在一定程度上影响着大学生的思维方式，同时，一些腐朽堕落的生活方式也渗透到大学生群体中，悄然地腐蚀着大学生的心灵。一些大学生个人意识膨胀，极力追求个人价值的实现和自我需求的满足；一些大学生秉持利己主义、功利主义的人生态度，很少考虑对社会、对国家的责任。因此，在当前有针对性地对大学生进行集体主义教育，引导他们正确处理个人利益与国家利益、集体利益之间的关系，追求有价值的人生，塑造他们无私奉献、敢于担当的品质，就显得非常必要。沂蒙精神是沂蒙人民在特定的价值观支配下，通过革命和建设的实践活动体现出来的，具有明确的价值目标和价值评价尺度，集中体现在他们以国家、集体和人民的利益为重，处处从大局出发，先国家，后个人，先公后私，以至于公而忘私，勇于自我牺牲、无私奉献的崇高精神境界上。在他们看来，追求有价值的人生，就必须做到奉献劳动果实，全心全意为人民服务。这种顾全大局、公而忘私、乐于奉献、不计回报的价值取向是沂蒙精神的核心，充分体现了沂蒙人民正确的价值观念和崇高的思想境界。沂蒙人民以自觉奉献为荣，以长期奉献为贵，为当代大学生实现人生价值做出了榜样。新时期在大学生中间深入弘扬无私奉献的沂蒙精神，是帮助大学生塑造良好道德品质的有效途径，对提高大学生的思想道德素质，帮助大学生形成正确的权利义务观念，具有强大的示范和引领作用。

三、 沂蒙精神融入大学生思想政治教育工作的现实途径

当前，根据大学生的特点以及社会发展的现状和要求，将沂蒙精神教育从课堂教学、校园文化建设、社会实践等方面有针对性地与思想政治教育相结合，是高校尤其是坐落在沂蒙精神发源地的临沂大学进一步加强和改进大学生思想政治教育的有效途径。

第一，将沂蒙精神融入课堂教学。高校思想政治理论课堂教学是对大学生进行思想政治教育的主渠道。要解决一些大学生思想上的困惑和认识上的偏差等问题，就要充分发挥这一主渠道的作用。沂蒙精神是高校思想政治教育的重要内容，在思想政治理论教学中将沂蒙精神引入课堂，用沂蒙精神加强大学生的思想政治教育，实现沂蒙精神与思想政治理论课的有效结合，应该是当前高校开展思想政治教育、解决大学生思想困惑和认识偏差的一个途径。这是因为，一些高校开设的思想政治理论课程中的很多内容，都可以从沂蒙精神的本质内涵中找到典型事例和历史渊源。思想政治理论课教师既要不断挖掘沂蒙精神的历史内涵，又要不断赋予沂蒙精神崭新的时代意义，要在深刻理解沂蒙精神的基础上，寻找思想政治教育内容与沂蒙精神的结合点，通过对沂蒙精神的历史发掘，深入浅出地阐明沂蒙精神的实质精髓。实现沂蒙精神与思想政治理论课的有效结合，还需要

教师具备较高的人格素养和教育教学能力，教师的价值观、思想认识水平等都会潜移默化地对大学生世界观、人生观、价值观的养成产生重要影响。教师高尚的人格魅力、渊博的学术知识、严谨的治学态度，将会激励大学生更好地去践行和传承沂蒙精神，从而为他们今后步入社会打造良好的专业基础和精神品质。

第二，将沂蒙精神融入校园文化建设。相对于思想政治教育主阵地的课堂而言，校园文化氛围所隐含的思想内容更容易为大学生所接受。将沂蒙精神融入校园文化当中，能起到弘扬主流文化、引导校园文化正确的发展方向、净化大学生的心灵世界的作用。高等院校在进行校园文化建设时，要把弘扬沂蒙精神与校园文化活动相结合，通过宣传栏、展板、校报、校园广播、校园网的网络平台、辅导员博客、微博等网络媒体宣传沂蒙精神。例如在宣传栏介绍沂蒙人民革命斗争的英雄事迹，在校报登载有关沂蒙革命历史、沂蒙精神的学术论文，在校园网上开辟沂蒙精神论坛或沂蒙精神研究网站，让大学生在亲身参与中，在耳濡目染中，不断温习沂蒙精神，不断浸润革命传统。也可以通过组织开展以沂蒙精神为主题的征文比赛、书画比赛、演讲比赛、歌咏比赛等活动，弘扬沂蒙精神这一主旋律。还可以在新生入学教育和国庆节、建党节、建军节等节日的纪念活动中，集中进行沂蒙精神等革命传统教育。通过这些活动，充分发挥沂蒙精神在校园文化建设中的渗透、教化、净化功能，帮助大学生坚持马克思主义真理，引导大学生树立社会主义共同理想，激励大学生投身到社会主义建设的实践中去，从而使大学生树立正确的价值取向。

第三，将沂蒙精神融入社会实践当中。社会实践是大学生思想政治教育的重要环节。沂蒙是全国著名的革命老区，拥有十分丰厚的红色文化资源。八路军第一纵队旧址、八路军山东纵队旧址、山东抗日军政干部学校旧址、抗大一分校旧址、刘少奇旧居、“沂蒙红嫂”明德英故居、“沂蒙母亲”王换于故居、马牧池突围遗址、《跟着共产党走》歌曲诞生地、火线桥旧址、“山东省战时工作推行委员会旧址、八路军第一一五师司令部旧址、大青山战斗遗址、沂蒙红嫂纪念地、孟良崮战役遗址、《沂蒙山小调》诞生地、华东革命烈士陵园等56处爱国主义教育基地”，[7]这些都是当前开展思想政治教育的宝贵资源。高校在组织开展社会实践活动中，高校的团学部门、各学院等可积极地组织协调，选取优秀教师和学生骨干带队，组织大学生到沂蒙爱国主义教育基地现场进行参观、凭吊、宣誓、瞻仰等系列活动，使他们在身临其境中接受教育；可以结合思想政治理论课的教学，组织大学生到沂蒙革命根据地进行社会调查、社会考察；还可以组织大学生开展与当地的学生交朋友等活动，让他们在切身体会中加深对沂蒙精神的理解；高校也可定期聘请沂蒙精神研究领域的相关专家学者、老干部等来学校做专题讲座，使学生能真实客观地接受革命传统教育。通过理论与实践相结合的沂蒙教育，促使大学生进一步反思沂蒙精神所蕴含的巨大精神力量，并在这种思考中获得个人成长，从而坚定大学生的理想信念，以促进大学生奉献社会、锻炼毅力、培养品格，增强大学生的社会责任感。

参考文献：

［1］中共临沂市委党史资料征集委员会．中共临沂地方史：第一卷［M］．北京：中共党史出版社，2009：9－10.

［2］毛泽东．毛泽东选集：第三卷［M］．北京：人民出版社，1991：1004.

［3］中共中央办公厅．中国农村的社会主义高潮［M］．北京：人民出版社，1956：363.

［4］汲广运．论沂蒙精神与党建的良性互动及启示［J］．临沂大学学报，2015（6）：10.

[5] 中共临沂市委. 沂蒙将军颂：解放战争卷 [M]. 济南：山东文艺出版社，1999：67－68.

[6] 孙海英，陈永莲. 沂蒙精神与临沂革命老区跨越式发展研究 [M]. 济南：山东人民出版社，2017：222.

[7] 徐东升，等. 基于沂蒙精神育人的社会主义核心价值观教育研究 [M]. 济南：山东人民出版社，2015：156.

（作者简介：苑朋欣，男，临沂大学马克思主义学院教授）

红色基因的时代传承

意蕴追溯·理性解读：红色文化多维价值论析

张文彬　陈立勇

习近平总书记在十九大报告中指出："经过长期努力，中国特色社会主义进入了新时代，这是我国发展新的历史方位。"新时代，意味着中国战略环境的变化，虽然中国仍然处于有利于和平发展的战略机遇期，但是也将会面临更多的竞争与挑战。同时，随着经济的发展，中国正在成为世界大国，中国世界的话语权逐渐增强，为更好地实现中华民族的伟大复兴的"中国梦"，实现人民对美好生活的向往，中国需要在国际定位上达到新的高度，对世界大事富有更大的责任。面对反全球化的浪潮，中国应该"以善治示全球、以创新领潮流"，引领全球化的发展，构筑人类命运共同体，为推动世界经济发展贡献"中国智慧"和"中国方案"。在贡献"中国智慧"和"中国方案"的进程中，文化必不可少。在实现中华民族伟大复兴"中国梦"的进程中，无数共产党人浴血奋战，艰苦创业，形成了红船精神、井冈山精神、延安精神、沂蒙精神、大庆精神等中国共产党的伟大精神。传承、弘扬这些伟大精神所内蕴的信念价值、人本价值、传承价值、求是价值，就是发出中国声音，弘扬中国精神，走好中国道路。

一、信念价值："中国梦"共同理想构筑的思想基础

任何一个国家，任何一个时代，都有引领其发展的共同理想和社会理

念。“格物、致知、正心、诚意、修身、齐家、治国、平天下”的儒家理想人格，是中华民族自古以来的人生理想。“大道之行，天下为公，选贤与能，讲信修睦……使老有所终，壮有所用，幼有所长，矜、寡、孤、独、废疾者皆有所养”（《礼记·礼运》），是传统时代人民大众追求的理想社会，是对理想社会的种种设想和描绘。近代以来，面对千疮百孔、积贫积弱的社会现状，中华儿女追求国家独立、民族振兴和人民幸福的夙愿就变得尤为迫切了。为实现国家独立，共产党人用马克思主义理论武装自己，历经几十年的浴血奋战，最终实现了由帝国主义和封建主义的旧社会，向人民当家做主新社会的转变，赢得了新民主主义革命的胜利。

（一）“从道精神”与必胜信念：红色文化之根

“道”这一概念，在中国传统文化当中有着特殊的含义和最高的哲学范畴，是中华传统文化的核心理念。《道德经》赞扬“天道”，认为“道”演化为万物，没有神力，自然而然。“天道”不争、不言、不骄，没有制物之心，它像无形的巨网那样广大无边，将世界上的一切都囊括其中。而最初为“道路”之意的“道”后又被引申为自然万物背后的那个终极的法则、原则，以及人类社会运行所必须遵循的道德原则。所谓“笃信好学，守死善道”（《论语·泰伯》），“天下有道，以道殉身；天下无道，以身殉道”。作为君子，要以弘扬正道，伸张善道为己任，必要时可以牺牲一切包括生命。

这种坚韧不拔的“从道精神”与必胜信念在红色文化当中得到充分彰显，成为红色文化的根与魂，为中国共产党人提供不竭的精神动力，这种精神力量对于“中国梦”的实现具有重要的激励价值。毛泽东同志指出：“这个军队具有一往无前的精神，它要压倒一切敌人，而决不被敌人所屈服。不论在任何艰难困苦的场合，只要还有一个人，这个人就要继续战斗下去。”民主革命时期“坚定理想、百折不挠”的红船精神，“坚定不移的革命信念”的井冈山精神，“自力更生、艰苦奋斗”的延安精神，“爱党爱军，开拓奋进，艰苦创业，无私奉献”的沂蒙精神，社会主义建设时期“为国争光，为民族争气”的大庆精神，都是“天下兴亡，匹夫有责”的爱国主义精神在不同时代的彰显，都彰显出中华民族生生不息和艰苦奋斗的传统美德，体现了中国共产党大无畏的革命英雄主义精神的思想和行为模式。井冈山精神、延安精神、沂蒙精神，以及社会主义建设时期精神资源开篇之作的大庆精神等都传承着这种敢为人先、百折不挠、甘于奉献、艰苦奋斗的价值内核，而这种必胜信念就是为了实现中华民族伟大复兴的“中国梦”。

（二）共产主义的理想信念：红色文化之魂

红色文化蕴含的理想信念，赋予共产党人坚定的政治方向，这种坚定的政治方向必须有理想信念的支撑，坚定共同的理想信念是“中国梦”构筑的思想基础。习近平总书记在不同场合都曾强调，理想信念是共产党人的精神之“钙”，没有理想信念，理想信念不坚定，精神上就会“缺钙”。坚定社会主义的理想，坚持社会主义道路是共产党人的本质，是共产党人的根与魂。十月革命一声炮响，为中国送来了马克思主义，为红色精神、红色文化的形成送来了最重要的思想资料和理论内核。在马克思主义三个组成部分，即哲学、政治经济学和科学社会主义当中，最核心的就是科学社会主义。马克思在汲取和批判欧洲空想社会主义思潮问题与合理因素的基础上，创立了科学社会主义思想。习近平总书记指出：“中国特色社会主义是社会主义而不是其他什么主义。科学社会主义基本原则不能丢，丢了就不是社会主义。”其中，社会主义原则重要的一条就是通过无产阶级专政和社会主义高度发展，最终实现向消灭阶级、消灭剥削、实现人的自由而全面的发展的共产主义社会的过渡。这也就是说，实现共产主义社会、实现人有尊严的幸福生活，这是无产阶级革命、奋斗的最终目标。

正是在这种共产主义信念的支撑和指导下，处于白色恐怖势力包围之下的井冈山斗争，“不生虱子不革命”“野菜虽苦，可政治营养丰富，吃了它，干革命就不怕苦”，表现了革命者们无私的牺牲精神。通过对军民进行共产主义世界观教育，坚定了井冈山军民为人民利益而战的决心和斗志。正是对共产主义信念矢志不渝，才有了惊心动魄的两万五千里长征，而在此期间为了实现对革命事业、对北上抗日的信心和斗志，许多红军战士英勇无畏地奉献了一切乃至生命的最后一刻。这是对国家前途命运的时刻关注，位卑未敢忘忧国，面对中华人民共和国贫穷落后的现状，以王进喜为代表的大庆石油工人在《矛盾论》《实践论》的指导下，在困难的时期、困难的地点、困难的条件下，自力更生、艰苦创业，实现了中华人民共和国石油资源的基本自给。邓小平同志曾说：“为什么我们过去能在非常困难的情况下奋斗出来，战胜千难万险使革命胜利呢？就是因为我们有理想，有马克思主义信念，有共产主义信念。”

二、 人本价值： 提升执政能力巩固执政地位的理论基础

作为执政党和中国特色社会主义的领导核心，中国共产党在新时期、新阶段、新境遇下，以“四个全面”战略布局和“五大发展理念”为引领，推进中国现代化建设与民族复兴的进程，必须加强和改进党的建设，巩固和扩展中国共产党执政的政治资源。中国共产党领导全国人民在革命、建设时期形成的伟大精神，为新时期加强中国共产党的作风建设，坚持全面从严治党，提供了重要的政治资源。

（一）以人为本的价值理念：红色文化之源

中国自古以来的思想家都主张作为圣贤的君主应该以民为本，《尚书》中提到“兴修水利”“制历授时”“专设官督农”的一系列政策和做法，提出了“重民裕民”“安民利民”“敬德保民”等一系列思想和主张。后来，儒家思想的创立者和继承者们秉承了“重民”思想，作为国家政权的统治者只有以人为本，才能维护社会政权的稳定和国家的长治久安。从“民为

邦本，本固邦宁”，到“桀纣之失天下也，失其民也；失其民者，失其心也。得天下有道：得其民，斯得天下矣；得其民有道：得其心，斯得民矣；得其心有道：所欲与之聚之，所恶勿施尔也”（《孟子·离娄上》），到“君舟也，民水也，水能载舟，亦能覆舟”，中国思想家首先看中民心向背，认为民心所向是政治上成功的决定因素。如果君主不为民谋福利，则是整个国家和民族的罪人。“有肥肉，厩有肥马，民有饥色，野有饿莩，此率兽而食人也”（《孟子·梁惠王上》），而只有百姓富足了，国家才能繁荣昌盛。

而这种“以民为本”的理念，成为红色文化的核心要素。从“三大纪律，六项注意”，到“官兵一致，同甘共苦”，再到“尊重群众，向群众学习”，以“密切联系群众的思想作风”为基本内涵的井冈山精神，昭示着红军之所以能够建立井冈山革命根据地，在井冈山站稳脚跟，重要的原则就是坚定地走群众路线，这是井冈山精神形成的力量源泉和核心内容。“全心全意为人民服务”是延安精神的基本内涵之一，红军在延安时期教育群众、动员群众、武装群众，为人民谋利益，为保护人民群众的生命财产安全，甘愿牺牲生命。在战争年代，沂蒙人民顾全大局、公而忘私、自我牺牲、勇于奉献的价值取向，是沂蒙精神的核心。沂蒙人民坚守道义，耿直忠贞，一旦认清了前进的道路，就会义无反顾地走下去。战争年代，沂蒙人民为了建立中华人民共和国，不怕牺牲，留下了彪炳千秋的英雄事迹。以“无私奉献”为基本内涵的沂蒙精神，充分体现了人民军队在战争时期密切联系群众、充分相信群众、坚决依靠群众，才有了沂蒙人民顾全大局、公而忘私、自我牺牲、甘于奉献的价值取向。孙中山先生说：“当今之国家，非一人之国家，乃我人民之国家。”他认为，“建设世界上最富强、最快乐之国家，为民所有、为民所治、为民所享者”。中国共产党领导中国人民在取得民族独立、进行国家建设进程中所形成的红色文化，充分体现了中国共产党人坚持马克思主义的群众观点，坚定地走群众路线。

（二）从严治党的思想意识：红色文化之核

能否坚持从严治党，不仅关系到党能否保证先进性和纯洁性，而且关系到是否能够保证党的战斗力和坚强的战斗堡垒作用。坚持推进全面从严治党，不仅是提升当前中国共产党执政能力的必然要求，同时也是推进国家治理体系和治理能力现代化的必要措施。而从严治党的关键在于治吏，习近平总书记指出："正人必先正己，正己才能正人。中央怎么做，上层怎么做，领导干部怎么做，全党都在看。"

从严治党是党的传统和独特政治优势，也是红色文化的重要内容。从中共一大的《中国共产党纲领》，到"三大纪律八项注意"，再到延安整风运动，西柏坡加强党的组织纪律建设，充分体现了中国共产党重视铁的纪律，重视从严治党。全面从严治党，要继承和发扬纪律严明的优良传统，坚持把政治纪律和政治规矩摆在前面，严格落实《关于新形势下党内政治生活的若干准则》、政治纪律"十不准"和党员干部"七个决不允许"等党规党纪，自觉做到言有所戒、行有所止，防止和反对政治上、行动上的自由主义，确保中央政令畅通，实现在新的更高水平上的高度团结和集中统一。

同时，清正廉洁的优良传统，也是红色文化中永不过时的传家宝，是我们党保持强大凝聚力、战斗力的重要保障。中华文化自古以来就强调官吏的廉洁与否，是关系到政权存亡、国家兴衰的根本问题。《尚书·尧典》中记载帝尧为政"克明俊德，以亲九族"，以及要"敬授民时"，其思想涵盖了为政者要勤政、节用、爱民、尚贤等多层次的含义。《管子·牧民》篇说："国有四德。""何谓四德？一曰礼，二曰义，三曰廉，四曰耻。礼不逾节，义不自进，廉不蔽恶，耻不从枉。"而"四德"之中，"廉"实际上处在核心地位。在革命、改革和建设时期，国家之所以能在艰苦卓绝的战争、改革和建设中，实现从站起来、富起来到强起来的伟大飞跃，最重要的就是大部分共产党员都能够严格自律、廉洁奉公，得到了广大人民群众的拥护和爱戴。正因如此，我们更要充分汲取红色文化当中从严治党的智慧和力量，与各种腐败行为做坚决斗争，更好地实现中华民族伟大复兴的"中国梦”。

三、传承价值：当代中国文化自信的重要支撑

在建党95周年庆祝大会的重要讲话中，习近平总书记指出，文化自信，是更基础、更广泛、更深厚的自信。20世纪90年代以来，市场经济的发展，使得金钱逻辑成为生活本身的逻辑，物欲主义以一种压倒式的价值观，占据了人们日常生活的主流地位。精神生活的世俗化导致了价值虚无主义、价值危机乘虚而入，现实的人不同程度地出现了“信仰的失落”“意义的毁灭”等价值困境，并且这种处境在当前社会日益成为一种常态，面对现实中普遍存在的这些问题，作为一个现实的人，应该具有正确的价值立场，敢于直面惨淡的人生，为自己的生活赋予意义，为自己确立追求和信仰，并按照这种追求和信仰去开展实践。红色文化蕴藏丰富的文化特质，饱含不朽的文化价值。大庆精神本身的重要价值就在于可以巩固社会主义思想文化阵地，维护国家的文化安全。

红色文化对厚植中华民族的文化自信具有重要的价值，这种厚植源于对中华优秀传统文化的积淀、传承、创新与发展。中国优秀传统文化中所宣扬的“见利思义”“先义后利”“义然后取”“杀身成仁”“舍生取义”等都说明了当个人私利与国家大义相冲突时，要有所取舍，要关心民族前途，思考国家安危之道。这样的义利观，在长期的历史发展进程中，融入了人们的思想，并形成一种信仰，一种思维定式，成为人们在民族国家危亡时刻的行动准则。红色文化当中的爱国主义精神、无私奉献精神都传承着“国而忘家、公而忘私”（《汉书·贾谊传》）、“苟利国家生死以，岂因祸福避趋之”（林则徐《赴戍登程口占示家人》）的价值理念；传承着“先天下之忧而忧，后天下之乐而乐”（范仲淹《岳阳楼记》）、“鞠躬尽瘁，死而后已”（诸葛亮《后出师表》）的道德原则，体现了红色文化在革命、改革和

建设时期对爱国主义精神的接续和传承，把责任意识和忧患意识变为奋发图强的动力，挺起民族精神的脊梁。

红色文化对厚植中华民族的文化自信具有重要的价值，这种厚植源于其本身就是马克思主义中国化的重要成果，是在马克思主义与中国社会主义建设的伟大实践相结合的进程中产生并发展的。民主革命时期“开天辟地，敢为人先”的红船精神，“实事求是，敢创新路”的井冈山精神，“理论联系实际”的延安精神，社会主义建设时期“讲究科学，三老四严”的大庆精神，都遵循了彻底的辩证唯物主义的态度和方法，都体现了在不同时间、地点和条件下，坚持解放思想、实事求是，不唯上，不唯书，只唯实的工作态度和作风。有丰富的文化底蕴并不意味着拥有文化自信，关键是是否具有文化自觉，是否透过文化的本质特征，发现其实践价值和前途，这种效能是否真正能够应用于实践，解决困境和问题。

四、 求是价值： 夯实发展党的思想路线的认识基础

“实事求是”一词出自东汉班固所著的《汉书·河间献王传》。书中称赞河间献王刘德“修学好古、实事求是”，本意是做学问要注重从事实依据中得出真实结论。毛泽东在《改造我们的学习》一文中，赋予其新的内涵并做出详细解读：“‘实事’就是客观存在着的一切事物，‘是’就是客观事物的内部联系，即规律性，‘求’就是我们去研究。我们要从国内外、省内外、县内外、区内外的实际情况出发，从中引出固有的而不是臆造的规律性，即找出周围事变的内部联系，作为我们行动的向导。”由此可见，实事求是是马克思主义的灵魂，它体现了马克思主义理论的科学性和实践性。一方面，实事求是是一种思维方式，它体现了唯物主义由物到思想感觉的认识路线；另一方面，实事求是是一种行为方式，它体现了唯物主义将理论与实践相结合，以求真的态度改造客观世界的方法原则。实事求是强调

人们获取价值认知要与实际相符合，切忌追求形而上的空虚、虚幻的东西，而要落地生根。红色文化所蕴含的实事求是的内容，是中国共产党带领广大人民群众进行革命、改革和建设，追求独立自主、富强民主、自由幸福等价值活动的现实基础。

井冈山革命斗争时期，以毛泽东为代表的共产党人实事求是、敢闯新路，结合中国革命的实际，确立了农村包围城市、武装夺取政权的道路；延安时期，中国共产党人将马克思主义的普遍真理同中国革命实践相结合，面对抗战关键时期和当地军民面临饿死、困死的现实境遇，他们独立自主，自力更生，制订独特的战争方针、发动大生产运动，渡过难关，赢得革命胜利；在社会主义建设时期，在大庆石油会战一无经验、二无技术、三无资金的困难条件下，石油人秉承科学求实精神，从调查研究开始，在占有第一手资料的基础上，探明油层的深度、形状、储量和质量，制订开发方案、技术革新，靠独立自主最终拿下大油田。

中国革命和建设年代，中国共产党带领广大人民孕育而成的井冈山精神、延安精神、大庆精神等精神产物，都深刻地影响了人们的内心世界，国家与个人的界限被打破，广大人民为了民族独立、国家解放、集体利益，把自己整个的价值追求、内心信仰、个体生命的意义全部附属于民族的伟大事业、国家的进步发展，这种内在的精神力量支撑了中国革命和建设事业的进行和开展。文化精神本身具有的传承性为我们解决当前社会现实存在的价值困境提供了思考，尽管历史和当前社会环境等外部条件发生了巨大的变化，但是这些精神具有的内在价值和力量可以跨越历史的长河，成为建设新时代中国特色社会主义的强大精神动力。

参考文献：

［1］ 习近平. 决胜全面建成小康社会 夺取新时代中国特色社会主义伟

大胜利——在中国共产党第十九次全国代表大会上的报告［M］. 北京：人民出版社，2017：10.

［2］毛泽东选集：第3卷［M］. 北京：人民出版社，1991：1039.

［3］习近平在新进中央委员会的委员、候补委员学习贯彻党的十八大精神研讨班开班式上发表重要讲话［EB/OL］.2013－1－5. http：//politics. people. com. cn/n/2013/0105/c70731－20099981. html.

［4］邓小平文选：第2卷［M］. 北京：人民出版社，1993：189.

［5］2014年10月8日习近平在党的群众路线教育实践活动总结大会上的讲话. http：//www. mod. gov. cn/leader/2014－10/08/content_ 4542056_ 2. htm.

［6］毛泽东选集：第3卷［M］. 北京：人民出版社，1991：801.

（作者简介：张文彬，女，大庆师范学院马克思主义学院副教授；陈立勇，男，大庆师范学院马克思主义学院副教授、副院长）

习近平红色基因传承思想融入立德树人的探索

刘印房

党的十八大以来，习近平总书记高度重视红色基因问题，围绕传承红色基因问题发表了大量讲话，他多次提出，“红色基因是党和国家的宝贵财富”，“让信仰之火熊熊不息，让红色基因融入血脉，让红色精神激发力量”，“红色基因就是要传承”，“红色基因是要验证的”，“中华民族从站起来、富起来到强起来，经历了多少坎坷、创造了多少奇迹，要让后代牢记，我们要不忘初心，永远不可迷失了方向和道路”，等等，提出了很多新思想新论断。习近平总书记关于红色基因传承的论述与高校立德树人的使命具有内在统一性。习近平总书记在全国教育大会上指出：培养什么人，是教育的首要问题，我们的高校必须把培养社会主义建设者和接班人作为根本任务，培养一代又一代拥护中国共产党领导和社会主义制度、立志为中国特色社会主义奋斗终生的人才。推进新时代高等教育改革发展，就必须把红色基因传承思想融入高校思想政治教育工作，把红色基因融入思想道德教育、文化知识教育、社会实践教育各环节，发挥红色基因在坚定理想信念、厚植爱国情怀、加强品德修养、增长知识见识、培养奋斗精神、增强综合素质中的重要作用。

一、 习近平红色基因传承思想的内涵和精髓

一般认为，红色基因是我党高举马克思主义伟大旗帜，汲取中华优秀传统文化精华，经过长期革命、建设和改革实践的锤炼，不断积淀而形成的关于党的根本性质、发展方向与前途命运的精神特质与核心价值理念，主要包括无产阶级的思想理论、革命精神、价值观、优秀作风和高尚品德等。红色基因是中国革命、建设和改革事业砥砺前行的精神动力，是中国共产党人始终坚守的信仰和情怀。2013 年 2 月，习近平总书记在兰州军区视察时首次明确提出传承红色基因问题，他指出，“发扬红色资源优势，深入进行党史军史和优良传统教育，把红色基因一代代传下去”。在之后，他多次前往革命老区，参观英模人物的展览，为全党同志解密一个个红色基因密码。习近平关于红色基因传承思想的论述主要集中在以下几个方面。

（一）关于红色基因的主要内涵

习近平关于红色基因的内涵非常丰富，其核心思想主要包括以下几个方面。

一是坚定执着追理想。一代又一代共产党人为了追求民族独立和人民解放，不惜流血牺牲，靠的就是对马克思主义的坚定信仰。习近平总书记在纪念红军长征胜利 80 周年大会上的讲话中指出，“长征是一次理想信念的伟大远征”，“长征的胜利，是中国共产党人理想的胜利，是中国共产党人信念的胜利”。在庆祝中国共产党成立 95 周年大会上，习近平总书记重温方志敏烈士“敌人只能砍下我们的头颅，决不能动摇我们的信仰！因为我们信仰的主义，乃是宇宙的真理”的誓言，他说：“我们一定要铭记烈士们的遗愿，永志不忘他们为之流血牺牲的伟大理想。”

二是心中有民勇担当。1990 年，习近平写下了“百姓谁不爱好官？把泪焦桐成雨”的《念奴娇·追思焦裕禄》，之后，习近平三下兰考，每次都

重提“焦裕禄精神”，并要求党员干部要“把焦裕禄精神作为镜子照照自己”。习近平总书记在党的十九大报告中指出，中国共产党人的初心和使命，就是为中国人民谋幸福，为中华民族谋复兴。红色基因要在共产党人身上永续存在、代代相传，必须坚持以人为本的核心理念，遵循以民为本的实践要求，保持党同人民群众的血肉联系，不断厚植党执政的群众基础。

三是对党忠诚跟党走。2015 年 12 月，习近平总书记在全国党校工作会议上指出，我们干事业不能忘本忘祖、忘记初心。我们共产党人的本，就是对马克思主义的信仰，对中国特色社会主义和共产主义的信念，对党和人民的忠诚。讲忠诚，就要用实际行动传承红色基因。“对党忠诚、永不叛党”是写在《入党誓词》里的，是每个党员必须要做到的。2016 年 1 月习近平总书记参观第十三集团军，当听到当年红军战士宁肯忍饥挨饿也要将半截皮带留下来，带着它“去延安见毛主席”的故事，他深有感触地说：“这就是信仰的力量，就是‘铁心跟党走’的生动写照。”

四是实事求是闯新路。2013 年 2 月，习近平总书记来到我国航天事业的发祥地——酒泉卫星发射中心，勉励大家发扬“两弹一星”精神、载人航天精神和“东风精神”，以民族复兴为己任，追求卓越，扎根大漠，报效祖国和人民。2016 年 2 月 2 日，习近平总书记前往井冈山革命烈士陵园，向革命烈士敬献花篮。习近平总书记说：“井冈山道路是马克思主义中国化的经典之作，从这里革命才走向成功。”

五是永葆纯洁心有戒。2013 年 7 月，习近平总书记在河北省调研指导党的群众路线教育实践活动期间指出：“全党同志要不断学习领会‘两个务必’的深邃思想，始终做到谦虚谨慎、艰苦奋斗、实事求是、一心为民，继续把人民对我们党的‘考试’、把我们党正在经受和将要经受各种考验的‘考试’考好，使我们的党永远不变质、我们的红色江山永远不变色。”习近平总书记在西柏坡纪念馆内的一块展板面前久久驻足，这张写着中国共产党人“进京赶考”前定下规矩的展板让习近平总书记感叹：“不做寿，这条做到了；不送礼，这个还有问题，所以反‘四风’要解决这个问题；少敬酒，现在公款吃喝得到遏制，关键是要坚持下去……”

（二）关于传承红色基因的历史价值

通过习近平总书记的相关论述，可以看出，大力传承红色基因，对于激励我们铭记历史、不忘初心、牢记使命、不懈奋斗，具有重要价值。

一是传承红色基因，可以铭记历史，接受洗礼。十八大以来，习近平总书记曾先后到阜平、西柏坡、临沂、古田、延安、遵义等革命老区考察，追红色记忆、走红色足迹、悟红色精神。习近平总书记指出：“每来一次，都能受到一次党的性质和宗旨的生动教育，就更加坚定了我们的公仆意识和为民情怀。历史是最好的教科书。对我们共产党人来说，中国革命历史是最好的营养剂。多重温这些伟大历史，心中就会增加很多正能量。”2013年11月，习近平总书记来到山东临沂，参观了华东革命烈士陵园，向革命烈士纪念塔敬献花篮，参观沂蒙精神展，听取沂蒙地区革命战争历史介绍，他说，一来到这里，就想起了革命战争年代可歌可泣的峥嵘岁月。

二是传承红色基因，可以汲取经验，吸收营养。在习近平的成长经历中，他深受党的优良传统和科学理论的熏陶和教育，也不断从革命先辈的身上汲取管党治党经验，将革命历史奉为最好的营养剂。2013年底，习近平总书记在“纪念毛泽东诞辰120周年座谈会”上引用了众多毛泽东的经典名句，例如，“中国的命运一经操在人民自己的手里，中国就将如太阳升起在东方那样，以自己的辉煌的光焰普照大地”，“我们共产党人好比种子，人民好比土地。我们到了一个地方，就要同那里的人民结合起来，在人民中间生根、开花”。毛泽东的这些话语依旧没有过时，也依旧是以习近平总书记为代表的中国共产党人的坚定信条。

三是传承红色基因，可以不忘初心，砥砺前行。2014年10月，习近平总书记专程到福建古田看望老红军和军烈属等人员，同大家一起回顾老红军艰苦卓绝的战斗岁月。他要求大家深入思考我们当初是从哪里出发的、为什么出发的，接受思想洗礼，以利于更好地前进。2017 年 6 月，习近平总书记参观晋绥边区革命纪念馆，向革命烈士敬献花篮。习近平总书记指出，革命战争年代，吕梁儿女用鲜血和生命铸就了伟大的吕梁精神。我们要把这种精神用在当今时代，继续为老百姓过上幸福生活、为中华民族伟大复兴而奋斗。

（三）关于传承红色基因的基本路径

在“一大”旧址重温共产党人的初心，在井冈山阐释跨越时空的精神，在沂蒙老区感受党和人民的水乳交融，在延安思考我们的优良传统和作风……党的十八大以来，习近平总书记多次指出，红色基因就是要传承，要把理想信念的火种、红色传统的基因一代代传下去，让革命事业薪火相传、血脉永续；殷切嘱托“把红色资源利用好、把红色传统发扬好、把红色基因传承好”；反复强调，一切向前走，都不能忘记走过的路，不能忘记为什么出发。

一是要加强对红色基因的研究和挖掘，更好地总结经验，弘扬作风。2013 年 2 月，习近平总书记在兰州军区视察时指出，西北地区红色资源丰富，是延安精神的发源地，要发扬红色资源优势，深入进行党史军史和优良传统教育，把红色基因一代代传下去。2015 年 12 月，习近平总书记参观陕甘边革命根据地照金纪念馆，考察当年红二十六军和陕甘边区游击队在山崖上利用天然洞穴修建的薛家寨革命旧址，他指出：以照金为中心的陕甘边革命根据地，在中国革命史上写下了光辉的一页。要加强对革命根据地历史的研究，总结历史经验，更好地发扬革命精神和优良作风。

二是要加强宣传教育，在新时代把红色基因发扬光大。2013 年 7 月，习近平总书记来到湖北视察，特意叮嘱大家：“今年是毛主席诞辰 120 周年，一定要把毛主席故居办成爱国主义和革命传统教育基地，特别是在对青少年一代教育中发挥更大作用。”2016 年 2 月，习近平总书记到井冈山考察，他郑重地说：“井冈山是革命的山、战斗的山，也是英雄的山、光荣的山，每次来缅怀革命先烈，思想都受到洗礼，心灵都产生触动。”习近平总书记表示，要让广大党员干部知道现在的幸福生活来之不易，多接受红色基因教育。2014 年 10 月 31 日，习近平总书记出席全军政治工作会议，与官兵共进午餐时，他语重心长地叮嘱大家：青年一代是党和军队的未来和希望，革命事业靠你们接续奋斗，优良传统靠你们继承发扬。要带头学传统、爱传统、讲传统，带动部队官兵传承好红色基因、保持老红军本色。2018 年“两会”期间，来自沂蒙革命老区的乡村教师张淑琴向习近平总书记汇报了关于红色教育的问题。习近平总书记勉励她：“数理化之外，爱国主义教育要加强，要让孩子们知道自己是从哪里来的，红色基因是要验证的。”

三是把继承优良传统和坚持改革创新相结合，激励人们不忘初心、接续奋斗。2015 年 2 月 15 日，习近平总书记在西安听取陕西省工作汇报时强调：“我们党是一个具有长期奋斗历史和优良革命传统的党，也是一个紧跟时代步伐、善于与时俱进的党。党的建设必须坚持继承和创新相结合，结合时代条件发扬党的光荣传统和优良作风。老一辈革命家和老一代共产党人在延安时期留下的优良传统和作风，培育形成的延安精神，是我们党的宝贵精神财富。今天，全面从严治党要继续从延安精神中汲取力量。要把抓理想信念贯串始终，提高辩证思维、系统思维能力，保持党同人民群众的血肉联系，始终为党和人民事业艰苦奋斗、不懈奋斗。”

二、 习近平红色基因传承思想与立德树人使命的内在统一性

高校作为社会主义先进文化的集散地和维护国家意识形态安全的前沿阵地，肩负着新时代传承和弘扬红色基因的光荣使命。习近平总书记在全国教育大会上强调，培养社会主义建设者和接班人要在坚定理想信念、厚植爱国主义情怀、加强品德修养、增长知识见识、培养奋斗精神、增强综

合素质六个方面下功夫。红色基因中所蕴藏的国家观、社会观、民族观和个体道德观，与立德树人在指导思想、本质内涵、价值思想上是基本一致的。传承红色基因，可以帮助新时代大学生树立坚定的理想信念，培养爱国情怀，形成良好道德品质，增强综合素质，为落实立德树人的根本任务奠定坚实基础。

一是传承红色基因，坚定理想信念。“红色基因”作为中国共产党人和中华民族的一种伟大的精神成果，集中反映和展示了历史与人民选择中国共产党、选择马克思主义、选择社会主义道路、选择改革开放的历史必然性，为坚持中国特色社会主义道路自信、理论自信、制度自信、文化自信，提供了精神灵魂。传承红色基因，就是要让历史告诉现在，让历史传承未来，教育引导学生树立共产主义远大理想和中国特色社会主义共同理想，为青少年上好人生启航的第一堂思想教育课，牢记初心、坚定信仰，增强大学生中国特色社会主义道路自信、理论自信、制度自信、文化自信，立志肩负时代发展、民族振兴的重任，成为肩负民族复兴重任的接班人。

二是传承红色基因，厚植爱国情怀。爱国主义和时代精神在红色基因的形成、发展和传承中表现得最为鲜明。革命先烈怀着一份赤子之心，把对国家、对人民的爱，镶嵌在自己的奋斗生涯之中，继承中华文化“天下兴亡，匹夫有责”的责任意识和担当精神，以实现民族独立和国家富强为己任，在抵御侵略、维护国家主权和民族尊严过程中形成国家民族利益至上、誓死不当亡国奴，知耻后勇、不畏强暴的民族性格，谱写了伟大的爱国主义精神。爱党、爱国、爱社会主义是贯串红色基因形成和发展始终的伟大主题。红色基因之所以能振奋人心，就是因为它浓郁的爱国主义精神。爱国主义是中国社会前进的巨大动力，是各族人民共同的精神支柱。传承红色基因，可以激发大学生的爱国主义情怀，让爱国主义情怀成为学习的动力、努力的方向，要在学生中大力倡导爱国主义精神，教育引导他们要从小立志奉献国家。

三是传承红色基因，加强道德修养。从南湖红船的艰难探索到井冈山上的星星之火，从长征途中的跋山涉水再到抗日战场上的中流砥柱，一代代革命党人彰显了筚路蓝缕的奋斗精神，不拿群众一针一线的为民情怀，不怕风吹浪打、不畏激流险滩的奋斗品质，始终保持昂扬斗志的革命激情，高度自觉的纪律意识，永不僵化、永不停滞的创新精神，这些高贵品质和道德风尚都是红色基因的精髓。作为新时代的教育工作者，加强大学生的品德修养教育，就是要把上述红色基因作为宝贵的育人资源，引导大学生向往真善美的价值追求，自觉践行社会主义核心价值观，培养具有大爱大德大情怀的时代新人。

四是传承红色基因，增强知识见识。勇于探索，敢为人先，敢于创新是红色基因的应有之义。我们党 98 年经天纬地，中华人民共和国 70 年改天换地，改革开放 40 年翻天覆地，无一不体现着我们党和军队的创造意识与创新精神。传承红色基因，就是要学习革命先烈们的创新创造意识和担当奉献精神，主动担当、勇于奋斗，全面培养学生的求知欲、探索欲，教育引导学生爱学习、多求索，全面丰富知识体系，增长人生阅历，让求知的过程更加多姿多彩。

五是传承红色基因，培养奋斗精神。从红船精神、井冈山精神、苏区精神、长征精神、沂蒙精神、延安精神、西柏坡精神到“两弹一星”精神、“98 抗洪”精神、抗震救灾精神、“载人航天”精神等，无不都是红色基因奋斗精神的鲜明写照。学生是未来，是新时代的挑大梁者。新时代又是一个全面奋斗的时代，培养奋斗精神十分重要。传承红色基因，就是要培养当代大学生的奋斗精神和担当精神，努力为中国特色社会主义事业和共产主义事业不懈奋斗。

六是传承红色基因，增强综合素质。红色基因不仅具有政治导引功能，还有精神激励功能。红色基因包含着破尽万难、百折不挠的革命乐观主义精神。红色基因能够激发人们的奋斗热情，促使人们加倍珍惜今天的幸福生活，提升责任感和使命感，自觉为中华民族伟大复兴而努力。在新时代全国高等学校本科教育工作会议上，教育部党组书记、部长陈宝生在会上强调，要推进本科教育回归常识、回归本分、回归初心、回归梦想，把“培养人”作为根本任务，对大学生要合理“增负”，提升大学生的学业挑战度，合理增加大学本科课程难度、拓展课程深度、扩大课程的可选择性，真正把“水课”变成有深度、有难度、有挑战度的“金课”。这也特别需要通过传承红色基因，激发大学生的奋斗精神，引导大学生刻苦读书学习，引导大学生培养综合能力，增强综合素质，从容面对人生的顺境和逆境，培养德智慧体美劳全面发展的中国特色社会主义的建设者和接班人。

三、习近平红色基因传承思想融入立德树人工作的基本途径

习近平总书记多次强调，要让“红色基因渗进血液，浸入心扉，引导青少年树立正确的世界观、人生观、价值观”，“让信仰之火熊熊不息，让红色基因融入血脉，让红色精神激发力量”。可以说，把红色基因传承思想融入立德树人工作，融入思想道德教育、文化知识教育、社会实践教育各环节，是历史的必然要求，也是推进新时代高等教育改革发展的迫切需要。

一要在强化身份认同中传承红色基因，推进立德树人。当代大学生的生活阅历与红色教育几乎没有交集，对红色教育的隔阂感和陌生感比较突出，难以体会红色文化的崇高和辉煌，再加上全球化浪潮、文化多元化价值观念的冲击，一些大学生对红色基因普遍存在着严重的身份认同危机和时代认同危机。因此，我们要紧密围绕当代大学生的思想实际、时代特点，深入调研，掌握大学生的思想动态与精神诉求，创新红色教育形式，采取大学生能够入耳、入脑、入心的方式，吸引大学生广泛参与。要结合时代，解读“红色文化”的深刻意蕴，引导大学生正确看待中国特色社会主义建设中所取得的成就与面临的困难，理性分析社会转型期所必然面对的突出

矛盾与挑战，以实事求是的态度看待社会现象，让大学生真正感受到社会主义制度的优越性，从而强化他们对红色文化的认同感。

二要在研究宣传中传承红色基因，推进立德树人。习近平总书记多次强调：红色基因要代代相传，让信仰之火熊熊不息，让红色基因融入血脉，让红色精神激发力量。传承红色基因是全党全军全民的共同责任。但是由于存在认识误区，一些人认为只有红区和革命老区才应该传承红色基因，因此，在很多地方，包括一些高校对红色基因的传承工作很不到位。这特别需要我们高校充分利用学科专业人才优势，特别是结合高校立德树人和培养中国特色社会主义事业建设者和接班人的历史使命，加强对红色基因的研究，加强对党的历史和党的精神的研究和宣传，为激活和传承红色基因提供学理支撑和理论支持。

三要在教育教学中传承红色基因，推进立德树人。红色资源是高校思想政治教育的重要资源，运用红色资源开展教育，对于立德树人、培养社会主义建设者和接班人具有特殊作用。高校要深入挖掘思想政治理论课（马克思主义基本原理概论，毛泽东思想和中国特色社会主义理论体系概论，中国近现代史纲要，思想道德修养与法律基础、形势与政策）中的红色资源，组织教师收集和编写红色资源材料，利用地方红色资源，使红色资源成为大学生获得历史知识、继承中华民族优良传统、树立民族自信心和自豪感、培养爱国情感的主要渠道和来源，引导大学生了解中国人民在中国共产党的领导下为实现民族独立浴血奋斗、为改变贫穷落后面貌而奋发建设社会主义、为实现中华民族伟大复兴不断改革开放的历史与现实，并从中汲取精神力量。

四要在社会实践中传承红色基因，推进立德树人。社会实践是高校思想政治教育的重要形式，对促进大学生了解国情、融入社会、完善品格、强化责任具有重要作用。高校要注重开展以红色文化为主题的社会实践活动，邀请思政课老师等相关领域专家，围绕党史教育、红船精神、井冈山精神、长征精神等主题对社会实践进行多角度指导，引导大学生到革命老区、边远地区等，走进烈士陵园、博物馆等，参加社会调查，接受红色教育，使大学生在丰富多彩的社会实践活动中自觉接受红色基因的洗礼，自觉成为红色文化的传承者和践行者。

五要在文化育人中传承红色基因，推进立德树人。文化属性是红色基因的鲜明属性，红色基因具有强烈的文化引领功能。红色基因中蕴藏的坚定信念、奋斗精神、爱国情怀、革命意志、宗旨意识等是通过红色文化、红色资源表现出来的。高校要注重以文化人以文育人，坚持正确的价值取向和文化方向，把红色文化融入大学文化建设之中，开展形式多样、健康向上、格调高雅的校园文化活动，致力于探索“理想信念、爱国情怀、人文素养、科学精神、实践能力、国际视野”融合发展的大学文化育人模式，建设全融合的文化育人工作体系。

六要在网络平台中传承红色基因，推进立德树人。进入互联网时代，如何利用红色资源、弘扬红色文化、激活红色基因，把理想信念的火种、红色传统的血脉通过网络一代代传下去，让革命事业薪火相传，是一个全新的时代课题。高校要推进“互联网 + 红色基因”传承工程，加大网络红色资源建设力度，做好校园“两微一端”与传统媒体的有效衔接与跟进配合，体现鲜明的网络和新媒体阵地意识，建立专门的红色基因网络信息资源库，加强校园传统媒体对红色基因内容的刊发，重点打造一批有质量、有特色的红色网站和自媒体平台；要坚持内容为王，打造传承红色基因的网络文化品牌，将教育内容的呈现网络化，充分利用网络技术手段，以视频、音频、图片、动漫等多种形式表达教学内容、传递教育信息，不断增强教育的吸引力、感染力；要创新传承红色基因的网络教育手段，学会运用网络了解掌握学生思想，开展红色传统和革命精神网上一对一问答、点对点服务，善于以平等方式、网络语言、红色讲坛、游戏闯关等形式互动交流，不断创新适应网络和大学生特点的即时互动教育方法。

参考文献：

［1］习近平总书记系列重要讲话读本［M］．北京：人民出版社，2016.

［2］习近平谈治国理政：第一卷［M］．北京：外文出版社，2014.

［3］习近平谈治国理政：第二卷［M］．北京：外文出版社，2017.

［4］刘志兵．中国共产党人的红色基因［J］．前线，2018（7）．

［5］时玉柱．高校思想政治教育传承“红色基因”的路径探究［J］．克拉玛依学刊，2015（5）．

［6］江光友．红色基因传承面临的挑战和路径选择［J］．海军工程大学学报，2018（2）．

［7］孙晓波．让红色基因绽放时代光芒［N］．中国国防报，2015－1－10.

（作者简介：刘印房，男，德州学院马克思主义学院院长、教授）

红色基因传承与增强文化自信路径研究

冯文娟

一、 红色基因

（一）文化基因内涵

文化基因的概念最早是由西方学者所提出的，例如，道金斯在他的著作中就对文化基因的概念进行了阐述。在此之后，其他专家学者对文化基因也进行了阐述，例如，学者苏珊对文化基因也有过表述，他主要认为文化基因是对内容作用等方面的性能复制。另一些学者认为人类在模仿知识时，会将别人的东西转化为自身的东西。这在一定意义上是人与人之间的传递。我国学者对文化基因的理解是从不同角度出发的，因而对其解释上也不相同。总的来说，文化基因主要是指藏在文化现象背后的各种内在因素，而这些内在因素又系统影响着文化走向，影响着本民族的基本精神状况、思维方法和价值理念等精神形态综合。

（二）红色基因内涵

习近平总书记从三个方面阐述了红色基因的核心理念：一是坚定的理想信念，这是红色基因的灵魂；二是为民服务，这是红色基因的重要行为准则；三是忠诚于党，这是红色基因的根本政治方向。也有学者把红色基因定位为“红色基因就是中国共产党以共产主义先进理想信念为导向的无产阶级思想性、政治性，是无产阶级的灵魂”。总之，红色基因是指中国共产党在长期革命和建设实践中形成的一种伟大的精神成果，是我党推进革命建设和改革各项事业强有力的精神动力和政治保证，是凝聚全国各族人民的精神纽带。

（三）红色基因的特征

无产阶级属性。红色基因是中国共产党领导无产阶级所产生的文化基因，这使得基因天然具有无产阶级意识形态，具有无产阶级属性。红色基因坚持马列主义高尚品德，以共产主义作为自身奋斗目标，以全心全意为人民服务作为自身存在前提，以集体主义作为行事准则，这是无产阶级重要的思想灵魂，也是社会主义文化前进的发展方向。

民族性。对任何一种文化来说，积累和传承都是必不可少的因素。对于中华文明来说，中华文明拥有几千年灿烂的文化历史，已经形成了具有自身特色的光辉文化基因，已经与世界上其他民族具有了典型区别，这也是每一个中国人在精神上所寻找的文化之根。文化基因是中华民族的优秀基因，值得我们进一步弘扬和发展，它也表明了中华民族的整体性特征。

科学性。红色基因始终贯彻辩证唯物主义和历史唯物主义思想，始终坚持实事求是论证方法，讲究理论和实践高度统一，这充分反映了中国共产党的执政理念，符合社会的发展规律。红色基因具有先进性主要是指红色基因可以始终以先进思想作为自身的武装思想，红色基因始终站在历史发展的最前端，始终保持与腐朽文化的距离，始终可以把握时代命脉。批判性主要是指始终坚持实事求是的原则，在实践中不断发展自己，在实践中不断检验自己，在实践中不断完善自己。有效地与各种各样的外在因素进行高效融合，根据时代不同做出不同决策，始终保持红色基因具有旺盛的生命力。

二、文化自信是更基础、更广泛、更深厚的自信

在庆祝中国共产党成立 95 周年大会上，习近平总书记强调指出：“文化自信，是更基础、更广泛、更深厚的自信。在 5 000 多年文明发展中孕育的中华优秀传统文化，在党和人民伟大斗争中孕育的革命文化和社会主义先进文化，积淀着中华民族最深层的精神追求，代表着中华民族独特的精神标识。”坚持社会主义道路自信、理论自信和制度自信，说到底就是坚持文化自信。文化在人的成长和社会文明产生与发展过程中具有决定性和本质性意义。它不仅能提升人的精神，而且还能提升人们研究世界、改变世界的能力与智慧。植根于民族习惯与传统中的文化自信为道路自信、理论自信、制度自信源源不断地注入了思想之光与精神之钙，使其愈益丰盈和坚贞。文化是人各项活动里面的基因，中华文化源远流长，我们世世代代生活于此，文化基因早已融入我们全部生活之中，中国革命之所以能够在屡遭坎坷、屡受挫折中得以克敌制胜，改革开放之所以能够在屡遇困难、屡遭艰难中仍旧奋发前行，从深层次上探究原因，都是坚定而强大的文化自信在托底、在发力。也许我们在行事过程中并未明确而清晰地意识到，但文化自信的强大定力却无时不在伴随和鼓舞着我们的心力与步伐。

正是由于文化自信提升了人们的思想认知、明确了走向未来的前进方向、确定了开拓进取的正确道路，并赋予我们丰富的智慧与强大的定力，使我们在前进的道路上更富于激情和勇气，在攻坚克难与顽强拼搏中创造奇迹、撷获硕果。也正是在这个意义上，文化自信必当先于和重于理论自信、道路自信、制度自信而成为更基础、更广泛、更深厚的自信，具有更基本、更深沉、更持久的力量。

三、传承红色基因与增强文化自信的关系

革命文化或者说红色文化是文化自信三个层次中一个重要的组成部分，形成于中国共产党带领中国人民长期争取国家独立、民族解放、人民幸福的实践中，是我党革命精神、革命作风、革命传统等优秀品质的高度凝练和精神内核，集中体现着红色基因的内涵和表现形式。可见，传承红色基因是培育增强文化自信的内在要求和有效途径，提升全民的文化自信有助于激活和传承红色基因，二者都是争取意识形态领域的主动权和话语权，更是提升我国文化软实力和建设文化强国的重要内容。

四、继承红色基因，树立文化自信

在文化继承时，我们必须正确处理好文化的继承性和文化变异性两者之间的关系。对任何文化来说，文化基因都可能存在着继承和变异，这是文化基因必须包含的一种共性，文化基因的继承和变异是相互依存的，它们共同作用于文化之中，是推动文化不断变化的重要动力。在继承红色基因过程之中，我们不能够打破这一客观规律，反而应当坚持这一客观规律，同时必须防止红色基因出现任何突变，要保证红色基因的无产阶级发展方向。

（一）坚持红色基因继承和创新高度统一

马克思主义理论认为，人类可以不断创造自身历史，但是不能按照自己的欲望随心所欲，它是在继承条件情况下才可创造的。正是由于文化传统和文化基因具有遗传性和变异性，这也使得世界上出现了多姿多彩的文化类型。随着人类社会交往不断扩大，不同文化之间的交流也必将不断深入，这也推动了整个人类社会的文化创新。文化基因可以根据时代不同而

不断修正，不断做到自我强化，文化基因变异可以不断优化优秀内涵，做到文化创新。近代以来，由于封建生产方式土崩瓦解，中华传统文化开始了现代化发展。在继承优秀文化基因基础之上，中华文化抛弃了以往落后的因素，主动与马克思列宁主义进行结合，诞生了具有中国特色的红色基因，实现了由传统文化向社会主义文化进行转变的历史演进。

在新时代，随着互联网和全球化的不断发展，各国之间、各民族之间交流日益密切，中华民族的崛起必须确保社会主义发展方向，必须由红色基因来指引方向，这就需要对红色基因进行继承并且创新。为了更好地继承红色基因，我们必须做好继承性与突变性两者之间的辩证统一，使红色基因始终坚持无产阶级发展方向，不断丰富中国特色红色基因的马列主义，确保红色基因可以引领社会主义文化。与此同时，我们还必须使得红色基因可以与时俱进，以开放的姿态迎接其他不同的思想文化，这样可以使红色基因的内涵不断丰富。提升红色基因内在活力，使得红色基因在新时代可以迸发出更强的生命力，让红色基因代代相传，发扬光大。

（二）创新方式传承红色基因，发挥红色基因引导作用

红色基因需要红色环境进行培育，我们必须不断加强红色基因传承，使得红色基因在所有文化中起到引导作用。首先，必须不断加强红色历史教育。我国革命和建设时期形成了许多红色基因，因此，学习历史是最好的继承方式。其次，应当充分使用互联网等新兴媒体弘扬主旋律，传播正能量。让红色基因在整个社会中扮演重要角色，引领人们思想。再次，应当充分发挥先进人物的带头作用，营造积极向上的社会氛围。

第一，激活思想政治理论课的红色基因，增强文化自信培育和增强文化自信需要在全社会各个领域内全面推动，并且针对不同的主体采取不同的方法，才能有效提高成效。高校是我党思想理论宣传和马克思主义意识形态教育的主渠道和主阵地，大学生更是我党事业的建设者和接班人。因此，要顺利实现“两个一百年”和中华民族伟大复兴的奋斗目标，必须明

确“培养什么样的人”“为谁培养人”以及“怎样培养人”等重要问题。为了坚定青年一代的“四大自信”，高校必须大力培育社会主义核心价值观，更好地构筑社会主义核心价值体系，培养当代大学生的历史责任感和时代担当；还必须发挥思想政治理论课宣传主阵地的作用，激活相关课程的红色基因，才能有效培育和增强大学生的文化自信。

高校要激活思想政治理论课的红色基因需要做好“三个结合”。一是结合历史、现实和未来。教师只有将国史国情和党史党情向学生阐释清楚，做到有理有据，才能将社会主义核心价值观“进校园、进课堂、进头脑”活动落到实处，进而实现最难达到的“进头脑”，使社会主义核心价值观真正内化为大学生的精神追求、外化为实际行动。二是结合时代主题的变化。国情教育和理论学习都要与时代发展主题相契合，有助于解决实际问题才能引起学生的关注，因此，教师不能沿用传统灌输的教学方法，一言堂；而是要结合学习实际和实践需要，在互相包容和理解中激发学生的学习兴趣，将红色基因入脑入心，从而真正提高学生的文化自信。

第二，推动红色文化事业和文化产业发展，为了建设文化强国和提高文化软实力，国家需要从完善文化管理体制、构建经济和社会效益于一体的机制、完善市场体系和文化产业体系、推动文化产业和事业的繁荣发展等方面着手，实现全面发展。还需要在讲好中国故事的同时，更加注重红色文化的传播和宣传。因此，国家需要大力支持一些以弘扬爱国主义精神和新时代改革创新精神为主题的作品，包括电影、电视剧、纪录片、文艺演出、艺术作品等内容，通过弘扬主旋律、传播正能量、传承红色基因，增进人民群众的文化自觉和自信。

第三，政府积极推动，树立红色基因传承的社会风尚，提升文化自信和建设文化强国是中华民族和国家的使命。因此，政府应该积极推动这一伟大工程，充分发挥应有的作用和功能。各级政府部门需要在政府网站中开辟红色文化和红色基因专题板块，还需要加大对红色基因的挖掘，并发挥其引导作用，为此，政府可以主动与高校、机构以及文化传播公司合作，积极开展红色文化展演和红色社团活动，包括红色文化宣传进社区（进农村）等活动，加大全社会红色文化的宣传力度，引导民众通过传承红色基因增强文化自信，通过多种途径在全社会树立传承红色基因、宣传红色文化的良好风尚。

第四，积极开发红色旅游，传承红色基因、增强文化自信。随着我国经济水平的提高，中国特色社会主义进入新时代，我国社会的主要矛盾已经转化为人民日益增长的美好生活需要和不平衡不充分的发展之间的矛盾。对于美好生活的需要不仅体现在人们不再将收入仅仅集中在生活必需品的投入上，而且表现在人们更多地投入高水平教育需求和高层次精神需求的满足。总之，红色旅游理论与红色资源开发相结合是传承红色基因一项非常有益的尝试。各省市、自治区需要充分发挥地域优势，大力宣传和建设旅游资源，做好餐饮、住宿、交通等旅游配套工程，把当地的革命根据地、革命纪念馆、博物馆、革命遗迹、革命故事等资源很好地利用起来，以此作为传承红色基因、增强文化自信的宝贵资源，吸引更多中外游客在身临其境的体验中提高文化自信的原动力。

（三）警惕红色基因可能出现突变，保证红色基因无产阶级属性

红色基因突变可以分为两种不同情况，一种是向上进化，这种进化有利于中华民族的文化发展。另一种是向下突变，这种突变很可能会造成消极影响，甚至可能会对社会主义政权产生威胁。我们应当积极推动向上突变，严防向下突变，始终保持红色基因无产阶级属性，不断加强文化自信，警惕在任何环境下出现突变现象。总之，在继承红色基因过程之中，我们应当让红色基因与中华传统文化进行高度融合，同时还必须做好与时俱进，坚持实事求是和解放思想，反对任何僵化思想的行为。与此同时，我们还必须对西方敌对势力保持警惕，因此，对外来文化基因应当进行合理地评估，批判性地接受。让红色基因更好地引领中华文化自信，使中国人民在

社会主义康庄大道上阔步向前，实现中华民族复兴的“中国梦”。

参考文献：

[1] 刘硕伟. 研究红色基因传承红色基因——评《沂蒙红色基因资源研究》[J]. 临沂大学学报，2015（4）：142－144.

[2] 尹维祖. 传承和发扬陕西新闻文化的红色基因［J］. 当代陕西，2014（9）.

[3] 习近平. 决胜全面建成小康社会 夺取新时代中国特色社会主义伟大胜利［N］. 人民日报，2017－10－28（1）.

[4] 周晓静. 习近平红色基因基本内涵论析［J］. 延边党校学报，2017（4）.

（作者简介：冯文娟，女，山东师范大学马克思主义学院助教）

新时代传承红色基因的路径探析

——以“思想道德修养与法律基础”课程为例

付晓东

习近平总书记多次强调传承红色基因的重要性，思想政治理论课在传承红色基因的主渠道作用已经被普遍认同，发挥着价值引领作用，新时代如何传承红色基因，引导青年学生践行社会主义核心价值观，在“思想道德修养与法律基础”课（以下简称基础课）做了一些尝试和思考。

一、 红色基因在传承中的制约因素分析

红色文化是中国共产党领导人民在革命、建设、改革进程中创造的以中国化马克思主义为核心的先进文化，是我们党宝贵的精神财富。习近平总书记多次强调，“要把红色资源利用好、把红色传统发扬好、把红色基因传承好”。而在实际生活中，红色基因是什么？对其内涵的了解还是很有限的，主要表现为：

（一）大学生对红色基因的认知不足：内涵不清、传承的价值认识不足

大学生对红色基因的内涵了解十分有限，对红色文化资源的关注少，随之而来的是缺少对红色基因的文化认同，并不能体会红色文化传承的价

值所在。红色基因是一种革命精神的传承，红色，象征光明，象征信仰，凝聚力量，引领未来。红色基因是中国共产党人的精神内核，是一代一代中国共产党人在中国革命、建设、改革和实现中华民族伟大复兴“中国梦”的伟大实践中形成和发展起来的，它是中华民族的精神纽带，是中华民族的伟大信念。红色基因孕育了永放光芒的抗洪抢险精神、抗震救灾精神、北京奥运精神、载人航天精神、大庆精神、铁人精神，鼓舞着一代又一代中华儿女为了中华民族的伟大复兴而坚强自立、坚持梦想、勇往直前。面对敌对势力的阻挠诋毁，面对自然灾害的汹涌来袭，面对改革开放的新时期，我们都要不动摇、不懈怠、不折腾，用勤劳和智慧、坚定与执着，写下令世人惊叹的“中国故事”。

（二）红色基因传承的内容和传播载体不能适应大学生的需求

红色基因蕴含在过去的历史中，而它今天的内容和表现形式老套、刻板、陈旧，很难适应现在大学生的审美取向。大学生缺乏社会实践的经历，对那段艰辛的岁月缺乏了解，也就很难感同身受，达到情感的共鸣。

（三）社会大环境不良方面的影响

环境影响在人的发展过程中占据着重要的地位。随着现代社会的高速发展，生活节奏日益加快，社会不健康因素逐渐增多，如见利忘义、唯利是图、坑蒙拐骗、以权谋私、权钱交易、贪污受贿等社会不良现象时有发生，对社会风气造成较大的不良影响。当前，我国的社会转型直接导致了各种利益关系的纵横分割。拜金主义、享乐主义、消费主义、娱乐至上等思想对大学生影响很大。一些领域还出现了道德失范、诚信缺失、假冒伪劣蔓延等不良社会现象，这些社会负面现象必然会严重影响到学生的思想健康素质。溺爱的家庭教育、富养孩子的教育观念也不再让孩子吃苦和承担责任。同时，互联网信息中常常夹裹着低俗有害信息及某些腐朽落后的思想文化和价值观念，这些都会直接影响学生的政治态度、道德风貌、价值取向，阻碍学生健康思想的形成。青年腐朽生活方式的偏激倾向，如物质生活的丰富使得青少年不再为衣食担忧，奢华的物质生活对青少年存在极大的吸引力，容易使他们迷恋物质生活，从而缺乏进取心。有些格调不高或不健康的文化内容会让青少年意志消沉，耽于享乐，不利于青少年形成良好的道德观念与健康的人格。

经过高考重压之后的大学生，容易失去继续努力和奋斗的方向，得过且过混日子，当前大学生理想信念缺失已经成为突出的问题。即使有理想信念，但也往往过于个人化和功利化，更多地看重自己的名利，把挣钱当官作为自己的人生追求和衡量成功的标准，甚至为了达到个人目的不择手段，铤而走险，有的人甚至走上犯罪的道路，何谈红色基因的传承。

二、红色基因传承路径的分析

红色基因存储在过去的历史中，更要唤起现在人的回忆，让红色基因渗透在血液中，续写新时代的红色故事。

（一）强化大学生对本地区红色文化的了解

俗语讲："一方水土养一方人。"本地区的红色文化是大学生思想政治教育的资源，需要合理地加以利用。要使红色资源"入耳入脑入心入行"，就需要大学生了解身边的历史，感受先辈人的革命情怀，要让那一代代志士仁人的红色基因浸润我们的灵魂，不断从革命传统中感悟崇高，从红色基因中汲取力量。

（二）用好课堂红色基因传承的主渠道

红色基因的传承需要多种媒介，而思政课堂是主渠道。如何创造性地使用这些红色文化资源，增强其感染力和吸引力，就需要不断创新教学内容和教学方法。要使红色基因为现在和未来服务，就需要以全新的视角对红色文化资源进行解读，贴近现代人的生活，找到心灵的契合点。而教学方法的创新则会增加师生的互动，增进学生的情感体验，将红色基因内化为大学生的价值追求。

（三）新媒体环境下讲好红色故事

互联网技术的发展打破了时空界限，微信平台会因为内容的吸引力和社交性强的特点而在朋友圈广泛传播，这样的传播方式也更受到年轻人的青睐。因此，在新时代的背景下，要灵活运用新媒体新技术，使传播途径多元化、多渠道，并适应变化了的媒介环境和受众心理，克服过去的陈旧、刻板、老套，追求创新，创造出新颖、活泼、感人的红色故事，从而达到润物细无声的效果，和红色基因同频共振。

（四）营造好校内红色文化环境

校园文化在当今高等教育中越来越发挥着重要的作用，作为大学生活的主体，红色校园文化的营造，对大学生来说是一种耳濡目染，正如习近平总书记深刻指出的那样："一种价值观要真正发挥作用，必须融入社会生活，让人们在实践中感知它，领悟它。"校园环境也是激活红色基因的有效载体，不是可有可无的，需要不断丰富。

三、 思修课在传承大庆精神红色基因的尝试

大庆精神是红色文化的组成部分，有丰富的大庆精神、铁人精神资源，作为以大庆精神、铁人精神办学育人的一所学校，更要义不容辞地承担起红色文化传承的责任。

（一）大庆精神红色资源的教学资源转化

基础课教学就要利用好大庆精神，我们对大庆精神的内容进行了整理和筛选，对大庆精神进行分类整理，为教学资源所用。

1. 编写铁人故事教学案例

把大庆精神、铁人精神内容融入基础课教学中，细化了具体融入的内容。例如，从绪论到第五章的教学内容，从铁人的经典故事到"三老四严

四个一样”会战传统，通过这些故事的介绍以及会战传统形成背后的故事，让学生了解那段艰苦的会战岁月，并从中汲取精神力量，让大庆精神、铁人精神焕发出时代的光彩。

2. 鉴赏大庆石油歌曲

大庆石油歌曲一路伴着大庆油田发展的历史足迹走到了今天，无论是会战时期，还是今天，从大会战时期的《石油工人硬骨头》《干打垒之歌》，还是工业学大庆时期的《我为祖国献石油》《踏着铁人脚步走》《满怀深情望北京》，直到今天的《再铸时代铁脊梁》《永远的大庆，永远的铁人》。每首歌都抒发着石油人的爱国情怀，表达着石油人的责任担当和奉献精神。通过对石油歌曲的鉴赏，以一个全新的角度诠释和讲述大庆精神、铁人精神的形成和发展，特别是创业歌声在大庆精神、铁人精神发展过程中的作用和价值，并且在歌声的旋律中可以去体会和感知那令人难忘、激情燃烧的创业岁月。

3. 参观石油工业纪念场馆和企业精神发源地

大庆拥有国家级爱国主义教育基地，如铁人王进喜纪念馆、大庆油田历史陈列馆、松基三井、铁人第一口井等50余处，拥有三老四严、四个一样、岗位责任制等多个会战优良传统发源地，有着几十个企业标杆单位、优秀基层党组织，大庆师范学院有大庆精神研究基地、大庆油陶、音乐舞蹈组歌等一批校内研修资源，是实践基地现场教学的丰富资源。

（二）大庆精神融入基础课专题教学的教学方法和手段的选择

教学方法和手段的选择，主要受教师个人教学风格、教学内容、教学环境和教育对象等综合因素的影响。不同的教学资源需要用不同的教学方法和手段促成教学内容的有效呈现，从而获得最佳的学习效果。

1. 课堂教学方法的选择

主要采用案例教学和激情教学：案例教学就是教师根据教学内容编写的铁人精神故事案例用于专题教学。例如，在第二章“弘扬中国精神共筑精神家园爱国主义时代价值”的教学中，我们用“铁人梦 中国梦”案例，以“铁人的梦是什么，铁人梦和中国梦是什么关系，对你有何启示”作为问题切入点，使学生理解铁人梦和中国梦是紧密联系的，只要有铁人那样的梦想，苦干、实干，心怀天下，无私奉献，中华民族伟大复兴的梦想也就一定能够实现。铁人的石油梦其实也是石油人的中国梦，是中国梦不可或缺的组成部分。使用本案例时，可以结合教材中第二章第二节以爱国主义为核心的民族精神进行讲述，主要让大学生通过理解铁人的梦想，激发爱国的情怀，更加立足本职，焕发昂扬的斗志，为实现中华民族伟大复兴的“中国梦”而不断奋斗，勇挑责任。所谓“激情教学”，主要是一种以主题歌曲演唱示范、背景讲授、作品分析等新形式，注重艺术体验和教学互动，即在艺体类学生中，通过演唱赏析歌曲的形式，激发学生情感的共鸣，让这些文化基础薄弱的学生发挥专业特长，找到学习的自信。注重思想感情冲击与现实理性思考相结合的教学方法。例如，在爱国主义教育中，通过教师讲授、学生赏析、师生演唱《我为祖国献石油》《再铸时代铁脊梁》等歌曲，感受激情岁月，激发学生的爱国情怀。

2. 实践教学方法的选择

主要采用现场教学、体验式教学和访谈式教学，即发挥地方资源优势，通过参观爱国主义教育场馆和企业精神发源地进行现场教学，通过组织同学们参观大庆历史陈列馆、铁人纪念馆、铁人第一口井等场所，由教师和学生共同担任场馆讲解员，系统地向学生讲述大庆油田的发展历史以及铁人王进喜不平凡的一生。结合场馆的特色和企业精神设计教学主题。例如，在参观铁人王进喜纪念馆和油陶基地时分别设计《忠肝义胆英雄气 铁骨柔肠赤子心》《艺术融入爱国情 油陶铸造英雄魂》的现场教学主题，充分利用了现代化的历史场馆和带有时代痕迹的遗址遗迹，用真人、真事、真情营造真实的情境，引发学生的情感共鸣，激发学生争做“铁人式”的社会主义事业的建设者，从而实现教育的内驱力、渗透力。体验式教学就是通过创设情境，强调重视师生的双边情感体验的一种互动教学方法。我们结合大学生的认知特点在教学中尝试了体验式教学。例如，我们在铁人第一口井进行体验式教学，再现当年铁人王进喜带领的1205钻井队为解决钻井没有输水管线，不等不靠解决缺水的问题，破冰用脸盆端水保开钻的场景，体会当年会战的艰辛，让创业精神扎根在学生的头脑里，心灵得到震撼。运用访谈式教学，主要通过邀请“铁人”身边的战友、历史事件亲历者，讲述铁人王进喜生活和工作中的点滴小事，激励当代大学生爱劳动、有理想、敢担当、肯钻研、讲奉献等，感悟奉献精神。

3. 实践教学手段创新

通过建立课程微信公众号，提高课堂效果。通过新媒体技术解决大班思政课沟通欠缺的问题，缩小师生之间的联系和沟通的距离。我们设立了爱上思修课微信公众账号，把思想政治理论课教学从课堂内延伸到课堂外。这个载体推送大量同学们学习铁人精神的作品（包括研修学习体会文章、课件、微视频、摄影作品等），它为大家提供展示的一个平台，更是一个不断创新，发挥自媒体优势的学习实践性组织，从而使课堂教学得到有效延伸，也使思政课教学更有亲和力和吸引力，强化了师生的交流互动，推进了“铁人精神育人”实践教学系列成果。

豫南某高校对学生进行红色基因传承情况的调查结果显示：喜欢通过“影视作品学习”的方式远远超过“课堂老师传授讲解”。因此，单纯的课堂讲授不能满足学生的需求，需要花大力气创新教育方法。

（三）大庆精神融入基础课专题教学的教学效果及注意的问题

利用本土资源——大庆精神融入教学，天然地增加了学生对教学内容的亲近感，而创新的教学方法，诸如激情教学、案例教学、体验式教学等提升了学生的参与度，提高了抬头率，改变了过去学生把上思政课当作可以放松的“休闲课”。同时，新媒体技术的应用拓宽了教学载体，师生间的互动交流普遍增强，思政课不再是学生眼中“高大上”、需要敬而远之的课程；深化了我校铁人精神有机融入思政课的教学改革，使学生对思政课的喜欢程度大大提高，对教学过程和效果的满意度明显增加。实施大庆精神融入基础课专题教学还需要注意以下问题：

1. 强化问题导向，围绕“三主”展开实施

思政课教育的宗旨就是解决学生思想上的困惑，因此，所谓“问题导向”就是结合每个专题的内容，通过设计一系列问题来完成教学任务，即把基本理论问题化，解决学生的似是而非问题。教师要从理论出发提炼问题，把问题贯串在教学活动中。同时，对热点问题要深化研究，做出理论上的解答，使学生对问题的理解更深刻、更科学，从而达到思政课应有的教学效果；使思政课给予学生的不应是概念、原则、结论，而应是一种理论思维，是观察社会的基本立场、观点和方法，解决学生思想上的困惑，实现马克思主义理论的时代化。基础课中涉及的问题很多，开课前教师要做好调研，由此设计问题，解决学生的思想困惑。“三主”就是以问题为主线，以教师为主导，以学生为主体，课堂教学必须紧紧围绕教师精心创设的问题，不能脱离这一中心。同时，教师还是导演，主导整个课堂，问题的选定、问题的布置、讨论小组的划分、讨论进度的控制、问题的总结等无不体现教师的主导作用，学生主体地位的凸显，创设民主平等的课题氛围。要贯彻“从学生中来，到学生中去”的以学生为本的思想，坚持问题导向，关注学生需求，为了有针对性地实施教育，必须了解和掌握各不相同、各有特点的大学生的思想特点、价值取向、心理素质、学习习惯、家庭情况、网络生存状况等，让思政课入脑，让学生真心喜欢、终身受益、毕生难忘，这样，才能增强课堂的吸引力、说服力和感染力。

2. 团队合作学习，破解大班授课难题

大班授课，学生参与不足，要以团队合作学习的方式参与问题管理，激发学生参与的热情。通过完善团队合作学习的考核方案，并根据参与的程度确定每人的成绩权重，调动学生全员参与，增强师生互动，提升学习

效果，解决大课堂学生人多、无序管理、参与互动不均衡等问题。我们通过学生自愿组合成学习团队进行合作学习，并细化了团队的考核细则，明确团队成员的得分情况，学生全员参与课上教学和课后实践，组织学生进行课堂讨论、辩论、演讲，增强学生的参与度，有利于思政课大课堂教学学生的有序管理。注重过程性评价，将团队及个人的表现，包括团队总体出勤、课堂发言、参与实践情况等进行综合评定，鼓励团队创新项目，以多样化的评价方式激发学生兴趣，课堂积分卡奖励用于提高平时成绩，使教师和学生形成互动，实现“教”“学”双赢，保证大班教学的效果。

3. 运用现代媒体，畅通师生沟通的渠道

根据我们的调查问卷，学生认为提高思政课教学实效亟待解决的是理论联系实际，重点是解答当前的热点、难点问题。因此，单凭课堂不能达到这种效果，我们通过课外的实践教学作为延伸，加强实践教学，配合学校党委宣传部、学工部等，开展铁人精神育人系列活动，包括“做‘铁人式’的社会主义建设者”主题演讲、情景短剧表演、连环画展、诗歌创作、制作微视频等，实现学生自我教育。通过开展“三下乡”、十百千团队、红色文化月、关爱中成长、参与大庆石油会战口述史采访等一系列活动，创新载体形式、丰富社会实践活动内容。通过开设“爱上思修课”微信公众号，实现了通过搭建师生对话交流平台，积极回答学生的疑惑，引导大学生积极关注理论热点，并把学生参与实践教学的情况纳入考核中。

参考文献：

[1] 高揽月，李洪顺. 大别山区红色基因在高校传承的实证研究［J］. 法制与社会，2018（3）：197－198.

[2] 江光友. 新时代，红色基因传承如何可能［J］. 甘肃理论学刊，2018（3）：48－49.

[3] 龙飞. 思想政治理论课课堂与传承红色基因［J］. 教育教学论坛，

2018（3）：40－42.

［4］徐正兴．高校红色教育的困境分析与优化策略［J］．常熟理工学院学报，2017（9）：109－112.

［5］王革．将大庆精神转化为高校立德树人资源的三重维度［J］．思想理论教育导刊，2016（9）：136－139.

［6］习近平．在纪念中央革命根据地创建暨中华苏维埃共和国成立80周年座谈会上的讲话［N］．人民日报，2011－11－05（1）．

（作者简介：付晓东，女，大庆师范学院马克思主义学院副教授）

新时代红色资源开发及红色基因传承研究

——以泰西抗日武装起义旧址开发为例

陈士福　李有刚　仇善章

红色基因是共产党人永葆本色的生命密码[1]。习近平总书记曾多次强调传承红色基因的重要性。他说，“要把红色资源利用好、把红色传统发扬好、把红色基因传承好”“让红色基因代代相传”[2]。山东省是红色资源丰富的省份之一，沂蒙红嫂天下皆知，铁道游击队、微山湖游击队史册留名，济南战役、莱芜战役、孟良崮战役等家喻户晓。为了保护与开发这些红色资源，山东省在政策和资金方面大力支持，取得了显著的成绩。但是仍然有一些重要的红色资源目前未能得到充分的开发和利用。例如，泰西人民抗日武装起义迄今鲜为人知。此次起义，我党播撒了抗日革命的火种，为后来山东根据地的建设奠定了雄厚的群众基础。进一步研究和开发泰西抗日武装起义旧址，对于山东省红色资源的整合利用具有重要意义。

一、 泰西抗日武装起义简介

1938 年 1 月 1 日，由山东省党委派来的张北华和地方党组织负责人远静沧在蟠龙山鹁鸽崖带领当地党员和民众发动了泰西抗日武装起义，史称

“鹁鸽崖起义”。蟠龙山区域内的拉马洼、扳倒井、二起楼、馍馍山等村的乡亲用神仙沟小米和地瓜支援八路军战士，给养我军伤员病号。正是受到当地民众的全力支持，抗日起义队伍最后发展到3 000多人，经过攻克肥城、全歼维持会、夜袭界首、津浦铁路炸车毁桥配合台儿庄战役等数十次战斗，大煞了日寇的嚣张气焰，鼓舞了广大人民抗日胜利的信念。1939年11月底，起义队伍改编为八路军山东纵队第六支队。六支队在党的领导下创建泰西抗日根据地，全力支持八路军一一五师东进，并为山东根据地与冀鲁豫根据地的建设做出了重大贡献。1940年9月，泰西抗日游击队迎接渡过东平湖的晋西支队（一一五师的一部分，支队司令员为开国上将陈士榘）机关、直属队和第一团，10月，该部队抵达蒙山南麓。泰西抗日武装起义，是中国共产党领导泰西人民、联合一切爱国力量英勇抗战的壮举，其忠于民族、忠于人民的英雄主义精神及丰功伟绩，彪炳史册。2015年，泰西人民抗日武装起义遗址被评为省级文物保护单位，2018年8月1日又被山东省文物局纳入修复项目立项。

二、 泰西抗日武装起义旧址开发的优势

1. 党和政府的大力支持

红色旅游是爱国教育、党性教育的重要载体，肩负着红色基因传承的重要使命。中央办公厅、国务院办公厅印发《2016—2020年全国红色旅游发展规划纲要》；国家发改委等14部委印发《全国红色旅游经典景区名录》；2018年，山东省印发《山东省红色文化研学旅游实施方案》《大力推进全域旅游高质量发展实施方案》等，依托临沂、泰安、莱芜、淄博、枣庄等地市实施“沂蒙精神红色基因传承工程”。通过政府投资，大力支持红色旅游扶贫和“空心村”改造，使整个山东省发展红色旅游的面貌焕然一

新。泰西人民抗日武装起义旧址的开发，已经获得省市区镇四级政府的大力支持，目前累计投资300多万元用于道路修建和遗址保护。拉马洼村成立"泰西红色文化基地"，同时吸引社会各界的支持和参与。

2. 红色资源主题鲜明、底蕴深厚、资料丰富

蟠龙山鹁鸽崖位于泰安市岱岳区道朗镇拉马洼村，起义旧址具有明确的历史记载。抗日战争时期，罗荣桓、萧劲光、陈士榘等我军名将曾经游击转战于此。起义旧址周边有着丰富的红色旅游资源。在这片热血沸腾的土地上，泰安人民谱写了浓郁的红色篇章。据不完全统计，起义旧址周边（不包含泰安市以外的其他地市）共有革命遗址300多处，其中以抗日战争和解放战争为主题的起义旧址、战斗遗址、名人故居、烈士纪念馆等遗迹282处。泰西抗日武装起义旧址属于这些红色资源中的一部分，与其他资源相得益彰，互补性强，且富有代表性意义。

目前还有一些亲眼见证鹁鸽崖起义的高龄老人生活在拉马洼村及周边镇村。2018年7月8日，笔者随专家组和泰安市电视台的两名记者来到拉马洼村实地考察起义旧址。90岁高龄的徐富青老人在蒙蒙细雨中向我们讲述了80年前的起义队伍："在鹁鸽崖山洞里，经常密密麻麻地有几十口人，有时候有上百口人……村里的孩子们自发到山坡上放哨站岗，发现可疑人员立刻向队伍报告……"据了解，尚且健在的像徐富青这样当年目睹起义队伍的高龄老人有四五位，他们是宝贵的历史活资料。除此之外，拉马洼、扳倒井等起义旧址周边村庄还有许多烈士后代和起义见证人的后代，他们口述的起义队伍逸事对开发红色基因具有不可估量的价值。

徐富青老人指出鹁鸽崖起义旧址

（由左及右：泰西红色文化基地负责人高会飞；烈士后代原泰安肥城市副市长高宗夫；起义见证者徐富青老人；泰安电视台某记者。作者于2018年7月8日摄）

3. 舍生忘死的起义精神影响深远

抗日战争年代，山东省由于地处沿海，较早受到日寇的攻击而沦陷。面对穷凶极恶、全副武装的日寇和忘却民族大义、坏事做绝的汉奸维持会，泰安人民不甘屈服，在党的领导下揭竿而起，点燃了泰西沃土上的抗日烈火并迅速辐射全省。鹁鸽崖的山洞、蟠龙山的草坡，拉马洼、扳倒井等周边人民的积极参与，创造了敢为人先的英雄壮举。泰西抗日武装起义壮大了山东抗日队伍，通过英勇无畏的不断战斗支援正面战场，并为八路军一一五师东进齐鲁建设抗日根据地创造了条件。这种舍生忘死的起义精神影响深远，是山东人民的宝贵财富，理应代代相传。“传承”是红色基因的关键，今天的幸福生活来源于烈士先贤们的浴血奋战，为了民族独立和共同富裕，党领导下的泰西人民创下了不朽的功业，积累了丰富的精神财富。考察过程中，拉马洼村党支部书记、泰西红色文化基地负责人高会飞说：“红色基因已经深深融入泰西人民的血脉，百姓希望能将舍生忘死的起义精神传承下去，希望能借助新时代党的好政策发展红色旅游和红色经济。在市区镇各级领导的关心和支持下，村两委班子提高认识，齐心协力展开了针对泰西人民抗日武装起义遗迹的修复保护与科学开发，同时诚邀各界社会人士和历史研究专家学者收集整理相关材料和数据，固化革命遗迹，扩大宣传，让信仰之火世代相传，让为了民族大业舍生忘死、勇往直前的泰西革命精神传遍神州大地。”

三、 泰西抗日武装起义旧址开发面临的困难

1. 开发资金不足，需要社会各界共同扶持

迄今为止，省市区镇各级政府投资约300万元，目前主要用于道路修建和遗址保护。将起义旧址开发成红色文化研学基地、旅游基地、绿色生态农业开发基地、金色健康养老基地，还需要做大量的工作。尤其是下一步还要建设“起义纪念馆”，改造民居，发展特色农家乐等，存在较大的资金缺口。目前，泰西红色文化研学基地已经初步成立，拉马洼村两委热诚欢迎社会各界人士投资参与起义旧址的开发工作。

2. 红色资源开发的专门型、复合型人才缺乏

人才是干事创业的关键。开发泰西人民抗日武装起义旧址，需要大量的开创型、管理型、经营型人才。但是目前村两委班子成员大多数年事已高，拉马洼“空心村”现象比较严重，而且目前常住人口已经不足百人。村支书高会飞和班子成员徐延庆具有干事创业的猛劲和气魄，但是由于学历不高、社会圈子不广、市场开拓业务不熟、资金募集能力有限，在红色资源挖掘、开发、利用等方面面临不少的困难，极有可能因此制约红色旅游产品市场化、产业化的规模。因此，村两委从实际出发，诚邀具有红色资源开发经验以及愿意投身红色旅游经济的企业家、专门人才等莅临拉马洼指导工作、献言献策。

3. 资源整合利用难度较大

泰西人民武装起义并不是一次简单、孤立的抗日行为，它和徂徕山抗日武装起义、新泰龙廷抗日武装起义，以及后来的肥城抗日武装起义、陆房突围战等相辅相成，形成一个完整的抗日链条。目前，徂徕山、肥城、新泰等地红色资源开发已经相当成熟且具有了一定规模和影响，而泰西人

民抗日武装起义尤其是鹁鸽崖起义开发较晚，重视程度不足，目前与周边抗日武装起义旧址开发经验交流较少。

泰西人民抗日武装起义与沂蒙人民抗日具有紧密的联系。泰安和沂蒙老区山水相依，风土民情相似，从泰安至蒙山不足百里。在同一历史时期遭受日寇的侵略、蹂躏，在党的领导下又同时举起抗日御侮的红旗。泰西作为晋冀鲁豫抗日根据地的一部分，其抗日武装起义对沂蒙抗日必然有一定的引领作用，沂蒙抗日对泰西起义具有遥相呼应的支持作用。起义队伍和八路军战士们游击作战于泰西和沂蒙的崇山峻岭中，其革命目的、民族精神、革命策略并无二致，为了抗日，两地也必然会产生较为密集的联系。但是，由于当时在日伪统治下秘密起义且转战范围广阔，与优势敌人斗争牺牲较大，遗留下来的可以利用的红色证据并不多。时光荏苒，红色资源整合利用难度日益增大。

4. 开发经营经验不足、观念不强

在当今经济社会，特色是生命力，市场是生命线。我们不仅仅要考虑起义旧址的开发与保护，还要考虑红色旅游、研学基地、生态基地、养老基地的经营与运行，努力打造循环经济。但是由于资金缺口较大，目前的开发仅限于道路修葺、崖洞保护，开发水平较低。由于开发经验不足，难免要向我省其他同类性质的红色基地取经学习。因此，又有可能导致红色旅游研学产品的同类化、公式化，给人一种千篇一律的感觉，直接影响红色资源的产业价值。宣传推广是红色产业建设的先行工作，但是目前对泰西人民抗日武装起义的宣传还不到位，媒体报道偏少，特色不明显，省内外的同行专家了解不够，社会影响总体偏低，宣传力度与产业化开发需求相差甚远。

四、 开发泰西抗日武装起义旧址红色资源的建议路径

1. 进一步加强红色资源的挖掘、整理与保护，加快红色文化旅游项目开发

维修和保护鹁鸽崖山洞，根据目前仍然健在的老人的回忆，力争还原

当年旧貌；建设泰西人民抗日武装起义纪念馆，把一些起义队伍的遗物、起义队伍常用的劳动工具和收集来的资料展示于世人；加强文字资料收集，调查访问我军一一五师东进领导人的后代（重点调查开国上将陈士榘东进泰西的相关资料），包括一些回忆录、口述历史、名人日记等；建设形象化较强的起义队伍雕塑（包括张北华远静沧雕塑）、罗荣桓雕塑等；制作起义队伍转战泰西游击推演沙盘等。面向省内外红色文化遗址及研究机构，搭建联合发展大平台；尤其要注意把鹁鸽崖起义和徂徕山起义、空杏寺起义等联系起来。这些起义都属于泰安人民抗日起义的一部分，都属于八路军一一五师东进途经之地，属于齐鲁抗日烽火的完整链条。

红色旅游项目开发主要还是谋划以民众喜闻乐见的艺术化形式，传承红色文化基因，弘扬正能量，大力倡导社会主义核心价值观；以红色文化旅游开发为基础，结合绿色生态农业开发和金色健康养老项目运作，为当地百姓做应有的贡献。

2. 不拘一格用人才，建设红色文化研究教育基地

开发泰西抗日武装起义遗址是一个复杂、庞大的工程，需要各种各样的人才，应考虑不拘一格引进和使用人才，不求为我所有，但求为民所用。开发遗址需要各类企业管理经营人才、各类知识整理及创新人才、同行人才、返乡创业人才、政府管理及服务人才等。引进人才需要大量的资金，由于资金短缺，可以优先考虑尽快组织成立泰安地区红色文化及旅游研究会或学会。吸引更多对抗日历史感兴趣的群体加入研究会，扩大对泰西人民抗日武装起义的研究范围和专家基础。吸引更多的学者自愿、义务投身到泰西人民抗日武装起义的研究。

3. 建设生态农业基地和养老基地

蟠龙山区域内的拉马洼、扳倒井、二起楼、馍馍山等村庄远离市区闹市，土地肥沃、环境幽雅、空气清新、民风淳朴、特产丰富，非常适合建设生态农业基地和养老基地。旧址开发同时可以考虑建设精品农家乐，集美食、住宿、休闲与旅游、研学为一体。可以基于当地特产研究开发“地瓜宴”“玉米宴”“百蔬宴”“小米快餐”等，既能使旅游与研学者体会到

游击队当年转战周边的主食小米和地瓜的滋味，又能刺激当地农民全身心投入绿色种植、养殖，提高收入水平。养老基地可以考虑逐步建设几个疗养院、幸福院与养老院，服务对象面向整个山东省的退伍退休军人，也可以与周边区县镇的武装部取得联系以扩大宣传，附近镇村的退休村干部、企业退休的安保人员、村民兵等也可以就此养老。欢迎有志于养老事业的企业或个人投资加盟基地建设。

4. 欢迎各界人士光临泰西鹁鸽崖

红色资源开发与传承有利于加强新时代党的领导，有利于凝聚民族精神，有利于精准扶贫，带动地方经济发展。

欢迎全省有关红色基因研究的专家学者、党政领导到泰西鹁鸽崖走一走，看一看，提出宝贵的指导建议，帮助拉马洼村的农民兄弟们扩大对泰西抗日武装起义的宣传。

欢迎省内外有志于红色资源开发的企业家到泰西拉马洼及周边考察、投资。这里山清水秀、空气清新、民风淳朴。泰西具有打造成为红色旅游景区、绿色生态园区、金色养老疗养区、大中小学生研学区的基础条件。潜力巨大的泰西商机期待着您来挖掘。

参考文献：

［1］潘怀平．传承和弘扬红色基因［R］．光明日报，2018－07－03.

［2］舒仁庆．让红色基因代代相传［R］．学习时报，2016－10－13.

（作者简介：陈士福，男，泰山医学院马克思主义学院教授；李有刚，男，泰山医学院马克思主义学院副教授；仇善章，男，泰山医学院马克思主义学院副教授）

红色资源价值及其功能充分释放的对策阐析

张旭日

红色资源是中国共产党在领导中国人民进行新民主主义革命、社会主义革命、社会主义建设和中国特色社会主义建设的伟大斗争中形成的进步、积极、向上的充满革命理想主义、革命英雄主义、革命浪漫主义和爱国主义的展现历史风云、激荡历史情怀的历史真迹、历史遗址、历史故居、历史纪念碑（馆、堂、园），以及其中蕴存的精神。红色资源是党和国家的宝贵财富，浓缩历史，启迪后人，是进行思想政治教育的生动教材，要正确领会其价值，采取行之有效的方法充分发挥其价值，释放其功能，为中国特色社会主义建设提供理想、信念和动力保障。

一、红色资源的内涵

（一）红色资源的内涵

红色资源是中国共产党为了实现中华民族伟大复兴，在领导中国人民进行新民主主义革命、社会主义革命、社会主义建设和改革开放的斗争中形成的进步、积极、向上的充满革命理想主义、英雄主义和爱国主义的凝聚历史风云、表达历史真谛的催人奋进的革命历史真迹如历史文献、手稿、文件、小说、诗歌、散文、音乐、歌曲、戏剧、电影、电视、书法、绘画、故事、传说、家书等，革命历史遗址如战争、事变、会议、谈判、典礼等历史事件发生地、革命领袖、革命英雄、进步人士故居等，革命历史纪念物如革命历史、革命英雄纪念碑、纪念馆、纪念堂、纪念园以及其中蕴含的丰富、伟大的革命精神。红色资源缩写历史，内容广泛、数量众多、形式多样，既形象可观又博大精深，是“中华民族重要精神标识”，是党和国家的宝贵财富，是进行革命理想主义、爱国主义和社会主义教育的生动教材。

红色资源大而论之主要有革命历史遗迹、革命精神两个方面，具体有革命历史真迹、革命历史遗址、革命历史纪念物以及蕴含的革命历史精神。革命遗迹是物质形式，革命精神是内中本质。革命遗迹表现革命精神，革命精神通过革命遗迹来表达；革命遗迹必然表现革命精神，革命精神当然通过革命遗迹来表达。没有革命遗迹无法体现革命精神，没有革命精神贯串的革命遗迹就没有任何价值。形式不可缺少，精神重中之重，革命遗迹如革命真迹、革命遗址，革命纪念物的保护、建设和利用一定要体现革命精神，让人们在革命遗迹的参观、游览、学习中能够发现、追寻革命精神，让革命精神的光芒照耀人们的心灵。要正确领会其内涵，掌握其精神，传承其基因。

红色资源是红色革命历史的真实写照，是风起云涌、波澜壮阔、艰苦卓绝的党的历史、中国革命、建设和改革开放历史画卷的生动泼墨、散点透视。红色资源跳跃着历史的音符，奔腾着奋斗的乐章，闪烁着先驱的呐喊，激荡着时代的旋律，演绎着民族的希望。红色资源承载着红色精神，传递着红色基因，红色资源虽然丰富多样，但精神如一，基因相同，都生动体现了党和革命先辈热爱祖国、忠于理想、不怕牺牲、勇于奋斗、无私奉献、自强不息、积极进取、乐观向上的崇高革命情怀和人格，是党和国家宝贵的历史遗产和精神财富，是中国特色社会主义建设和实现中华民族伟大复兴的不竭动力源泉，必须精心呵护。

（二）红色资源的特征

红色资源承载历史，博大精深，“是红色文化的呈现，是先进文化的代表”。红色资源主要有“革命文物、革命建筑、革命遗址、革命事迹和革命精神”等物质和非物质方面，有着“革命性和先进性、科学性和实践性、本土化和创新性以及兼收并蓄和与时俱进相统一特征”。

1. 历史性

红色资源是历史的产物。红色资源是具体、特定的历史环境、条件下的历史人物的历史活动的反映，脱离了具体、特定的历史情境、历史氛围、历史人物、历史关切、历史活动，红色资源就不复存在，即使存在，价值也无从谈起，精神则虚无缥缈，更谈不上感动人、震撼人、鼓舞人、激励人、教育人、启发人、引领人了。历史性即真实性，红色资源必须是历史的、真实的，具有厚重感和可感知。

2. 时代性

红色资源是时代的产物。红色资源是具体的、一定的时代背景下的人们回应时代关切的时代活动，离开了具体的、一定的时代背景、时代关切，红色资源就难以解读，其价值可能模棱两可，其精神则琢磨不透，也就无法充分发挥其价值，释放其功能，表现其精神的光芒。时代性造就了各不相同甚至迥然不同的红色资源。一定时代产生一定时代特色的红色资源，不同时代的红色资源各有其不同内涵。

3. 革命性

红色资源是革命的产物。红色资源是实际革命和建设事业中的人们的历史活动，革命、奋斗、忠勇、牺牲、奉献是其本质，充满了气吞山河的爱国主义、革命英雄主义、理想主义、浪漫主义精神。革命是红色资源的主色调，脱离了救国救民的战场，远离了民族复兴的壮志，没有了革命理想、革命精神、革命活动，就没有红色资源，更没有其价值和精神。红色资源是具有浓重革命色彩的历史资源。

4. 先进性

红色资源是先进的产物。红色资源是丰富多彩的革命、建设中先进的人们能够推动历史发展、社会进步、民族独立、人民解放、国家繁荣的进步历史活动的写照，激荡着斗争的精神，闪耀着真理的火种，传递着正义的力量，表达着牺牲的勇气，担负着天下兴亡，燃烧着理想追求，爱国主义、英雄主义、理想主义水乳交融。红色资源是先进性历史资源，因其先进禀性而具有伟大的精神和价值。

5. 民族性

红色资源是民族的产物。红色资源是一定历史条件下，我们党为实现民族独立、人民民主、国家富强，实现伟大复兴而领导中国人民进行新民主主义革命、社会主义革命、社会主义建设和改革开放，“为着全民族的利益而战斗的”历史再现，具有鲜明的民族特色，是我们民族革命斗争和建设的生动实践的反映，是民族的骄傲、民族的遗产、民族的光荣。红色资源是我们民族的历史文化资源。

除此之外，红色资源还有政治性、人民性等特征。

二、 红色资源的价值

红色资源是党为了实现中华民族复兴，在领导中国人民进行革命、建设和改革中形成的进步、积极、向上的充满革命理想主义、英雄主义和爱国主义的革命真迹、革命遗址、领袖故居、革命纪念碑（馆、园）等以及其中蕴含的丰富、伟大的革命精神。红色资源是红色历史的真实再现，传承着红色基因，浓缩着崇高信念，是红色瑰宝，是进行爱国主义、革命理想主义和社会主义教育的载体，有着“见证历史、文明传承、精神教育的价值”。总的来说，红色资源价值“体现在政治价值、文化价值和德育价值等方面”，主要有历史回忆、榜样鼓舞、感情寄托、心灵净化、精神诉求、道德升华、思想教育、理想塑造、信念坚定和道路认同等方面。

（一）历史回忆价值

红色资源是红色革命历史的生动再现，观看、瞻仰容易身临其境，触景生情，引发历史回忆。例如，观看、阅读记载真实历史的红色革命真迹如文稿、文件、诗歌、歌曲、电影、电视等，瞻仰战争、事变、会议等革命遗址，参观革命领袖、英雄故居、革命纪念物如革命英雄纪念碑、纪念馆、纪念园等都促使人们去回忆历史、亲近历史。历史回忆是历史感悟、历史启示、历史教育的前提，是心灵净化和道德提升的保证。

（二）榜样鼓舞价值

红色资源浓缩历史，形象可观。领袖的风范、革命的精神、英雄的事迹、斗争的场面，炽热的情怀，尤其是革命先驱为了国家、民族和人民前赴后继、奋勇争先、敢于斗争，不怕牺牲、慷慨悲壮的历史情境往往感天动地、催人泪下、催人奋进，产生巨大的榜样鼓舞与精神感召价值，理解英雄、呼唤英雄、感恩英雄、崇敬英雄，催生英雄情怀和豪情壮志，进而激发心灵荡涤，实现道德提升，树立革命理想，坚定革命信念。

（三）感情寄托价值

红色资源承载红色历史，印刻红色记忆。参观、瞻仰、游览、学习革命历史遗迹，能够发现、追寻革命精神，感受革命精神光芒的照耀，抚慰人们的心灵，在困难、困惑、彷徨中通过和先辈、先驱、领袖、英雄的对望、对话，倾诉、述说和排遣心中的苦闷、彷徨，找到感情寄托，沐浴“阳光”照抚，接受清风洗礼，走出心理盲区。感情寄托为心灵净化、道德提升、精神解放、理想生成、信念坚定奠定了基础，开辟了道路。

（四）心灵净化价值

红色资源表达红色情怀。为了中国革命的胜利、民族的独立、人民的解放、社会的进步、国家的复兴，无数革命领袖、革命英雄、革命志士和广大人民群众舍生取义、大公无私、慷慨悲歌、壮怀激烈、视死如归、勇往直前的斗争风范和革命精神感人肺腑，能够产生极大的视角震撼和心灵撞击。英雄的事迹，先驱的号角，使观者无不动容、听者肃然起敬，心灵顿时净化，庸俗的想法逐步让位于满腔激情，从心灵的荡涤启航追求道德的提升，理想的塑立。

（五）精神诉求价值

红色资源是革命的乐章、英雄的史诗、精神的殿堂。红色文物、遗址、纪念物，具体、真实、形象地书写着革命历史，浓缩着革命精神，拉近了历史与现实、过去与今天，革命先辈、革命英雄与我们的距离，瞻仰先辈的英雄壮举和动人事迹，我们的迷惘、不安、焦虑、精神的期盼、内心的诉求可以向先辈请教，借以打消不正确的人生态度，端正人生航标，长英雄之气，颂壮志之情，进而实现道德升华，坚定革命理想信念。

（六）道德升华价值

红色资源是革命历史的情景透视，是艰苦卓绝的中国革命、建设和改革开放历史画卷的泼墨重彩。红色资源跳跃着革命的音符，闪烁着英雄的乐章，激荡着时代的旋律，洋溢着红色的精神，传送着红色的基因。巍峨壮丽的建筑，生动形象的展示、栩栩如生的姿态都生动体现了革命先辈和英雄为国驱驰、为民请命、忠于理想，不怕牺牲、无私奉献、积极进取的高尚情怀和伟大人格，引导着人们情不自禁地向先辈、英雄致敬学习，见贤思齐，实现道德升华，感悟着“全心全意地为人民服务”的道理。

（七）思想教育价值

红色资源表现红色历史，点缀红色精神，闪烁红色基因。红色资源能让革命精神光芒照耀人们的心灵，净化心境，陶冶情操，提升道德，并在和风细雨、潜移默化的红色之旅中达到思想教育的目的。这种教育不是堂而皇之的高谈阔论和说教，而是心平气和的道德滋养、情景融入和平等、亲切、生动的时空对话，倾听着历史的枪林弹雨，注视着英雄的从容镇定，回忆着英雄的浩然正气，感悟着革命建设的胜利之道，实现思想境界的更上一层。

（八）理想塑造价值

红色资源再现历史，催生英雄情怀，能够荡涤心灵，提升道德，追寻革命精神，塑造革命理想。红色资源是红色历史的生动表达，击打着历史的节拍，涌动着先驱的情怀，奔腾着时代的脉搏，诉说着人民的追求，演绎着民族的希望。红色资源满载红色精神、传承红色基因，生动体现了党和革命先辈、革命英雄热爱祖国、热爱人民、忠勇奋斗、无私奉献、自强不息、积极进取的革命品格，这些无不让人感动、催人奋进。学习英雄事迹，激励人们“坚定共产主义远大理想和中国特色社会主义共同理想并为之奋斗”。

（九）信念坚定价值

红色资源写红史，激壮志，进而荡涤心灵、提升道德，塑立理想、坚定信念。红色资源跳跃着历史的音符，奔腾着先驱的英姿，激荡着时代的旋律，红色精神熠熠生辉、红色基因一以贯之，为了人民的解放、革命的胜利，党和革命先辈热爱祖国、忠于理想，不怕牺牲、奋勇向前的崇高革命情怀和人格呼之欲出，引导、推动着人们学习先辈、英雄，立足革命理想，坚定革命信念。瞻仰英雄的事迹，学习英雄的精神，已有的信念更加笃定。

（十）道路认同价值

红色资源回望红色历史，承载红色精神，荡涤心灵、提升道德，塑立理想、坚定信念，进而更加坚定不移地拥护党的领导，认同社会主义道路。通过利用红色资源，感悟红色历史，掌握历史真谛，真正认识到实现中华民族伟大复兴需要先进工人阶级政党的领导和正确的革命、建设道路。没有共产党就没有新中国，只有社会主义才能救中国，只有改革开放才能发展中国，从而毫不动摇跟党走中国特色社会主义道路，“为中华民族谋复兴”，认同红色资源，认同红色历史，认同红色精神，认同红色基因，认同红色道路。

三、红色资源功能充分释放对策阐析

红色资源是党领导人民进行革命、建设和改革的历史写照，对巩固党的执政根基，捍卫社会主义制度，坚定人民政治信仰，培养人民良好人格，同心同德建设中国特色社会主义有着重要的、不可替代的价值和意义，要传承好红色基因需要保护好、利用好红色资源，充分释放其功能。新时代有效发挥红色资源价值，充分释放红色资源功能，应该从组织和制度建设、设施和资源保障、行为和运营选择方面进行考量。

（一）不忘初心、真正重视

中国共产党领导中国人民经过艰苦卓绝的斗争取得了新民主主义革命、社会主义革命、社会主义建设及改革开放的胜利，胜利来之不易，正确的路线、方针、政策，崇高的理想、坚定的信念、英勇的斗争保证了革命、建设和改革的胜利。伟大的斗争形成了伟大的红色资源，产生了伟大的红色精神。习近平总书记明确要求：“把红色资源利用好、把红色传统发扬好、把红色基因传承好。”习近平总书记指出：“我们要深层次地传承红色基因。”党和政府尤其是主要领导要不忘本色、不忘初心、坚持宗旨、高屋建瓴，真正从战略和全局高度重视红色资源的开发、保护和建设，把红色资源纳入议事日程并形成制度，为其功能充分释放提供政治领导保障。

（二）改革体制、加强指导

红色资源的保护、利用需要党和政府领导的重视，纳入议事日程并形成制度，这是必不可少的，但远远不够。红色资源的有效保护、利用和功能充分释放还有赖于改革体制并进行科学指导。要改变红色资源开发、红色文化建设、红色旅游管理单纯由业务部门各自为政的格局，整合建立由党委宣传部门统一领导，各业务部门如党史研究室、史志办公室、文化旅游局、政协党史资料征集委员会等参加的既分工又协作的体制，同时加强党委宣传部的政治、方向指导及工程建设规划、关键及核心问题的监督，可设立红色资源保护办公室处理日常事务，为功能充分发挥提供体制保障。

（三）政府主导、社会助力

红色资源内容丰富，尤其一些革命老区红色资源更多，而这些地方相对来说经济发展落后，没有更多的资金进行红色资源的挖掘、抢救、保护及开发、利用，极大地限制了红色资源的价值发挥和功能释放。在这种情况下，应该解放思想、转变观念，在争取上级政府财政支持，增加财政投入的同时，出台相关鼓励和优惠政策，吸引和动员社会力量参与红色资源保护、建设，调动企业、社区的积极性，改变红色资源主要由政府单方重视、保护、投资、运作、独立经营的局面，建立和完善政府号召、社会响应，政府主导、社会助力，政府统一监管、社会各方参与的新式保护、利用模式。政府主导、监管，放管结合，监督指导。

（四）深度挖掘、系统整合

红色资源包括红色文物、红色遗址、红色故居、红色建筑等，涉及民主革命、社会主义革命、社会主义建设和社会主义现代化建设四个时期和政治、经济、军事、文化、教育、民族、外交、社会保障以及党的建设诸方面，由于破坏、毁坏和损耗，许多资源损坏严重，需要加快整理、挖掘、保存和利用。同时，由于社会变迁和城市化建设，一些真迹、史料、遗址、故居等需要进行抢救性、前瞻性挖掘。要争分夺秒进行对革命英雄、革命老人和见证人的声像采访，最大限度地挖掘和保存红色资源，并由宣传部、红保办牵头，对资源分门别类，系统整合。要统筹考虑，整合再组，化点成片，连点成线，内外上下对接，整合联通开发。

（五）科学规划、点亮主题

红色资源是党和国家的宝贵财富，是国之大器，是无价之宝，不可复制，保护、利用非常重要。保护好、开发好、利用好红色资源是千年大计，要有政治家的意识和长远眼光，不能鼠目寸光。红色资源是重要的文化资源，是一个地方的软实力，红色资源的保护要有时不我待的精神，要舍得投入、舍得投资，不能只算经济账，要长线投资。保护项目要科学规划，充分论证，要精益求精。同时，对一个地方的红色资源开发、保护、利用要全盘设计，不能你争我夺，也不能主次不分，要明确优势，点亮主题，形成拳头项目、品牌产品，汇成一个和几个招牌项目，实现品牌效应。

（六）加大投入、留住人才

红色资源保护、开发和利用需要一定的人力、物力，需要政府必要的财政支持，这是红色资源价值实现和功能发挥的基本条件。红色资源投入相对而言投资大、回报小，投资回报率不高，与经济项目相比，红色资源投资似乎得不偿失，没有意义，因此，对红色资源投资往往消极应付，这势必影响红色资源的正常挖掘、保护与开发，相关单位甚至到了难以为继，举步维艰，留不住人才的地步，限制了其价值的实现和功能的发挥。红色资源价值实现和功能发挥要求政府加大财政投入和扶持力度，不能厚此薄彼，最起码要保证相关单位正常开展工作，留住可用人才。

（七）扩大宣传、改变方式

红色资源是一个地区重要的文化资源和发展软实力，是经济社会发展的重要条件，但由于各种原因，许多地区的红色资源虽然很多，却并不为外界所知，或者知之甚少，有的当地也不太熟悉，这大大影响了红色资源的价值发挥和功能释放。要改变这种局面必须加大宣传力度，强化宣传效果。要改变宣传方式，在利用报纸、刊物、广播、电视等传统媒体，并制作微型影视剧、文献片、红剧、相声、小品强化宣传效果的同时，要适当运用微博、微信、今日头条等网络新媒体新技术。要实行话语由静态向动态、由历史向生活（艺术）转换，以生动活泼的形式引人入胜。

（八）平台聚合、旅游拉动

红色资源要广为外界知晓，充分发挥其价值和释放其功能并产生一定的经济效益，实现可持续发展，必须借助一定的平台如博览会、推介会，同时要自主创建全方位、多角度、大功效的高速、快捷的新媒体网络平台。运用影视剧、文献片、红剧、绘本、相声、小品等吸引旅客，同时展馆运用互联网新技术，在一般网络新媒体宣传的基础上加大宣传介绍的广度、深度、力度，以平台为基，聚天下合力，以聚合的平台，推广红色旅游品牌，推动红色旅游发展。红色旅游兴旺后再以旅游的拉动，进一步促进红色资源的保护、开发和利用。要重视革命纪念活动的旅游开发。

（九）打造精品、基地运作

红色资源要发挥其价值，释放其功能。要求在科学规划的基础上，在红色真迹、遗址妥善挖掘、保存，红色纪念物建设到位，红色网站建成的同时，按照文化开发、产品制作、媒体传播、产业运营的体系并借助一定的基地平台，加大宣传、推广力度，以平台为基，聚合天下，着力打造红色资源精品。红色资源精品建设一定要和基地建设同步，实行一体化运营。红色资源尤其是红色遗址、纪念馆、纪念园要争取成为基地，获得上级政府财政支持。要尽量将附近机关、企业、社区、学校尤其高校纳入基地，给予优惠待遇，形成友好单位，长期合作。也可以通过新媒体广结善“缘”，与相关机关、企业、社区、学校进行基地式合作。

（十）区域合作、相映生辉

红色资源是重要的革命文化资源，充分发挥其价值，释放其功能需要一个地区的红色资源尤其是红色遗址、红色纪念馆、纪念园避免单打独斗，要统筹考虑，整合协作，形成合力，实行区域合作，共享资源，共担风险，互通有无，取长补短。既可进行全面合作，也可进行一个方面的合作；既可进行长期合作，也可进行短期合作；既可进行本地区域合作，也可进行不同地方区域合作。通过合作，互相学习，共同提高，相映生辉，推动红色资源价值充分发挥，功能充分释放。

红色资源是中国共产党领导人民进行革命、建设和改革的伟大斗争保留下来的爱国、进步、积极、向上的历史真迹、遗址、纪念物及其革命精神。红色资源浓缩历史，是进行思想政治教育的好教材，具有历史回忆、榜样鼓舞、感情寄托、心灵净化、精神诉求、道德升华、思想教育、理想塑造、信念坚定、道路认同价值。新时代有效发挥红色资源价值，充分释放红色资源功能应该从组织和制度建设、设施和资源保障、行为和运营选择方面进行考量，在领导重视、改革体制、社会助力、科学规划、明确主题、加大投入、扩大宣传、改变方式、平台聚合、旅游拉动、打造精品、基地运作、区域合作方面采取行之有效的对策和方法，真正发挥红色资源价值，释放红色资源功能，守望先驱、守望英雄、守望红色、守望精神、守望理想，为中国特色社会主义建设提供理想、信念和动力保障。

参考文献：

［1］习近平．在庆祝中国共产党成立95周年大会上的讲话［N］．人民日报，2016－07－02（1）．

［2］王琳娜．红色基因的内涵与价值功能研究［J］．宝鸡文理学院学报：社会科学版，2017（5）：46－50.

［3］曾庆美．红色文化资源价值分析［J］．湘潮，2012（4）：80－82.

［4］毛泽东．毛泽东选集：第3卷［M］．北京：人民出版社，1991：978－1048.

［5］王开琼．红色文化资源价值与道德功能研究［J］．教育现代化，2016（24）：219－220.

［6］王爱华，李艳．红色资源的时代价值与教育功能［J］．学校党建与思想教育，2014（2）：15－17.

[7] 邓小平．邓小平文选：第1卷 [M]．北京：人民出版社，1994：304.

[8] 习近平．在纪念红军长征胜利80周年大会上的讲话 [N]．人民日报，2016-10-2 (1)．

[9] 习近平．决胜全面建成小康社会，夺取新时代中国特色社会主义伟大胜利——在中国共产党第十九次全国代表大会上的报告 [N]．人民日报，2017-10-28 (1)．

[10] 习近平．习近平谈治国理政：第1卷 [M]．北京：外文出版社，2014：10.

[11] 习近平．习近平致信祝贺新华社建社85周年 [N]．人民日报，2016-11-06 (1)．

（作者简介：张旭日，男，青岛农业大学马克思主义学院副教授）

传承红色基因，弘扬红色文化

田冠华

一、 习近平关于传承红色基因的论述

“让红色基因融入血脉，让红色精神激发力量。”习近平总书记一直高度重视红色基因的传承。河北西柏坡、山东临沂、福建古田、陕西延安和铜川、贵州遵义、江西井冈山、安徽金寨、宁夏固原、山西吕梁、上海、浙江嘉兴……党的十八大以来，习近平总书记多次前往革命老区，参观英模人物的展览，为全党同志解密一个个红色基因密码。

在井冈山，总书记说：“回想过去那段峥嵘岁月，我们要向革命先烈表示崇高的敬意，我们永远怀念他们、牢记他们，传承好他们的红色基因。”在古田，总书记说：“要带头学传统、爱传统、讲传统，带动部队官兵传承好红色基因、保持老红军本色。”在金寨，总书记说：“革命传统教育要从娃娃抓起，既注重知识灌输，又加强情感培育，使红色基因渗进血液、浸入心扉……”

不久前在给陕西照金北梁红军小学学生的回信中，习近平总书记希望孩子们多了解中国革命、建设、改革的历史知识，多向英雄模范人物学习，热爱党、热爱祖国、热爱人民，用实际行动把红色基因一代代传下去。

2018年3月，习近平总书记在参加十三届全国人大一次会议山东代表团审议时，来自沂蒙革命老区的基层教育工作者代表张淑琴说，应该让红色基因注入血脉，代代相传。习近平总书记听后表示，中华民族从站起来、富起来到强起来，是一个不断创造奇迹的过程，不仅要让后代牢记，我们自己也不能迷失。数理化之外，爱国主义教育要加强，要让孩子们知道自己是从哪里来的，红色基因是要验证的。

红色基因是共产党人在近百年的历史中创造并积淀形成的一种共产党人独有的特质。你可以去那些保留至今的战争遗址、革命文物中找寻，可以从各行各业涌现的英雄事迹、奋斗精神中领会，也可以在那不拿一针一线的优良作风，在那跟群众血浓于水的骨肉亲情中感悟。总之，红色基因是共产党人的生命密码，红色基因里记录了共产党人筚路蓝缕的来时之路，蕴含着马克思主义政党的性质宗旨，镶嵌着共产党人引以为豪的理想信仰，承载着中华民族伟大复兴的历史担当。

二、 红色文化

（一）红色文化的提出

早在红军时期，中国共产党就创建了红色文化。

1928年5月，毛泽东同志在江西省永新县的塘边村亲手制定了《分田临时纲领17条》。1928年10月上旬，湘赣边界党的二次代表大会在江西宁冈茅坪召开，研究了深入开展土地革命的问题，讨论了毛泽东同志起草的《井冈山土地法》，经过两个多月的酝酿和修改，同年12月正式颁布。无论是井冈山时期还是在中央苏区，中国共产党创建的红色文化受到了普遍的推广，“红军打仗为人民”的标语口号在苏区的墙上到处可见，共产党的发展壮大，是与红色文化紧密相连的。红色文化占据了主导地位，共产党就取得了胜利，得到了发展和壮大；相反，红色文化得不到普及或者不能占据主导地位甚至遭到破坏的时候，中国共产党就受到挫折，就会遭到失败。

从抗日战争开始到解放战争时期，中国共产党在延安的领导是红色文化发展的巅峰时期。毛主席的《在延安文艺座谈会上的讲话》和美国记者斯诺所著的《红星照耀中国》，清晰地记载了红色文化普及中的延安风貌。

（二）红色文化的定义

什么是红色文化？从广义上说，就是中国共产党领导人民在革命、建设、改革进程中创造的以中国化马克思主义为核心的先进文化。

在90多年革命、建设、改革的伟大实践中，中国共产党带领人民创造了独特的红色文化。红色代表着希望、胜利、创造、勤劳、勇敢、自力更生、艰苦奋斗、不怕流血牺牲等，是中国共产党价值追求和中华民族精神内涵最生动的象征。红色文化是马克思主义基本原理同中国具体实际相结合的精神结晶，是对中华优秀传统文化和世界优秀文化的继承、发展与创新。它彰显了马克思主义的先进性、真理性，是中国共产党的信仰、制度、作风、道德、革命精神、革命传统等的综合体现，具有鲜明的民族性、科学性、大众性。

归纳各种资料对红色文化定义的界定，有如下六个方面：

1. 红色文化是广大人民群众在中国共产党的领导下，在实现中华民族的解放与自由的历史进程中，在社会主义三大改造时期，在整合、重组、吸收、优化古今中外的先进文化成果基础上，以马克思列宁主义的科学理论为指导而生成的革命文化。

2. 红色文化应有广义和狭义的理解，广义的红色文化是指世界社会主义运动历史进程中人们的物质和精神力量所达到的程度、方式和成果，狭义的红色文化是指中国共产党在领导中国人民实现民族的解放与自由以及建设社会主义现代化中国的历史实践过程中凝结而成的观念意识形态。

3. 红色文化作为一种重要资源，包括物质和非物质文化两个方面。其中，物质资源表现为遗物、遗址等革命历史遗存与纪念场所；非物质资源表现为包括井冈山精神、长征精神、延安精神等在内的红色革命精神。

4. 红色资源是以红色革命道路、红色革命文化和红色革命精神为主线的集物态、事件、人物和精神为一体的内容体系。

5. 将“红色文化”概括为革命年代中的“人、物、事、魂”。其中的“人”是在革命时期对革命有着一定影响的革命志士和为革命事业而牺牲的革命烈士；“物”是革命志士或烈士所用之物，也包括他们生活或战斗过的革命旧址和遗址；“事”是有着重大影响的革命活动或历史事件；“魂”则体现为革命精神即红色精神。

6. 综合各种理解，笔者倾向于从广义和狭义两个角度认识红色文化的内涵。从文化的边界范围来看，广义的红色文化是指世界社会主义和共产主义运动整个历史进程中形成发展的人类进步文明的总和。狭义的红色文化是指中国共产党领导人民进行的革命和建设进程中形成发展的，以社会主义和共产主义为指导的，把马克思列宁主义与中国实际相结合，兼收并蓄古今中外的优秀文化成果而形成的文明总和。从文化的形态和形式来看，中国红色文化又可分为广义和狭义两种，广义的中国红色文化包括物质文明、精神文明、政治文明、社会文明、生态文明等各种文明形态。狭义的中国红色文化则是特指以文化形态表现出来的，体现社会主义、共产主义方向和目标的文明形态。

（三）弘扬红色文化的意义

第一，红色文化是马克思主义与中国实际相结合的成果。经过新文化运动洗礼的古老中国迎来了马克思主义，在中国共产党的带领下，在红色文化的激励下，中国人民推翻了“三座大山”，建立起朝气蓬勃的新中国。又经过近70年的艰苦奋斗，实现了由一穷二白到经济总量居世界第二的历史性飞跃，终结了近代世界历史上落后挨打的时代。

第二，红色文化是与优秀传统文化相融合的结晶。红色文化不是凭空产生的，是中国共产党人继承民族优秀传统文化和汲取人类先进文化的文明成果。

第三，红色文化是人民大众的文化。红色文化不是为少数人服务的文化，它来自人民，服务于人民，体现人民群众的根本利益，在不断提高人民群众科学文化素质和思想道德素养中，促进人的全面发展。

第四，红色文化是自力更生、艰苦奋斗的文化。中国共产党成立 90 多年的历史，是一部自力更生、艰苦奋斗的历史，红色文化尽显了这种精神。

习近平总书记《在庆祝中国共产党成立 95 周年大会上的讲话》中说：革命理想高于天。中国共产党之所以叫共产党，就是因为从成立之日起我们党就把共产主义确立为远大理想。我们党之所以能够经受一次次挫折而又一次次奋起，归根到底是因为我们党有远大理想和崇高追求。革命理想高于天，革命的理想要实现，就必须重视红色文化的宣传和教育普及，确立无产阶级世界观。没有红色文化的宣传和教育普及，就无法确立无产阶级世界观。没有确立无产阶级世界观，革命理想就无法让人接受，更无法在人民心中扎根，也就无法实现。因此，我们一定要遵照习近平总书记在讲话中所说的：在党和人民伟大斗争中孕育的革命文化和社会主义先进文化，积淀着中华民族最深层的精神追求，代表着中华民族独特的精神标识。我们要弘扬社会主义核心价值观，弘扬以爱国主义为核心的民族精神和以改革创新为核心的时代精神，不断增强全党全国各族人民的精神力量。

革命文化和社会主义先进文化就是红色文化，体现着中国共产党的本色，心系着中国人民的期望，包涵了中国共产党和中国人民的伟大精神。中国共产党的江山叫作“红色江山”，要保证红色江山永不变颜色。要做到红色江山永不变色，红色文化必须成为国家的主流文化。只有红色文化成为国家的主流文化，才能更好地弘扬社会主义核心价值观，才能更好地弘扬以爱国主义为核心的民族精神和以改革创新为核心的时代精神，才能不断增强全党全国各族人民的精神力量。

三、红色基因与红色文化

在庆祝中国共产党成立95周年大会上，习近平总书记指出，文化自信是更基础、更广泛、更深厚的自信。坚定文化自信，不仅意味着要亲近和认同我们民族悠久灿烂的优秀传统文化，更重要的是要积极践行、创新发展社会主义先进文化。社会主义文化是目前为止人类历史最先进的文化形态。在中国革命、建设和改革中孕育的红色文化是构成社会主义先进文化的核心元素，其中，红色基因作为红色文化的内核与精髓，是我们文化自信的源头活水。党的十八大以来，中央多次强调，要继承发扬红色文化和革命传统，把红色资源利用好、把红色传统发扬好、把红色基因传承好。

延续红色基因是增强文化自信的有效途径。延续红色基因可以为当代人提供精神支持和实践坐标，帮助其养成良好的文化品格。正是由于一代又一代人对红色基因的传承，才使得红色文化在文化碰撞中始终保持着鲜活的生命力，成为新时代人们所需要的精神养料，生成最广泛的文化自信，从而有力地回答了新时代需要哪一种文化的问题。中国的文化自信离不开对于红色文化的自信。红色文化既包含着丰厚的传统文化内涵，传承着不朽的革命历史，又延续了改革创新的精神品质。红色文化是中国文化自信的重要支撑，这一地位是历史赋予的，凝聚了无数革命者的心血。红色基因体现着中国共产党人的理想信仰、优良作风、道德品质与革命传统，在新时代大力弘扬红色文化、保持红色基因不变，将有力地迎击和驳斥历史虚无主义的论调，提升文化自信。历史不能抹杀，红色基因不能断流。只有深挖红色资源、延续红色基因，才能巩固中国革命的历史地位，才能强化人民群众的历史记忆，才能在全社会弘扬优良道德风尚。因此，我们要着眼于中国特色社会主义发展的当下与未来，自觉传承红色基因，为新时代文化自信的发展固根守魂。

四、如何进一步传承红色文化基因，弘扬红色文化

（一）激活“红色基因”

红色基因是中国共产党人的精神内核，也是中华民族的精神纽带，鼓舞着一代又一代人为实现中华民族伟大复兴的“中国梦”而坚强自立、勇往直前。发掘红色文化资源要注重对有形遗产的保护利用，更要注重精神内涵的提炼升华，传承红色文化基因。

1. 加快发掘整理。红色资源是不可再生的文化资源。一些具有重大革命历史价值的遗址正濒临消亡，亟须采取有效措施，实施抢救性保护。厘清红色文化的历史脉络，对红色文化资源进行历史研究和实地调查，寻访亲历者和见证者，加强对红色文化遗产的数字化保护，充分利用文字、音像制品、图画、电子文本等形式，保存这些历史留给我们的生动教材，建好红色家谱；发掘红色文化的多重价值，在科学梳理、归纳总结的基础上，对红色文化本身所承载的政治、经济、历史、文化、艺术、科研、教育等多重价值进行深度挖掘，赋予其时代特征，转化为新的资源优势；依法保护利用红色资源，普及红色资源保护的现实意义及相关知识，达成全社会保护红色资源的共识，形成保护红色资源的合力。

2. 深入研究阐释。红色文化资源集中承载着革命老区精神，富含着我们党为民宗旨、党性观念和优良作风的正能量。所以，应充分发挥各类专家、学者、协会、学会、研究会的作用，通过组织红色文化学术研讨会、出版红色文化研究成果专刊等形式，着力于理论研究与实际应用相结合，推出一批高水平的理论研究成果，释放红色文化资源的“乘法效应”，为全社会提供必要的精神资源，用红色文化来启迪人们的智慧，以红色精神来武装人们的头脑。

3. 建好阵地网络。红色教育基地是传播红色文化的重要阵地。应加紧

修建、完善各类反映我们党革命斗争历史的纪念馆、纪念地、烈士陵园等爱国主义教育基地，逐步实现全天候免费开放，扩大教育覆盖面，改进陈列方式，创新展示手段，丰富展出内容，安排定时的有关历史的影视、歌舞专场，还原当代革命工作者工作、战斗、生活、劳动的场景，融入情景再现和互动体验项目，增加红色基地的欣赏性、参与性、体验性，丰富基地内涵，提升教育功能。

（二）叫响“红色品牌”

不断以具有中国特色品牌价值的红色文化引领我们文化产业的发展，使之形成世界品牌，不仅能够推动经济的发展，还可以提升国家的软实力，对建设有中国特色的文化强国有着积极意义。

1. 坚持文化自觉，视红为宝。应该从战略的高度来认识红色文化发展对经济社会发展的重大推动作用，将红色文化作为优势文化形态优先发展，将红色文化产业作为主导产业率先发展，重点发展红色文化经济。强化对发展红色文化责任的主动担当，“唤醒”红色文化。树立文化“无穷大”的理念，要像挖掘地下矿藏一样开发红色文化资源，物质矿越挖越少，文化矿越挖越厚，只有文化厚实强大了，发展的潜力才会强，后劲才会足。树立文化“永续性”的理念，要让红色文化更“红”、更具生命力，只有物质文化保护好了，才能按照传统方法延续生命，使文化遗产的历史价值、艺术价值、教育价值、科学价值和商业价值更加突出。树立文化“产品化”的理念，要坚持社会效益与经济效益并重，既保护文化、传承文明，又增加内涵和附加值。

2. 坚持文化自信，点石成金。很多红色文化遗址和革命老区处于风景优美、生态宜人的地方，自然风貌、民俗风情和地域特色都十分浓厚，因此，应整合红色文化与历史文化、民俗文化和生态文化等各类文化资源，创意引领，品牌打造，融合发展，变红色文化资源为旅游文化产业，以文化为魂、旅游为体、商业为力，焕发红色魅力，叫响“红色品牌”。通过生态景观加红色景点的方式，设计打造精品旅游线路，以红推绿、以绿带红，红绿结合、红绿相映，将散落的红色文化发源地、特色民俗体验地、自然风光旅游点等串点成线，形成文化、旅游、观光、休闲产业带，寓思想教育于文化娱乐和观光旅游中，让游客在游历青山碧水的同时铭记红色、传承历史，在享受生态氧吧的过程中感悟红色精神。

3. 坚持文化自强，扶持引导。红色文化作为一种精神存在，只有通过人们的实践，转化为推动历史前进的物质力量，并且给国家和人民带来实实在在利益的时候，才能成为让更多的人主动接受、让更多的国家民族愿意分享的文化。要合理开发，科学规划。在有效保护的前提下合理开发和利用，防止对红色文化资源的误解、歪曲和滥用，在科学研究的基础上，编制红色文化资源保护开发规划，制定既符合本地实际、又有重点突破的文化经济政策。要培育市场，引导消费。扶持和发展各类红色文化开发和服务企业，培育和发展一批自主经营、自主创新的红色文化市场主体。创新服务模式，鼓励和引导群众进行红色文化消费，扩大市场需求。要活化机制，多元融资。建立与经济社会发展相适应的红色文化保护与开发投入机制，大力吸引金融行业、民间资本、社会力量进入经营性红色文化产业发展领域。

（三）弘扬“红色精神”

坚守和弘扬红色精神，是中华民族屹立于世界民族之林的重要价值取向。要达到春风化雨、润物无声的效果，关键在于让红色文化的核心价值与新时代的价值观念相对接。

1. 经典化推进，创排精品重点宣传。应注重历史与现实的结合，打造红色文艺精品剧目、影视作品，把红色精神融入文艺作品创作生产全过程，推出更多更好的集思想性、艺术性和观赏性相统一的红色文艺精品，给人们以情感上的滋养、道德上的教化和价值上的引领。精心打造反腐倡廉、依法治国等题材的现代优秀剧目，围绕“四个全面”战略布局的题材创作文艺作品，教育广大党员干部时刻保持自强不息、埋头苦干、开拓进取的革命风格，让革命传统和红色血脉代代相传。

2. 大众化推进，多种媒介强势宣传。应多层次、多领域、多形式、多渠道宣传推介，把氛围造浓，把声势做大。积极邀请中外主流媒体开展红色文化为主题的宣传活动，展示革命老区红色形象，不断扩大红色文化的影响力和知名度。运用各类媒体开辟红色文化专栏，加大窗口展示和公益广告投放，传播革命老区红色历史。组织以红色文化为主题的书画摄影展览、英雄报告会，开设公益性文化讲堂传播红色文化，编写面向大众的红色文化读物和制作宣传品，宣传红色英模典型事迹。

3. 时代化推进，持续创新广泛宣传。应让红色文化搭上时代的快车，借鉴流行元素，融入时代风格，使之与人们的审美需求相结合，更加贴近人的心灵，增强红色文化的吸引力和凝聚力。借助科技手段，在艺术设计、实物制作、展品布设、灯光配备等环节给观众以更强烈的视觉印象和更多的信息。借助网络阵地，创建融思想性、教育性、知识性、服务性于一体的红色网站，建设具有互动性与开放性的大型图、文、声、像红色文化遗产数字网络平台，实现全球资源共享。借助新媒体平台，组织年轻一代以红色文化题材为原型创作网络文学、动漫故事，撰写博客微信，形成具有浓厚红色氛围的网络文化。

参考文献：

[1] 刘硕伟．研究红色基因传承红色基因——评《沂蒙红色基因资源研究》[J]．临沂大学学报，2015（4）：142－144.

[2] 刘浩林，范国盛．激活红色基因的途径与方式［J］．中国井冈山干部学院学报，2015（6）．

[3] 贾亮．让红色基因在传承中焕发时代光芒［EB/OL］．2018－6－21．http：//www. chinanews. com/gn/2018/06－21/8542712. shtml.

[4] 贺济中. 红色文化要成为国家的主流文化 [EB/OL] . 2018 - 09 - 03. http: //www. Hswh. org. cn/wzzx/llyd/wh/2017 - 03 - 12/43071. html.

[5] 张全景. 大力弘扬红色文化 [EB/OL] . 2017 - 12 - 08. http: //ly. wenming. cn/hswh/jujiao/201611/t20161101_ 2909162. html.

(作者简介：田冠华，男，中共日照岚山区委党校讲师)

让党的基因与时代同行

卢建军

我们党之所以能在各种艰难困苦中不断创造辉煌，得益于我们党的优秀红色基因能够紧跟时代一代代地传承。红色基因不变是保证我党不断砥砺前行的基石，在适应时代发展潮流和人民需求的情况下勇于担当，不辱使命，长风破浪会有时，直挂云帆济沧海。中国共产党98年的历程中，尽管情况千变万化错综复杂，尽管我们党在发展过程中不断创新，但我们党的优秀基因一直未曾改变，这就保证了我们党的基因一直与时代发展同行，与中华民族伟大复兴的发展道路同行。

当然，在时代的发展中，在我们党的发展壮大中，我们党的基因传承也不断受到方方面面的冲击，实事求是地讲，一些党员在这种冲击之下，思想大堤被冲垮，有些甚至走向了我们的反面，所以，要想成为讲政治、有信念，讲规矩、有纪律，讲道德、有品行，讲奉献、有作为的新时期的合格党员，就要在基因传承中发挥好作用，让党的基因不会丢，不会变，不会转。

一、 瓦解历史虚无主义的蛊惑

传承基因的前提是对党的信赖，对共产主义信仰的坚定。我们党的光辉的历程让我们有充分的理由对党充满自信。我们党是执政党，党员的数量众多，学党史应该蔚然成风，但相反的是社会上有种现象让人担忧，就是对党的历史学深学透的不够多，我们放眼看，党的历史知识在国民教育中的比例有待提高。社会上的人真正全面学习党史的也不多，如果做一项调查，认真研读中央党史出版社出版的《中国共产党历史》第一、二卷的人数恐怕不多。教好党史的部门或老师不够多，除了中央党校和各省委党校，开设党史课的单位和部门不是很多，所以，全国党校工作会议上对党史党建课所占比例做了明确要求，其出发点就是在此。

学习党史，形成自觉的党史意识，增强党史的自信，首先要打破历史虚无主义对我们的蛊惑。正因为学习党史的风气不够浓厚，才让历史虚无主义有机可乘，乘虚而入。历史虚无主义的具体表现：第一，渲染革命“弊端”。即对我们党的出身和历史作用予以否认，他们的一种论调是中国走资本主义道路会更好，这会使中国共产党波澜壮阔艰苦卓绝的历史失去应有的历史地位。第二，否定中华人民共和国成立后的成就。他们的观点是如果不是共产党领导中国，中国就不会有大跃进和“十年动乱”，中国的今天会更好。这是忘记了中华人民共和国诞生的历史背景和当时国内国际环境的荒谬论调，是对中国共产党全心全意为人民服务的宗旨和我们党的无与伦比的执政能力的否认。第三，丑化、矮化人物。通过对我们党历史人物的丑化和矮化来否认我们党，尤其对共产党领袖和先锋人物进行无端的诽谤和诋毁。第四，戏说、恶搞党史。以不严肃的不认真的态度戏说党史，恶搞党的历史。其危害有二：一是惑众，通过丑化我党，让群众对我们党的历史和成绩提出质疑，进而引起群众对我们党的误解曲解歪解，让群众不明真相。二是祸国。通过这些举措，否认党的历史和执政地位，否认党的丰功伟绩，实则是祸国之举。

故此，习近平总书记在2013年6月25日中共中央政治局第七次集体学习时指出：历史虚无主义的实质和要害，是从根本上否定马克思主义指导地位和中国走向社会主义的历史必然性，否定中国共产党的领导。

二、对党的历史要有正确认知

（一）学习党史要有正确的立场和方法

1. 史料是再现党史的唯一依据

历史学家傅斯年认为：一分材料出一分货，十分材料出十分货，没有材料就不出货 。我们要搜集整理史料，很多史料已尘封多年，我们要下功夫挖掘整理，千万不能为难不进，凭想当然臆断党史。

2. 做好党史史料的甄别

文史资料有残缺性、主观性、虚假性的特点。但凡文献资料，即便是档案，也不是绝对客观的记录，都有人的主观意志在里面，或多或少会受到利益、意识形态等因素的影响，导致失真，必须进行详细的分析和认真的鉴别。比如，香港东方出版社在1998年出版的张国焘的《我的回忆》一书，里面很多资料都是不符合历史真实的。对于口述资料，由于记忆误差、选择性记忆、政治环境制约、感情因素影响，也会存在一定的误传。为尊者讳，为亲者讳，为长者讳而故意歪曲也时有发生。

3. 透过现象把握本质

在波澜壮阔的历史长河中，很多本质都是通过现象来表现的，我们要通过现象把握事件的本质，不能单纯地停留在现象表面，简单地通过现象表面来对我们党做出判断，历史虚无主义就是这样来看待我们党的历史的。我们要深入下去，剥离事件的现象，通过现象看待事件的本质，来科学判断，正确认知我们党。

4. 辨识党史著述真伪要采取科学方法

历史学是一门完全依赖证据（史料）的科学，评估党史的真实性，最重要的是看有没有事实依据。我们要看著者是否权威，资料是否可靠，要采取兼听则明，孤证不立的原则和态度。

5. 坚持正确的政治立场

人民创造历史，人民是历史的主体，同时也是评价历史的主体。我们观察党史的一个基本立足点，就是站在最大多数人民群众的立场上去分析问题。党的历史，归根到底必须由中国人民自己来评价，以维护绝大多数人、而不是少数人的利益来评价。如同鲁迅在《绛洞花主》小引中谈到《红楼梦》时指出：经学家看见《易》，道学家看到淫，才子看见缠绵，革命家看见排满，流言家看见宫闱秘事。所以说，正确的政治立场是评价党史的第一要事。

6. 全面完整地把握党史

历史是由无数的局部和细节构成的，但是仅有局部的真实，并不等于历史的整体真实，“局部”改变不了“整体”。

毛泽东早在1951年2月《中央政治局扩大会议决议要点》上就指出：“我们党是伟大的、光荣的、正确的，这是主要方面，必须加以肯定。但是，存在着的问题必须解决，这方面也要讲清楚。”刘少奇1951年4月9日在第一次全国组织工作会议上的讲话也谈道：“这个提法是就党的总体、党的主导方面来说的，不是说党没有问题。但这些问题都是局部的，不影响我们党的伟大。”2010年7月21日，习近平总书记在全国党史工作会议上指出：“要牢牢把握党的历史发展的主题和主线、主流和本质。”

7. 用具体的历史考察党史

要用具体的党的历史条件来评价我们党的历史，不能离开历史环境来考察党史。习近平总书记在2013年12月26日纪念毛泽东诞辰120周年大会上指出：评价历史人物要遵循“六个不能”：不能离开对历史条件、历史过程的全面认识和对历史规律的科学把握，不能忽略历史必然性和历史偶然性的关系，不能把历史顺境中的成功简单归功于个人，不能把历史逆境中的挫折简单归咎于个人，不能用今天的时代条件、发展水平、认识水平去衡量和要求前人，不能苛求前人干出只有后人才能干出的业绩来。客观理解历史局限性。革命领袖是人不是神，尽管他们拥有很高的理论水平、丰富的斗争经验、卓越的领导才能，但这并不意味着他们的认识和行动可以不受时代条件限制。

（二）学习党史要有正确的价值认同

1. 党的历史苦难辉煌

从参加党的“一大”的 13 名代表所代表的全国党员数量不足六十人发展到现在的近九千万，我们党经历了怎样的发展过程，期间又有多少波折和挫折，党员数量从几百到一万，从近六万减到一万左右等，其过程可谓是历尽艰辛。

2. 党的建设内容博大精深

我们党从成立那天起就特别强调自身的建设，从党的思想、组织、作风建设到反腐倡廉和制度建设，其内容在发展过程中不断丰富完善。党的各项建设内容博大精深，保证了我们肌体的健康和正确的航向，是我们党完成历史使命的坚强保障。

3. 党的奋斗历程艰苦卓绝

我们党从成立那天起所取得的革命、建设和改革的一切成绩，都是大量革命先贤用汗水血水乃至生命灌注的，都是来之不易的。据统计，中华人民共和国成立时，全国党员数量不到三百万，而为革命牺牲的革命烈士有名可查的就达到三百多万。我们要向革命前辈学习和致敬。

4. 党的成就无与伦比

在中华民族最危急的历史关头，是中国共产党带领人民经过 28 年的浴血奋战，让我们伟大的中华民族站了起来；在社会主义的建设征程中，是中国共产党带领中国人民通过不断地摸索，完成了社会主义的改造，走上了正确的发展道路。在社会主义道路的征程中，是中国共产党带领中国人民通过改革开放，走上了中国特色社会主义道路，为人类社会发展探索出了一条成功之路。

三、 传承党的基因

党的基因内容很多，其核心的要义是：

1. 对民族的责任，对人民的担当，并紧紧依靠人民

党的成长壮大的历史告诉我们，一切为了人民是我们的出发点，人民也是我们的依靠点，两者是互动共存的关系。我们党成立的初衷和奋斗目标就是对民族的责任，对人民的担当。在民族遭受外族蹂躏，广大人民生活在水深火热之中之时，民族的精英们焉能熟视无睹？他们为民族，为人民，甘愿牺牲自己的所有，直至生命。中国共产党以解放人民为己任，在科学理论的指导下，目标宏远，把在全世界实现共产主义作为自己的远大理想，更彰显了我们党的伟大。在革命年代，我们可以把牺牲自己的生命看作是对民族的责任和对人民的担当。今天，我们不需要牺牲自己的生命，但不是说民族和人民不需要我们担当。我们时下的任务和目标是实现中华民族的伟大复兴，这个使命依然让我们不能有丝毫的惰性和分心，我们要继承革命先辈的担当意识，心中有党有民有责，团结一致，全力向前。

2. 要有崇高的理想信仰并为之奋斗终生

我们党之所以有今天的成就，得益于我们共产党人有崇高的理想信仰，有正确的价值取向，敢于勇于舍弃物质和金钱，去追求更好的精神价值，那就是为共产主义奋斗。我们党的很多领袖，论他们的出身、家庭、文化、职业和在社会上的地位，他们完全可以在社会上生活得很幸福，但他们却

义无反顾地舍弃这一切，甘愿投身于时刻都有生命危险的革命事业当中，就是因为他们有更高的精神追求。在20世纪40年代的延安，那么艰苦的地方让人向往，全国各地的优秀有志青年冲破各种阻力投向延安，延安条件很差，生活异常艰苦，但延安军民却个个斗志昂扬，到抗日战争结束时，解放区的那么多根据地都听从党中央的领导，这些现象都说明了一个问题：我们共产党人有更高的精神追求，有正确的价值取向。

纵观我们党的历史，真正的共产党人都是终身为党献身，无怨无悔。我们的领袖如此，我们大多数党员也是如此。革命战争年代如此，建设年代也如此，改革岁月更是如此，终身为党，矢志不移。《党章》中“四个服从”和我们的入党誓词都真实地说明了这一点，我们党的很多优秀代表更是用自己的行动诠释了这一点。为革命牺牲自己的生命，为党的事业献出自己的所有家产，吃苦在前，享受在后，坚决和各种黑暗势力斗争。

3. 有强大的自我纠错能力并能积极抵挡各种诱惑的侵蚀

在我们党史中，无论是革命年代、建设年代，还是改革年代，我们党都有强大的自我纠错能力，我们党不断加强各种能力建设，在积极进行批评和自我批评中从严治党，保证了我们党的健康成长。同时，我们真正的共产党人在硝烟弥漫的战场上，在糖衣炮弹前，在各种诱惑中都经受住了考验，经过熊熊烈火淬炼的共产党人更加纯洁，更加坚定，更加无私。为理想，为信仰，为大义，为人民牺牲一切都在所不惜。

4. 不畏艰难并始终艰苦奋斗

我们党98年的历史就是同各种艰难困苦斗争的历史，在革命、建设和改革的不同时期，我们党都遇到了不同的艰难困苦，靠着坚忍不拔的精神和意志，靠着全党的智慧和力量，众志成城，在不断创新中，将各种困难都踩在脚下。同时，我们党始终保持清醒的头脑，不论条件发生什么变化，我们党始终保持艰苦奋斗的精神状态和作风，艰苦奋斗的作风始终深深印刻在我们每一名党员的心中，保证了我们党的纯洁和健康，永不变质。

我们党一路走来，在吸收各种营养，借鉴各种经验的同时，保证了我们党的基因一路传承，让我们党的优秀特质不断涌现，保证了我们党的先进性和纯洁性，彰显了我们党的执政能力。所以，我们要对我们党充满信心，对我们的道路充满自信，对我们民族的未来充满自信，这样，党的旗帜就会永远飘扬。

（作者简介：卢建军，男，东营市河口区委党校高级教师）

新时代弘扬沂蒙精神应把握三个维度

邱君帝

2013 年 11 月 25 日，习近平总书记视察临沂时指出：“沂蒙精神与延安精神、井冈山精神、西柏坡精神一样，是党和国家的宝贵精神财富，要不断结合新的时代条件发扬光大。”我们遵循习近平总书记的指示，全面贯彻落实大力弘扬践行沂蒙精神的要求，以高度的政治自觉深入研究、大力推进沂蒙精神的弘扬，取得了丰硕成果。随着党的十九大的胜利召开，我国进入中国特色社会主义新时代，沂蒙精神的研究与弘扬迎来了新的更光明的前景。在伟大的新时代，不断开创沂蒙精神研究、传承工作新局面，更好地弘扬、践行沂蒙精神，为不断提升党的执政能力、领导水平服务，为以人民为中心的发展服务，要以习近平新时代中国特色社会主义思想为指引，把握好与新时代结合的思想、实践、价值三个维度。

一、 思想维度： 以习近平新时代中国特色社会主义思想和总书记对沂蒙精神的重要论述为遵循

新时代弘扬沂蒙精神，我们首先要把握好一个遵循，那就是以习近平新时代中国特色社会主义思想为指引，以习近平总书记关于沂蒙精神的重要论述为根据，全面贯彻党的十九大精神，把沂蒙精神结合新时代条件发

扬光大。这是我们研究、传承、弘扬、践行沂蒙精神的根本遵循，也是弘扬沂蒙精神，提升“讲政治守规矩”的基础定位。

（一）新时代弘扬沂蒙精神必须以习近平新时代中国特色社会主义思想为指引

习近平新时代中国特色社会主义思想是中国特色社会主义理论的最新发展成果，从理论和实践相结合的角度科学回答了新时代我国发展的总目标和实现总路径等一系列基本问题，是中华民族伟大复兴“中国梦”的行动指针和强大精神动力，一定要长期坚持下去，并不断发展完善，并在各项工作中全面准确贯彻落实。故而，新时代弘扬沂蒙精神必须以习近平新时代中国特色社会主义思想为指引，以忠诚看齐、献身信仰的政治品格，自觉在思想、政治、行动上和党中央保持高度一致，强化“四个意识”，坚定“四个自信”，坚决维护以习近平同志为核心的党中央权威，维护党的集中统一领导，在政治立场、方向、原则、道路等各方面积极向党中央看齐。我们要以高度的政治自觉，不忘初心，牢记使命，强化大力弘扬践行沂蒙精神的责任担当，坚定理想信念，强化宗旨意识，把沂蒙精神融入我们的生活、工作、党建和干事创业中，根据新时代我国党的建设和国家经济社会发展的需要将沂蒙精神不断发扬光大，坚定不移地把党中央各项决策部署落到实处。

（二）新时代弘扬沂蒙精神必须以习近平总书记关于沂蒙精神的重要论述为遵循

习近平总书记关于沂蒙精神的重要论述，提升了沂蒙精神的定位——成为与延安精神、井冈山精神、西柏坡精神同样的党和国家宝贵精神财富，揭示了沂蒙精神的核心特质——“水乳交融、生死与共”，阐释了弘扬沂蒙精神的任务——用沂蒙精神抓好今天的党的建设。这是党和国家最高领导人对沂蒙精神的最高评价，深刻论述了沂蒙精神的伟大意义。“水乳交融、生死与共”是沂蒙精神最突出的特点，揭示了党和人民的鱼水情深、心心相印，解释了党之所以能够从胜利走向胜利的根本原因，指明了党的事业前进的根本路径。习近平总书记的重要论述，既是研究沂蒙精神的价值观，也是研究的方法论；既内含着沂蒙精神内涵的论述，更提出了践行的要求；既着眼于当年的历史，更放眼在今天的现实和全局，是我们弘扬沂蒙精神必须遵循的方向。弘扬沂蒙精神要着重在践行上下功夫，要以共产党人的初心为使命，以党的群众路线为视角，着眼于新时代和新发展，把握好党性和人民性的高度统一，处理好党的领导和人民群众作用的关系，为“两个百年”奋斗目标服务，为全面从严治党服务。

（三）新时代弘扬沂蒙精神必须深入贯彻落实党的十九大精神

党的十九大在新的历史起点上开启了党和国家事业的新征程，科学谋划了决胜全面建成小康社会、深入推进社会主义现代化建设的重大任务，事关党和国家事业的继往开来、中国特色社会主义的前途命运、最广大人民群众的根本利益。党的十九大是新时代党和国家建设的指南，弘扬沂蒙精神必须全面贯彻落实党的十九大精神，在学习和研究中，把弘扬沂蒙精神同深化党的十九大精神学习宣传贯彻结合起来，深刻领会和把握好“水乳交融，生死与共”这个沂蒙精神的核心特质，紧紧围绕“为人民靠人民、忠诚看齐革命到底，听党话跟党走、敢于斗争无私奉献”这个沂蒙精神的丰富内涵，梳理其精神力量、挖掘其时代价值、落实其践行路径，加强理论研究阐释，加大宣传力度，凝聚砥砺前行的奋进力量。在实践中，坚持以人民为中心，弘扬开拓奋进、艰苦奋斗、无私奉献的沂蒙精神，在新时代中国特色社会主义伟大实践中奋力走好新时代的长征路，把党的十九大的各项部署落实到位，为全面建成小康社会、实现新时代中国特色社会主义伟大事业而奋斗。

二、实践维度：不断提高党的执政能力和领导水平服务

习近平总书记指出：“军民水乳交融、生死与共铸就的沂蒙精神，对我

们今天抓党的建设仍然具有十分重要的启示作用。”只有不断提高党的执政能力和领导水平，才能保持党和人民群众水乳交融、生死与共的鱼水亲情。新时代统筹推进“四个伟大”，必须经受“四大考验”，克服“四种危险”，牢固树立“四个意识”，坚定“四个自信”，不忘初心，牢记使命，毫不动摇地把党建设得更加坚强有力。

（一）新时代弘扬沂蒙精神必须服务于党的建设

新时代加强党的建设要用习近平新时代中国特色社会主义思想武装全党，遵循党章党规，把政治建设摆在党的建设首位，“进一步坚定理想信念和宗旨意识，把党建设成为始终走在时代前列、经得起各种风浪考验的马克思主义执政党”。沂蒙精神是共产党员的精神之“钙”，弘扬沂蒙精神，加强理想信念教育就是为党员干部的精神“补钙”，能够使之经得起各种考验。少数党员干部之所以宗旨意识、党性修养不强，就是精神上“缺钙”造成的。精神不牢就会地动山摇，被敌人“糖衣炮弹”俘虏的可能性就很高。弘扬沂蒙精神为党的建设服务，就是要弘扬沂蒙人民“听党话跟党走、忠诚看齐革命到底”的精神，旗帜鲜明地讲政治，坚定不移地跟党走，践行忠诚、献身的革命理想，永葆共产党人的政治本色，增强党的执政能力，巩固党的执政地位。要把全面从严治党与弘扬沂蒙精神结合起来，深入开展沂蒙精神教育，“大力弘扬和践行沂蒙精神，强化党性意识、宗旨意识，固理想之根、守信念之魂”，以坚强的党性、优良的作风推动管党治党落到实处，做到精神上不“缺钙”、信仰上不“失魂”，永葆共产党人的先进性和纯洁性。

（二）新时代弘扬沂蒙精神必须践行群众路线

党的历史一再证明：只有坚持党的群众路线，才能构成攻坚克难的强大政治、组织优势，党群一心是我们党克服各种困难的基础、夺取革命胜利的力量来源。新时代夺取中国特色社会主义伟大胜利，更要保持党同人民群众的血肉联系，把党的群众路线贯串始终。密切联系群众是党的优良作风，沂蒙精神是党的群众路线的践行典范。新时代再塑“水乳交融、生死与共”的党群、干群、军民关系，就要大力弘扬“为人民靠人民”的沂蒙精神，筑牢党与人民群众血肉联系的根基，把党的价值取向和政治智慧统一于立党为公、执政为民之中。广大党员干部要牢牢树立人民群众是历史创造者的唯物史观，以沂蒙精神践行全心全意为人民服务的根本宗旨，站稳群众立场，增长群众感情，不断改进和创新联系群众、服务群众的方式方法，“保持同人民群众的血肉联系，以党心换民心，以党心聚民心”。要以沂蒙精神为标准，以群众路线教育实践活动和“三严三实”专题教育为抓手，通过不断照镜、正衣、洗澡和治病，积极推进“两学一做”学习教育常态化、制度化，坚定党员干部理想信念、坚强党性修养，以锻造优良党风。

（三）新时代弘扬沂蒙精神必须正风肃纪、反对腐败

弘扬沂蒙精神要坚持无私奉献、心中有戒。“‘无私奉献’是沂蒙精神的核心，概括了沂蒙人民顾全大局、公而忘私、自我牺牲、勇于奉献的价值取向”；“心中有戒是沂蒙精神形成的基础，心中装着人民才能严格遵纪守法，正确行使党和人民赋予的权力，做到用权依法、廉洁、秉公”。正是因为党员干部心中有戒，才会深怀对人民的真诚情感，才能带领群众一道前进；人民才能一心一意跟党走，对党无限忠诚、无私奉献。而歪风邪气和腐败问题却是导致党群、干群关系疏远的根源，腐败始终是我们党执政以来面临的最严重威胁，必须严厉惩治。今天，我们全面从严治党必须加强作风建设，持之以恒地正风肃纪，健全党和国家监督体系，夺取反腐败斗争压倒性胜利。以弘扬沂蒙精神锤炼坚强党性，让沂蒙精神成为推进全面从严治党的重要力量源泉，是提高党员领导干部的公仆意识、加强廉政建设的关键所在，也是践行群众路线的应有之意。要狠抓党的作风建设和反腐败斗争，巩固拓展落实中央八项规定精神成果，继续整治“四风”问题，保证干部清正、政府清廉、政治清明，才能不断提高党的建设的科学

化水平。

三、 价值维度：以服务于以人民为中心的发展为目的

我们党的根本宗旨是全心全意为人民服务，以人民对美好生活的向往为自己的奋斗目标，党的一切行动都是直接或间接地为实现人民的最高利益服务的，党的一切精神也都是为了实现这一奋斗目标提供精神动力的。沂蒙精神当然也是这样，因此，从根本上来说，弘扬沂蒙精神的根本目的就是全心全意为人民服务，就是为了不断改善人民生活，不断促进全体人民共同富裕。在中国特色社会主义新时代，我国坚持以人民为中心的发展理念，解决人民日益增长的美好生活需要和不平衡不充分的发展之间的矛盾，因而，新时代弘扬沂蒙精神的根本目的就是为以人民为中心的发展服务。

（一）新时代弘扬沂蒙精神必须为全面建成小康社会服务

作为党的第一个百年奋斗目标，全面建成小康社会是事关中华民族伟大复兴实现的重要一步。沂蒙精神是推动经济社会发展的重要精神动力，在当前全面建成小康社会的决胜期，要大力弘扬沂蒙精神，激发党员干部群众干事创业的热情和激情，凝聚起发展创新的强大精神力量，为经济建设提供精神动力，为社会、文化建设提供精神食粮，为全面建成小康社会而奋斗。“‘一心为民’是沂蒙精神的源头和根脉，勇于担当、大义忠诚、敢为人先是沂蒙人民的精神特质。有了党的一心为民，才会有沂蒙人民的大义忠诚，才能做到勇于担当、敢为人先、干事创业”。我们要始终坚持用沂蒙精神凝聚群众思想共识、聚集群众智慧力量，共同缔造幸福美好生活，为实现全面建成小康社会的宏伟目标而努力奋斗。弘扬沂蒙精神，激发出党员干部群众干事创业的热情，努力为人民建造幸福家园，必须要按照习近平总书记的指示，以新的视角和高度来理解、阐释沂蒙精神，“以一心为

民的思想境界、勇于担当的英雄气魄、大义忠诚的优秀品质、敢为人先的拼搏意志，在全面建成小康社会中走在前列”。

（二）新时代弘扬沂蒙精神必须为促进共同富裕服务

作为中国特色社会主义的本质规定和根本原则，共同富裕是我国社会主义的奋斗目标。促进全体人民共同富裕，就要消除两极分化和贫困，解决我国人民日益增长的美好生活需要和不平衡不充分的发展之间的矛盾。当前，对于满足人民日益增长的美好生活需要而言，不平衡不充分的发展已经成为突出问题，是实现共同富裕的主要制约因素，大力弘扬敢于斗争、开拓奋进、艰苦创业、无私奉献的沂蒙精神，增强发展的内生动力，消除发展不平衡不充分的制约因素，实施乡村振兴战略，打赢脱贫攻坚“新孟良崮战役”，是推动人的全面发展和社会全面进步的重要动力。通过弘扬沂蒙精神，求实创新，大力提升发展的质量和效益，促进城乡区域经济社会的平衡和充分发展，缩小收入分配差距，能够更好地满足人民日益增长的经济、政治、文化、社会、生态等需求。同时，“让贫困人口和贫困地区同全国一道进入全面小康社会是我们党的庄严承诺”。要大力弘扬沂蒙精神，在精准扶贫、精准脱贫中开拓奋进、艰苦奋斗，“坚决打赢脱贫攻坚战，确保2020年实现贫困人口、贫困县全面脱贫，区域性整体贫困全部解决”。

（三）新时代弘扬沂蒙精神必须为供给侧结构性改革和新旧动能转换服务

弘扬沂蒙精神要自觉践行新发展理念，发挥人民群众的主体性、主动性和自觉性，把革命精神与科学态度结合起来，牢牢把握高质量发展要求，以供给侧结构性改革为主线，加快推进新旧动能转换。40年前的改革开放就是一次空前的新旧动能转换，使我国经济社会建设取得了巨大成就。我们在沂蒙精神的鼓舞下，进行创新发展和新旧动能转换，崛起了临沂商城，实现了由传统农业地区到商贸大市的华丽转变。“沂蒙精神始终是凝聚和激励沂蒙人民艰苦奋斗、顽强拼搏、自强不息、自力更生、昂扬奋进的强大精神力量，在中国梦的旗帜下发出更加绚丽的光芒，不断凝聚强大的灵魂力量，激励沂蒙人民为社会的进步和发展增添新的正能量。”今天，建设现代化经济体系，必须深化供给侧结构性改革，提高供给体系质量，增强经济质量优势。我们要弘扬“舍小家为大家”的沂蒙精神，通过去过剩产能、房地产库存和金融杠杆，降低企业成本，补齐发展短板，优化资源配置，增加优质供给，实现供给和需求保持动态平衡，促进经济社会持续健康发展，落实好以人民为中心的发展思想。在新旧动能转换中，要弘扬求实创新的沂蒙精神，坚持新发展理念，以供给侧结构性改革为主线，促进产业战略升级、商业模式重构和产品、管理、品牌、营销创新，实现产业智慧化、智慧产业化、跨界融合化、品牌高端化，更好地为以人民为中心的发展服务。

参考文献：

[1] 习近平．决胜全面建成小康社会　夺取新时代中国特色社会主义伟大胜利——在中国共产党第十九次全国代表大会上的报告［N］．人民日报，2017-10-28（001）．

[2] 王玉君．弘扬沂蒙精神　奋力走好新时代的长征路［N］．学习时报，2018-06-20（008）．

[3] 龚云．踏上建设社会主义现代化国家新征程［N］．安徽日报，2017-09-04（007）．

[4] 赵乐际．以习近平新时代中国特色社会主义思想为指导　坚定不移落实党的十九大全面从严治党战略部署［N］．人民日报，2018-02-13（002）．

[5] 张健．深刻领会新时代党的建设总要求［N］．光明日报，2018-01-26（06）．

[6] 张少军．在服务群众中弘扬沂蒙精神［J］．求是，2013

(06): 60.

[7] 林峰海. 坚持弘扬沂蒙精神 落细落实主体责任——学习贯彻习近平总书记关于全面从严治党重要论述体会 [J]. 中国纪检监察, 2016 (15): 8-9.

[8] 任庆虎. 用沂蒙精神锤炼"四有"好干部 [J]. 理论学习, 2016 (08): 58-59.

[9] 林峰海. 大力弘扬新时期沂蒙精神 [EB/OL]. 2015-03-29. 齐鲁网, http://linyi.iqilu.com/lyshizheng/2015/0329/2349550.shtml.

[10] 孙海英, 陈永莲. 沂蒙精神与临沂革命老区跨越式发展研究 [M]. 济南: 山东人民出版社, 2017: 223.

[11] 山东省人民政府. 山东省新旧动能转换重大工程实施规划 [R]. 2018-2-13.

[12] 王玉君. "水乳交融生死与共"——沂蒙精神是党的群众路线实践的典范 [N]. 学习时报, 2017-11-24 (004).

[13] 周忠高. 社会主义核心价值体系教育的重要载体——《沂蒙红色文化与沂蒙精神》评介 [J]. 临沂大学学报, 2013 (03): 141-142.

(作者简介: 邱君帝, 男, 山东省临沂市委党校副教授、《沂蒙论坛》编辑)

后 记

习近平总书记指出："我们是革命者，不要丧失了革命精神。"中国革命精神是中国共产党先进优秀的看家法宝、攻坚克难的力量源泉、走向胜利的政治优势，"要把红色资源利用好、把红色传统发扬好、把红色基因传承好"。

2013年11月，习近平总书记在临沂考察时指出："沂蒙精神与延安精神、井冈山精神、西柏坡精神一样，是党和国家的宝贵精神财富，要不断结合新的时代条件发扬光大。"习近平总书记重要讲话为深化中国共产党革命精神与文化资源研究指明了方向。为进一步落实习近平总书记的重要指示，深化学术研究与理论创新，传承红色基因，更好地发挥中国共产党革命精神与文化资源的理论价值和实践价值，在总书记沂蒙精神讲话五周年之际，2018年11月13日，由山东省社科联、临沂大学主办，临沂大学马克思主义学院承办的"山东省社科论坛——传承红色基因研讨会"在临沂大学召开。与会专家学者共同学习习近平总书记关于把红色基因传承好的重要讲话精神，围绕红色基因的基础理论、政治功能、社会功能、育人价值及其时代传承等进行了热烈讨论，引起了广大理论工作者的高度关注。会议收到了有关学术论文几十篇。经过认真梳理、提炼，现编辑出版《红色基因传承研究》一书。此书由费聿辉、刘涛、刘慧、朱洪涛、张光远、赵双欣分别负责统稿，最后由费聿辉、刘涛终审定稿。

此书在编辑出版过程中，得到了济南出版社和各位作者的大力支持，在此一并表示衷心感谢！

由于水平和条件有限，不妥之处在所难免，欢迎有关专家和广大读者批评指正。

编 者

2019年2月6日